中学物理教师发展丛书

高中物理教师专业发展

邢红军　主编

中国科学技术出版社
·北　京·

图书在版编目(CIP)数据

高中物理教师专业发展 / 邢红军主编 . —北京 : 中国科学
技术出版社 , 2015. 8

（中学物理教师发展丛书）

ISBN 978 - 7 - 5046 - 6969 - 8

Ⅰ. ①高… Ⅱ. ①邢… Ⅲ. ①中学物理课—教学研究—高中
Ⅳ. ①G633.72

中国版本图书馆 CIP 数据核字（2015）第 186950 号

选题策划	王晓义
责任编辑	高雪岩
封面设计	孙雪骊
责任校对	凌红霞
责任印制	张建农

出　　版	中国科学技术出版社
发　　行	科学普及出版社发行部
地　　址	北京市海淀区中关村南大街 16 号
邮　　编	100081
发行电话	010 - 62103130
传　　真	010 - 62179148
投稿电话	010 - 62176522
网　　址	http://www.cspbooks.com.cn

开　　本	720mm × 1000mm　1/16
字　　数	380 千字
印　　张	17.75
印　　数	1—3000 册
版　　次	2015 年 9 月第 1 版
印　　次	2015 年 9 月第 1 次印刷
印　　刷	北京金信诺印刷有限公司

书　　号	ISBN 978 - 7 - 5046 - 6969 - 8/G·692
定　　价	45.00 元

序

20 世纪 80 年代始,笔者进入物理教师专业发展领域。30 余年来,笔者先后经历了物理教师本科、硕士、博士等阶段的培养历程,面授中学物理教师逾万人。回首反思这些经历,笔者愈发感到,虽然教师专业发展已经成为近年来的一个热门话题,但在理论与实践上却并没有真正有效的进展。这一状况令人忧心且发人深省。

稍感欣慰的是,近年来笔者在物理教师专业发展实践中取得了些许成绩。10 余年来,笔者指导的硕士研究生平均每人发表论文 3 篇以上,其中 2011 级和 2012 级的 8 名研究生在读期间共发表第一作者论文 46 篇,甚至包括权威核心期刊论文,且每人都有核心期刊论文发表。作为导师,笔者感到由衷的自豪与欣喜。

笔者的物理教师专业发展实践表明:教师专业发展其实是一件非常困难的事情,需要做大量扎实的工作!所谓"扎实的工作",就是指导者不仅要有指导的意愿,而且要有指导的能力。具体而言,需要指导者对教师的教学研究论文写作进行认真的指导,并以教学研究论文作为衡量教师专业发展水平的标志。这一过程实质是与教师进行深度互动,不仅耗费精力,亦颇见功力。在这个过程中,教师不仅取得了研究成果,而且收获到了"衣带渐宽终不悔,为伊消得人憔悴"的发展体验。显然,只有这种触及灵魂深处的扎实工作,才能实现教师专业的"真发展"。

之所以对物理教师专业发展作出这样的界定,正是源于对历史与现实中物理教师专业发展诸多痼疾的洞察与感慨。目前,中学教研体制下的物理教师专业发展普遍以"赛课"与"评奖论文"作为评价指标,由于教研体制的封闭性,使各种奖项的评比缺乏与物理教学专业标准的对接,使其愈发暴露出长官意志、论资排辈、唯书唯上等缺陷。在这一体制下,年轻教师很难实现真正的、公平的、跨越式的发展。

正是基于以上思考,笔者旗帜鲜明地提出:要以教学研究论文作为衡量教师专业发展水平的标准,物理教师应以物理教学研究论文撰写作为专业发展的平台与契机。在这个意义上,笔者认为自己所践行的物理教师专业发展与现实中的物理教师专业发展可谓"两个世界"或"两种模式"。在现实模式下,不少中学高级乃至特级教师都没有高水平的教学研究论文发表;而在笔者所倡导的模式中,一批研究生通过培养均获得了跨越式的发展。反思起来,笔者所倡导的模式正是对教师专业发展规范性、严格性的诠释与坚守。这就是笔者所倡导的物理教师专业发展模式与目前物理教师专业发展模式的根本不同,也是笔者的教学研究团队能够取得成果的重要原因。本书正是笔者所从事的物理教师专业发展历程与思考的系统展开。

本书第一章是笔者的物理教师专业发展理论建构与实证研究,先后阐述了笔者对"卓越物理教师"的界定与培养、教师专业发展的"发展态"理论以及教师专业发展水平的实证研究。卓越物理教师培养的实践研究,是笔者引以为豪的事情。笔者指导的两届 8 名物理教学论研究生,真正实现了物理教师专业发展。教师专业发展态的提出,则从"术""法""道"三个层面,解读了教师专业发展的不同境界,并运用可操作的方式使之加以鉴别,从而使教师专业发展态成为有效的理论模型。实证研究则运用中国知网(CNKI)中国期刊全文数据库检索,对 2003—2012 年期间北京、江苏两地中学教师发表于 9 种主要中学学科教学期刊的论文进行统计。结果显示,江苏、北京两地中学教师人均发表论文数量比值为 2.22∶1,北京市中学教师人均发表论文数量约等于全国平均水平。这不仅对北京市中学教师专业发展具有重要的启示意义,而且也为我国中学教师专业发展提供了新的思路。

本书第二章是笔者指导的 2011 级 4 名物理教学论研究生自述他们物理教师专业发展的心路历程。自述雅俗共赏,形神兼备,娓娓道来,入木三分,以强烈的现场感真实生动地还原了他们发展与成长的心路历程。4 名研究生毕业于不同的本科院校,基础各不相同,但经过 3 年的专业训练,他们都达到了较高的物理教学研究水平,这种水平甚至超越很多中学物理高级教师乃至特级教师。原因何在? 读罢本章,答案自然水落石出。

第三章是卓越物理课程与教学论团队教师专业发展的质性研究,针对笔者所指导的 2011 级 4 名研究生展开。在读期间,他们共发表第一作者论文 30 篇,2 人获得研究生国家奖学金,1 人获北京市优秀毕业生称号。其中 1 人考取笔者的博士研究生,1 人进入高校从事物理课程与教学论研究,2 人进入北京市中学从事物理教学工作。本章通过教育质性研究方法展现了他们学习、发展、求职、升学的历程及导师指导下的协作互助,从多个视角再现了一个优秀物理课程与教学论团队的发展历程。

第四章是中学物理教师教学研究能力形成的个案研究。采用质的研究方法,沿着两条路线研究。一条以教学研究能力处于高原现象的两位中学物理教师为研究对象,对两位教师的教学研究能力形成过程进行了长达一年半的干预促进和跟踪调查,收集了两位教师能力转变过程中丰富翔实的材料。另一条以研究者"我"展开,记录了与研究对象合作过程中"我"的转变过程和切身体会。由此归纳出影响中学物理教师教学研究能力形成的主要因素,并且提出了促进中学物理教师专业发展的建议。

第五章选择了北京市一所中学的物理教研组,采用教育行动研究方法进行研究。在 3 年时间内,开展了中学物理教研组教学研究能力发展的实践研究。研究全面、深入地反映了中学教研组物理教师的专业发展状态、工作状态以及他们面对物理教学研究论文撰写时遇到的困难。研究通过对教研组成员、指导专家的多次深度访谈、多次活动内容的观察记录、对研究资料的细致梳理,从而描绘了中学教研组内部与外部的生态状况以及整个发展的历程。经过指导,该物理教研组教师共发表论文26篇,并获得北京市"十二五"教育科学规划课题一项。

物理教师专业发展是一项专业性很强的工作,需要专业的知识、专业的技能、专业的智慧以及专业的引领。本书真实展现了笔者的物理教学研究团队所做的点滴工作,诚望广大物理教育工作者,尤其是中学物理教师不吝指正。

参与《高中物理教师专业发展》一书编写的作者有北京中医药大学陈清梅副教授、首都师范大学教育学院博士生胡扬洋、北京市和平街第一中学王瑞毡老师、首都师范大学物理系硕士生陆星琳、河北民族师范学院物理系王慧老师、中国人民大学附属中学分校石尧老师和北京师范大学燕化附属中学耿爱霞老师。

邢红军

于首都师范大学物理系

2014 年 9 月

目　　录

第一章 物理教师专业发展理论探索

第一节 "卓越物理教师"培养的实践探索

一、卓越物理教师的培养范例

什么是卓越物理教师？卓越物理教师是拥有教学研究能力并且实现了从"教书匠"向"研究者"转变的教师。

卓越物理教师的培养不是一种遥不可及的目标，而应成为一种日常教师专业发展的常态。所谓"卓越"，主要就是指教学研究能力的形成，而这种能力的评价标准就是能够在物理教学期刊发表论文。

几十年来，物理教育为我国基础教育做出了历史性贡献，凝聚了几代物理教师的专业智慧，并在此基础上形成了学术共同体，确立了专业标准与专业认同，其中尤为突出的是建立了物理教学研究期刊。这些期刊长期以来贴近一线教学并保持专业化的审稿标准，从而成为衡量卓越教师的重要尺度。著名教育学者斯腾豪斯最早提出"教师即研究者"的教师发展命题[1]，旗帜鲜明地指出，卓越教师发展要求教师不仅要会"讲授"，而且还要会"研究"，即进行教学研究，而研究结果的最佳呈现方式无疑就是公开发表的教学论文。需要指出的是，公开发表的教学论文与评奖论文在卓越教师培养中具有完全不同的意蕴。对此，斯腾豪斯曾多次指出"公开发表"的意义，甚至认为"私下的研究在我们看来简直称不上研究。部分原因在于未公开发表的研究得不到公众批评的滋养，部分原因在于我们将研究视为一种共同体活动，而未发表的研究对他人几乎没有用处"[2]。因此，物理教师在物理教学期刊上发表论文，就不失为物理教师的良好标志。

---

① 施良方. 课程理论——课程的基础、原理与问题 [M]. 北京：教育科学出版社，1996：189.

② Stenhouse L. *What Counts as Research*? [J]. British Journal of Educational Studies，1981（29）：2.

笔者10余年来的培养实践表明，这种卓越物理教师的培养标准是完全可以达到的。表1-1是笔者指导的2011级和2012级8名物理教学论研究生在读期间发表的论文统计。

表1-1 2011级和2012级研究生发表论文情况

序号	第一作者或独著	题名	期刊	刊期	备注
1	胡扬洋	物理教材引入科学史的新观点	《课程·教材·教法》	2012（12）	中文核心期刊；中文社会科学引文索引（CSSCI）来源期刊 人大报刊复印资料全文转载
2	胡扬洋	我国物理科学方法隐性教育的传统与超越	《教育理论与实践》	2014（4）	中文核心期刊
3	胡扬洋	物理学科启发式教学的内涵与运用	《教育导刊》	2013（8）	人大报刊复印资料全文转载
4	胡扬洋	中国物理变式教学研究：传统与发展	《教育导刊》	2014（2）	
5	胡扬洋	例谈物理教学中STSE议题的设计原则	《物理教学》	2013（2）	
6	胡扬洋	由一道"北约"物理题的三种解法看自主招生备考	《物理教学》	2013（12）	
7	胡扬洋	"匀变速直线运动位移与时间关系"教学的思考	《教学月刊·中学版》	2013（5）	中文核心期刊
8	胡扬洋	剖析超重与失重"判据"引发的教学疑难问题	《中学物理教学参考》	2013（7）	中文核心期刊
9	胡扬洋	对"运动的独立性"与"力的独立作用原理"的再认识——兼论"平抛运动"教学的逻辑	《物理通报》	2013（7）	
10	胡扬洋	对密度教学中前概念与比值定义法的再认识	《物理通报》	2014（2）	人大报刊复印资料全文转载
11	胡扬洋	探析整体法与隔离法背后的思维内涵——兼论物理方法与思维方法教学相结合	《湖南中学物理》	2013（5）	
12	胡扬洋	浮力增量公式的推导与应用	《湖南中学物理》	2013（9）	

续表

序号	第一作者或独著	题名	期刊	刊期	备注
13	胡扬洋	对楞次定律物理意义与教学实验的再认识	《课程教学研究》	2013（7）	
14	胡扬洋	牛顿第三定律教材编写存在的三个疑难问题	《课程教学研究》	2014（1）	
15	胡扬洋	对力的分解"依据"与"力的作用效果"的再认识	《物理教学探讨》	2014（1）	
16	胡扬洋	论物理教师的阅读素养	《中国教师》（上半月）	2013（19）	
17	胡扬洋	革命老区高师物理师范生物理学习困难的调查研究——以豫南地区某高师院校为例	《首都师范大学学报（自然科学版）》	2014，35（2）	
18	胡扬洋	"牛顿第零定律"与"牛顿第四定律"述评	《首都师范大学学报（自然科学版）》	2014，35（5）	
19	石尧	比热容的教学逻辑研究	《中学物理教学参考》	2014（5）	中文核心期刊
20	石尧	电容定义式引入的再认识	《中学物理教学参考》	2014（7）	中文核心期刊
21	石尧	论"磁感应强度"的教学逻辑	《物理教师》	2014（7）	中文核心期刊
22	石尧	以科学方法的逻辑展开"磁感应强度"概念教学的高端备课	《湖南中学物理》	2013（4）	
23	石尧	由三组"正误对照"谈物理图像题的教学与备考	《湖南中学物理》	2013（11）	
24	耿爱霞	汽车通过黄灯问题的研究及其教学启示——基于原始物理问题表征的视角	《物理教师》	2013（8）	中文核心期刊
25	耿爱霞	交流电路中电子的运动研究	《中学物理》	2013（17）	

序号	第一作者或独著	题名	期刊	刊期	备注
26	耿爱霞	弹性势能高端备课——显化科学方法的本质	《湖南中学物理》	2014（2）	
27	耿爱霞	"阿基米德原理"的高端备课	《课程教学研究》	2014（7）	
28	王慧	"电势差"教学的高端备课	《物理教师》	2013（7）	
29	王慧	库仑定律教学的高端备课	《物理通报》	2014（5）	
30	王慧	简谐运动的高端备课	《课程教学研究》	2014（3）	
31	张婷玉	"高端观点"下的物理教材分析——以《运动和力》一章内容为例	《教育研究与评论（中学教育教学）》	2013（11）	人大报刊复印资料全文转载
32	张婷玉	一道光学原始问题的讨论	《物理教师》	2014（5）	中文核心期刊
33	张婷玉	"反冲运动－火箭"高端备课	《中学物理》	2014（7）	
34	张婷玉	初中物理"物体内能改变"的高端备课	《物理教学探讨》	2013（12）	
35	张婷玉	圆周运动高端备课	《首都师范大学学报（自然科学版）》	2015（8）	
36	张婷玉	自行车转弯模型的研究备课	《首都师范大学学报（自然科学版）》	2015（4）	
37	郑珊	关于"变阻器"教学的高端备课	《物理教师》	2014（1）	中文核心期刊
38	郑珊	杠杆教学的高端备课	《物理通报》	2014（9）	
39	郑珊	滑轮教学的高端备课	《教育研究与评论（中学教育教学）》	2014（10）	
40	郑珊	物理学习环境的内涵与分析研究	《首都师范大学学报（自然科学版）》	2015（4）	
41	刘锐	功的原理：一节初中物理规律课的高端备课	《中学物理教学参考》	2014（1—2）	中文核心期刊

续表

序号	第一作者或独著	题名	期刊	刊期	备注
42	刘锐	太空授课背景下"液体表面张力"教学的问题与设计	《物理教学探讨》	2014（9）	
43	刘锐	"液体压强"的高端备课	《中学物理》	2015（1）	
44	陆星琳	高中"牛顿第一定律"的高端备课	《物理教师》	2014（3）	中文核心期刊
45	陆星琳	国际 STS－EL 教育的六种思潮述评	《物理之友》	2014（8）	
46	陆星琳	认知结构视角下物理知识应用的教学——以"生活中的圆周运动"为例	《湖南中学物理》	2014（11）	

以上"准教师"在 2～3 年的时间内，共发表 46 篇论文，每人都发表有核心期刊的论文且不乏 CSSCI 期刊的论文。这一结果并非孤案或偶然，他们能够达到卓越教师的培养标准，正是缘于扎实有效的培养模式与培养实践。

二、卓越物理教师的培养模式

历经数十年的物理教学研究学术积累与物理教师教育的培养实践，笔者逐步构建了卓越物理教师的培养模式。

如图 1－1 所示，卓越物理教师培养依次经历了物理教学论课程学习、物理教育论文写作训练、物理高端备课实践三个由浅入深、由理论到实践的培养环节。

图 1－1 卓越物理教师培养模式

（一）物理教学论课程学习

笔者编制并实施的物理教学论课程体系包括物理教学论、物理教育心理学、物理实验教学论、物理教育论文写作四门课程。这些课程充分体现了由现象到本质、由理论基础到教学实践的次序。在课程内容上，以笔者数十年的物理教育教学研究成果为基础，同时吸收国内外物理教育研究的先进成果，诸如科学方法教育、原始物理问题、物理能力理论、物理实验研究、物理教学过程等物理教学理论主题与物理教学实践中的基本问题。

虽然每节课各有主题，但整个课程体系包含有明晰的发展线索与坚实的基础，并且呈现出开放性、前瞻性和发展性的特征。目的是使研究生尽快建立起逻辑严密、融会贯通的理论体系与实践基础。因此，这一课程体系既着眼于物理教学实践能力的稳健提升，又力图打好物理教学论的理论基础，让学生专注于课程学习并收获认知乐趣，初步体验教学研究的魅力。

（二）物理教育论文写作训练

在卓越物理教师培养中设置物理教育论文写作环节，既有实践的合理性，又有心理学的依据。语言学研究认为：写作由于文字的参与，使语言与思维之间的关系出现了新的局面。由于书面语比独白语言更少外部支持，并且与读者存在时空隔离，所以更需要逻辑的严密、句法结构的完整以及意义的连贯、精确。客观上，也给了作者和读者反复地酝酿、思考、修改的机会，并可使用口语难以承载的复杂句式。因此，思维只有经过书面语的训练，才能发展到高度抽象、严密连贯的状态。[①] 需要强调的是，物理教育论文指的是能够公开发表的刊物，而非没有公开发表的评奖论文。

物理教育论文的写作不仅是对课程学习效果的检验，更是对头脑中知识结构再加工、再梳理的过程。教学论文写作、修改过程的价值在于，搭建一个对教学能力与教学思维展示、批判、交流、修正、发展的平台。正缘于此，教学研究论文写作在培养模式中就占据着一个承前启后的关键地位。

笔者认为，不会撰写教学研究论文的教师，只能是"教书匠"，而不是"研究者"。因此，教学研究论文不仅反映了教师对教学的理解，而且还是教师授课水平的投射。很难想象写作逻辑混乱、篇章繁复、结构失当的教师能够具有真正优秀的授课水准。"语言是思想的直接现实"，因此，文章不单单是一纸文字，更表现了作者的思想深度和思维过程。对于中学物理教师来说，物理教育论文的写作构成了专业思考、专业研究的载体和平台。所以，物理教学论文的写作训练，可使教师对教学的思考和理解不断跃上新的层面。

（三）物理高端备课实践

卓越物理教师的培养既不是一个皓首穷经的过程，亦不是一个浮躁激进的过程。因此，在培养模式的最后设置物理高端备课环节，目标是将教师培养为物理教学研究专家。

所谓物理高端备课，是指以物理课程与教学理论为指导，采用"备课"的形式，研究既符合物理学内在逻辑、又符合物理教学规律、同时符合学生学习规律并

---

① 刘伶，黄智显，陈秀珠．语言学概要［M］．北京：北京师范大学出版社，1984：315—321.

接受课堂教学实践检验的教学设计，体现"从物理知识传授到物理方法教育，再到物理思想形成"的核心理念。在此基础上，构筑一线物理教师参与的教学研究交流平台，从而达到物理教育理论与实践真正结合，促进教师专业提升与学生认知发展向高水平跨越的物理教育研究活动。① 在这一理念的指引下，笔者指导 8 名研究生经历这一过程，在卓越物理教师培养中颇见成效。

所谓"高端"，其含义是基于物理教学理论的高度与物理教学研究的视角，并汲取教学实践的经验积累，以初高中物理教学中的课程内容为研究对象所进行的教学设计活动。它不仅要明确在教学中"做什么""如何做"，还要基于系统的理论思考，回答"为什么要这样做"。由此，这就使得高端备课成为一个不断深入、持续优化的过程，对教师的整体能力不啻是一种全面的考验和投射。

课程学习与论文写作两个环节，是进行高端备课的理论基础和能力基础，如果说从完善知识结构到培养研究能力是卓越教师培养的第一次"飞跃"，那么高端备课环节就是要实现由教学理解到教学实践的第二次飞跃。

三、卓越物理教师培养的启示

回顾卓越物理教师的培养与探索历程，笔者既曾躬身实践、亲力亲为，也曾且行且思、夙兴夜寐。归结起来，卓越物理教师培养模式的启示如下。

（一）以教学研究论文作为卓越教师的衡量标准

"卓越教师"这一概念的提出，意在强调教师质量培育的目标意识。如前所述，卓越教师的客观标准就是公开发表的教学研究论文。这一观点不仅具有创新性，而且具有合理性。江苏省一项对基础教育 20 位特级教师的调查显示，教育写作在影响教师专业发展的众多因素中"居于非常重要的位置：它是教师专业发展的重要支点和独特路径。"教师们普遍认为，教育写作对于教师专业成长的作用是综合性的，它不仅是校本研究和教育反思的成果体现，同时，更是进行教育反思的平台和工具。运用好这一平台和工具，可以促进自身走向专业发展的快车道。②

（二）实现高水平物理教学专家与中学教师的结合

当前，各种"名师工程"繁多，培养"成果"也颇为"丰硕"，然而鲜有以教学研究论文为成果的教师培育范例。笔者的培养实践表明，卓越教师培养其实是一件非常困难的事情，需要做大量非常扎实的工作。所谓"扎实的工作"就是专家不仅要有指导的意愿，而且要有指导的能力。以物理教育论文写作训练而言，需要专家对论文进行字斟句酌的修改，其实质是与教师进行深度互动，这不仅耗费精力、

---

① 邢红军. 高中物理高端备课 [M]. 北京：中国科学技术出版社，2014.

② 丁昌桂. 教育写作与教师专业发展——基于 20 位特级教师的问卷调查 [J]. 教育研究与评论·中学教育教学，2013（5）：26—32.

亦颇见功力。在这个过程中，教师不仅取得了研究成果，而且收获到了"衣带渐宽终不悔，为伊消得人憔悴"的发展体验。只有这种触及灵魂深处的扎实工作，才能实现卓越教师培养的"真指导"和"真发展"。而那种寒暄客气、泛泛而谈、"表扬与自我表扬"等做法都只能设置隔膜，并造成繁荣的假象。

（三）卓越物理教师培养模式具有可推广性

十余年的实践，8 人发表 40 篇论文，卓越物理教师的培养模式经历了实践的检验，显示了培养的信度与效度。这一模式表明，经过科学有效的指导以及教师自身的努力，每一个物理教师都可以实现专业水平快速的、跨越式的发展，进而成长为卓越物理教师。鉴于此，笔者认为，这一模式具有广泛的可迁移性和可推广性。

无论是对于职前教师还是在职教师，课程体系的学习、教学论文写作训练、物理高端备课的实践，都可以被广泛移植，并可以有针对性地展开培训。近年来，笔者曾数十次受邀赴福建师范大学、苏州大学、江西师范大学、河南师范大学、河南大学、吉林师范大学、石河子大学、曲阜师范大学、南京师范大学、保定学院等高校开展相关培训，得到广泛好评。2013 年，笔者在教育部全国高校教师网络培训中心，录制了卓越物理教师培养模式的专题视频，向广西、云南、重庆、陕西、宁夏、上海、天津 7 个省市的部分初中物理教师播放，取得了良好的效果。笔者秉承教学研究与教学实践紧密结合的宗旨，坚持从实践中来、到实践中去，使研究工作源于实践、服务实践、引领实践，希望能够对我国中学物理教师专业发展水平的提升有所裨益。

第二节　教师专业发展演化的理论模型与实践探索

一个世纪以来，教师专业发展日益成为国内外教师教育研究的焦点，特别是在当前我国基础教育课程改革的大背景下，就更加凸显了这一议题的重要价值。因此，如何立足于我国教师专业发展的历史与现实，在理论与实践的张力之间把握这一问题的本质，并找寻出切实可行的发展路径，就成为教师专业发展深化的重要内容。

一、教师专业发展的理论回顾与模型建立

认真梳理教师专业发展的研究不难发现，有关教师专业发展内涵、阶段、途径等构成了研究的主要内容。其中，教师专业发展的"阶段论"则成为这些问题的核心。

20 世纪 60 年代末，美国学者富勒（F. Fuller）最早基于"关注内容"框架，提出了教师专业发展的四阶段理论。其后，我国学者也基于不同的理论框架，提出了

两阶段、三阶段、四阶段甚至五阶段的理论。①

总体而论，虽然教师专业发展在舶来理论译介与本土经验总结两种源头的协同下显示了别样繁荣的状况，但并不足以掩盖繁荣背后的困境。由于"大多数研究基于群体规范与社会外界标准，偏向于教师实际所经历或表现出来的发展情形描述，缺乏教师成长阶段的个案研究和实证考察，对个体主动发展变化的内在机制阐释的不多，对影响教师成长的因素以及如何针对不同个体促进其成长的有效策略缺乏系统研究"②，因而使"国内教师专业发展问题研究还比较多地停留在经验总结与概念澄清阶段"③，并导致"阶段论"研究停留于经验的描摹，仅仅满足于舶来理论的演绎外推。由此，导致教师专业发展研究由于缺失内在机制探寻而徘徊不进。

尤其需要指出的是，由于自富勒肇始的各种阶段论都有意无意地采用了生涯发展或时间序列的研究思路，即以年龄为主要参数和常模对教师职业发展过程划分阶段④，就很容易将教师专业发展视为一个自然发生的成熟过程，从而使教师专业发展被认为是必然事件，这就从根本上消解了教师专业发展干预的合法性与合理性。究其原因就在于："阶段论"只描述了发展的行为和现象，并未触及发展的内涵和机制。

阶段论的局限还在于无法刻画教师专业发展的个体差异。因为在这一视角下，教师专业发展的水平只决定于入职时间长短。而实际情况却是，新入职教师不一定专业水平低，教龄长的教师也未必表现出更高的专业水平，甚至有些教师一生都可能停留于某一层次而踯躅不前。因此，教师专业发展"阶段论"与教师专业发展现实之间还存在着较大的距离。

就理论本身而言，从舶来理论演绎而来的各种"理论"，无法构成体现"专业"内涵的真正依据。由此造成"新手型教师""专家型教师"等衍生概念模糊不清，并联合起来有使"教师专业发展"概念被架空之虞。在研究层面，阶段论指导下的教师专业发展实践往往缺乏实效性，上述种种问题也导致"阶段论"模型在很大程度上缺乏信度与效度。

追根溯源，"阶段论"之所以未能触及教师专业发展的本质，其根本原因还在于缺乏真实的理论基础。哥德尔定理证明，一种足够丰富和前后一贯的理论，是不能由它本身，或者比它本身更不完善或更"弱"的手段来证明自身的无矛盾性；一个理论体系如果仅仅以自身的手段为工具去证明自己，就必定会导出一些不能决定其真伪的命题来。因此，任何一个理论体系就其自身来说总是不完备的。一个理论体系要证明自身的无矛盾性，就必须借助另一个比它更完善或者说更"强"的理

① 李宝峰，谭贞. 教师专业发展导论 [M]. 哈尔滨：黑龙江教育出版社，2009：58—62.
② 李瑛. 我国教师专业发展研究综述 [J]. 巢湖学院学报，2006，5（8）：151—155.
③ 季诚钧，陈于清. 我国教师专业发展研究综述 [J]. 课程·教材·教法，2004，24（12）：68—71.
④ 肖丽萍. 国内外教师专业发展述评 [J]. 中国教育学刊，2002（5）：57—60.

论。[1] 因此，缺乏真实理论基础的教师专业发展理论，必定会流于经验与形式而呈现"公说公有理，婆说婆有理"的状况。所以，如何在汲取已有研究成果的基础上，构筑具有实践力并真正体现教师专业发展内涵的理论，就显得尤为紧迫。

有鉴于此，笔者基于协同学理论，提出采用"发展态"模型来界定教师专业发展的层次和水平，并力图将其植根于我国学科教育研究的深厚土壤。

所谓"发展态"，指教师专业发展的状态，是教师对教育教学工作的专业认知状态。进一步说，是教师认知系统中不同因素相互关联、相互协同的结果。"协同"的含义在于：子系统之间的关联引起的协同作用使得整个系统（大脑）从无序变为有序——出现了序参量，序参量之间的合作与竞争最终导致只有少数序参量支配系统——这是在更高程度上的协同。[2]

因此，"发展态"及其变化的实质就被描述为教师对教育教学工作的认知状态与认知状态的变化。这一模型基于协同学对脑科学与行为的认知研究，较之"阶段论"更好地描绘了教师专业发展的动态性、发展性以及不同状态的差异。由于这一理论置于协同学这一坚实的基础之上，从而不仅具有较高的内部效度，而且具有较高的外部效度。

教师专业发展作为一个系统，既可以是被组织的，又可以是自组织的。所谓被组织，是指该组织只有在外界干预下才能进行演化。它的组织化，不是自身的自发、自主的过程，而是在外部驱动力下的组织过程或结果。而自组织是指"如果一个体系在获得空间的、时间的或功能的结构过程中，没有外界的特定干涉，我们便说该体系是自组织的"。[3] 这样，教师专业发展的过程，就成为一个教师与专家相互协同的过程，即教师在专家引导下完成其认知状态从被组织向自组织转变的过程。

二、教师专业发展态及其理论内涵

以往的教师专业发展研究局限于经验描摹，就问题论问题，就经验谈经验，忽视理论思维的重要作用，往往会导致庸俗、盲目的实践。而基于协同学理论，就可以将教师专业发展表征为学科发展态、学科教学发展态和教育发展态三种状态。每个发展态都有具体的内涵、特殊的表现以及发展的要求，这将为教师专业发展的真正实现奠定坚实的理论基础。

（一）学科发展态

"学科发展态"指教师具备教材分析、学科解题等能力，对执教学科持有一种

① 雷永生. 皮亚杰发生认识论述评 [M]. 北京：人民教育出版社，1987，2.

② H. 哈肯. 大脑工作原理——脑活动、行为和认知的协同学研究 [M]. 郭治安，吕翎，译. 上海：上海科技教育出版社，2000.

③ Haken H. *Information and Self - organization*：*A Marcroscopic Approach to Cpmplex Systems* [M]. Berlin & New York：Oxford University Press Inc，1988：6，11.

融会贯通的学科知识结构，并能够分析学科教学疑难问题。达到这一状态的教师，在教学层面达到了"术"的层次，从而形成了"就事论事"[①] 的研究能力。

教师专业发展态从"学科"肇始，是因为发展只有立足学科才能真正触及发展的内核。历史上教师专业发展与学科教学研究始终是紧密联系的，作为从课堂教学中生长出来的学科教育研究成果，多年来积淀了学科教育研究者充满实践的智慧，这才是我国教师专业发展的真正源泉。正是在这个意义上，学科发展就成为教师专业发展态的重要起点。

在学科发展态中，教师以学科教学过程中的方式、方法为理解对象，是建立在教学经验总结的基础上，以对"怎样教"的认知为核心。[②] 包括如何对教学内容做出符合教学规律的处理、如何改进一个实验、如何分析一份试卷。然而，由于专业发展水平的限制，其路径只能是从实际中来到实际中去，讲究实用性和操作性，只能解决"做什么""如何做"，而对"为什么要这样做"以及"为什么这样做是有效的"却不能加以很好地说明。从这个意义上讲，学科发展态就是学科教学的一种"就事论事"能力。

事实上，一线教师在学科教学中经常面临大量亟待解决的实际问题。以初中物理的浮力为例：浮心、浮体稳定性、浮力势能等问题，就不是教师掌握教材"知识点"所能明晰的，它需要教师对知识广撷众采才有可能掌握。但这类知识往往关乎教师对课堂教学的驾驭能力，并直接影响课堂教学质量。所以，学科发展态要求教师在具有基础性知识的前提下，还需要对教学过程中的学科知识进行全方位和融贯性的掌握。也即我们通常所说，教师要给学生"一碗水"，自己要有"一桶水"。因此，基于学科知识，能够分析学科教学疑难问题并以合理的形式呈现出来，就是教师学科发展态的具体表现。

基础教育阶段各种学科期刊长期以来贴近一线教学并保持专业化的审稿标准。因此，能够在此类期刊上发表系列论文就不失为一种学科发展态的良好标志。以物理学科为例，有许多教师都曾在中学物理教学"六大期刊"[③] 上发表文章，这在一定程度上表明这部分教师处于学科发展态。如果进一步对文章内容加以研究，就可以对专业发展的差异性做出更加精确的评判。

（二）学科教学发展态

当教师专业发展超越对学科知识的剖析，开始不满足于学科问题的解决，而是能够对教学问题做出理论分析，为从根本上解决教学问题找到正确的方向和途径的

---

① 朱鋐雄. 物理教育展望 [M]. 上海：华东师范大学出版社，2002：252—254.
② 乔际平. 对学科教育学几个理论问题的认识 [J]. 北京师范学院学报（社会科学版），1989（2）：4—51，74.
③ 一般认为，中学物理教学研究"六大期刊"包括《物理教师》《中学物理教学参考》《物理教学》《物理通报》《物理教学探讨》《中学物理》。

时候[①]，此时，教师专业发展就超越了"术"的层面而进入到"法"的境界。这种境界就是教师专业发展的学科教学发展态。

这是因为，教师只有能够运用专业概念、专业术语来思考，才能够真正进入专业领域来表达、探讨问题。值得强调的是，学科教学发展态的概念并非来自没有学科基础的演绎外推或直接搬用，而是有直接的、真实的教学实践支撑，并且要接受学科教学实践的检验。从这个角度看，如果说前一状态的研究水平是"就事论事"，那么这一阶段就是"就事论理"[①]

进一步，学科教学发展态要求教师能够驾驭学科教学规律。这是因为，学科教学规律不是关于学科知识的简单总结，也不是习题解答的杂凑，甚至其中看不到一个学科知识，但其反映的却是学科教学的真谛。例如，物理教学领域近年来发展出的原始问题教学理论等一批有影响的学科教学理论，便是其中的典型代表。

显而易见，这类研究集中反映了对学科教学理论与学科教学实践的反思与超越。在这个层面上，教师的工作就不再是"从学科到学科"，而是实现了"从学科到教育"的升华，成为学科与教育之间的生长点。它集中体现了教学的专业智慧，展现了教师的专业品质。

学科教学发展态以更高水平的系列论文发表为特征。如果教师的学科教学论文能够在《课程·教材·教法》《教育科学研究》等期刊发表，说明其专业水平已经达到了学科教学发展态。以物理学科为例，虽然相当一部分教师能够发表许多"就事论事"的教学论文，然而鲜有如吴加澍老师那样的中学物理教师能够将论文发表在《课程·教材·教法》上[②]，这反映了教师专业发展之间的差异。

（三）教育发展态

当教师专业发展不再局限于学科，而是对整个教育工作拥有一种深刻且系统的认知，并且持有自己明晰的教育信念时，这样的教师才能真正成为专家型教师，才有可能踏上从普通教师通往教育家的道路。

之所以要在学科教学发展态之上建立"教育发展态"的层次，首先是因为"就事论理"的发展态仍然存在局限。因此，教师需要以此为基础，构建自己更加普适化、公理化的教学发展态，这将使教师对教育教学的把握臻于更高的境界。实践表明，不拥有理论的人一般不能很好地利用理论指导实践，这实际上是由于不能把握理论与实践的关系。在教学中，机械地、教条地使用理论固然有害，但缺乏理论指引的教学无异于盲人摸象。要避免这种情况，还需要一种对学科教学理论的"理论"，只有拥有这种"理论"，才能指导教师正确地使用理论、指导实践，而这正是教育发展态存在的根本原因。只有达到这种发展态，教师才能对各种理论拥有一种

① 朱铉雄. 物理教育展望［M］. 上海：华东师范大学出版社，2002：252—254.
② 吴加澍. 对物理教学的哲学思考［J］. 课程·教材·教法，2005（7）：64—69.

透彻的认识、才能把理论学活，进而建构新的理论。如此，教师才能突破"术"与"法"的局限，达到"道"的境界。这样，教师才能高屋建瓴地把握教育、教学规律，并在教学中得到美的享受与真的体验。

教育发展态将使教师明确自身所从事教育教学工作的时空坐标，洞悉教育与人的发展规律，并因为自身理解水平的提升而获得一种精神上的和谐与人格上的完善，并在更高层面上体验到一种物我同一所带来的愉悦。自此，也就实现了教师专业化的真正发展。

以客观化的标准来衡量，教育发展态仍然需要高水平的系列论文来表现。如《教育研究》《教育学报》等学术期刊，可以代表教育学术研究的最高专业水准。教师的文章能够在此类刊物发表，无疑代表了教育发展态的水平。

上述三种专业发展水平虽然是相互联系、层层递进的关系，但是并没有必然的逻辑通道。因此，教师专业发展的终极状态就是实现三种状态的贯通。然而，大多数教师无论从教时间长短，都有可能终生停留在某一状态而无法到达更高的状态。还需指出的是，三种发展态的演化有着确定的顺序性，试图跳跃、颠倒或逆向而行，都只能导致发展的异化。

三、教师专业发展的演化路径

基于协同学的教师专业发展理论模型，教师专业发展被描绘为一个由教师与教育教学中的诸多因素构成的结构。在此基础上，专家的有效干预、教师的发展动机以及扎实的训练就构成了促进教师专业发展演化的路径。

（一）专家的有效干预：控制参量

笔者认为，作为教师专业发展引领者的"专家"，必须是实现了学科发展、学科教学发展与教育发展三个教师专业发展态的贯通者。因为只有贯通教师专业三种发展态的专家，才足以保证教师的专业发展踏上正确的道路。具体而言，这样的专家才能真正洞悉教师所处的发展状态，并解决教师发展中遇到的问题，从而在指导中做到既高屋建瓴，又贴切到位，这集中体现了专家的水准和智慧。舍此，教师专业发展的引领难免会流于空洞说教、浮光掠影。

专家介入合理性与必然性的原因在于，许多教师经过多年教学，掌握了大量的知识，获取了很多经验，却不能有效提升自己的专业水平。他们的专业发展如同开中药铺子，知识、经验等都被分散放在药柜上不同的匣子里，由于缺少指导而不能达到自组织状态。这导致他们在面临教育教学问题时不能迅速判断，稍一动笔就错误百出，在理解教学的规律时也是除了简单的分析外，不能准确地表达自己的思想。许多人靠加倍的努力来改善这一状况，结果却是在药柜上开了更多的匣子。依据协同学理论，干预作为系统的控制参量，对系统能否发生状态改变起决定性作用，如果系统没有到达临界区域，就根本没有出现状态改变的可能性。因此，在教师专业发展的被组织阶段，只有通过专家的干预，才能使教师的认知系统向临界区域过渡，才有可能促使各个子系统完成量变并最终达到质变。

一般而言，教师在专业发展过程中通常都存在"高原现象"，即在工作七八年后，由于继续教育机会少，导致知识结构定型、思维定势及经验主义倾向，易于凭借已有的经验进行机械重复性劳动，从而产生倦怠感、挫折感甚至无力感，处于"做一天和尚撞一天钟"的消极状态，教育教学研究能力发展缓慢，甚至出现停滞现象。如果得不到及时有效的指导，这种状态将会持续很长时间，甚至整个职业生涯。一项对物理教师的调查表明，70%的教师希望有人对物理教育论文的写作进行指导，显示了处于高原期的教师对专家引领的热切需求。① 由此可见，专家对教师专业发展的适时介入和有效干预是不可或缺的。

(二) 教师的发展动机：序参量

教师作为专业发展的主体，如果缺失内部发展动机，则任何外界的干预都将于事无补。依据协同学理论，实现教师专业发展态的转变，需要找出系统演化过程中的序参量。一般来说，系统内的子系统自我排列，自我组织，似乎有一个"无形手"在操纵着这些成千上万的子系统；另一方面，正是通过这些子系统的协同作用才导致了这个"无形手"的产生，这个"无形手"就是序参量。

怎样正确确定教师专业发展的序参量？这需要理论思维。事实上，协同学中的序参量可以被赋予不同的意义，用来描述各种非平衡态系统。如果它表示速度和密度，就可以描述流体力学中的各种有序现象；如果它表示不同种类的分子浓度，就可以描述化学中的各种震荡反应；如果它表示生物学中的物种数目，便可以描述生物进化中的自然选择与生存竞争。基于协同学理论和教师专业发展的实践，笔者认为教师专业发展的序参量就是教师的发展动机。

当前，虽然教师在工作中能够做到各司其职，但若以专业发展标准衡量，则有很多教师还未真正实现教师专业发展，甚至有相当一部分教师还处于"前发展态"。造成这种现象的原因是，我国师范大学的课程设置几乎是综合大学课程设置的摹本，如此，就使教师缺乏必要的专业训练，导致他们对教学问题缺乏敏感性。而敏感性的缺失又制约了专业发展的提升。比如，有教师就认为一些教学疑难问题"太深，不考"，却热衷于去揣摩"命题人的意图"。足见，如何激发教师的发展动机无疑是教师专业发展不可或缺的因素。

实践表明，教师一旦激发了对专业发展浓厚、持久的心理动机，将会对他们的专业发展产生根本性的推动作用。以物理学科为例，围绕"中学物理教学六大期刊"，存在着一个以中学物理教师为主的"读者—作者"群，一直以来都通过网络平台发表看法、讨论交流。这个群体普遍思想活跃，乐于交流，并且功底不浅，与

① 王瑞毡. 中学物理教师教育教学研究能力形成的个案研究 ［D］. 北京：首都师范大学，2004.

一般教师群体相比有很大不同。其中所贯穿的正是一种健康、持久的教师专业发展的心理动机。

由此可见，作为教师专业发展的序参量，教师发展动机的持续、强弱不仅反映了教师个人的精神面貌，而且折射出教师专业发展的源泉。发展动机这一序参量从无到有、由弱变强、由变化到稳定的产生和放大过程，就是教师专业发展历程的真正展现。

（三）扎实的训练工作：涨落

在确定了教师专业发展的主体和专家的作用之后，二者能否发生相互作用以及如何发生相互作用就成为发展的关键。对此，笔者认为，只有进行扎实的专业训练，才能真正促进教师专业发展。

从协同学的视角看，专业训练就是教师专业发展过程中的涨落。所谓涨落，是指系统的某个变量对系统状态统计平均值的偏离。在远离平衡态的非线性区，系统中一个随机的微小扰动或涨落，通过非线性相干和连锁效应被迅速放大，形成整体的宏观巨涨落，导致系统发生突变，使教师的大脑越过临界区域，形成新的有序结构，从而完成发展态之间的转变。"涨落导致有序"，因此，专家应当创造自由民主的氛围，鼓励教师大胆提出见解，引导教师深化各种想法，通过专家与教师进行对话、争论乃至辩论，在思维的交流与碰撞中闪现出教师专业发展的智慧"火花"。

在现实中，之所以有大量教师难以突破"前发展态""高原现象"等瓶颈，就是由于长期处于封闭状态而无法突破。而专家指引下的训练工作，就是要使教师的大脑远离平衡态，进而向临界区域过渡，最终实现在高一级发展态上的自我组织。

然而，并非专家与教师相互交流就一定能促进专业发展。那种寒暄客气、泛泛而谈、"表扬与自我表扬"等做法都只能设置隔膜。只有专家与教师之间直言不讳、坦诚相待，真正的思想交流才能发生。尤其需要强调的是，教师专业发展其实是一件非常困难的事情，需要做大量非常扎实的工作。所谓"扎实的工作"就是专家不仅要有指导的意愿，而且要有指导的能力。只有这种触及灵魂深处的扎实工作，才能实现教师专业发展的"真指导"和"真发展"。

教师专业发展不能脱离载体而言发展，在众多载体中，专家指导下的学科教学论文写作训练尤其有效。同时，思维只有经过书面语的训练，才能发展到高度抽象、严密连贯的状态。所以，教学论文训练可以实现思维形式与思维内容的良好统一。

基于上述理论模型，笔者曾指导研究生开展教师专业发展研究，以检验理论模型的有效性。一项研究选择6名物理师范生，进行为期一年的教育教学研究能力发展研究后，研究对象和研究者共发表了 10 篇物理教育研究论文。[①] 另一项为期两年的研究涉及两位处于"高原"状态的中学物理教师，研究结束时研究者和被研究者共发表 9 篇论文（表 1-2）。这在一定程度上说明了发展模型的可检验性。

表 1-2 研究者与被研究者发表论文的情况[②]

人员	论文名称	期刊与刊期
J	运用"改错卡"提高学习效率	《中学物理》，2003 年第 8 期
	一道物理题引起的争论	《物理教学探讨》，2004 年第 5 期
L	汽车转弯最高限速的讨论	《中学物理》，2003 年第 7 期
	伊拉克战事报道中的对话声音为何出现间隔——一堂探究性学习活动课	《物理教师》，2004 年第 3 期
	"一百年前"应改为"两百年前"	《中学物理教学参考》，2004 年第 1—2 期
	殊途同归理变清	《中学生学习报》，2004 年 5 月 10 日
我	由一道物理试题引发的认知心理分析	《中学物理》，2003 年第 6 期
	对自行车刹车时稳定性问题的讨论	《物理教学探讨》，2003 年第 9 期
	高中生物理归纳能力水平的差异研究	《物理通报》，2003 年第 11 期

注：J、L 是教师，"我"是研究者。

两项"前发展态"向"学科发展态"发展的教师专业发展个案研究表明，采用专家干预方式可以实现教师专业水平的有效提升。这些研究既是对教师专业发展的实践探索，也是对教师专业发展理论模型的验证。它不仅较好地体现了理论的完备性与实践的可行性，而且也为我国教师专业发展提供了重要的理论支撑与实践启示。

第三节　北京市中学教师专业发展水平的实证研究及其启示

一、研究问题与提出

新中国成立以来，首都基础教育在全国长期发挥表率作用并居于引领地位，对国家基础教育做出了很大贡献。近年来，随着江苏省、浙江省等省基础教育水平的迅猛发展，使首都基础教育面临新的挑战。特别是在当前基础教育课程改革的形势下，首都中学教师的专业发展水平如何，怎样客观评价专业发展水平，这些问题已

① 李正福. 高师物理师范生教育教学研究能力发展的个案研究 [D]. 北京：首都师范大学，2008.
② 邢红军. 高中物理教师专业发展 [M]. 北京：中国科学技术出版社，2015.

经成为制约首都基础教育发展的重大问题。只有准确回答这些问题，才能为首都基础教育决策与改革发展提供证据，才能使国家教育投入最大限度地发挥效益，才能为促进中学生的全面发展提供保障。因此，对北京市中学教师专业发展水平准确定位，无疑成为具有重要研究价值的课题。

二、研究思路与设计

教师专业发展，是指教师在整个专业生涯中，通过终身专业训练，习得专业知识技能，实施专业自主，表现专业道德，并逐步提高从教素质，成为一个良好的教育专业工作者的专业成长过程。[①] 因此，如何量度北京市中学教师的专业发展水平，就非常有必要进行研究方法的深入思考。由于一般教育研究缺乏学科教学专业考量，往往使中学教师专业发展的研究过于笼统。那么如何解决这一问题呢？

笔者认为，对北京市中学教师专业发展水平的研究，在微观层面需要采用定量、实证的方法，否则不足以得出客观、准确的结果；在中观层面需要体现教师专业发展的专业性，也即需要基于学科知识背景；在宏观层面则需要选择规范的研究范式，以保证研究结果的信度与效度。

事实上，中学教师的专业领域就是学科教学工作。作为从基础教育一线成长起来的教学领域，其自身具有专业性和实践性的特点，体现了教师对教育的理解深度以及学科教学知识（PCK）的水准。几十年来，学科教育为我国教师专业发展做出了历史性贡献，凝聚了几代学科教师的专业智慧，并在此基础上形成了学术共同体，确立了专业标准与专业认同，其中尤为突出的是建立了各学科教学期刊。这些期刊长期以来贴近一线教学并保持专业化的审稿标准，从而成为衡量中学教师专业发展的重要尺度。因此，中学教师在学科教学期刊上发表论文，就不失为一种衡量教师专业发展水平的良好标志。

基于此，笔者采取比较研究的方法，遵从教育研究的实践取向，将研究超越思辨层次，采用实证研究方法，从而为本研究提供了研究方法的导引与支撑。

关于比较对象的选定，笔者采取典型抽样方法，选取江苏省作为比较对象。江苏地处东部沿海地区，基础教育在全国处于先进水平，这是笔者抽取江苏的主要原因。北京、江苏两地中学教师专业发展水平的比较，有助于对北京市中学教师专业发展水平进行准确衡量，从而明晰北京市中学教师专业发展在全国的地位，进而把握北京市中学教师专业发展的真实水平。

综合以上考量，笔者首先采用"德尔菲法"，选定基础教育各学科具有足够专业性和认可度的教学期刊；然后选取10年时间区间，统计北京市、江苏省两地普通中学教师发表于各刊物的论文篇数，最后加权统计分析，以探明两地中学教师专业发展水平及其差异。需要说明的是，尽管以上研究方案存在某种局限，但

---

① 靳玉乐. 现代教育学 [M]. 成都：四川教育出版社，2006：145.

其客观、定量、可重复的特点，仍然可以认为是目前衡量教师专业发展水平的最佳方式。

三、研究数据与结论

经中国知网（CNKI）中国期刊全文数据库检索，笔者查阅了 2003—2012 年全国中学教师发表论文的中学学科教学期刊，包括语文、数学、英语、物理、化学、生物、政治、历史和地理 9 个学科共 39 种，总计 181719 篇文献。其中，北京中学教师发表 2333 篇，江苏中学教师发表 24783 篇。

相关统计参数确定依据《2011—2012 学年度北京教育事业发展统计概况》以及《2011 年江苏省教育事业发展统计公报》。查得 2011 年，北京市共有 16 个区县，常住人口 2018.6 万人，普通中等学校在校学生人数 711130 人，普通中学专职教师 56039 人；江苏省共有 13 个省辖市，下辖 100 个县（市、区），2011 年人口绝对量 7898.80 万人，普通中学在校学生 403.41 万人，普通中学专职教师 282259 人。

基于以上方法和参数得出的统计结果和计算数据如表 1-3～表 1-12 及图 1-2 所示。其中"苏、京两地教师发表论文数量的比值"与"苏、京两地教师人均发表论文数量的比值"，采取了"江苏数量/北京数量"的计算方式。由于苏、京两地普通中学教师人数不同，因此，必须统一教师人数标准。笔者选取两省（市）教师发表论文篇数除以该省（市）普通中学专职教师数量进行比较，分别计算了苏、京两地教师发表论文占总数的比例，苏、京两地教师发表论文的比值，苏、京两地教师人均发表论文数量的比值以及苏、京两地教师人均发表论文数量所占总数比例并作出图像（图 1-2）。

表 1-3　苏、京两地中学化学教师发表论文统计

期刊	江苏/篇	北京/篇	总数/篇	江苏所占总数比例/%	北京所占总数比例/%	苏、京两地教师发表论文数量的比值	苏、京两地教师人均发表论文数量的比值
化学教育	357	150	3423	10.43	4.38	2.38	0.47
化学教学	591	70	3801	15.55	1.84	8.44	1.68
中学化学教学参考	553	53	3856	14.34	1.37	10.43	2.07
化学汇总	1501	273	11080	13.55	2.46	5.50	1.09

表1-4 苏、京两地中学生物教师发表论文统计

期刊	江苏/篇	北京/篇	总数/篇	江苏所占总数比例/%	北京所占总数比例/%	苏、京两地教师发表论文数量的比值	苏、京两地教师人均发表论文数量的比值
中学生物教学	586	22	2972	19.72	0.74	26.64	5.29
生物学教学	832	79	5968	13.94	1.32	10.53	2.09
中学生物学	999	19	3658	27.31	0.52	52.58	10.44
生物学通报	215	261	4033	5.33	6.47	0.82	0.16
生物汇总	2632	381	16631	15.83	4.89	6.91	1.37

表1-5 苏、京两地中学历史教师发表论文统计

期刊	江苏/篇	北京/篇	总数/篇	江苏所占总数比例/%	北京所占总数比例/%	苏、京两地教师发表论文数量的比值	苏、京两地教师人均发表论文数量的比值
中学历史教学参考	260	84	3010	8.64	2.79	3.10	0.61
中学历史教学	312	22	2884	10.82	0.76	14.18	2.82
历史教学	192	36	4280	4.49	0.84	5.33	1.06
中学历史教学研究	554	2	789	70.22	0.25	277.00	54.99
历史汇总	1318	144	10963	12.02	1.31	9.15	1.82

表1-6 苏、京两地中学数学教师发表论文统计

期刊	江苏/篇	北京/篇	总数/篇	江苏所占总数比例/%	北京所占总数比例/%	苏、京两地教师发表论文数量的比值	苏、京两地教师人均发表论文数量的比值
数学教学	315	27	2561	12.30	1.05	11.67	2.32
数学教育学报	38	22	1478	2.57	1.49	1.73	0.34
数学通报	423	148	2600	16.27	5.69	2.86	0.57
中学数学教学参考	227	34	1736	13.08	1.96	6.68	1.33
中学数学教学	1298	17	2942	44.12	0.58	76.35	15.16
数学汇总	2301	248	11317	20.33	2.19	9.28	1.84

表1-7 苏、京两地中学政治教师发表论文统计

期刊	江苏/篇	北京/篇	总数/篇	江苏所占总数比例/%	北京所占总数比例/%	苏、京两地教师发表论文数量的比值	苏、京两地教师人均发表论文数量的比值
中学政治教学参考	1192	46	5155	23.12	0.89	25.91	5.14
思想政治课教学	810	154	4746	17.07	3.24	5.26	1.04
政治汇总	2002	200	9901	20.22	2.02	10.01	1.99

表1-8 苏、京两地中学语文教师发表论文统计

期刊	江苏/篇	北京/篇	总数/篇	江苏所占总数比例/%	北京所占总数比例/%	苏、京两地教师发表论文数量的比值	苏、京两地教师人均发表论文数量的比值
中学语文教学	663	177	4615	14.37	3.84	3.75	0.74
语文教学与研究	798	24	25315	3.15	0.09	33.25	6.60
语文建设	213	68	4238	5.03	1.60	3.13	0.62
语文学习	377	15	4309	8.75	0.35	25.13	4.99
语文教学通讯	1135	88	10805	10.50	0.81	12.90	2.56
中学语文教学参考	573	33	3995	14.34	0.83	17.36	3.45
语文月刊	376	12	5283	7.12	0.23	31.33	6.22
中学语文	1560	22	11911	13.10	0.18	70.91	14.08
语文汇总	5695	439	70471	8.08	0.62	12.97	2.58

表1-9 苏、京两地中学地理教师发表论文统计

期刊	江苏/篇	北京/篇	总数/篇	江苏所占总数比例/%	北京所占总数比例/%	苏、京两地教师发表论文数量的比值	苏、京两地教师人均发表论文数量的比值
地理教学	649	32	3175	20.44	1.01	20.28	4.03
中学地理教学参考	615	62	4007	15.35	1.55	9.92	1.97
地理汇总	1264	94	7182	17.60	1.31	13.45	2.67

表1-10 苏、京两地中学物理教师发表论文统计

期刊	江苏/篇	北京/篇	总数/篇	江苏所占总数比例/%	北京所占总数比例/%	苏、京两地教师发表论文数量的比值	苏、京两地教师人均发表论文数量的比值
物理教师	1418	107	4606	30.78	2.32	13.27	2.64
物理通报	684	200	3361	20.34	5.94	3.43	0.68
物理教学探讨	1491	58	7251	20.56	0.80	25.71	5.10
中学物理教学参考	544	24	3566	15.26	0.67	22.67	4.50
物理教学	463	14	3921	11.81	0.36	33.07	6.57
中学物理	1753	65	3270	53.61	1.99	26.97	5.36
物理汇总	6352	467	25975	24.46	1.80	13.59	2.70

表1-11 苏、京两地中学英语教师发表论文统计

期刊	江苏/篇	北京/篇	总数/篇	江苏所占总数比例/%	北京所占总数比例/%	苏、京两地教师发表论文数量的比值	苏、京两地教师人均发表论文数量的比值
中小学外语教学	109	32	1128	9.66	2.84	3.41	0.68
中学生英语	1381	11	12032	11.48	0.09	125.55	24.93
基础英语教育	162	39	1553	10.43	2.51	4.15	0.82
英语辅导教师版	33	0	1925	1.71	0.00	—	—
基础教育外语教学研究	33	5	1561	2.11	0.32	6.60	1.31
英语汇总	1718	87	18199	9.44	0.48	19.75	3.92

表1-12 苏、京两地中学教师论文发表统计

期刊	江苏/篇	北京/篇	总数/篇	苏、京两地教师发表论文数量的比值	江苏教师人均发表论文数量所占总数比例/10^{-7}	北京教师人均发表论文数量所占总数比例/10^{-7}	苏、京两地教师人均发表论文数量的比值
化学	1501	273	11080	5.50	4.80	4.40	1.09
生物	2632	381	16631	6.91	5.61	4.09	1.37
历史	1318	144	10963	9.15	4.26	2.34	1.82
数学	2301	248	11317	9.28	7.20	3.91	1.84
政治	2002	200	9901	10.01	7.16	3.60	1.99

续表

期刊	江苏/篇	北京/篇	总数/篇	苏、京两地教师发表论文数量的比值	江苏教师人均发表论文数量所占总数比例/10^{-7}	北京教师人均发表论文数量所占总数比例/10^{-7}	苏、京两地教师人均发表论文数量的比值
语文	5695	439	70471	12.97	2.86	1.11	2.58
地理	1264	94	7182	13.45	6.24	2.34	2.67
物理	6352	467	25975	13.59	8.66	3.21	2.70
英语	1718	87	18199	9.75	3.34	0.85	3.92
总数	24783	2333	181719	11.18	4.83	2.29	2.22

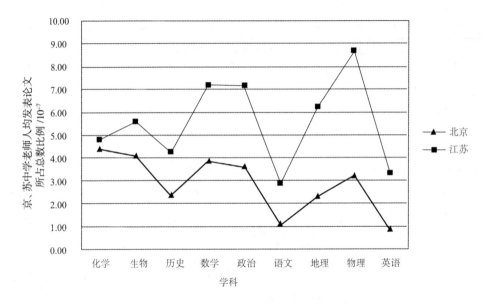

图 1-2　京、苏两地 9 个学科中学教师人均发表论文所占总数比例对比

数据显示，基础教育的 9 个主要学科，苏、京两地教师人均发表论文数量的比值平均为 2.22 倍，即江苏中学教师是北京中学教师人均发表论文的两倍以上。其中，差距最大的为英语学科，比值为 3.92；其次为物理、地理、语文 3 个学科，比值分别为 2.70、2.67 和 2.58；再次为政治、数学、生物 3 个学科，比值分别为 1.99、1.84 和 1.37；最好的为化学学科，比值为 1.09。

由此可以得出结论：北京中学教师专业发展水平较江苏中学教师呈全面落后态势，且差异极其显著。鉴于北京市长期以来不断从外省市引进大量特级与高级教师，因此，如果扣除这部分教师对统计数据的贡献，则北京本土中学教师专业发展水平更为落后。

四、研究分析与讨论

北京作为国际大都市，是全国政治、经济、文化与教育中心，区县比例与城市化程度远远高于江苏，加上诸多政策优势与地缘优势，理应比江苏中学教师专业发展水平领先，然而统计结果却是全面落后且相差一倍以上。面对统计结果，在震惊之余，笔者试图对形成这一状况的原因进行深入探讨。综合分析，有如下四点原因。

（一）师范生培养体制的落后

师范教育作为基础教育的"母机"，对基础教育师资质量具有基础、保障作用。然而，目前北京、江苏两省（市）的师范教育却呈现出不同的发展态势。当南京师范大学、江苏师范大学、南京晓庄学院等一批江苏师范院校早在 2005 年就开始师范生培养体制改革——成立教师教育学院，并释放教师教育发展活力之时，北京市的教师教育却仍然因循守旧，首都师范大学至今仍然没有成立教师教育学院，便是京、苏两省（市）师范教育差距的明证，以致在师范生的培养模式、课程设置等核心问题上始终不能取得实质性突破。这是造成北京市中学教师专业发展落后的根本原因。由于北京市中学教师绝大多数出自首都师范大学，因此，对于北京市中学教师专业发展水平全面落后江苏的状况，首都师范大学难辞其咎，需要认真反思教育观念与办学思想严重滞后与迟钝的原因。

（二）教研制度指导的局限

新中国成立至今，我国基础教育形成了颇具特色的三级教研制度，省、市、县教研室与教研员在实际上扮演着基础教育教师的辅导者和领导者角色。甚至有教师直言："我们不用看课标，听教研员的就行。"[1] 这足以反映教研制度对中小学教师的影响力。而教研制度也确实为基础教育质量的提升，为教师专业发展做出了重要贡献。

然而，在当前基础教育改革中，三级教研制度已然凸显了亟待改进的问题，突出表现为体制的封闭性对教学研究质量提升的制约，使其成为阻滞教师专业发展的一大体制性原因。北京市教研室主导下的教学研究多以"公开课""观摩课""研究课"及不曾发表的"获奖论文"等形式开展与呈现，虽然也具有一定的促进作用，然而缺乏与学术标准的"对接"，缺乏外界的干预与交流，导致北京基础教育教研仍然是一个相对封闭的体系。在基础教育课程改革的十余年里，这一封闭格局仍然未被根本触动，这就使大量一线教师的专业发展由于缺乏高水平学科教学论专家的引领，而日益趋于闭锁与局限，这是造成北京市中学教师专业发展水平全面落后江苏的另一原因。

---

① 林静. 中国教研系列访谈一：学者的视角［J］. 中国教师，2013（13）：3.

（三）教师专业发展的漠视

中学作为教师教学工作的场所，是教师的职业家园与专业成长的依托，理应为教师的专业成长创造条件并扮演促进者的角色。然而，北京市中学在教师专业发展工作中"务实"与"务虚"的错位与失衡，严重异化了中学教师专业成长的作用。浏览北京市各中学网站不难发现，在"集体教研""赛课评课"等热闹活动的背后，整体呈现出务虚多于务实的状态。学校建设的面子工程、政绩工程热烈非凡，而唯独教师个人专业发展没有被纳入学校领导的视野，诸如教师攻读学位，脱产进修、职称晋升等关乎教师切身利益与专业成长的问题并未被学校领导所重视，甚至教师发表论文的版面费都不能报销。中学领导更多地将学生的考分作为政绩看待，而非真正关注教师的专业发展。因此，北京市中学在教师专业成长中作用的弱化是造成北京中学教师专业发展水平落后的现实原因，唯有整体改革才能实现突破。

（四）专业评定标准的差异

中学教师的专业晋升对教师专业发展兼有激励、引导以及规范、评价作用。教师作为一门专业，其专业性的达成与呈现，专业评定是最基本的手段。研究发现，北京市中学教师职称评定对于公开发表的论文并不看重，而是对获奖论文、观摩课、公开课、教材编写等青睐有加。殊不知只有公开发表的教学论文才能真正体现中学教师的专业发展水平。而江苏省在全国个别地区取消论文要求的情况下，却对论文评审维持了较高的标准，在职称评审时对一些低水平与非正式刊物列表声明不予承认，甚至还对论文内容质量拟定了评分细则，规定有"习题集按不合格论文看待，给0分"这样严格的条目。这一差异对中学教师专业发展起到的规范、激励作用不可同日而语，由此使得专业评定标准成为京、苏两地中学教师专业水平差异的政策原因。

五、研究建议与对策

针对北京市中学教师专业发展水平全面落后于江苏省的现状及其成因，笔者提出如下建议与对策。

（一）提升首都师范生培养质量

如前所述，江苏省以南京师范大学为代表的一批省属师范大学在国内率先实行了教师教育体制的改革与创新。2005年南京师范大学教师教育学院成立，标志着中国教师教育翻开了新的一页。南京师范大学教师教育学院的建院目标是：有效地整合、拓展教师教育资源，建立符合开放灵活现代教师教育制度要求的教师教育机构，创新教师教育专业人才培养模式，高质量地开展专业化的教师教育活动和科研活动，建立在全国有重要影响、在全省起主导作用的教师教育基地，为国家推进教师教育改革起示范作用，从而彰显教师教育特色。[①]

教师教育学院的建立，为分散于各学科院系的学科教学论教师提供了良好的学术平台，使师范生培养得以按照教师教育规律进行课程设置。它不仅有利于提高师范生的培养质量，而且解决了新中国成立60余年来师范大学的制度性难题，从而彰显了教师教育制度创新的智慧和勇气。反观首都师范大学，尽管在教师教育改革中已落后于南京师范大学将近十年，却依然浑然不觉，至今仍然在纠葛中踟蹰不前。首都师范大学亟待积极借鉴江苏省各师范院校的教师教育改革并尽快成立教师教育学院，从根本上提高师范生的培养质量，为北京市基础教育输送更多的优秀师资而奋起直追。

（二）改革教研制度的运行体系

如前所述，北京市封闭的教研制度亟须打破，这需要真正专业干预力量的介入，并进行扎扎实实的工作，而那种寒暄客气、泛泛而谈、"表扬与自我表扬"等做法都只能设置隔膜。笔者认为，对封闭教研体制的打破，在宏观层面需要确立 U–S（university–school）合作的平台与机制，在微观层面则要以"高端备课"这一体现学科教学专业性形式为载体。

"高端备课"作为联系教学理论与教学实践的枢纽环节，能够为一节课的具体设计构筑理论与实践双重答辩的良好平台，成为理论与实践的双重生长点。这种方式构筑了专业沟通与学术批判的桥梁，可以促进北京市中学教师专业发展以及北京市基础教育研究水平跃升。它不仅为教研专家、研究者与基础教育一线教师之间的交流构建了平台，也为教师专业发展在大学（university）学科教学专家与中学（school）教师之间的交流构筑起了联系的桥梁，使之成为 U–S 合作发展的新方式。综上所述，高端备课兼具理论与实践双重意蕴的特点，使其可以成为突破当前北京教研系统的封闭性，实现北京市基础教育理论与实践的真正结合以及中学教师专业发展的重要途径。

（三）优化教师专业发展体制

为促进中学教师专业发展，北京市各中学需要将构筑平台、提供保障、创造条件等促进教师专业发展的举措纳入考量。这不仅包括购买数据库、建设专业资料室、设立论文奖励基金等物质保障，还需积极参与交流，与真正高水平的学科教学专家开展深入合作。

尤其需要强调的是，中学对教师专业发展的促进应告别行政主体、政绩主体、口号主体的思路，真正做到以教师为发展主体。江苏、浙江等省市的诸多务实举措

---

① 中共南京师范大学委员会，南京师范大学．南京师范大学教师教育学院组建方案［Z］．南京：中共南京师范大学委员会，南京师范大学，2005.

非常值得学习。比如，宁波中学曾以校为单位，选派近百名教师进京，与北京高水平的学科教育专家拜师结对进行长期培养。在中学积极为教师创造攻读学位条件方面，江苏也较北京更为开放务实。以物理学科为例，苏州大学、南京师范大学等江苏师范院校的物理教育硕士每年招生数量通常近百人，而首都师范大学每年仅有的几个名额也常常不能招满，有些中学甚至阻碍教师攻读教育硕士。凡此种种，都反映出两省市天壤之别的教师专业发展理念。

（四）提升教师专业评定标准

当前，中学教师职称评定标准正处于新一轮改革期，个别省市已经取消了发表论文的硬性指标，北京市则有继续淡化论文的思路。虽然这一思路平衡了旧评审制度下的不满，但是从长远来看，是不符合教师专业发展规律的，也必将降低北京市中学教师的专业水准。如前所述，教学论文不仅是一纸文字，更是教学研究成果的承载方式，代表着教学共同体的衡量标准。北京市中学教师专业评定应与此积极对接，从而促进北京市中学教师与全国教师共同体的互动，告别封闭落后的职称评审观念与政策。

六、研究启示与展望

基于以上研究，笔者给出了如下研究启示与展望。

（一）高度重视北京市中学教师专业发展的积累效应

回顾北京市中学教师专业发展水平实证研究的历程，笔者发现，"优质均衡""引领表率"的背后是北京市中学教师专业水平较基础教育发达省份的全面落后。应当强调指出的是，这种落后程度并不能等闲视之。由于笔者的研究覆盖了中学教育9个主要学科，时间跨度长达10年，因此，这一庞大数据取样就不仅反映了京、苏两地中学教师专业发展差异的现实状况，而且反映了两地中学教师专业发展差异的积累效应。"冰冻三尺非一日之寒"，鉴于江苏省中学教师专业发展水平较北京市的领先地位已经形成，北京市中学教师专业发展水平的追赶就绝非一日之功。唯有痛下决心、采取措施，才有可能在一个相当长的时期内逐步赶上。

研究启示，随着国家经济社会的诸多变化，首都基础教育不能再一味指靠先天政治优势与地缘优势而夜郎自大、故步自封，而应展现更加开放务实的谦虚姿态，寻找与基础教育先进省份的差距，承认不足、奋起直追。唯有如此，才能使北京市中学教师专业发展水平向前迈进。针对这一研究结果，笔者诚恳地建议，包括北京市市委、北京市政府在内的各级教育主管部门，都应当认真反思研究结果背后的深层原因，找到切实可行的应对方案，努力提高北京市中学教师专业发展水平，以不辜负首都人民和广大家长的殷切希望。

（二）充分认识教学论文在教师专业发展中的重要价值

在本研究中，笔者采用教学论文衡量中学教师专业发展水平，这种研究方法不仅具有创新性，而且具有合理性。研究显示，写作对教师专业发展具有多方面的影响，主要包括：影响教师的专业态度；影响教师的专业习性；提升教师的专业技能和专业智慧；拓展教师的专业知识，改善教师的知识结构。其原因在于：教育写作不仅提供了一种反思的平台和工具，而且促使教师完成教育学意义上的反思过程；教育写作也是专题化学习的过程；教育写作的过程也是研究的过程。① 可以说，不会撰写教学研究论文的教师，只能是"教书匠"，而不是"研究者"。由此可见，教师的教学研究论文不仅反映了教师对教学的理解，并且还是教师授课水平的一种投射。基于上述理由，教学论文就成为衡量中学教师专业发展水平最为标准、最具说服力的科学标度。

（三）科学运用教学研究论文评价教师专业发展水平

当前，学术数据库等数字网络科研资源使得定量评价中学教师专业水平成为可能，中国知网（CNKI）如同一面镜子，对京、苏两地中学教师教学论文的统计比较使得北京中学教师专业发展水平现出"原形"。教育部《2011 年全国教育事业发展统计公报》显示，2011 年全国普通中学教师共 508.13 万人，2003—2012 年共发表论文 181719 篇，平均每人发表 0.03576 篇，显然，这一统计数据具有"常模"价值。与之对比，北京市普通中学教师共 50639 人，10 年间共发表论文 2333 篇，人均发表 0.0416 篇，为全国平均水平的 1.18 倍。可见，北京市中学教师专业发展水平基本处于全国平均水平。

长期以来，中学教师专业水平如何衡量、如何评价一直处于模糊不清的状态。而中国知网的论文检索方法以及"常模"的建立，使中学教师专业发展评价告别了"盲人摸象"的传统状况，实现了客观、可靠的真实评价。鉴于这种研究方法的客观性与可行性，因此，这种方法对全国其他省市中学教师专业发展水平的评价亦具有推广和应用价值，并对全国中学教师专业发展的途径、模式与评价的探索提供有益的启示。笔者建议，北京市应充分利用 CNKI 数据库功能，全面查清北京市每位中学教师的教学论文发表情况。笔者认为，这一举措有利于查明北京市中学教师专业发展水平，并在此基础上有针对性地制定教师专业发展规划，从而使北京市中学教师专业发展真正能够落到实处。

（四）合理借鉴并推广先进的教师专业发展培养模式

当前，北京市中学教师专业发展的真正出路在于如何在实践中做到"真"发

---

① 丁昌桂. 教育写作与教师专业发展——基于 20 位特级教师的问卷调查 [J]. 教育研究与评论·中学教育教学，2013（5）：26—32.

展。所谓"真"发展，是指摈弃目前教师专业发展的虚假繁荣模式，运用公开发表的教学研究论文作为衡量标志，在真正高水平专家的引领下开展扎实训练，使北京市中学教师真正形成教育教学研究能力。我们的职前教师专业发展培养实践表明，只要指导者与教师都肯放下身段、开展脚踏实地的工作，教师教育教学研究能力完全能够很好地发展，甚至是迅速的、跨越式的发展。2011年以来，邢红军教授共指导物理教学论研究生8人（研究生三年级和研究生二年级各4名），经过严格与规范的训练，8名研究生共发表第一作者的物理教学研究论文46篇，平均每人3篇，其中一位的论文发表在《课程·教材·教法》这样的权威核心期刊上。他们经过两年多训练所形成的教学研究水平，为什么北京市的许多中学高级教师都难以达到？显然，这就从实践的层面再次印证了北京市目前中学教师专业发展模式中存在的诸多深层问题。因此，合理借鉴并推广先进的教师专业发展培养模式，就成为北京市中学教师专业发展的必由之路。

第二章 物理教师专业发展心路历程

第一节 我的物理课程与教学论学习心路历程

我于2011年成为邢红军教授指导的物理课程与教学论硕士研究生，在读期间在邢老师的指导下共发表29篇论文，其中第一作者或独著18篇。2014年9月成为邢老师的一名博士生，以下记叙的是我专业发展的心路历程。

一、物理教学论的"入门"

物理教学论专业的学习，需要重新"入门"。这一观点并非我的原创，而是我入学后，高我两届的乔通师兄（后考取西南大学博士生）与我交流时吐露的观点，我深以为然！

（一）"纯"教育学的"纠结"感

我有物理学本科的专业背景，本科期间学习的教育学类课程包括《教育学》《心理学》《教育科研方法》《教师专业发展》。备考研究生时，由于需要考具有相当难度的全国统考"311教育学基础综合"，因此系统地自学了教育学原理、中外教育史、教育心理学、教育科研方法等课程。在接触邢老师的理论前，我并未对教育、教育学拥有一种全面且深入的认识，相反，却感到十分"纠结"。

进入物理教学论的学习后，我发现之前学到的只是一些"常识"而已，并不足以指导物理教学的实践。这是因为，"纯"的教育理论无法直接与物理教学的实践相结合。更何况，有相当多的教育教学理论并没有学科教学尤其是物理教学的实践基础。而教授这些课程的教师也往往没有学科教学的实践经验，所以无法将教育理论具体、丰满地诠释出来。

（二）"入门"之一：课程学习

入学后，我学习了公共课教育心理学和教育科研方法。个人认为这些课程仍然与学科教学联系不够紧密。由于之前已学过两次，这次颇有"淡如清水"之感。而专业课程则实实在在地将我们带入了物理教育教学的"门槛"。

研究生一年级，邢老师为我们开设了如下课程：物理教学论、物理教育心理学、物理实验教学论、物理教育论文写作。这些课程内容不仅与物理教学联系紧密，而且立足于科学的理论思维。在课堂上，邢老师采取讲解与互相讨论的方式，使我们逐渐明晰了物理教学论这一专业领域中的特殊范畴、特殊问题，以及独到的研究方法与研究视野。在课程中，他不仅讲述了物理课程、教学、改革与发展的宏观问题，还讲述了微观物理教学中的具体问题；不仅讲述了在"真刀真枪"的物理教学中"做什么""如何做"，还从物理教学论的高度辨析了"为什么要这样做"。这些都与我之前接触的所谓"纯"教育理论有极大不同，颇感"别有洞天"。

(三)"入门"之二：文献阅读

阅读文献是"入门"的另一层含义。物理教学不仅仅是一门职业，而且是一门专业。阅读文献的过程是要让自己明白：自己的一些困惑、彷徨，其实很多前人已经做了大量的探索工作。了解了这些，才能够运用专业的概念、范畴来思考问题，才能够进入专业的话语体系来表达、探讨问题。逐渐地，我找到了阅读文献的几条线索。

(1)邢老师论文。在精读老师文章的基础上，以此为线索，阅读更多的文献资料。总体而言，邢老师的论文可分为物理教学研究、物理教育研究、基础教育研究三个部分。论文由浅入深、由具体到抽象、由微观到宏观，充分展现了物理教育教学研究的不同层面，既面广，又有一定的深度。也正如邢老师所说，物理教学论学者需要有三个层面的研究能力并且要纵向贯通：就事论事、就事论理、就理论理。本着这一宗旨和目标，反复阅读，获益颇深。

(2)以专题为线索。如"实验教学""概念转变""科学探究""教育技术应用"等专题。

(3)以自己的疑惑、问题为线索。我感到非常幸运的是，我入学时（2011年），正赶上"课改十年"这个关口，邢老师刚发表了《中国基础教育课程改革：方向迷失的危险之旅》的长篇文章，后来引起了很大反响与关注。我们研究生的第一堂课学的就是这篇文章。后来，以此为契机，我开始了对新课改的深入思考，也阅读了大量探讨课改的文献，收获很大。我感到，任何文献阅读都需要一种契机和心理上的求知欲。

(4)以著名学者、教师、学校为线索。即追踪本领域及相关领域名家、名师、名校的研究。

文献阅读是一个积极拓展阅读视野的过程。在经历了学习状态的"入门"之后，我与其他同学们一样，开始了一个广泛的、自主与协作相结合的文献阅读过程。举例来说，在导师的布置下，我们曾对全国多个物理课程与教学论团队的研究工作进行文献综述，其中包括所有能够查到的文献及其团队的硕博士论文。有个别团队的文献高达数百篇。在搜集文献之后，我们对文献进行了分类，在此基础上进行了分专题综述。最后对每个研究团队形成了长达 10 页左右的内部文献综述一部。

这一文献工作使我们高强度、高密度地摄入了相关知识、开拓了研究视野，训练了学术能力。我个人感到尤其难得的是，邢老师对整个过程的指导没有采取事无巨细的方式，而是放手让我们自主处理，最后对文献综述提出尖锐的意见，带着这些意见，我们又进行重复阅读、思考、综述。可以说，导师这种"当抓则抓、当放则放"的方式使我们获益良多。

自主阅读则更多地体现了每个人的思考路线。这一过程不断增加了自己的知识储备，弥补每个人知识上的不足，同时进一步训练了处理文献、鉴别文献的能力，并且这种工作贯彻到了后续的学习和研究过程。

我个人感到，文献工作的确是一件必须越过的门槛。古人曾对读书方法打了一个颇为形象的比方：先猛火煮，再慢火煨。或许文献工作也应该经历这样的过程。

（四）"入门"的心得

1. 培养读书的习惯与能力

这一观点同样是乔通师兄的，他个人就是一个读书的"好手"，我亦非常认同他的这一看法。事实上，读书既是一种习惯，又是一种能力。历史上的学者从来没有终止过对读书方法的探讨。朱熹就曾提出了著名的"朱子读书法"，今天一些大学的课程也将当堂"读书—研讨（讲解）"作为教学的基本形式，目的都是为了培养读书的习惯与能力。

作为物理学科出身的人，我们往常都是处理数学语言、公式符号居多，处理文字材料的能力的确还很不熟，所以往往读书时坐不住、读不进，读两句就头大、脑子一团糨糊，这都需要着意训练。因此，在这个意义上，教育学考研备考的历程并不是那样"无用"，起码训练了我读书的习惯和能力。

2. 养成"积累"的意识

"积累"即积少成多、融会贯通、聚沙成塔，包括精神上的积累和物质上的积累。学过的东西、闪过的念头不要忘记，可以用做笔记、札记的方式记录、整理、琢磨，这就是精神积累的过程。我在学习过程中，坚持做笔记、札记，一直延续至今，这就是一种积累。物质上的积累是指研究资料的搜集和保存。好书、好文章往往很少且不易获得，所以，建立自己的资料库很有必要。

我由衷地感到，"正宗"的物理教学论是能对物理教学产生有效促进作用的。然而可惜的是，进入物理教学论的"门径"也并非容易。我为大部分一线教师没有学到真正好学、好用的物理教学论研究成果而感到惋惜。我开始意识到，有必要建立起物理教学论的"范式"，整理物理教学论的历史遗产。到目前为止，遇到的一个重要困难就是史料来源的限制。比较幸运的是，在首都师范大学我得到了很多宝贵的物理教学论早年资料，这成为我整理思索物理教学思想史的重要资料。我感到，物理教学思想史不同于物理教育史，整理起来很有难度。虽然这一工作是那样地重要，但是人们往往缺少这种积累历史文献的意识，因此这方面的文献仍然是匮乏的，需要大家共同努力。

3. 用理论思维破除迷信

理论思维是邢老师向我们经常强调的，我个人亦非常认同。我认为重视理论研究并不必然导致轻视实践。对这一观点的认识取决于对理论与实践关系的把握。

理论思维的价值在于通过思维的加工，揭示事物的本质及规律，即揭示事物之间本质的、必然的、稳定的联系。然而，了解理论（规律）的人却并不总是能利用它更好地指导实践，并且这种现象在教师群体中是很多的。我认为，这实际上是缺乏正确实践观的指导。实践中，机械地、教条地使用规律（理论）必然不会有好的结果，要避免这种状况的出现，还需要一种对理论的"理论"。

这种对理论（规律）的"理论"就是理论思维，它指导研究者正确地使用规律、发展规律、指导实践，而不是教条地使用规律。在研究生一年级跟随邢老师学习的一年时间里，我深感学到的精髓就是不断地"破除迷信"，即破除对现有理论的迷信。由此才能告别机械看待事物的阶段，实现从抽象到具体的"第二次飞跃"。我深感，自大学时期开始学习教育理论，但认识过程的这次"飞跃"却是在邢老师这里完成的。并且我亦认为，也只有完成了第二次飞跃，才能对各种理论有一种透彻的认识，才能把理论学活，进而才有能力建构新的理论。

然而在实际中，这种"对理论之理论"的缺失却使一部分研究者或学习者与理论无缘，甚至拒斥理论、贬斥理论，整体表现为一种对理论的消极态度，具体表现为，一方面，他们对学术前沿领域进行广泛追踪，另一方面，则表现为对自身的特色研究理论提升不足。对此，我们必须有清醒的认识。

二、对理论学习的反思与对邢老师理论体系的理解

一些教育教学的基本理论的学习对物理教学工作者来说无疑是必要的。但是限于思维方式的差异，物理学出身的物理教师对教学理论有着不同的需求与特殊的学习困难。这在我个人的教育理论学习过程中有着深刻的体验，然而当时却不知道问题出在哪里。直到进入硕士阶段的学习，才逐渐产生了一些反思。

（一）教学过程理论

关于教学过程，一般"教育学"层面的探讨大多围绕"主导—主体""双主体"等范畴展开，这在大部分教育学教科书上都能够找到。但是并非这种探讨与表述方式没有价值，而是对于物理教师以及物理教学工作缺乏直接的指导。更为重要的是，如前所述，这不适合物理教师的认知模式。进入研究生阶段，我们在导师的指导与解读下阅读了邢老师的《论教学主客体关系》以及《论教学过程的自组织转

变理论》两篇文章。两篇文章基于协同学在脑科学上的成功应用，较好地解释了教学过程的机制及其衍生的师生主客体关系以及师生在教学过程不同阶段的状态与任务。以物理学的视角来看，这为"教学过程"建立了一个较好的模型。这一理论的学习对于我个人来说，解开了一个知识体系上的"心结"，为进一步学习奠定了一个较好的基础。

（二）能力结构理论

关于"能力"的相关学说主要是心理学的内容。而事实上关于能力结构的理论也是众说纷纭。我是在学习过导师的以下文章后才对能力理论建立起了一个自己的知识框架。"能力"作为教学——尤其是物理教学——的重要话题，也通常被作为物理教学的一项重要的甚至终极的任务，因此是物理教学工作无法回避的。我个人感觉，邢老师关于"智力—技能—认知结构"的能力结构学说为教学工作提供了一个较为简约、顺畅的理论框架，为教学工作者比较全面、清晰地把握能力的结构与内涵提供了一个较好的解释模型。与"教学过程"的学习一样，能力结构的学习也为自己奠定了重要的基础。回想起来，理论学习并不仅仅是给自己一些既成的知识，而是给自己的疑惑一个解释或交代。因此，每个人与各种理论之间也是有缘分的，每种理论都有其特定的合理性，但是对于学习者来说，接受哪一套理论还需要自己对理论的一种特定的共鸣感。这一则需诉诸理论本身，二则需要学习者自己能够有共鸣的能力。

（三）课程改革理论

2011—2012 年，课程改革十年之际，我的导师在《教育科学研究》杂志接连发表了《中国基础教育课程改革：方向迷失的危险之旅》的三篇长文。这三篇文章的阅读与学习为我整个研究生阶段的学习提供了一个良好的契机，也即对本次课程改革中诸多问题的批判性反思。考研期间的教育学理论学习对课程改革的相关理念都采取了正面的介绍。然而坦言之，我在备考期间却对这些理念都感到难以接受，甚至十分纠结。虽然感到这些理念不足以指导物理教学，但是尚未开启一种思想的批判。入读研究生之后，正赶上邢老师的"一论"刚刚出炉，邢老师在第一节课上就向我们讲读了这篇文章。在澄清一些观念性问题的同时，更重要的是学会了一种批判的意识和方法，即对既有的学说不能盲从迷信，而应进行批判性的解读。从另一个层面来说，这三篇文章的作者（邢红军教授）以一名物理教学论学者的身份对课程改革提出了如此之多、如此之尖锐的批判，在课程改革的争鸣中留下了物理教学工作者的声音，这本身就是值得肯定的。

对课程改革这一现实事件的反思与亲历，在知识收获的同时，让我感受到了学术研究、学术批判的力量，更令我认识到，好的学术研究是可以产生强大影响力的。因此，对课程改革问题的学习也坚定了自己的信心。

（四）物理科学方法教育理论

物理教学论自 1979 年至今已走过了 30 余年的历程，当前更是步入了一个多样化的、蓬勃发展的时期。而对于一个初学者，如何在丰富的研究成果中找到门径，则是需要谨慎思考的。幸运的是，跟随邢老师的学习让我得以在学习伊始就面对了物理教学工作的诸多核心领域，这成为了我物理教学论入门的门径。

科学方法教育是我国物理教学领域的一个经典课题，在很大程度上足以成为一个具有我国本土特色的研究领域。我对邢老师科学方法教育理论的学习也是从他相关论文开始的，这些论文令我对科学方法教育的价值、地位、内涵有了新的、突破性的认识，显现了论者的诸多独到性。尤其具有突破性的是科学方法中心论，以及科学方法的分类理论。

我个人感到，邢老师关于科学方法的理论之所以能够取得较大的突破，首先缘于坚实的心理学依据，由此展开的科学方法分类体系显得简约并富有学科特征与教学心理学的意义。这不仅体现了理论思维的重要价值，而且向我展现了一种成功的理论建构应然的样貌。的确，一种成功的理论建构应该是简约、合理并富于可操作性的。

（五）原始物理问题教学

原始物理问题作为邢红军老师的重要研究领域，如今称为他个人的一块"品牌"应该也是不为过的。邢老师洞察了这一领域的重要价值，进而展开了系列化的研究工作，并以此作为自己的博士论文。这一领域对物理教学工作同样有着非常现实的意义，因为"问题解决"是物理学科教学领域非常核心的问题。

原始物理问题相关的理论，如今想必有很多老师都不陌生，我个人对这些理论学习最大的心得，是对原始物理问题思维过程的学习、揣摩和领悟。邢老师曾说：原始物理问题是一个"富矿"。而事实上，目前为止这一富矿仍然有丰厚的蕴藏尚未开发，无论是在理论上还是实践上，都有很多工作需要继续探索。在实践层面，虽然原始物理问题直接进入高考等考试还存在很多障碍，但是我曾设想，这并不妨碍我们可以开展不同规模的"原始物理问题竞赛"，哪怕是一校、一班之内的。只要我们开始探索，原始物理问题对实践的介入程度就能够不断推进。

三、论文的"处女作"

我论文的"处女作"包括一篇"小文章"和一篇"大文章"，它们有不同的写作要求，又是我同时交给邢老师的，因此，同时作为我的"处女作"。

（一）"小文章"的写作历程

（1）选题。论文的思路来源有三条：①一则关于"空中轨道列车"的新闻；②

"STSE"教育理论；③邢老师的原始物理问题理论。

（2）初稿写作。我根据自己的思路，写了初稿《一个由"空轨"引发的STS教育议题——兼论设计原则》，交给邢老师审阅。

（3）邢老师修改。邢老师对第一稿的修改意见主要包括：①"文章是空心的"；②对"细节"、问题解决的"思维过程"写得不够；③第三部分"设计原则"没有与前面对应。

按照邢老师的修改建议，我又修改了第二稿，充实了"思维过程"部分内容。将题目换成《例谈物理教学中STSE议题的设计原则》，交给邢老师审改。

邢老师对第二稿的修改意见是"思维过程"部分写得仍然不够，并强调"我们对学生思维的训练必须是规范的"。带着老师的这些意见，我重新学习了邢老师"自组织表征理论"的文章，再次进行写作。终于定稿并投给《物理教学》杂志，2013年2月文章见刊。

（二）"大文章"的写作历程

（1）选题。论文选择的主题是"物理教材对科学史的引入"，文章的主要思想是学习、思考以及与同学讨论的结果。所以，与自己"干想"相比，同大家交流更有助于出思路、出想法。

（2）初稿写作。我先在"中国知网"上搜索了所有的类似文献。第一遍阅读，剔除价值不高的文章，第二遍阅读，做了圈点。然后对之前积累的素材做了整理。最后，用几天的时间，一气呵成，完成了初稿的写作，打印出来，自己修改了一遍，再打出来，请邢老师审阅。

（3）邢老师修改。邢老师对第一稿做了大刀阔斧的修改。邢老师对第一稿的修改意见主要包括：①文章结构。紧扣标题"教材编写"和"三个分级"来写，中间加一段"编写方式"。总而言之是要"扣题"。②各部分标题的重新拟定。③注意遣词造句。之后，我修改了第二稿，交给邢老师审阅。

对第二稿，除了行文修改以外，邢老师就具体各部分的篇幅、结构提出了建议。有些部分写得多了，有些部分写得少了，还有些段落的位置需要调整。第三稿修改之后，我自己打出来修改了一遍，再交给邢老师审阅。

邢老师说，这次结构上已经没有大问题，主要是语言不是学术的语言。之后，我给文章加上了摘要、参考文献等部分，又修改了三稿。

（4）投稿。修改至第六稿，文章投给了《课程·教材·教法》杂志。2012年12月，文章见刊。

（三）"处女作"的写作心得

（1）文章须有结构。物理教学研究论文不是散文、随笔，须有逻辑和结构。

（2）避免写成"习题集"。教学论文不是解题的罗列，而须写出思维过程、方法内涵，这些才体现出自己的研究工作。

（3）科学的理论支撑。理论联系实际是重要的，个人认为，文中对"自组织表征理论"和"STSE教育"理论的应用，是论文得以顺利发表的重要原因之一。

（4）以物理教育论文写作为载体可以有效促进专业发展。回想起来，文章经历了自己学、自己想、与大家讨论、邢老师修改、纠结、苦读、顿悟、再改、再想……的过程，到定稿之时，自己的思想已经历了一场蜕变，对教学的理解也达到了更深的层次。邢老师对文章的修改过程实际上是以此为载体，与我进行深度的思想交流甚至碰撞。"碰"到了思想中的死角；"碰"掉了观念中的死结；也"碰"通了对教学的领悟；还"碰"出了创新的火花。

四、逐渐学会"驾驭"文章

（一）"跟"邢老师做文章：开始驾驭大文章

在写完两篇"处女作"之后，我跟随邢老师写作了多篇以邢老师为主导者的"大文章"与"小文章"。写作模式均为邢老师向我口授观点与文章框架并提供素材，然后我来打草稿，最后交给邢老师反复讨论修改。每篇文章的修改均不下10稿，有些甚至修改至20稿以上。

至研究生二年级第一学期随邢老师完成《教师教育学院：学科教学知识中国化的实践范本》与《科学方法纳入〈课程标准〉：基础教育课程改革的重大理论问题》两篇文章的写作之后，我感到自己开始学会了"驾驭"大文章，对邢老师文献的把握也上升到了一个新的境界，可算作写文章带来的一次升华。

（二）"接二连三"的文章：多次的"精雕细琢"

在自己的两篇"处女作"发表之后，我开始继续尝试写文章表达自己的观点。令我欣喜的是，此后我独立写作的文章邢老师并没有做太多的修改，我想，这是对我能力的一种肯定。再说，一直让邢老师为自己修改文章也是说不过去的。最终，我能够独立撰写并独立投稿了，这表明我在邢老师的指导下已经在学术研究上迈入了门槛。

如果说邢老师给自己修改文章的过程是一种学习的过程，那么独立撰写、修改、投稿则是一种培养独立研究能力的过程。我感到这个过程培养了自己的信心，并且令人十分享受。在这一阶段，我先后独立撰写并发表了10余篇小文章与个别大文章，经历了这样"精雕细琢"的过程，既是对所学的巩固，也收获了一些成就感。

由于在同期邢老师已开始了"物理高端备课"的研究与文章写作，我亦参与了这一过程，因此，我的关注点也大部分是物理教学中的一些具体问题。例如，《对"运动的独立性"与"力的独立作用原理"的再认识——兼论"平抛运动"教学的逻辑》一文，缘于邢老师曾向我们提起的一个问题，我就此查找了原始文献并阅读了大量文献，终于在旁听本科生《电磁学》课程时突然顿悟，写成了这篇文章，发表于《物理通报》杂志。再如《探析整体法与隔离法背后的思维内涵——兼论物理方法与思维方法教学相结合》一文，则源于对一位师姐应聘试讲时教学设计的反思。

（三）帮同学改文章：外化与反思

在我个人能力逐渐得到邢老师认可的基础上，经邢老师同意，我开始帮助师弟、师妹们修改文章。当然，只修改最初的几稿，到一定程度则只能由邢老师继续修改。虽然是帮助别人修改，但是我亦感到对自己的提高也是非常大的，其缘于这一过程在客观上促进了自己经验的外化和再反思。当我拿到每个同学的文章并下意识地对比它们的时候，我惊讶地发现，一个人思维深度与认识水平竟然可以在文章中体现得如此充分和明朗！由此也就更加认同邢老师将教学论文水平作为物理教学工作者专业发展水平标志的观点了。

（四）硕士论文：把握论文的平衡

做硕士论文的过程使我对文章的理解与把握再次实现了超越。如果说之前的学习、写作、修改的过程还停留于文章结构与逻辑的斟酌，那么做硕士论文的过程则使我能够感知一篇论文乃至较长著作的"分量"与"平衡感"。

由于是质性研究的缘故，我的硕士论文涉及 10 余位中学物理教师教学研究能力发展，并需要整理大量的访谈材料以及实物资料，因此可谓头绪众多。对此，我首先斟酌的是论文的整体框架。在对比多篇相似题材论文的基础上，我经过反复琢磨，终于确定了自己论文的框架。并且由于时间紧迫，我所感受到的压力与思考的强度是极大的，然而这也在客观上高强度地训练了自己对论文新的把握能力。

五、参与物理高端备课的历程与感想

（一）领会邢老师精微的意图

邢老师开启了高端备课的研究之后，我曾参与了其中一些文章的写作。由于高端备课文章的具体性，邢老师对观点提炼与文章修改都倾注了更多的时间和精力。正如邢老师所说：高端备课如同在一小块田黄石上雕刻。因此我在参与的过程中必须更为细致地领会、揣摩邢老师精微的观点与意图。我深感自己在这一经历中收获了非常多的重要的知识。

（二）我的文献阅读

我一直以为，自我们这一届研究生开始，赶上了一个非常好的时机。我之前的师兄、师姐们已为之后的研究生搭好了"研究平台"。邢老师在认知水平测量、科学方法显化、原始物理问题等研究领域先后指导我之前的师兄、师姐做了多篇硕士论文。我认为，邢老师的理论在 2011 年左右基本构建成为体系，我们这一届的幸运就在于能够相对全面地学习邢老师以及往届研究生的研究成果。

邢老师作为物理教学论的内行人与前辈，知道并保有本领域最经典、最有价值的文献。而研究生则以一种"遍历"的态度来对待文献工作。对每节高端备课，包括我在内的同学们都下载了 CNKI 上所有本节课的教学设计，有的课 300 余篇，有的课 100 余篇，有的 50 余篇，有的 10 余篇，有的课则屈指可数。如果遇到本节中有其他疑点，则还会以疑点为专题阅读更多的文献。如果找出十分有价值的，会发给导师。

除去期刊文献，我们还阅读了多种版本的中学物理教材、众多一线教师教学设计的 PPT、人民教育出版社网站的教学设计，还参考了三届全国教学比赛的获奖视频等。我认为，这些更能反映当前教学的实情以及一线教师对教学的理解程度。

就我个人而言，我中学时就很喜欢物理，高中时曾参加过物理竞赛，因此对中学物理教学研究具有浓厚的兴趣。研一暑假时，我曾对比分析了现行 5 个版本的高中物理教材，并做了三本笔记，这使我对邢老师高端备课的理解有了重要的基础。

参与邢老师高端备课过程中的文献阅读与写作训练，堪称终生难忘且难以再有的宝贵财富。可以说，我们阅读了能够找到的所有资料，很多时候都是一头扎进图书馆，为的是力图使高端备课具备最高质量，而不至于"贻笑大方"。

（三）在高端备课中"见功力"

积累并阅读文献并非高端备课的真正"功力"。虽然搜集并阅读文献的工作是重要的，然而这并不必然导致做出好的教学设计，相反，我发现真正有价值的文献实在是凤毛麟角。而高端备课真正"功力"的来源则是邢老师这一真正的"富矿"，文献阅读则仅是开掘富矿的工具。

阅读前人的文献是任何研究的起点和规范，高端备课亦做到了这一点。然而，我个人平心而论，在我目力所及之内，传统文献中最见功力的要数许国梁先生的《中学物理教学法》、阎金铎先生的《中学物理教材教法》与张同恂先生的《初中物理教材的分析与研究》。老先生们文风的平实反映了其学风的扎实、作风的朴实，为我个人文章的撰写提供了重要的学习对象与基本的参照。

物理高端备课无疑也需要"见功力"。我个人认为，对于研究生而言，跟随邢老师做高端备课首先需要具备理论上的功力。如前所述，邢老师关于科学方法、原始物理问题理论的基本成型和系统化为物理高端备课的开展提供了必要的基础与前提，它们作为有力的分析工具、解释工具和预测工具，使高端备课有了理论的高度与深度。

虽然包括我在内的研究生同学都经历了教育学、心理学基本理论的研究生考试，在研一期间又系统学习了邢老师开设的物理教学论系列课程，并自主阅读了大量文献，然而在做高端备课时，对我们的理论水平仍然是一种考验。考验的是我们对理论能否融会贯通，即能否学通、学深、学活。事实上，我个人在跟随邢老师做高端备课的过程中就对邢老师的理论体系有了更加深刻的理解，也正是在这个意义上，我深切地感到，高端备课构成了理论与实践共同的生长点。

功力的显现并不是那样容易的，邢老师所追求的"中肯""到位"考验的是思维的"锋利"程度。平均每篇文章都要由邢老师改到 10 稿以上，每易一稿，都是炼句、炼词甚至炼字的过程。我曾向同学戏言："我们也要描述经验，但是语言要像一个老教研员说出来的话，并且要比老教研员还要老教研员。"之所以要超过"老教研员"，是因为我们是物理教学论的研究者，而文章的读者主体则是一线教师。因此，我们不能在文中更多地使用学术术语，但要使用"内行话"来使读者信服，所以就需要在高度凝练的经验与融会贯通的理论之间找到一种张力和平衡，这是非常微妙且很见功力的。

（四）高端备课过程中我的收获

我还有一些发表的文章是跟随邢老师做"物理高端备课"过程中思考的结果。虽然每篇高端备课表达的都是邢老师的观点，然而这也不妨碍我表达自己的看法。我在跟随邢老师做高端备课文章的过程中，自己的一些语句会被邢老师出于简约与集中的考虑删去，有些情况下我也会有与邢老师不一致的观点，这就为我发表自己的文章提供了机会。这类文章主要包括：《对楞次定律物理意义与教学实验的再认识》《剖析超重与失重"判据"引发的教学疑难问题》《对力的分解"依据"与"力的作用效果"的再认识》《对密度教学中前概念与比值定义法的再认识》等。

由于经历了高端备课的写作过程，对相关文献与邢老师的独到观点已经有了较深的领会，因此在写作自己论文的时候自己的观点也显得更加明晰，并且能够感受到更加强烈的冲突感。由此，这些文章在写作的过程中我体验到了极大的动力以及发表后的成就感，写作过程也极为顺畅。然而这都是跟随邢老师做文章时带给我的"意外收获"，如今，我依然怀念这段难以再次经历的时光。

六、我的发展成果与思考

（一）论文发表成果

三年来跟随邢老师学习与研究的历程令我终生难忘。可以说，邢老师是我物理教学论的启蒙者和引路人，在邢老师这里，我第一次体验到了学术的魅力和创造的乐趣。截至我硕士毕业时，我以第一作者或独著发表 18 篇文章，如表 2－1 所示。其中不乏权威核心期刊论文，并有 3 篇被人大报刊复印资料全文转载。此外，还参编了邢老师主编的两本书（表 2－2），获得了研究生国家奖学金以及北京市优秀毕业生（表 2－3）。对这些成绩，我着实体验到了收获的喜悦。当然，它们都是在邢老师的指导下获得的。

表2-1 胡扬洋硕士期间发表的论文

序号	题名	期刊	刊期	备注
1	物理教材引入科学史的新观点	《课程·教材·教法》	2012, 32 (12)	权威核心期刊；CSSCI 人大报刊复印资料 2013 年第 4 期全文转载
2	我国物理科学方法隐性教育的传统与超越	《教育理论与实践》	2014 (4)	中文核心期刊
3	物理学科启发式教学的内涵与运用	《教育导刊》	2013 (8)	人大报刊复印资料 2013 年第 11 期全文转载
4	中国物理变式教学研究：传统与发展	《教育导刊》	2014 (2)	
5	例谈物理教学中 STSE 议题的设计原则	《物理教学》	2013 (2)	
6	由一道"北约"物理题的三种解法看自主招生备考	《物理教学》	2013 (12)	
7	"匀变速直线运动位移与时间关系"教学的思考	《教学月刊·中学版》	2013 (5)	中文核心期刊
8	剖析超重与失重"判据"引发的教学疑难问题	《中学物理教学参考》	2013 (7)	中文核心期刊
9	对"运动的独立性"与"力的独立作用原理"的再认识——兼论"平抛运动"教学的逻辑	《物理通报》	2013 (7)	
10	对密度教学中前概念与比值定义法的再认识	《物理通报》	2014 (2)	人大报刊复印资料 2014 年第 5 期全文转载
11	探析整体法与隔离法背后的思维内涵——兼论物理方法与思维方法教学相结合	《湖南中学物理》	2013 (5)	
12	浮力增量公式的推导与应用	《湖南中学物理》	2013 (9)	
13	对楞次定律物理意义与教学实验的再认识	《课程教学研究》	2013 (7)	
14	牛顿第三定律教材编写存在的三个疑难问题	《课程教学研究》	2014 (1)	
15	对力的分解"依据"与"力的作用效果"的再认识	《物理教学探讨》	2014 (1)	
16	论物理教师的阅读素养	《中国教师》（上半月）	2013 (19)	

续表

序号	题名	期刊	刊期	备注
17	革命老区高师物理师范生物理学习困难的调查研究——以豫南地区某高师院校为例	《首都师范大学学报（自然科学版）》	2014，35（2）	
18	"牛顿第零定律"与"牛顿第四定律"述评	《首都师范大学学报（自然科学版）》	2014（5）	

表 2-2　胡扬洋研究生期间参编书目

序号	参编书目	主编	出版社	出版时间
1	高中物理高端备课	邢红军	中国科学技术出版社	2014 年 9 月
2	初中物理高端备课	邢红军	中国科学技术出版社	2014 年 9 月

表 2-3　胡扬洋研究生获奖情况

序号	奖项	级别	时间
1	硕士研究生国家奖学金	国家级	2012 年 1 月
2	北京市优秀毕业生	市级	2014 年 6 月

（二）考取邢老师的博士

2014 年 5 月，我如愿考取了邢老师的博士研究生，将继续我的物理课程与教学论发展之路。可以说，三年来，我的论文写作与发表历程正是个人学习与研究能力发展的反映，伴随的也是对个人学习心得的整理，以及个人信心的积累。当我成功发表两篇"处女作"之后，我感到自己或许有在本领域继续深造的可能，所以，我就以更加明确的目标和更加浓厚的热情投入到了进一步的学习之中。

备考博士的历程同样令我难忘并获益匪浅。以备考为契机，我更为全面、深入地研读了更多的教育学、课程与教学论的论著，较之硕士备考阶段，这次学习更有目的性，也更具深刻性与批判性。此外，我也更加理智地看到了自身仍然存在的不足。进而，我也明确了进一步发展的方向。

（三）读博至今发表论文一览

读博期间至 2015 年 5 月，我陆续以第一作者发表了 15 篇论文，其中核心期刊 9 篇（表 2-4）。

以上论文相当部分是我备考期间酝酿许久的内容，也有一些是试图在新的层面展开的探索。我也正在向新的目标努力迈进。

表2-4　胡扬洋攻读博士研究生至今发表的第一作者论文

序号	题名	期刊	刊期
1	高中物理电磁场教学中"试探法"的盲点与要点——兼论科学本质观教育的合理途径	《教学与管理》（中文核心期刊）	2015（4）
2	拔河比赛问题的物理因果与胜负因果	《物理教师》（中文核心期刊）	2015（1）
3	超越重点难点：我国物理教材编写思想的传统与发展	《教师教育学报》（人大报刊复印资料全文转载）	2014（6）
4	物理教材分析：传统与展望	《教育导刊》	2014（11）
5	中美太空授课的比较教学论研究	《上海教育科研》（中文核心期刊）	2014（11）
6	"触摸"密度——教学中比值定义法的动因与逻辑	《湖南中学物理》	2014（12）
7	由"机械能守恒定律"的物理意义与物理图像说开去	《物理教学探讨》	2014（11）
8	初高中物理"摩擦力"教材编写的改进建议	《物理教学》	2015（3）
9	从"'前'科学概念"到"'前科学'概念"：中国物理前概念教学思想的流变与反思	《课程教学研究》	2015（3）
10	我国科学方法教学思想的理论审思与发展进路	《教师教育学报》	2015（3）
11	初中欧姆定律教学中的控制变量法与比值定义法——兼论用复比定理证明多变量乘积组合关系	《物理教师》（中文核心期刊）	2015（4）
12	论中学教师融通性的学科知识	《教育理论与实践》（中文核心期刊）	2015（7）
13	走向具身：物理教学心理学思想的传统与发展	《教育导刊》	2015（4）
14	显化科学方法的高中物理教材编写研究——以"向心加速度"为例	《中学物理教学参考》（中文核心期刊）	2015（5）
15	我国物理概念与规律教学思想的传承与超越	《教育科学研究》（中文核心期刊）	已录用

七、建议与反思

回顾自己三年来的物理教学研究发展历程，扪心自问，所经历的不可谓不辛苦，所付出的不可谓不多，因此也就更加感叹物理教学专业发展的困难性、艰巨性与长期性。结合个人的发展经验与心路历程，我由衷地期待物理教育工作者的专业发展能够进入有序、高效且良性的轨道，而不至于处于放任状态而由教师自己摸索。唯其如此，我们的物理教学工作才能踏实地发展。

（一）对邢老师研究风格的感悟

能够成为邢老师的研究生与博士生是我莫大的荣幸。而能有机会亲历邢老师一些研究的过程，乃至亲身参与一部分则使我有机会对邢老师的研究风格进行思考。第一次读到邢老师的文章时，我尚未投入师门，然而初读起来就感到邢老师的文章切中肯綮、令人击节赞叹。换言之，与我产生了深刻的共鸣。我第一次感到，教育学的文章是可以写成如此之直爽尖锐、一针见血的。我在文中读到了一种属于物理学人的写作方式与言说方式。由此，我才敢向邢老师那样写作、那样思考。

虽然本、硕、博攻读的是不同的专业，然而可以说，邢老师的关注点时刻都没有离开过物理教学工作。在与邢老师进行深入交流的过程中，我深刻地感到，邢老师拥有一种鲜明的物理学思维方式，并且这已经成为他的生活方式。他能迅速地抓住任何事件与现象中最实在、最实际的东西。也正是因此，邢老师的文章才有"看头"。我的这一判断绝非溢美之词，跟随邢老师读研的三年里，邢老师在研究方法与做事方法上都给了我很大的启示。

邢老师认为，作为教育研究者，应该实现"就事论事""就事论理""就理论理" 3 个层面的贯通。我个人以为，他自己足以称为一个"贯通"者，邢老师对他的学生们也持有这样的要求。然而，这一目标的达成并不容易，在很大程度上都需要一生的努力。现实中，大部分人都只能在某个层面展开思考和研究，这就突出地表现为教育领域理论与实践的疏离甚至对立。因此我衷心希望，物理教学论的研究者与实践者能够有更多的合作，理论研究者应多多关注实践中的问题，实践者也应提升理论水平。而事实上，这已然是邢老师团队的一个探索方向。近年来所做的"物理高端备课"等内容都是这样的一种尝试。

值得一说的是，邢老师非常强调论文文笔的重要性，其内容包括用学术的语言、逻辑的结构来表述自己的观点。然而，鉴于绝大部分研究生都未能在入学前形成这种能力，因此我们的论文都不免被邢老师非常细致地修改，往往改得满篇红。（这也反映了语文教育的一些问题。）但是这一工作是令我们都非常感念的，因为这绝对是一件非常费时、费神的工作。事实上，我们也切身体验到了这一过程带来的提高。

之所以重视"文笔"的训练，还因为这有助于训练口才，而口才直接关乎讲课水平，这亦是邢老师的观点。他自 2011 年至今担任北京市高师培训中心主讲教师以及教育部网培中心主讲教师，每年为北京地区新进大学教师以及全国部分省区大学教师讲授大学教学技能与教学设计，这一连续 3 个周末的课程我们都曾旁听过。真切体验到了学术论文的写作在他个人授课风采中的渗透与体现。当然，由于教学技能当前在师范教育中普遍重视不足，所以我们研究生群体在这方面的训练也是非常薄弱的。期望这一内容能够得到师范教育的重新重视。我相信，随着教育研究者与实践者知识背景的多样化与不断优化，理论与实践的有机结合必将成为现实。

（二）物理教师学习物理教学论的建议

"物理教学论"并不神秘，也就是对物理教学工作的论理，也可以说是为物理教学——物理教师的专业工作——讲道理。这不仅是一种专业规律，也是一种专业话语。物理教师学习物理教学理论不仅能为自己提供学习的阶梯，还能获取一种专业辩护的方式。

理论学习还能帮助物理教师开拓新的、有价值的研究领域。举例来说，原始物理问题、科学方法等方面都有很多作者发表了很多高质量的论文。而事实上，还有很多课题有待于研究。以老师们最为关注的习题解决为例，"样例学习""错误样例"的学习，都与教学实践结合的非常紧密，也是非常值得开辟的领域。具体来说，某道习题或原始问题的解决中出现了哪些错误解法（错误样例）？在思维层面为什么会出现这些错误？如何纠正这些错误？再如，对"样例学习"，究竟哪道习题是最为典型的？为什么最为典型？……这些问题的探讨都是很具体且很有意义的。但是解答这些问题无疑都需要物理教学论，尤其是物理教学心理学的学习。

另一条建议是关于物理教师的研究方向。我观察到，有很多老师多年来发表了很多高质量的论文，这当然是非常不易且值得肯定的。但是我个人认为，值得进一步发展的是每个老师最好都能找到自己的研究方向，这样才能使自己的研究成果逐步深入并发挥整合优势。事实上，我了解到，在上海的一些学校，已要求教师们"人人有课题"，而现实是这种被动的课题会成为老师们的负担与疲于应付的对象。不过，这一举措也的确反映了中学对教师研究水平提升的新要求与新趋势。我个人认为，对于教师来说，应将"人人有课题"转化为"人人有方向"，即使课题归属于自己的方向，而不是反之。

当然，我发现已经有很多老师都有了自己的研究方向，并都获得了非常好的发展。就我身旁的例子而言，邢老师有两名教育硕士，均以科学方法为自己的研究方向，发表了多篇论文，并申报了一项北京市区级课题和一项国家级课题。还有一名教研员以原始物理问题为研究方向，申报了北京市级课题一项。然而，教师专业发展并不是获得多少课题、发表多少文章为标志，而是能够找到自己感兴趣的方向，不断深入、不断积累。一线教师群体研究方向的选择当然可以独创，当然也可以在现有的研究领域中选择。事实上，现实中每个研究领域都需要一线教师结合教学实践的继续创新、深入乃至纠正与商榷。

（三）物理教师从事物理教学研究的意义

做研究无疑是"用巧劲"，它往往并不直接与课堂教学发生关系（当然，也有直接联系的内容）。教师从事读书与研究其实是一种"教师成功学"。一个教师能够经过这个路子在事业上成功，那么他的头脑就会有变化，上起课来自然就不一样了。

所以，一线教师开始读书与研究时，大可不必紧盯着"课堂"两字，而是要盯着"成功"二字。一个成功的老师，才能把文字背后的东西讲出来。不然，皓首穷经定然是不行的。学术不能马上对教学有帮助，学术能做的是成就教师本人，教师水平提高了、境界上去了，上课的举手投足都会不同。再读教材，感想就会不同。

如前所述，读书与做教学研究就是教师成功学。教师自己先成功，有了成功的体验，才能更深刻地阐述教材、才能给学生高屋建瓴的指导。做教学研究，能帮助老师成为一个有内涵、有意思、有趣味的人。正所谓：汝欲学做诗，功夫在诗外。

近几十年来，多少一线优秀教师通过物理教育类期刊脱颖而出，由默默无闻到崭露头角，再到全国知名，进而实现了专业发展。而评判他们水平的是全国物理教育工作者，所基于的是他们发表的论文水平。正是在这个意义上，物理教学研究学术共同体的存在，为物理教育注入了活力，为物理教师专业发展提供了机遇、促进了公正。所以，物理教师都应该共同呵护、珍惜物理教学期刊这一平台，积极投身物理教学研究之中，并一起倡导以物理教学研究期刊作为物理教师的专业阵地，使物理教学的专业水准得以建立。物理教学研究期刊本身也应明确自身的重大责任，不断推进办刊质量和水平。

（四）一点情怀

回顾自己 3 年多来的学习历程，是很多次幸运和机缘才使我有了现在的一点成绩。如果我当初没有考研，应该也会像我的多数同学们一样，经历过多次招教考试后，在河南省的一所乡村中学教书。如果能考上招教，可能再经历一番周折后调动到县里或市里的中学，当然，这还是理想的状态。

我的大部分本科同学与研究生同学都在中学教学一线。我也认为，我自己因为没有教中学的勇气才选择继续深造的。因为我了解中学的工作是多么的繁重，中学教师的生存需要怎样的付出。所以，我不时提醒自己，自己所做的研究应该为我的中学教师同学们服务，让他们教得更轻松一点、学生学得更容易一点，从而使他们的工作更有尊严一点。像邢老师那样，做扎实的研究，为中学物理教学出真招、出实招。可以说，这也是我物理教学论学习与研究的一点情结与责任感。

同时，我也期望能够探索出一条中学教师或准中学教师通过教学研究真正获得专业发展的切实途径。可喜的是，我逐渐看到，诸多前辈、同行，包括我的导师以及诸多老师都在关注，且亲身诠释着物理教学研究的内涵。因此，我有理由相信，会有更多的教师加入到教学研究的行列中来。因为只有研究才能建立起物理教学的专业门槛与专业话语，从而为真正提升物理教师的专业地位乃至社会地位打下坚实的基础。

（胡扬洋）

第二节 物理课程与教学论学习与发展的总结

2011 年，我进入首都师范大学，跟随邢红军教授攻读物理课程与教学论硕士研究生。2014 年，我毕业成为北京市一所示范学校的中学物理教师。回顾 3 年的研究生生活，无论曾经历了怎样的成功与挫折，我认为都是人生路上的精彩篇章，或许只有这样的经历才能让我真正成长。下面我将从理论学习、论文写作、工作经历三方面展开，希望能给自己3年的研究生学习画上一个圆满的句号。

一、课程与教学论的理论学习

课程与教学论的学习，是自己三年的主要学习部分，包括导师邢红军教授的理论及相关文章的学习。当然，这样一个小范围的理论学习，脱离不了大环境的基础与影响，即研究生之前的教育学、心理学、物理学的学习。

（一）基础理论学习

这部分的学习主要是在大学四年级准备考研时进行的。由于是备考，所以这部分的学习有一个鲜明的特点——死记硬背，缺乏辩证的思考。通过中外教育史的学习，了解中外教育的发展及各时期、各教育家的教育思想；通过教育心理学的学习，知道学习的动机、心理过程等；通过教育学的学习，知道什么是教育、教学、班级、课程等；通过教育研究的学习，初步了解了应该如何做教育研究。这些都为我在研究生阶段的学习打下了良好基础。

（二）课程与教学论的理论学习

这部分的学习主要集中在研究生一年级，特别是学习导师邢红军教授的理论。邢老师治学严谨，学术精湛，所做的各方面的研究环环相扣、自成一体，不论从哪一个理论说起，都能讲到其他各个理论，并且最后又回到一开始的理论。之所以各个理论研究可以形成一个整体，是因为有一条主线穿插其中，即科学方法理论。原始物理问题教学理论、物理高端备课、教学过程自组织转变理论、物理问题表征理论、物理能力理论等，都可通过科学方法与其他各个理论联系在一起。

这一阶段的学习，不再像考研那样具有强烈的应试色彩，更多的是去深入思考不同物理教育理论的内涵，去比较不同理论的优劣，同时还可以提出自己的见解。因此，这一时期学习的鲜明特点是死记硬背少了，思考讨论多了。上课的时候，邢老师让我们每一个人发言，可以提问，也可以提出自己的观点，当然也可以就某一观点发表自己的评论。同时，同学之间甚至同老师之间，都可以相互讨论。通常，课上的问题，就会成为大家课下讨论的主题。有时候，还会围绕这些问题梳理成一篇文章投稿发表。正是这一阶段的学习，让我学会了思考，学会了如何去表达自己的观点，如何才能表达的更具有逻辑性。

下面主要介绍科学方法教育理论、"智力—技能—认知结构"能力理论、原始物理问题以及物理高端备课等。

1. 科学方法教育理论

新千年伊始的基础教育课程改革，在三维目标中提出了"过程与方法"的要求。令人遗憾的是，在各科课程标准中，科学知识的内容与要求清晰无比，但几乎看不到科学方法的内容与要求。因此，展开对科学方法的讨论与研究就至关重要。因为科学知识和科学方法就好比整个知识体系的两条腿，缺失了其中的任何一部分，都将使知识整体变成一个跛足者。

科学方法是人们在认识和改造客观世界的实践活动中总结出来的正确的思维方式以及行为方式，是人们认识和改造自然的有力工具。但是，在教育教学中科学方法很难直接应用到课堂中指导教学。这是因为科学方法的分类问题一直没有得到很好解决。邢老师根据心理学、教育学理论并结合自身多年的教学实践，解决了科学方法的分类问题，为科学方法引入教学开辟了有效途径。

邢老师从心理学中的"强认知方法"（具有较强的专业性，与知识紧密联系）和"弱认知方法"（具有普适性，可以运用到各种问题解决中）出发，把科学方法分为学科方法（某一学科中独特的方法，对应强认知方法）和思维方法（更具一般性的策略和方法，对应弱认知方法）。又根据个体对知识的认知过程，把学科方法分为获得知识的方法和应用知识的方法。

根据思维过程的特点——有无跳跃性，或思维方法的性质，又可将其分为逻辑思维和非逻辑思维。逻辑思维包括分析、综合、抽象、概括等，非逻辑思维包括灵感、直觉等。一般来说，思维方法是不能够传授的，可以通过训练达到能力提升的目的。

学科方法是对应于某一学科的方法，学科之间可能存在交叉，但是内涵一般不同。学科方法中除了获得知识和应用知识的方法外，在物理学科中还有独特的实验方法。科学方法的分类图如图2-1所示。根据显化原则和对应原则，可以显化初中获得和应用物理知识的方法、高中获得和应用物理知识的方法以及物理实验中的科学方法。学科方法须由讲授才能传授给学生，即教师在教育教学中要进行科学方法显化教育。

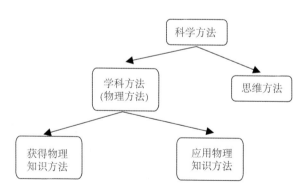

图2-1 科学方法分类结构

进行科学方法显化教育，有利于学生能力的发展、科学素养的形成。思维方法的训练，可以培养学生的思维能力。教学中可以结合相应的学科知识，在解决学科问题的过程中达成思维的训练。学科方法的传授，可以提高学生解决实际问题的能力。虽然学科方法不依赖学科知识，但是它支配着学科知识的获得和应用，因此，学科方法在解决实际问题中起着重要的作用。学科方法的掌握，有利于学生整体看待问题，并做出解答规划。通过长期的科学方法显化教育，可以树立学生的科学观念，形成科学素养。

对科学方法概念、分类、教育价值及显化教育思想的学习，让我认识到邢老师研究的系统性，同时也为自己的学习与写作打下了良好的基础。尤其是科学方法教育理论，它可以直接应用于教学实践、指导中学教学。我认为，科学方法的分类问题一直阻碍着科学方法研究的发展，科学方法分类问题解决后，影响其在教学中发挥作用的就是科学方法在教育教学中的定位问题。如果教学中不重视科学方法、不注重科学方法的应用，那么，科学方法就无法在教育教学中占有足够的地位。因此，希望科学方法的研究能够引起人们的关注，给予科学方法与科学知识同等甚至更重要的地位，才能在教学中实现真正的科学方法教育。

2. "智力—技能—认知结构"能力理论

关于能力的组成要素或结构，国外的研究比较多，具有代表性的有英国心理学家斯皮尔曼的"二因素说"、美国心理学家赛斯顿的"群因素说"、英国心理学家弗侬的能力层次结构理论、美国心理学家吉尔福特的能力三维结构模型等。这些理论对我们认识能力有一定的价值，但是用这些理论来指导我们的教育教学仍存在很大差距。因为这些能力结构，脱离了能力形成和发展的教育过程，尤其是割裂了与教育教学内容的关系，所以这些能力理论就很难反映出能力的主要因素。

心理学家的研究脱离了教育教学内容，那么教育家的研究又如何呢？教育界关于能力的研究主要分为两个对立的派别——形式教育说和实质教育说。形式教育说主张人们的心智活动具有不同的能力，每种能力都可以通过合适的难度较高的教学内容进行训练。应用到教育中，即可在中学开设希腊文、逻辑、数学等形式学科。因为智力具有迁移性，所以学生毕业后能够从事各种工作。形式教育说看到了发展学生智力的重要性以及学科对于智力训练的重要作用，但是忽视了教材和学科的实用性，曲解了掌握知识与发展智力的关系，因而这种主张是片面的。

而实质教育说则看到了学校教育的实用性，认为学校教育应该为将来的社会生活服务，因此要学习将来社会生活所需要的知识，比如学校应当开设理科、农业以及经济等学科。这种主张具有明显的功利色彩，忽视了智力的发展，因而也是片面的。

其实，形式教育说和实质教育说都在一定范围内触及到了能力的本质。在此基础上，邢老师受到美国哈佛大学珀金斯智力公式和国内李嘉音教授能力公式的启发，提出了能力结构理论，即智力＋技能＋认知结构（知识＋科学方法）形成能力。邢老师的能力结构理论，向我们揭示了能力的组成结构，为培养学生的能力提供了依据。

"智力—技能—认知结构"能力理论认为，教育教学中应该从"质"和"量"两方面发展学生的智力。从量的角度看待智力的发展，可以借鉴皮亚杰的认知发展阶段理论。皮亚杰认为表征人的智力发展阶段有4个，分别为：感知运算阶段、前运算阶段、具体运算阶段以及形式运算阶段。而中学生的智力发展大都处于具体运算阶段，很少有达到形式运算阶段的。具体运算阶段的特点是，运算离不开具体事物的支持，不能依靠词语或者假设进行。如何从质的角度看待智力的发展，林崇德教授认为，智力的质主要由思维品质决定，智力品质是在智力活动中，尤其是在思维活动中，智力与能力的特点在个体身上表现。因此，智力品质又叫做思维的智力品质或思维品质，它的本质是个体思维的个性特征。质和量两个方面是互相联系的，智力量的发展是通过质的发展实现的，而量的发展同时也会影响质的发展。

"智力—技能—认知结构"能力理论认为，技能不但是沟通知识和能力的桥梁，还是能力的有机组成部分。由于技能是一种行为方式，所以它是由一系列的动作组成的。在头脑内部完成的动作是内潜的，即心智技能的表现；而有些动作是在头脑外部完成的，是外显的，即操作技能的表现。心智技能是个体在智力活动中形成的控制自己智力动作（思维活动）的经验，是一种正确的智力活动的方式。心智技能的活动包括心算、速算以及理解概念等，可以使智力活动自动化、简单化，使智力活动达到一种概括性。动作技能是个体在操作活动中形成的控制自己操作活动的经验，是通过练习和巩固形成的一种正确的随意动作方式。动作技能形成的表现是能够顺利地完成一组或一系列的动作，而较少受意识的支配。

在"智力—技能—认知结构"能力结构中，认知结构不仅包含知识，还包含着科学方法。认知结构作为个体能力的重要组成要素，它是存在于个体头脑之中的。而客观的知识结构只有转变为个体的认知结构后，才具有能力的意义，即知识结构是客观存在的。当教学内容一经确定，那么知识结构也就客观确定了，是不会因教师或学生的意志而改变的客观存在。只有当这种客观存在被个体有意识的同化、顺应为内在的认知结构时，才有了能力的功能。"智力—技能—认知结构"能力理论中的认知结构包含有知识和科学方法，因此，科学知识和科学方法是有区别的。科学知识与科学方法在本质上是一致的，都揭示现实的物理现象并支撑着科学技术的发展。但是，两者又存在区别，科学方法不是物质世界本身的表达，而是人类认识物质世界的途径和手段，是高度抽象的，具有工具性。科学方法不是用科学知识来表达的，但是科学知识的获得及应用是需要借助科学方法的，科学方法支配着科学知识的获取和应用，具有独特的认知功能。

邢老师的能力理论，为在教育教学中培养学生的能力指明了方向——智力、技能、知识、科学方法。但是，在教学中如何去训练、培养学生的能力，传统的习题能否达到目的，原始物理问题理论向我们揭示了答案。

3. 原始物理问题

所谓原始物理问题，是指自然界及社会生活、生产中客观存在的、能够反映物理概念、规律本质且未被加工的典型物理现象和事实。原始物理问题不同于物理习题，因为习题已经对物理现象和事实进行了抽象，并设置物理量、赋予数值供学生计算。原始物理问题把习题前面的由出题者抽象完成的工作还原，只利用文字对现象进行描述，没有已知量、未知量，解答过程中需要学生自己判断问题的性质、抽象、设置物理量、推导演算。原始物理问题与习题的区别，可总结为图 2 - 2。

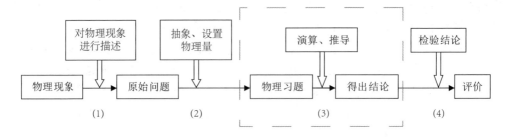

图 2 - 2 原始物理问题与习题的区别

原始物理问题不仅包含虚线框内的演算推导过程，还包含前面的抽象等过程，而习题只包括虚线框里的演算推导过程。因此，原始物理问题与习题在训练学生思维、培养学生能力方面的教育价值也就不同。原始物理问题可以使学生的大脑充分开放，它的生态性和开放性特点，决定了原始物理问题的解决必然是探索和发现的过程，需要学生进行独立思考和不断尝试，因而可以使学生的大脑充分开放。原始物理问题是对物理现象的描述，这契合了学生的直接经验，而解决原始物理问题所用到的科学方法和知识则契合了学生的间接经验。原始物理问题可以促进科学方法教育，在原始物理问题教学中，学生可以在教师的指导下，首先运用分析、综合、抽象、概括等科学方法将原始物理问题转化为物理习题，然后再运用假设、类比、等效、近似等科学方法去进一步解决问题。

4. 物理高端备课

科学方法理论研究的是"教什么"，即科学方法教育的内容，属于理论研究；原始物理问题研究的是"如何教"，即科学方法需通过原始物理问题教学得以实现，属于实践研究。而课堂上怎样落实科学方法教育，对物理教师的备课就提出了较高的要求，为了在课堂教学中更好地落实科学方法教育，邢老师带领研究生团队共同展开了物理高端备课的研究。所谓物理高端备课是指以物理课程与教学理论为指导，采用"备课"的形式，研究既符合物理学内在逻辑，又符合物理教学规律，同时符合学生学习规律并接受课堂教学实践检验的教学设计，体现"从物理知识传授到物理方法教育，再到物理思想形成"的核心理念。在此基础上，构筑一线物理教师参与的教学研究交流平台，从而达到物理教育理论与实践真正结合，促进教师专业提升与学生认知发展向高水平跨越的物理教育研究活动。

目前，邢老师带领研究生团队已经发表 40 余篇论文，内容包含了初中物理高端备课和高中物理高端备课。高端备课强调体现教学的逻辑。所谓教学的逻辑即是教学过程中诸要素的呈现顺序。以科学方法为中心展开教学设计，进行知识教学，是体现教学逻辑的重要途径。高端备课区别于传统备课的一个明显特点，即高端备课有一条明朗的主线——科学方法。

二、物理教学论文的写作

在研究生学习中，一年级期间主要学习邢老师的理论以及相关的理论知识。二年级开始进行论文写作，从一开始感觉在期刊上发表论文的神秘，到多篇论文的发表以及毕业论文的完成，自己收获颇多，思考也逐渐深入。下面简单介绍自己研究的内容及写作过程中的收获。

（一）论文写作的初期思考

在基础学习阶段，尤其是考研备考阶段，锻炼了自己的自学能力。关于自学我有两点体会：第一，要有良好的学习习惯。对于我个人而言，这个习惯就是整理笔记。很多东西只有自己亲自整理了，才能感觉这个知识不再仅仅是课本上的了，而是通过笔记转化为"我"的了。第二，要有良好的学习方法。当要学习的内容很多时，死记硬背只能是事倍功半。按照事物的发展顺序来掌握有关内容，或者不同时期、不同国家、不同人物之间进行对比，也会帮助理解和掌握庞杂的知识内容，并且有利于掌握整体。

读研期间，我发现学习不再只是为了考试，所以学习方式也发生了改变。这个时段，或许不需要去记住哪个知识点，但是需要根据所学习的知识，进行有批判性的思考。在上邢老师课的过程中，我养成了讨论的习惯。讨论不仅可以使自己的疑惑得到解答，还可以了解大家的意见。在思考或讨论过程中，如果有新奇的想法或观点，还可以写出来。其实写的过程就是一个把思考深化的过程，使我们对问题的认识更加清晰，而且还能锻炼写作能力以及搜集资料的能力。

我写作的第一篇文章是《交流电路中电子的运动研究》，这篇文章篇幅较短，修改了两遍。第一遍导师的修改意见是：①文章开头两段显得啰唆，不能表达文章主旨；②函数图像要画在相应的函数下面；③结论的解释不够充分，需加以补充。其实，一篇小文章的写作也透露了一些基本却也是非常重要的写作规范，比如，文章的开头不仅要引题，还要把文章的主旨大意交代清楚；可有可无的内容须省去，否则不仅显得文章啰唆还容易使文章跑题；文章的内容包括文章的主要工作及意义所在，不能马虎完事，需要论证解释清楚。一稿修改完后邢老师提出修改意见：大的结构没有问题，主要是语言文字方面的问题；语言表达意思要明确，同时不能有多余的话。按照邢老师的具体意见修改后投稿并发表。虽然这是一篇小文章，工作量不是很大，但是写作的过程让我初步认识到应该怎么写文章，面对文献资料应该怎么处理，写作语言要做到简明扼要，不能为了凑字数而生搬硬套，通过掌握基本的写作规范，我迈出了从理论走向实践的第一步。

有了第一篇文章的写作基础，我又开始写作第二篇文章《汽车通过黄灯问题的研究及其教学启示——基于原始物理问题表征的视角》。相对第一篇文章而言，这篇文章涉及的内容较多，需要多方面的资料。但是有了第一篇的写作经验，我先进行写作设计，建构文章的主体思路，根据文章大纲查找资料，整理资料然后进行写作。由于这篇文章相对复杂，自己对这篇文章的主要立意方向拿捏不准，所以文章初稿写完后没有直接拿给导师修改，而是先请教同门，经过与同学的一番讨论后，决定修改文章的题目，同时将文章的立意向教学靠拢，黄灯问题是一道原始物理问题，问题的提出单独作为一部分，理论基础部分纳入到问题的解答部分，对理论基础的处理进行弱化。讨论后，自己对文章的结构也有了更加深入的认识，文章立意向教学靠拢使黄灯问题更具有教育意义。此外，由于这是一篇应用文章，如把理论部分单独列出显得理论色彩过于浓厚，所以需要进行弱化处理。在接下来与导师的沟通中，主要是语言文字方面的修改，导师强调文字指代要清楚，每句话都要有它存在的价值。其中"科学态度"导师改为"科学素养"，使文章更具学术性，在多次修改中有一个词删了又加上，说明导师也一直在思考。在修改过程中，我发现原始物理问题的题干较长，但是自己没有自作主张修改，当老师提出后自己思考颇多，自己有想法一定要及时与老师沟通，不能总是依靠老师修改。这篇文章前前后后一共修改了9稿，终于投稿并在全国中文核心期刊上发表。这篇文章写完后，自己主要有两点收获：①学习理论与应用理论之间有很大的差距。理论掌握了并不代表能够很好的应用，所以需要写作练习，在写作修改过程中反复推敲，才能有更多的思考，才能巩固自己的理论知识。②伟大的科学家伽利略曾经说过"追求科学，需要特殊的勇敢"，我认为写作过程亦如此，同时还需要有一定的自主性。可能关于某一部分自己有点想法，但是又不敢去做改动，当老师指出需要改动的时候自己又悔不当初。所以，我认为写文章也需要一定的勇敢，要敢于突破自己的思维，这样自己才能有进步。

以上两篇文章从选题到构思都是导师指导的，到了第三篇文章我就从自己曾经疑惑的物理问题出发，利用学习过的理论解决问题，于是开始写作第三篇文章——《弹性势能高端备课——显化科学方法的本质》。这篇文章经过与导师的探讨，修改后投稿并发表。

经过前两篇文章的锻炼到第三篇文章的练习，自己对写文章的思考也逐步完整。首先，通俗地讲，写作过程就像是"盖房"的过程。写作是一个"选题—结构—写作—修改"的过程，恰好与盖房的"选材—设计—施工—装修"过程相对应。其次，文章一定要有理论支撑，理论基础就是整篇文章的一座基石，要使文章有理有据，文章的每一句话就不再是悬空的，这样才可以使读者信服。理论不能摆在那里，要处处体现，不然无法使文章浑然一体。最后，文章的语言要具有学术性和逻辑性，写作的历程就像一个人学习的历程，是从模仿开始的。要想模仿，那就要去有目的地阅读文献，学习前人是如何遣词造句，如何安排文章的逻辑结构。在此基础上，自己思考练习，并逐步形成自己的写作风格。

（二）毕业论文简介

我的毕业论文题目是《中学物理教师课堂视频文本分析研究》。其实，最初选题不是这个题目，而是与统计有关的题目。我认为统计不是我的专长，所以根据当时教研室的工作特点，由高端备课出发，选择了与所学理论相关的课堂视频文本分析研究。

通过对文本分析的文献综述发现，文本分析已应用于各个领域，但是这些分析大都停留在文本表面，比如字分析、词分析以及相应的分析软件。此外，虽然文本分析的应用非常广泛，但是还没有结合某一学科运用到教学中。而对于课堂视频研究的文献综述发现，关于课堂视频的研究局限于教师专业技能或教师与学生之间的交互行为，而很少结合某一学科并深入到学科课堂教学内部的研究。因此，论文把文本分析与课堂视频结合，并结合物理学科的特点，以楞次定律为例，进行了课堂视频文本分析的研究。

分析的前提是揭示矛盾，本节分析的矛盾即是物理教学中"能力"的培养。培养学生的能力是教育教学义不容辞的责任，然而在物理课堂教学中是否真正地对学生的能力进行了培养？绝大部分教师的答案是不完全肯定的，其原因就是相当一部分教师还未理解能力的真实内涵。而"智力—技能—认知结构"能力理论为我提供了理论依据，同时也为揭示物理教学中"能力"的培养这一矛盾奠定了理论基础。

"智力—技能—认知结构"能力理论认为能力包括智力、技能（心智技能和操作技能）、认知结构（知识和科学方法）。根据这些能力的要素在课堂教学中的体现，我寻找到了在课堂教学中培养能力的落脚点，即课堂视频文本分析的理论模型，包括5个维度：科学方法显化教育、物理学科的特点、教学的本质、教学的原则以及教学的逻辑（表2-5）。

表2-5 "智力—技能—认知结构"能力理论

能力的构成要素			能力各要素在教学中的落脚点
能　力	智　力	思维方法	思维方法（科学方法教育显化）
	技　能	心智技能	物理学科的特点（实验）
		操作技能	教学的本质
	认知结构	知　识	教学的原则
			教学的逻辑
		科学方法	科学方法显化

科学方法是人们在认识和改造客观世界的实践活动中，总结出的正确的思维方式以及行为方式。所谓显化，就是教师有意识地进行科学方法教育，并且在讲授科学方法时，明确指出所讲科学方法的名称、挖掘方法的本质、传授该方法，同时，使学生有意识地接受科学方法教育。物理学是一门实验科学，物理学的根基是实验，一切理论的成果都要通过实验的检验。我的论文研究针对物理学科的实验特点，通过物理实验培养学生的操作技能（动作技能）。知识描述的是客观事物或现象的本

质及其相互之间的联系。而教学即是通过知识的传授使学生形成对客观事物本质的正确认识。因此，论文研究认为教学的重要方面是知识传授。物理源于生活中的客观事物和现象，由于中学生的认知水平大都处于具体运算阶段，所以要求教学要遵循直观性原则；同时，对于物理规律的研究和把握遵循从一般到特殊的规律，所以要求教学还要遵循从简单到复杂的原则。教学逻辑即是教学的诸要素在教学中呈现的顺序。教师教学有无逻辑，体现于有无一条明晰的教学主线、能否引导学生建立起清晰的认知结构。

根据本节建构的课堂视频文本分析理论模型，我对楞次定律一节课的授课视频进行了文本分析。通过把视频中的音频转译为文本，再对文字进行 5 个维度的文本分析。结果显示：在论文选取的案例中，只有物理学科特点维度的能力培养，而没有科学方法显化教育，教师对这节课的教学本质把握不准，没有遵循教学原则，最终造成教学逻辑不清。所以说，目前的物理课堂教学基本没有培养学生物理能力的意识。

三、工作经历

我总说自己是幸运的，因为追随邢老师做研究生的三年学习将成为我毕生工作的积淀。不论是求职时，还是现在已经沉浸在工作之中，我都在受用这三年所学到的知识、所感受到的研究精神，还有一些无法用言语表达的自己在这三年中的成长。尽管求职已经过去一年多，但是现在想来依然历历在目。邢老师帮我修改课件、帮我联系实验员准备实验器材，教研室同学也为我每次的面试思考可能遇到什么问题，这些画面激励着我，让我勇敢地面对每一次招聘。

（一）实习 A 学校

我非常清楚在北京找一份工作有多么地艰难，更何况最初是想在市区找份既有户口又有编制的工作。我投的第一份简历让我顺利地走到了实习阶段。我较早地找到了海淀区一所重点校 A 校，并开始了在 A 校的实习。当然，我期待自己实习期间的努力和表现能够换来 A 校的青睐。

然而实习到第三天，我开始思考一个问题：自己要不要留在北京？这个问题对于每个像我这样的学子都是绕不开的。留在首都还是回到父母身边，我该如何做出选择？对这一问题，我可以说是痛苦思考了两个星期。期间我也跟邢老师沟通过，老师的开导让我明白"不论在哪里工作，自己的心态最重要。当然，'人往高处走'，自己应该想清楚"。我明白了，不论自己最终的选择是什么，最终只能是自己去决定何去何从。在实习和痛苦思考的两个星期中，虽然自己思路还没有彻底捋清，但是我从未在行动上放弃求职。

最后一次在实习学校进班试讲，我做了一个演示实验。事前，邢老师帮助我进行了设计实验、联系实验员准备实验仪器。庆幸的是，我在课堂上没有辜负邢老师的期望，听课的老师包括坐在最后一排的校长，都笑着站起来观看我的实验，我成功地演示实验给听课老师们留下了深刻的印象。那次讲课我的"PK"对象是北京师范大学的一名博士，大家都清楚最终能留在这个学校里的只有一个，所以我们留下了彼此的联系方式，如果收到 A 学校的通知，就告诉对方。结果我们两个等了很久都没有互相联系，后来我们联系过才知道，A 学校竟然谁也没有通知！所以我猜想可能是 A 学校也在犹豫吧？北京师范大学的博士毕竟有学位优势，学校名气也更大一些。而我讲的课则可以说是相当"接地气"，我自信对课堂的把握以及课上氛围的调控上我更占优势。我揣测，可能由于以上原因，A 学校犹豫了，但是我不能犹豫！我需要继续我的求职历程。

（二）"拒绝"B 学校

实习期间，我在另一所 B 中学也顺利通过了面试，但是由于自己感到 B 中学不太理想，最终无果而终。

在 B 中学第一次面试是一段关于浮力的说课。课上，我做了一个演示实验，令我惊喜的是，当场听课的老师竟然拿着他们的手机拍照！看来他们之前没有做过那个实验，也表明了我的一个成功。

第一次面试结束后，我离开了 B 学校，还没走到公共汽车站就收到了复试通知，学校告诉我，复试之前要帮我修改课件！我当时感觉这里的老师还真热情，竟然会帮助应聘者修改课件。但是，修改的时候我就感觉不是那么回事了。

由于当时还在实习，时间比较紧张，所以修改课件的事就安排在了进班试讲之前的一个小时。B 学校的一位老师在修改过程中提出很多问题，指着课件说："这里怎么能这样呢？这里应该这样、那样……"语气极其不委婉的同时，还把我的思路都打乱了。我的心里掀起一阵风波，当时真想把笔记本一扣，干脆不讲了，放弃这次求职机会。但是转念一想，我不能这样，应该善始善终，我要把课讲完。于是，我就带着被修改过的课件去讲课了。

讲完后一位老师带我去见校长，路上就问我：怎么感觉你这节课紧张，没有试讲时候讲得自然？当时，我笑着回答说，"是这里的老师帮我修改的课件，我的思路被打乱了"。当时，我心里已经有些许不满了。在与校长谈话时，气氛也有点郁闷，我也并没有表现出马上成功找到工作应有的激动和兴奋。校长让我实习，我表示"不愿意去"。对此，校长疑惑道：你怎么不像之前的应聘者，让实习就实习？当时，我以"没有时间实习"为由拒绝了。当然，这只是借口，真正的原因则是我不喜欢 B 学校物理组的氛围。第一次帮我修改课件，却表现出了那样的冷漠、专断，丝毫没有民主、研究的氛围。在这里，物理教学没有被当做一门学术，我的课堂设计没有受到尊重。我当然不想在这样的环境中工作，所以借故拒绝了。这对于当时工作尚未有着落的自己不能说没有遗憾与纠结。其实，真正促使我做出决定的是三年的学术训练使我形成的将物理教学当做学术的一种情怀。

（三）无缘 C 学校

在 A 学校没有结果、拒绝 B 学校后，我参加了北京市某区教育局的招聘考试，并顺利地通过了笔试。随后，我自己去了填报的 C 学校面试。

面试临场抽签决定说课题目，我抽到的是"电场强度"。准备过程中我自然回忆起了邢老师的科学方法教育理论与物理高端备课系列研究，依据邢老师的研究，电场强度概念是由"比值定义法"得出的。如果我在说课中用比值定义法，就会让说课有理有据，或许会得到评委的认可。果不其然，本来只有 10 分钟的面试说课，我却"被面试"了近 20 分钟，评委的确对科学方法教育理论很感兴趣。因此，我顺理成章地被安排了第二场面试，面试官问了几个基本问题后，我离开了 C 校。结果，在车站等车时我就收到了"回去进班试讲"的第三次面试通知。可谁知三场面试完后，又是漫长等待的过程。等待中我依然参加招聘会、投简历、面试……但是，2014 年的冬天将尽，马上就要过年了。在等待中，我已有"山穷水尽"的伤感，谁知这时候却有了"柳暗花明"的好消息。

（四）签约 D 学校

在失望中，我参加招聘会时投了一份简历，意外地收到了面试说课的通知。我非常认真地对待每一次机会，谨慎地做好课件。说课中，我利落、从容地把内容介绍完。记得当时评委老师（现在的同事）问了一个问题：匀速直线运动的物体机械能守恒吗？我非常干脆地回答了三个字"不守恒"！当然，现在看这个问题似乎非常"小儿科"。另一位评委老师（现在的校长）也问了几个问题，我都非常从容淡定地回答了。面试完后，管理招聘的老师就向我说："恭喜你，通过了!"我当时心里非常惊讶，仅仅这么一次面试就通过了?! 随后，在回学校的路上，我收到 D 学校的正式通知，后天去学校参加会议并上交相关材料。这么看来，D 学校真的要录用我了，整整一个学期的努力终于有结果了。

然而，我当时还在等待 C 学校的通知。因为比较 C、D 两所学校，C 校的工作条件更好一些，然而 D 学校已经表现出要录用我的极大诚意。所以我就给 C 学校打电话询问结果，C 学校说"要等到年后经过大会讨论才能决定"。此时，我清楚地知道，自己已经不能再等了，所以我把材料交到了 D 学校，以示自己的诚意。至于 C 学校为什么迟迟没有录用我？我揣测，可能是没有户口指标，也有可能 C 学校也在做选择，毕竟他们是城区的学校，条件非常好。但是已与我无关了。

（五）抉择：A 校 vs D 校

把材料交到 D 学校后，我就在年后去实习了。然而实习期间，我竟接到了 A 校校长让我"回去谈谈"的通知，我拒绝了。没过几天，我又收到了 A 学校的电话，这次聊了很久，他们谈到"小耿，这么跟你说吧，只要你愿意回来，学校的大门还是向你敞开的"。对一所学校这样的诚意，我不能不慎重回复。经过谨慎的抉择后，最后我还是选择了 D 学校。因为对于我这样的求职者，时间就是机会，而 D 校在恰当的时间给了我机会，或许这就是机缘，这容不得自己后悔。更何况，D 校的条件也是很不错的，我将在这里展开我的事业。

这一次的选择让我领悟了很多，让我深深地感受到了一个选择对人的影响有多大，也让我明白生命中的选择题不像试卷中的选择题，它不再有对错之分，而是不同的选择有不同的结果，不论结果如何，都是自己选择，把结果看作好或是不好，完全在于自己的心态。

四、论文发表与反思

表 2-6 是我读研至毕业后发表的论文汇总，包括核心期刊 2 篇。表 2-7 是我参编的邢老师主编的《初中物理高端备课》和《高中物理高端备课》两部著作。凭借在邢老师指导下获得的这些成绩，我在研三期间获得了研究生国家奖学金（表 2-8），这是一件极有含金量的荣誉。当然，这些成就都是在邢老师指导下获得的。

表 2-6 耿爱霞研究生期间发表的论文

序号	作者排序	题名	期刊	刊期
1	第一作者	汽车通过黄灯问题的研究及其教学启示——基于原始物理问题表征的视角	《物理教师》（核心期刊）	2013（8）
2	第二作者	浮力增量公式的推导与应用	《湖南中学物理》	2013（9）
3	第一作者	交流电路中电子的运动研究	《中学物理》	2013（17）
4	第二作者	物理教材"牛顿第三定律"编写存在的三个疑难问题	《课程教学研究》	2014（1）
5	第一作者	"阿基米德原理"的高端备课	《课程教学研究》	2014（7）
6	第一作者	弹性势能高端备课——显化科学方法的本质	《湖南中学物理》	2014（2）
7	第一作者	"探究弹性势能的表达式"教学——以科学方法为中心	《湖南中学物理》	2014（9）
8	第二作者	课程标准应渗透多样化的教学方式	《教学月刊·中学版（教学参考）》（核心期刊）	2015（Z1）

表 2-7 耿爱霞研究生期间参编的书目

序号	参编书目	主编	出版社	出版时间
1	高中物理高端备课	邢红军	中国科学技术出版社	2014 年 9 月
2	初中物理高端备课	邢红军	中国科学技术出版社	2014 年 9 月

表 2-8 耿爱霞研究生获奖情况

奖项	级别	时间
硕士研究生国家奖学金	国家级	2013 年 10 月

回首研究生三年的学习，我所学习到的不仅仅是如何去进行论文写作，还感受到了邢老师对于教育教学工作的执着与负责、教研室同学对于学习的热情与认真，这些于我而言是一种无形却意义深刻的教育。如果说考研是为研究生学习做准备，那么我认为整个研究生阶段的学习已经为我将来的工作做好了准备，不论教学还是教育研究，三年的研究生学习成功地将我送上了工作岗位。我相信，邢老师的学术精神以及团队同学一起学习的情景将会定格在我们的脑海里成为永恒的画面，镌刻在从团队中走出的每一个人心里并成为精神支柱，引领着我们每一个人不断前行！

（耿爱霞）

第三节　三年研究生求学经历

光阴荏苒，三年"学海泛舟"生涯已然结束。蓦然回首，身后留下无数个或清晰或模糊的映像。记得初读研究生之时，虽历经考研洗礼，了解了一些教育学及心理学的知识，但那些不过是皮毛而已，对自己要研修的专业——物理教学论，无论是内涵还是外延都处于懵懂状态，主要表现为自己不能独立找寻研究的方向和课题，上课时思维较为分散，没有找到学习的方法。

研究生二年级阶段，我有幸与邢老师探讨了一次物理教学论的研究方法与学习策略。通过这次探讨，我明确了阅读文献的价值与方法，彻底改变了原来被动而陈旧的学习方法。在此，我想分享自己求学时的一点经验与感悟，供大家品评。

一、如何学习好物理教学论这门课程

（一）课前积极准备

其实，学习物理教学论和其他学科有很多相通、相似之处，首先是要做好预习。邢老师往往在上完课时，告知大家下节课要讨论的课题及文章，这便为我们的预习划定了范围。在此，我认为不仅要把邢老师布置的文章读完、读懂、读透，还应该把和这一问题相关的文献也下载赏析，尽量做到对比研究。如在学习邢老师的《自组织表征理论：一种物理问题解决的新理论》一文前，在知网上也搜搜其他学者关于"物理问题解决"的研究，再通过各文章观点、结论等的对比，总结一下邢老师文章的"亮点"所在。此外，在遇到自己不能理解的问题、观点等时，要及时记录下来，以便在上课时和老师、同学进行探讨。

（二）上课多聆听，找差距

上研究生专业课时，我们主要学习邢老师的文章，课上邢老师总会让大家结合所学文章，谈谈自己的收获或疑问。那时由于自己没有掌握有效的学习方法，总是提不出问题或提一些偏离主题的问题，甚至对这种提问法的合理性产生了一些怀疑（其实自己后来才知道，这种教学方法属于一种"头脑风暴"的教学方式，通过提问及不同观点的相互碰撞来激发大家的思维）。由此导致研一时，自己在学习、科研等方面进展不大。

前面提到在上课时，邢老师会让大家结合所学文章，谈谈自己的收获或疑问。这时不仅要和大家积极讨论自己学习时遇到的问题，更重要的是聆听他人的疑问及收获。对于他人所提出的有价值的问题，自己应在动脑思考的同时，从方法论的角度加以反思——为什么自己未能考虑这一问题，自己在学习中与他人的差距在哪儿，这样才会使自己不断进步。

（三）课后文献积累

毋庸置疑，要找到好的论文题目，写出有价值的学术论文，首先要阅读大量的文献作为积淀。这里需要强调的是：文章的阅读不仅要保证一定的数量，而且还要注重阅读的质量。俗话说："宁啃仙桃一口，不吃烂杏一筐。"因为一篇高质量的文章犹如雨后的青山，一草一木都带着灵气。阅读这样的文章会给予人无限启迪，产生创作的灵感。可以说，每一篇高质量的文章都能使人从中汲取"营养"。相反，低水平的文章不但会浪费宝贵的时间，而且有可能使人误入歧途。因此，我认为文献阅读的第一步便是甄别文章的优劣。这里，每个人或许对文章的优劣有着不同的界定，但我认为一篇高水平的文章至少要具备如下两点：①有创新，即有自己的观点，因为写论文的初衷就是表达自己的思想；②有一定的理论深度，而非对教学经验及体会的简单叙述。

其实，当一个人的文献积淀达到一定程度时，自然就能够识别文章的优劣。

二、阅读文献的方法

明确了文献阅读的作用后，再谈应该如何去阅读一篇论文，这里结合了邢老师与我的谈话中所提及的阅读方法，谈谈我自己总结的阅读经验。

（一）阅读时精于思考

首先，阅读文献时一定要精于思考，如同高中时分析语文课文一样，从主要内容到中心思想，从文章结构到写作手法，面面俱到地去剖析一篇文献，从而达到入脑入心的程度。这里需要指出的是，整个阅读过程必须经历一个"无疑"到"有疑"再到"释疑"的过程，即发现问题——分析问题——解决问题，这样不仅能促进我们的认知发展，而且能提高发现问题和解决问题的能力，从而达到对文献的品味。

（二）注意理论联系实际

阅读文献时，大脑也要注意随之灵活转动，即注重迁移。迁移是指已经学习过的东西在新情境中的应用。当今教育界提出"为迁移而教，为迁移而学"，就是要充分发挥迁移的积极促进作用。因此，阅读文献不能仅仅停留在书本上、口头上，而必须心领神会、勤于动笔。通过自己的日常实践加深对文献的理解，从而达到直接经验与间接经验相结合。这里，我觉得为促进迁移，应该思考这样一个问题：文献中的哪些观点、论据、好词好句能为我所用，在此论点的启发下我可以写一篇什么样的文章。此外，建议大家准备一个小记录本，随时记录文献中的好词、好句及有用的论点、论据，以便日后写论文之用。

（三）辩证对待文献

最后，还应该以批判的眼光对待文献，在阅读文献时发挥自己的判断力，不可盲从，因为即使是名家或教科书有时也难免会有错误。古人说得好："尽信书不如无书。"在追踪当前发展的研究方向时一定要牢记，你发现的问题别人也同样会发现，越是重要的问题竞争越是激烈，在研究条件不如人时，如果没有创新的研究思想、独到的研究方案是不可能超越前人取得成功的。缺乏自己的创新思想而片面追求"时髦"，必然走向失败，最多只能是为别人的成果锦上添花，或做一些零修碎补的工作而已。因此，论文写作的关键在于自己有创新的思想。创新思想来自何处？虽然灵光乍现可能产生重要的创新思想，但这毕竟是少数。这里我借用著名数学家华罗庚的一句话，"天才出于勤奋，创新出于积累"，只有勤奋努力才能有不断优秀素材的积累，才可能在工作中产生真正的创新，产生他人无法企及的创新思想。

三、论文写作的方法与流程

在明确了文献阅读的重要性后，下一个重点讨论的环节便是论文的具体撰写。我认为写好一篇文章应至少经历 5 个环节。

（一）选题

选题可谓是整个论文写作过程中最重要的环节，俗话说"好的开始便是成功的一半"。在选题方面，我个人认为其中蕴含着许多非逻辑性的因素，即带有一定的直觉的成分，但是对文献的阅读积累在选题过程中也扮演着重要的角色。因为通过文献的阅读与分析，一方面开阔了眼界，增长了知识，另一方面还可以发现前人研究中的不足，这便构成了选题的重要来源。对此，我总结了两个对论文选题有重要影响的因素，一个是"博闻强识"，一个是"见微知著"。"博闻强识"对应着理论层面，即通过阅读积累而增强自己的理论素养，为论文写作奠定扎实的基础；"见微知著"则是对应着"实践层面"，即通过在学习中的留心与注意，练就发现问题的直觉与洞察力。

（二）文献搜集

在确立自己研究的大方向后，为便于展开后续的研究及日后写作做准备，应该对问题做一个历史沿革，这样可以开阔自己的眼界，及时把握问题研究的现状。

1. 由点到面

由于知识更新的速度非常快，一般近期 20 篇左右文献已经相当多了，所以不必过分在意多年以前的文献。之后再对文献进行拓展，即根据兴趣和研究的目的，在研究的相关领域先去搜寻被引用次数多的文章，进而逐步扩展自己的视野，构建个人的专业知识结构。

2. 认真阅读文献

文献天天有。如果自己只是作为文献的收藏者，就失去了研究的意义。我们下载文献的目的是学习，通过阅读掌握专业领域的方法和知识，而不是"练就"毫无意义的"贮藏癖"。

3. 做好标注

学习工作中的点滴发现，思想火花，都应该及时记录下来，这样便会有事半功倍的成效。这里，我一般习惯于打印文献，这样方便直接用笔标记或批注。如果是 pdf 文献（电子版），建议使用编辑器标亮或改变文字颜色。可以说没有标记的文献近乎等于没看，没有及时记录下的观点往往转瞬即逝。同时无论写在纸上，还是记载在电脑内，都应该再准备一个记事簿，方便经常整理与归类。

（三）初稿写作

第一次写论文时，包括我在内的很多人都会遭遇这样的窘境：到底该如何下笔呢？针对这一困惑，有一句话可以很好地解答这一问题，"有时你可能不知道应该怎么写，但你必须要明确该写的是什么"。即先勾勒出一个文章的大框架，同时采用"穷举法"把自己能够想到的东西尽可能多地写出来。因为写论文是一个长久的功夫，断不可"毕其功于一役"，同时对于一个初学者来说，也不可能第一稿就写得十分完美。

（四）修改

当勾勒出一个大框架后，接下来的工作便是对论文的修改。这里需要把握自己与导师的辩证关系，实现由被组织向自组织的转变。什么意思呢？被组织阶段指的是导师对论文大方向的指导与修改，而自组织阶段则是指自己在导师确定了修改的方向后，自己对文章的修改，这里一定要逐段、逐句、逐词地思考。依据一般经验来看，往往导师改到 6 遍以上或是自己独立修改 10 稿的文章便可称得上是一篇合格的文章，可以尝试进行投稿了。

（五）投稿

相信大家写完文章后，会自发形成一个相应的评估，由此可凭借这个评估进行文章投稿。在此，建议大家对一些主流期刊设置的栏目有所了解，否则会因文不对路而被拒掉，白白浪费了大好时光（审稿周期 3 个月呢）。此外，笔者提醒大家切勿一稿多投，这样不仅有违学术道德，而且有些期刊会因此对投稿者施以"封稿一年"的惩戒，得不偿失。

综上所述，可以用一个形象的比喻来描述写作的历程：写一篇学术论文就好比雕刻一件精美的玉器。首先是确定雕刻一件什么样的玉器，是吊坠还是手镯，即确定文章的题目及研究的方向；其次是选矿，即在中国知网等数据库中找寻与研究内容相关的文献；最后是三轮雕琢。一是大刀阔斧地修改，逐段修改，调整文章的结构；二是细致入微的修改，逐句修改，使各句衔接得当；三是打磨润色，逐词修改，使词汇的使用恰如其分。

四、论文写作及修改举例

接下来，以《比热容》一文为例，谈谈应该如何撰写及修改论文。

首先是确定研究的方向与论文的亮点，对"中学物理教学"类文章，邢老师曾经说过一句十分中肯的话"只要细心研读教材，总会发现问题"，以此为目标，我选取了比热容一节作为研究对象，结合自己所学知识及对科学方法的理解，最终发现了教材中存在的不足：教材中比热容定义式的建立未用到比值定义法，而是一种间接迂回的方式。

下一步便是撰写文章了，在此需要强调的是，虽然我们有了一些关于问题的思考及想法，但这些思考及想法倘若不落于纸面之上，行于文字之中，也只是些散碎的意想，因为当你动笔写时就会发现那些想法和学术论文之间还有很大的差距，很多想法都存在不严谨，甚至错误的地方，需要再次研究、论证。

《比热容》这篇文章在邢老师的帮助下，我一共修改了 6 稿。我们以其中有代表性的几稿为例，采用对比研究的方法，一起品评我论文写作时的心路历程。首先是文章的开篇，提出问题。这里为引起读者的注意，需指出比热容一节的地位与重要性。下面是我论述比热容重要性的几稿：

第一稿：比热容是初中物理教学中的重要概念。

第二稿：比热容作为初三物理教学中一个极为抽象的概念，一直以来都是教学的难点与重点。

第三稿：比热容作为初三物理教学中一个极为抽象的概念，其内涵深、外延广，给学生造成了沉重的认知负荷。

邢老师对第一稿的评价是"叙述过于笼统，未能点透选择比热容作为研究课题的必要性"。在此基础上，我进行了修改，即第二稿。邢老师对此的建议是"虽指出了比热容概念的抽象，但未能与学生的学习联系在一起"，同时邢老师建议我搜集一下前人关于"比热容"的研究，看看是否能得到启发；于是，我在查阅相关文献后，广泛联系学生的认知，从学科自身特点和学生的学习过程两个方面阐述了比热容教学的重要性，即第三稿。

不难发现，从第一稿到第三稿发生"飞跃"的一大必要因素就是参考了关于比热容研究的大量文献，从中获得了一线教师有关学生在学习比热容时所遇到的困难，由此可见文献积累在文章写作中的巨大作用。

接下来是对教材中"比热容"引入方式的分析，正是因为这个引入方式存在逻辑上的偏误，故而才有了我们后续的研究，因此邢老师建议"要以简练并有针对性的语言指出教材引入方式的不足"。这一部分的几稿如下：

第一稿：对这一概念的引入，教材往往以"探究影响物体吸热能力的因素"为出发点，采用控制变量的方法得出比热容的概念及定义式。然而我们通过研究发现，这样的教学逻辑没有准确把握科学方法的思维本质，得到比热容定义式的方式在思维层面上是迂回间接的，使学生对于比热容概念定义的因果逻辑不清，陷入"知其然而不知其所以然"的境地，在一定程度上影响了学习的效果。

第二稿：我们经过对该节的"逻辑严密性"进行相关研究后发现，现行教材的处理没有准确把握科学方法的思维本质，得出比热容定义式的方式是迂回间接的，将使学生陷入"知其然而不知其所以然"的泥淖中。

第三稿：我们在对该节的"逻辑严密性"进行考察后发现，现行教材的处理均没有准确把握科学方法的思维本质，比热容定义式得出的方式也是迂回间接的，导致学生对概念的掌握只能"囫囵吞枣"，难以"含英咀华"。

邢老师看完第一稿后，指出"此论述明显显得臃肿，而且由于篇幅较大，分散了论述的重点内容（教材引入方式存在的不足及对学生的影响）"。于是便有了我第二稿相对第一稿的明显瘦身，但邢老师认为"写得仍不够生动，不能与读者发生心灵上的互动"。因此，在第三稿中我加入了一些诸如"囫囵吞枣""含英咀华"的成语。悉心品味便会发现这些成语使文字变得鲜活，同时也提高了文章的水平。鉴于此，笔者建议读者在平时研读文章时应记忆一些好的词汇（简称"高级词汇"），因为这些词语可以起到提高文章"档次"的作用，并且还是将口头语转化为书面语的"桥梁"。

在叙述完教材中比热容的引入方式后，接下来的任务便是具体分析教材中比热容概念建立的不足了。这一部分相对前面分析比热容引入方式存在的偏误而言，要具体、翔实。我们来看一下这部分的处理。

第一稿：然而，综观整个授课脉络与教学逻辑，从探究影响物体吸热量的因素出发，得出物质吸收热量的表达式，最后再以公式变形的方法得出比热容表达式。这种演绎式的教学方式会使学生在比热容概念的获得上存在缺陷。综上所述，教材对比热容概念教学的逻辑是间接的。

第二稿：然而，教材在比热容概念的建立过程中却存在着严重的偏误。首先，教材在比热容引入的逻辑编写上完全回避了比值定义法这一重要科学方法；其次，直接经由比热容物理意义得出比热容计算公式的方式思维跨度过大，给学生的认知平添了障碍；最后，本节课的核心内容是比热容，因此整个教学设计应围绕比热容开展，但教材最终给出的却是"利用比热容求解热量 Q 的公式"，而非比热容的定义式。显然使教学的重心发生了偏移，比热容由教学主体下降为求解热量的附庸，课程的题目与内容变得貌合神离了。

对第一稿暴露出的问题，邢老师指出"叙述没有涉及问题的本质，只是很肤浅地谈了几句，使读者意犹未尽"。受此启发，我在文章第二稿中先逐一列举了教材处理方式的缺憾，再就教材中的三点不足逐步深入，从教材逻辑编写这一宏观层面入手，最终透视到学生思维跨度及比热容一节的教学主题。对此，我们需关注的是：第二稿相对第一稿发生"质的改变"的原因，即笔者悉心分析教材中的问题，这一步必须中肯、透彻（研究问题中肯这一点是邢老师在上课时向我们反复强调的，要做到这一点就必须对研究内容作深入的分析，把问题想明白）。

在指出教材中教学设计的缺憾后，便该引出我们的教学设计了。由于比值定义法作为一种"方法"，它是人们认识客观事物的途径，也是一种可操作的程序。所以这一部分的处理一定要凸现层次性。下面可以结合我的两稿，进行对比研究。

第一稿：

首先，我们把两根规格相同的电阻丝分别放入水和食用油中用以提供热源，由于电阻丝阻值及两端电压已知，所以我们可以借助公式 $Q = I^2Rt$ 计算液体吸收热量的多少。然而实验结果表明，如果直接比较水和食用油的吸热量的多少，可能会引起谬误：由于两种液体的初温及质量不同，实验中会出现比热容大的物质吸热少，而比热容小的物质吸热多。显然，这种比较是无意义的。这是由于两种液体上升的温度和质量不同，从而导致比较时选取的标准不同。为解决这一矛盾，就需要确定一个相同的标准。如何最简单地做到这一点？那就是用液体所吸收的热量 Q 去除液体的质量 m 与液体温度的改变量 Δt，即比较 $\dfrac{Q}{m\Delta t}$ 的大小。如此，虽然还是比较两液体吸热的情况，但已经将标准进行了统一，这就是比值定义法的内涵。

当选取相同标准进行比较之后，学生会发现一个意外的结果：不论是 0.3kg 的水温度上升了 10℃，还是 0.4kg 的水温度上升了 30℃，它们的 $\dfrac{Q}{m\Delta t}$ 始终是一个确定值，即 $\dfrac{Q}{m\Delta t}$ 等于 4.2×10^3。同理，可发现食用油的 $\dfrac{Q}{m\Delta t}$ 恒等于 1.8×10^3。因此，这一比值可以用来表示两种物质谁吸收热量的本领更大。

然后，使用教材所提供的比热容表进行验证。查阅比热容表，可发现水和食用油的比热容恰好分别是 $4.2 \times 10^3 \text{J/}$（kg·℃）和 $1.8 \times 10^3 \text{J/}$（kg·℃），和 $\dfrac{Q}{m\Delta t}$ 的值完全相同。由此验证 $\dfrac{Q}{m\Delta t}$ 反映了物质的吸热能力，是物质的比热容。

至此可以得出结论：$\dfrac{Q}{m\Delta t}$ 的值是一个常量，该比值越大，那么单位质量的某种物质温度每上升1℃吸收的热量就越多。这表明该比值是物质本身的一种属性，反映了物质吸热能力的强弱。于是，我们就把这个比值称做该物质的比热容，用 c 表示，写成公式是 $\dfrac{Q}{m\Delta t}=c$。

第二稿：

1. 比较吸收热量，判断吸热能力

我们选用多组质量与温度不同的水和食用油作为实验材料，鉴于初中学生的运算水平尚处于具体运算水平，对概念的理解还不能脱离具体事物的支持，故应以具体数据辅助学生进行吸热量多少的比较。据此，选用两根阻值相同的电阻丝作为加热源，把它们分别置于水和食用油中，由于电阻丝阻值及两端电压已知，这样便可以根据公式 $Q=I^2Rt$ 定量计算出液体吸收热量的多少，这个数值将被用来判断物质吸热能力的强弱。

实验结果表明，这种直接比较水和食用油吸热量的方法会引起谬误：当两种液体升高的温度及质量不同时，实验中会出现比热容大的物质吸热少，而比热容小的物质吸热多的情形。例如，0.3kg 的水温度上升 10℃仅需要 12600J 的热量，而 0.6kg 的食用油上升 30℃则吸收了 32400J 的热。针对这种佯谬，教师应启发学生思考：错误的产生源于比较时没有选取相同的标准，解决问题的办法就是在比较时选取相同的标准。

2. 利用数学工具，统一比较标准

在第二环节中教师应及时把握教学契机，向学生点明：为了使比较结果有意义，要把比较标准变成一样，即加热相同质量的水和食用油，使之上升相同的温度，即将物质的质量及上升的温度统一了标准。然而，绝非是要对液体采用添加、加热等手段，而是利用除法这种数学工具，用液体吸收的热量 Q 除以相应质量 m、温度的变化量 Δt，使标准化为"单位质量改变单位温度"，即采用比值 $\dfrac{Q}{m\Delta t}$ 的形式进行比较。至此，该比值同"比热容"的定义式建立了初步联系。

依照这种思路，计算得到水的 $\dfrac{Q_1}{m_1\Delta t_1}$ 值等于 4.2×10^3，食用油的 $\dfrac{Q_2}{m_2\Delta t_2}$ 值则为 1.8×10^3。通过查阅书中"比热容表"，可知比值的大小与表中数据相吻合，正好印证了选用数学工具的准确性。但这种研究思路却与我们的初衷（由直接比较液体的吸热量判断其吸热能力强弱）相悖，那么这个比值的含义究竟是什么呢？

3. 结合实际情景，阐释物理意义

基于比较两液体吸热量的朴素动机，从最直观的数据出发，采用有条理的处理方法，已初步得到比热容的表达式，可是对于式子 $\dfrac{Q}{m\Delta t}$ 的真实含义却未能揭开其神秘面纱。此时，教师应向学生指出：该比值反映了物质吸热能力的强弱，用单位质量的物质每升高1℃吸收的热量来表述这种能力，我们称之为比热容，表达式为 $\dfrac{Q}{m\Delta t}$。然而，这一表述对初中学生并非十分直观明确，很难让学生在思想上产生共鸣。由此，最后环节的教学还是应重新回到现实中去，联系学生最为朴实的生活经验，诠释比值的物理意义。

对此，教师可将比热容的物理意义阐述的更为直观，使其植根于学生已有经验之中。比如可以结合学生小学时常常接触的一类应用题进行阐述：有两个挖掘队，甲队一天工作5小时，3天后挖了75m³的土，乙队则每天工作6小时，2天共挖土72m³，试问哪队工作效率更高。显然，甲队挖的土要多于乙队，这相当于水和油吸收了不同的热量。但是要比较工作效率，还应选取统一的标准，即甲乙两队几天内工作累积的小时数。这可类比单位质量的物质温度升高1℃。最后用工作总量与几天内工作时间的比值对两队的工作效率进行表示，甲队一小时挖5m³土，而乙队一小时挖6m³土，可见乙队的工作效率大于甲队的。通过这道学生熟悉的小学数学应用题，可使学生对比热容概念有更加深入的理解。

通过对比不难发现，虽然两稿论述的内容一样，但由于第二稿中将比值定义法的应用分成了三个环节，且每个环节均有一个小标题对该环节内容进行概括与总结，因而使文章的层次感更为清晰，读者更容易把握文章的结构与脉络。其实，这里涉及写作的技巧问题，使用小标题将文章按内容（进展的环节）分开，有助于明晰文章的结构与层次。

最后是文章的启示环节，也是文章最为重要的部分，因为这一部分涉及文章的写作目的。同时，通过文章启示的阅读，还能帮助人们了解作者的理论修养与学术水平。

第一稿：在上述研究之后，我们认为，现行教材中由探究影响物质吸热能力的因素出发，通过控制变量法得出 $Q=cm\Delta t$ 的方式是一种"横向"的思路，对"比热容"这一概念的教学是间接的，而我们的教学设计将思维集中于比热容这一概念的获得，采用的是一种"纵向"的教学逻辑。这种"横向"与"纵向"之间微妙的差异就是"控制变量法"与"比值定义法"。

其实，控制变量法和比值定义法都是重要的物理科学方法，两者既有相通之处又各有千秋。控制变量法和比值定义法都蕴藏着比较的思想，但是前者通过改变自变量来比较不同情况下的因变量，后者是选择统一标准后再进行比较。控制变量法侧重于探究不同物理量之间的关系，结果往往是发现物理量间的关系，而比值定义法的结果则反映出一种物理本质，并在对这一本质的认识上建立起了新的概念。

基于此，我们认为在教学中仔细斟酌、取舍不同的方法逻辑与教学逻辑既是对科学方法内涵的理解，也是对学生物理学习心理的细心体察。由于教学的逻辑路线不同，其教学的效果就大相径庭。

第二稿：

1. 选择教学路径，降低认知负荷

认知负荷理论指出：知识本身的难易程度决定着内在认知负荷，是无法改变的，而教师对知识的呈现方式则决定着外在认知负荷。因此，若要减轻学生学习比热容的认知负荷，选择教学路径很重要。历史上对于比热容概念的建立向来存在着两种迥异的教学路径：一是控制变量法，以探究影响液体吸热能力的因素为出发点，通过两实验对比的形式，导出比热容的定义式；二是比值定义法，从比较液体吸热能力切入，通过对比较标准的统一，最终利用除法得到比热容的表达式。究竟哪种方法更能揭示比热容的本质，更加符合学生的认知水平呢？这就需要教师洞察比值式 $\frac{Q}{m\Delta t}$ 中包含的"统一标准"这一关键因素。教材中"质量相同的水和油升高相同的温度吸收的热量是否一样"虽暗含"统一标准"之意，但却含而不露，点而不透，没有把热量 Q 与质量 m、温度改变量 Δt 相比的必要性阐述出来。而高端备课以"统一标准"为破除认知冲突的枢纽，将其充分显化于学生眼前，不但解答了"直接比较吸热量产生错误"的缘由，而且充分凸显了比热容概念的意蕴。

2. 把握知识本质，辩证对待备课

教材中的知识只是一种贮存状态的知识，需要转化为传输状态的知识才能为学生所接受。但是，这两种知识形态的转化受到多种因素的制约，教材是很难将它们表述出来的。因此，教师的备课就不能仅仅停留在书本知识上，而要突破教材的束缚，从整体上把握知识，厘清其内在的逻辑关系，否则只能照本宣科使教学效果滞留在低水平的状态。就比热容一节而言，教材编写就存在着明显的缺陷：由比热容定义直接得出"利用比热容计算物质吸热量"的方式不仅过渡突兀，给学生的理解造成困难，而且偏离了教学的主航向。相比之下，我们在对知识内涵深入透视的基础上，以比值定义法为教学逻辑的主线，合理创设认知情景，为学生思维的发展铺设出一条合理的逻辑通道，从而使比热容定义式的建立水到渠成。

写文章最后的启示时，一定要与上文呼应，切忌写一些"放之四海而皆准"的"空话"，即可以给任意一篇文章写启示，因为这样的启示毫无意义，也是写启示的最大忌讳。如何写好启示呢？对此，邢老师曾告诫我们：写好论文的启示，必须要有深厚的理论积淀作为支撑，因为理论是实践的导航仪，是实践的方向，而理论素养的形成必来源于每天勤奋的阅读、学习及思考。

在此，我想强调的是，写文章时不要仅仅依赖于导师给自己一遍一遍地改文章。导师对论文的指点固然重要，是我们科研道路上的明灯，为我们导航，帮我们把握大方向，但绝对不是我们写论文的拐杖。如果仅仅是一遍一遍让导师去改，而自己不去思考与总结的话，就永远也不会有提高。对此，我认为正确的方法应该是"导师一遍，我一遍"，即导师改完一遍后，自己再对文章进行一遍"锐化"处理。同时，要对导师修改时调整的结构、所用的词语和自己的原文做一下对比。诚如乌申斯基所言："比较是一切理解和思维的基础。"可以说，没有比较就没有认识，没有发展。

五、研究生期间研究成果

如表2-9所示，是我研究生期间发表论文的汇总，共8篇论文，其中核心期刊5篇。同时参编邢老师主编的《初中物理高端备课》与《高中物理高端备课》两部著作（表2-10）。取得这样的成绩，我感到十分高兴，也再次对邢老师的教导表示衷心的感谢！

表2-9　石尧研究生期间发表的论文

序号	作者排序	题名	期刊	刊期
1	第一作者	以科学方法的逻辑展开"磁感应强度"概念教学的高端备课	《湖南中学物理》	2013（4）
2	第二作者	由一道"北约"物理题的三种解法看自主招生备考	《物理教学》	2013（12）
3	第三作者	压强概念教学的高端备课	《中学物理教学参考》（核心期刊）	2013（10）
4	第一作者	由三组"正误对照"谈物理图像题的教学与备考	《湖南中学物理》	2013（12）
5	第二作者	"平抛运动"教学的高端备课	《物理教师》（核心期刊）	2014（6）
6	第一作者	比热容的教学逻辑研究	《中学物理教学参考》（核心期刊）	2014（5）
7	第一作者	论高中物理"磁感应强度"教学的逻辑	《物理教师》（核心期刊）	2014（7）
8	独著	电容定义式引入的再认识	《中学物理教学参考》（核心期刊）	2014（7）

表2-10　石尧研究生期间参编的书目

序号	参编书目	主编	出版社	出版时间
1	高中物理高端备课	邢红军	中国科学技术出版社	2014年9月
2	初中物理高端备课	邢红军	中国科学技术出版社	2014年9月

六、研究生训练对教学研究的影响

现在，我已研究生毕业，走上了中学教学岗位。然而，研究生期间的训练仍在我现在的工作中发挥着至关重要的作用。首先，这种训练使我对日常教学中存在的问题具有了较强的敏感性，能够独立选择教学研究的方向及确定相应的研究课题。其次，对问题的研究也形成了相应的思路，能自行规划研究方案。最后，通过撰写学术论文，使自己的文字处理能力、阅读能力以及写作能力都有了大幅度提升。

此外，撰写学术论文在提高我们授课能力的同时，还有助于我们批判性、深刻性等思维品质的发展。如正视教材的不足（批判性），不为教材所拘泥（灵活性），结合自己的教学经验（独特性），将书本上储存状态的知识变成传输状态的知识，以"物理教学所独有的规律"展开教学。同时就教材本身而论，只提供了学生要掌握的知识点，并未给出一个明确授课逻辑，而这个逻辑就需要教师结合学生的认知结构去挖掘。

一言以蔽之，历经三年的研究生训练，自己已经蜕变为一名具有初步教学研究能力的中学物理教师了。并且在工作的半年中，在邢老师的引导与帮助下，我又陆续撰写发表了4篇文章，如表2-11所示。这表明，我的教学研究能力已经实现了从"被组织阶段"向"自组织阶段"的转变。

表2-11 石尧毕业后发表文章汇总

序号	作者排序	论文题目	期刊	刊期
1	第二作者	初中原始物理问题测量工具：编制与研究	《课程·教材·教法》（权威核心期刊，CSSCI）	2015（2）
2	第一作者	初高中物理重复性内容教学的研究	《中学物理教学参考》（核心期刊）	2014（11）
3	第一作者	关于比值定义法和控制变量法的再思考	《北京教育学院学报（自然科学版）》	已录用
4	独著	教材导向下胡克定律建立的两种教学路径	《课程教学研究》	2015（2）

最后，谈谈自己攻读研究生几年来的心得与体会。首先，搞科研、发论文，一定要摆正心态，不要为"写文章而写文章"，更不能"为评级，为毕业"而去写文章。因为过于功利的价值取向往往导致作者心烦意乱，不能全身心投入到研究中，那么应该怀着一种怎样的心态抑或心境进行论文写作呢？我认为应该将写文章（或者说是科研）当作一种信仰，一种乐趣。即使不能把撰写论文提升到如此境界，也应该当作自己工作中的一部分来看待。尤其是对于一个物理教师而言，研究应该是和教学并重的——教学中会发现问题，而解决这一问题便是一种研究；反过来，研究中获得的宝贵结论及增长的知识又促进了教学水平的提升，最终形成一种良性循环。就拿"教学类"论文而言，教育教学作为一种艺术，课一定要讲得有逻辑、有条理。因为一份脉络清晰、逻辑性强的教学设计不仅使学生易于理解，而且对教师本身而言，也会使讲课变得轻松。此外，我认为对于一个初学者而言，发表文章固然重要，但掌握科研的方法更为重要。因此，在研究生阶段我们要"重结果，更重过程"。每次写论文都当做一次难能可贵的经历，在修改论文时多进行反刍，思考与比较，这样才能有所收获。

（石尧）

第四节　我的物理教师专业发展之路

光阴荏苒，转瞬间，三年的研究生生涯已经结束，回顾三年的学习历程，我觉得收获颇丰。在忙碌而又充实的物理课程与教学论学习过程中，我个人的科研素养、学习能力及教育教学能力均有了大幅度提升。这些素养和能力的积淀，在很大程度上促成了我的物理教师专业发展。本节是对自己物理教师专业发展几个关键阶段所做的梳理与总结，主要包括学习历程和写作历程两部分内容。

一、物理教学理论学习历程

教育理论的学习是教师专业发展的必要组成部分。我对教育教学理论的学习始于大学一年级。因此，我把物理教学理论的学习大致归结为以下三个阶段：初步认识阶段（大学学习）、实践阶段（中学物理教学）、提高阶段（硕士研究生学习）。下面对每一阶段的学习与收获做出总结。

（一）初步认识阶段：大学学习

大学期间，我的专业是物理教育，这决定了我以后的职业就是一名中学物理教师。我自幼崇拜教师这一职业，觉得能成为一名人民教师是一件光荣而神圣的事情。大学选择的专业为我的教师生涯提供了一份保障。我亦十分珍惜来之不易的机会。

我系统学习了大学期间的各门专业课。客观地说，尽管我比较努力，也能在考试中取得优异成绩，但是，我的专业课学得比较肤浅，并不扎实。那时的学习似乎就是为了应对考试，何况我本人对高深的物理学并没有太多的兴趣。然而，教育学和心理学这两门公共课却令我情有独钟。授课老师把晦涩的教育学原理结合教学案例讲得生动无比，把复杂的心理学知识讲得通俗易懂。时至今日，上课的场景历历在目、记忆犹新。尽管那么多概念、原理都需要记忆，但是我借助于记忆的策略，加之自己的努力，学习起来也乐在其中。功夫不负有心人，期末考试时，我的两门成绩均居于班级之首。事实上，成绩的取得主要源于我学习这两门课时怀有的特别情愫，那就是我的教师情结。我立志做一名合格的人民教师，所以我要学好这两门工具性的课程。

如果用一句话来总结我大学期间学习情况的话，我觉得应该是："学习了物理学知识，也学习了教育学、心理学知识，但并没有把物理学与教育学、心理学真正联系起来。"因此，这几年的学习也只能归结为"初步认识阶段"。

（二）实践阶段：中学物理教学

本科毕业之后，我如愿以偿地成为一名人民教师，担任高一两个班的物理教学工作。我秉承"学高为师，身正为范"的校训，满怀热情地投入到工作中去。在教学中，为了使自己尽快成长起来，我试图把大学学习的知识运用到实践中去，在备课、上课、课后辅导这三个主要教学环节付出了艰苦的努力。备课时，我认真钻研教材、钻研教学参考书与课后辅导书，认真撰写教案，做到不懂就问、不会就学，只要是学生要做的题，我必定提前每题必做，每题必分析。在上课环节，我力争做到语言流利、板书规范，注意每个知识点之间的过渡与衔接，注重与学生之间的互动。课后，我注重书写教学反思，力争对教学的每一个环节做出自我评价。

山东高中的教学是非常辛苦的。我不仅要上早自习，还要上晚自习，一周下来，两个班的课时加起来多达 24 节，每天都非常忙碌，能顺利完成教学任务是一周最大的收获。虽然评价教师的主要标准还是分数，但是初入教坛的我似乎没有想过我的学生能在考试中考多少分，我考虑最多的是我如何尽最大努力上好每一节课、讲好每一个知识点，表现出一个教师应有的素质，决不能让学生和家长因为我是一名新教师而有所担忧。而对于考试，我从来都认为影响因素很多，它并不是教师的一厢情愿。那段时间，我几乎没有自己的业余生活，所有的工作都指向教学，忙得不亦乐乎。学期结束时，我所任教的两个班级成绩出乎我的意料，平均分居然高于平行班级。问心无愧地说，这一成绩的取得不是来自对学生的苛刻与严厉，而是出于我对学生发自内心的关爱与理解。这一做法与我本科期间形成的对教育教学的理解有很大关系。事实上，学生的成绩不是逼出来的，只要老师做得足够好。

诚然，在任教的三年时间里，我只关顾教学，对于自己的职业并没有太多规划。前辈们评职称的困难经历已经使我望而却步。他们同样兢兢业业，一心忙于教学工作，由于没有发表教学论文，没有优质课等硬件，一次次与职称评聘失之交臂。在他们眼里，发表一篇论文似乎比登天还难，再加上优质课的推荐评比往往论资排辈，所以许多教师对评职称都失去了信心。至于我，就少了这方面的烦恼，因为我觉得职称对我来说还是一件很遥远的事情。因此，教学期间，在大环境的影响下，我没有想过写论文、发表论文，那个阶段自己唯一的追求与提升就是对所教知识的融会贯通和对课堂的驾驭能力，而真正对物理教学的深入思考却微乎其微。今天看来，我当时持有的教学观是非常片面的，那样发展下去也注定是一个畸形的发展。

（三）提高阶段：硕士研究生学习

由于个人原因，我选择了离职准备考研。结合自己的实际情况，我依然选择师范院校，而物理课程与教学论专业就成了我的唯一选项。备考期间，我自学了教育学综合考试的五门科目：教育学原理、中国教育史、外国教育史、教育心理学、教育研究方法。我自认为学得不错，结果考研成绩出来却令我大失所望，我的政治、英语成绩均已过线，唯有总分没够国家线，原因显而易见，教育学综合考试成绩太低。由于不太相信这个结果，我还专门去报考学校复查了成绩，结果发现，简答、论述题的得分均很低，尽管我觉得自己都答得不错。就这样，我的第一次考研以失败而告终。考研失败后的很长一段时间我都处于迷茫阶段，后来痛定思痛，还是决定再战一次。这一次，我反思了很多，觉得光凭自己闭门造车是不行的，我上网搜了一些学习资源，发现网上的辅导班琳琅满目，试听了一些视频后发现，我其实缺乏的不是知识点的疏漏，而是答题技巧与对知识的理解力。于是，我报了网上的视频课程，通过听课加自学的方式，开启了新一轮的考研之旅。功夫不负有心人，我最终考取了我心仪的学校与专业——首都师范大学物理课程与教学论专业。

报到第一天，尽管我明显感觉到自己这个大龄研究生在同学之间仿佛格格不入，但我还是尽量让自己融入这个集体，认识了我的同学、年龄比我小许多的"师兄师姐"和三年来督促我成长的导师邢红军教授。那时，我给自己制定的目标很明确，就是顺利毕业拿到学位，对自己和家庭都有所交代。由于物理学专业课本来就不是我的强项，加之多年未曾接触，所以对开设的两门物理学专题研究课学起来很吃力，但是我没有气馁，最后也都取得了不错的成绩。我最大的收获就是师从邢红军教授，系统学习了物理课程与教学的相关理论，这些也成为我物理教学论学习的一个重要转折点。

在邢老师的第一次课上，我们一起学习了邢老师关于课改的一篇文章《中国基础教育课程改革：方向迷失的危险之旅》。在文中，邢老师秉承"位卑未敢忘忧国"的古训，基于多年中学教学、大学教学和研究生教学的经验与体会，一针见血地指出了新课程改革存在的严重问题，认为进行了十年的新课程改革，像一只迷途的羔羊，已经成为一个方向迷失的危险之旅，唯有迷途知返，方能浴火重生。这篇论文笔锋犀利，论点论据充分，对基础教育课程改革的现状做出了堪称透彻的分析。邢老师的授课方式也很独特，每节课都有学生发言的环节。我们针对论文的观点、写作手法等发表个人意见，邢老师再逐个点评。也就是从这节课开始，我喜欢上了物理教学论这门课程。因为它不仅让我了解了物理课程与教学论的相关知识，更重要的是，发言的环节使我学会了思考，无形之中为我以后的论文写作构思奠定了基础。我觉得这种授课方式非常值得在研究生阶段推广。

跟随邢老师学了一年的课程，相关的学习主题和心得可以大致分为以下五个部分。

1. 基础教育课程改革

如前所述，我对基础教育课程改革的了解始于邢老师的《中国基础教育课程改革：方向迷失的危险之旅》一文。说来惭愧，在我任教的三年里，基础教育课程改革已经进行了四五年时间，而我接触最多的只是"新课改""素质教育""减负"这样的口号。对于新课改的具体时间、为什么要改、要怎么改、改什么等问题一概不知。我只知道，由于地域关系，我们的信息相对闭塞，课改的"春风"几乎吹不到我们那儿，学生的压力并没有因为"素质教育的呐喊"而有所减轻，学生的课余时间依然被"分光吃净"。一线教师要做的就是跟随教研员，以提高学生成绩为终极目标的"教书育人"。当看到邢老师文中所指的教育乱象时，我感同身受，觉得这就是基础教育的真实写照。

我认真学习了三篇系列长文，对基础教育课程改革的产生背景、理论基础、教学方式、课程内容、训练形式、研究范式、教学走向、国情反思、课程目标、能力培养、教学评价等一系列问题有了深入的了解。在此基础上，阅读学习了一篇与邢老师观点截然不同的文章《无限风光在险峰：新课程改革的理性审思》，从这篇文章的题目来看，以"无限风光在险峰"为题，与邢老师的文章"方向迷失的危险之旅"可谓针锋相对，形成鲜明的对比，不愧为学术争鸣。但是，文中所述诸多观点都不能让我心悦诚服，于是我开始了除了中学作文和本科毕业论文以外的第一次写作尝试，即《与〈无限风光在险峰：新课程改革的理性审思〉作者商榷》。文章初稿有 12000 多字，在写作的时候，我觉得思路清晰，论据也充分，这得益于我半年来跟随邢老师的学习收获。这篇文章虽然没有发表，但是我觉得这是我论文写作的起点，意义非凡。

2. 原始物理问题

原始物理问题是邢老师研究的一个重要部分，研究生入学之前就有所耳闻，真正对它了解还是在邢老师的课堂上。

通过学习，我掌握了原始问题及原始物理问题的概念，知道了原始物理问题与习题的区别，了解了原始物理问题的测量工具等。所谓原始问题，是指自然界及社会生活、生产中未被抽象加工的典型现象。它来自真实的生活情景，只是对现象进行了描述，需要学生对问题进行一系列的加工才能得出答案。与平时训练用的习题不同，习题是把现象进行抽象、简化、分解，经人为加工出来的练习作业。它是对现象的高度抽象，一般具有唯一答案。

惭愧地说，没进行系统学习之前，典型的几道原始物理问题我都不会做，觉得它们都特别难。印象最深的是，一次在邢老师的课堂上，邢老师拿出一道自行车转弯的原始物理问题让我们做，我当时想了很多，包括受力分析、向心力的来源、与火车转弯的区别等，简直是绞尽脑汁，最后还是没有解答正确。之后，邢老师经过简单的建模、抽象、受力分析，问题便迎刃而解，我的思路瞬间被打开，问题的症结在于模型的建立是直杆模型还是质点模型。通过这道原始物理问题的学习，我真正意识到它与习题的截然不同，感觉原始物理问题就是一个全脑的训练，能够全方位调动学生的思维。邢老师用"掐头去尾烧中段"来形象形容习题的解答着实贴切。原始物理问题在培养学生的创新思维方面确实有着独特的功能。

3. 科学方法教育

科学方法教育理论是我研究生期间接触最多的部分。学习的载体主要还是邢老师的系列论文及往届研究生的毕业论文。

　　"方法"一词对每个人来说或许并不陌生，无论从事什么行业貌似都在讲方法、讲效率，方法的重要性不言而喻。然而，通过学习，我意识到基础教育阶段的方法教育不容乐观。我们在授课的时候确实过多地关注了知识的传授，尽管我们也一再要求学生对知识要"活学活用""举一反三""触类旁通"，但是却没有思考过让学生如何去达成这些目标，也就是没有落实科学方法教育。

　　我对"方法"的了解源于初中时的一位化学老师，记得那时他在黑板上写了这样一句话："方法比结果更重要"。现在看来这似乎是一句很普通的话，但却给当时的我留下了深刻的印象。我那时对方法的理解就局限于解题方法和学习方法，这一理解一直伴随我走过高中、大学，甚至是工作。也就是说，我对方法的理解随着学习阅历的增加或许只是发生了量变，而真正实现"质"的突破就是三年的研究生学习。我印象最深刻的是邢老师论文中的一句话："如果说把科学比喻为一串珍珠项链的话，那么科学知识是珍珠，科学方法就是那根细线，没有了细线的珍珠就不能称之为珍珠项链，只能是一盘散珠"。这一比喻形象地道出了科学方法教育不容忽视的作用。三年间，我对科学方法教育的理论建构、教育价值、教育内容与分类、教育方式等都进行了系统的学习。从中我真正感受到了科学方法的魅力，也难免不为基础教育阶段科学方法教育的现状担忧。正因为如此，我对这方面的研究有着独特的兴趣，决定以后在我的课堂教学中去践行科学方法教育。当然，这一知识体系也为我以后的写作打下了坚实的基础。结合课程标准中科学方法缺失的现状，我把相关理论作为我毕业论文的一个重要组成部分。

　　4. 物理能力理论

　　与"方法"一样，"能力"对每个人来说也都不陌生。研究生入学前，我对"能力"的学习与理解仅限于普通心理学上讲的概念。研究生期间，我学习了邢老师的《论智力—技能—认知结构能力理论》《论高考物理能力理论与命题导向》《物理能力基本理论的研究》等多篇论文，了解了一般能力理论、学科能力理论、物理能力理论，并把相关理论应用到我的毕业论文中。邢老师把一般能力理论与物理学的学科特点进行交互相关，建构了物理能力理论。这一建构思路体现了邢老师深厚的心理学、教育学、物理学功底。因此，我从中不仅学到了理论知识和写作手法，而且在学习中也深受熏陶。

　　5. 自组织表征理论

　　邢老师依据协同学理论，提出了问题解决的自组织表征理论，并采用原始物理问题测验工具，研究了中学生解决原始问题的表征情况。自组织表征理论的表征层次分为定向表征、抽象表征、图像表征、赋值表征、物理表征、方法表征、数学表征。在学习这部分内容时，我学得比较吃力，好多知识对我来说都是全新的，尤其是"协同学理论"，当时都不知该怎么断句。后来，通过阅读书籍和资料，认真学习了协同学的相关理论，觉得邢老师把协同学理论引入到物理教学中，不仅恰到好处，而且体现了邢老师敏锐的学术洞察力。他能够把不同学科进行关联，并且对理论驾驭得游刃有余，这是一般人很难做到的，也是最值得我们学习的地方。

上面五个方面是我研究生期间理论学习的主要部分。总之，我在研究生期间的学习不仅有了"量"上的积累，也实现了"质"的提升。

二、物理教育论文写作历程

诚然，我学习了不少理论知识，也着实被邢老师的写作功底折服，但我还没有真正去自己选题写过一篇文章。我在研究生期间一共发表了 3 篇署名第一作者的文章，这些文章均是邢老师给的题目。尽管文章内容大多是邢老师的观点，但我在写作期间也收获满满。下面是对几篇文章写作过程的总结。

（一）《"电势差"教学的高端备课》写作经历

《"电势差"教学的高端备课》是我正式发表的第一篇文章，于 2013 年 7 月发表在《物理教师》杂志上。这篇文章的写作开始于研二下半学期，当时写作的初衷完全是迫于毕业的压力，文章由邢老师命题和指导思路，写作历时 3 个月之久，文章修改达数十次。尽管写作过程比较曲折，但其中收获颇多。

"电势差"是高中物理继"电势能和电势"之后的又一重点和难点。邢老师指出，教材在知识呈现上存在逻辑断点，对概念的阐述也未能深入本质。逻辑缺陷具体表现为：由电势差"U"出发推导出"$U = W/q$"（逻辑 1），要比由静电力做功"W"出发推导出"$U = W/q$"（逻辑 2）更加符合物理教学的逻辑。邢老师要求以此展开，做一篇高端备课的文章。此论文写作的心路大致可以分为以下三个阶段。

1. 迷茫阶段

决定围绕"电势差"一节写物理高端备课后，我认真阅读了人民教育出版社编写的《普通高中课程标准实验教科书物理选修 3－1》第一章《静电场》一节的相关内容，针对邢老师提出的问题进行了深入思考。接下来，阅读了在中国知网上查到的一些有价值的文章，例如《中学物理教学参考》上刊登的湖南省资兴矿务局一中朱焕群老师的《对高中物理试验本"电势与电势差"的教学浅见》、广东省深圳市龙城中学涂源安老师的《也谈高中物理试验本"电势与电势差"的教学》、周长春老师的《尊重认知规律化解思维障碍——五种版本教科书编排电势能、电势、电势差内容的比较》。另外，还有马永喜老师的《有关"电势差、电势与电势能"教学的建议》、江竹青老师的《电势与电势差的教学探讨》，并对以上每篇文章的写作思路进行了梳理。结果发现，文章大多聚焦于电势能、电势、电势差教学顺序上的争议。

这些论文的视角都与我要写的文章不同，我只针对电势差一节的内容。我确实赞同逻辑 1 的教学设计，并且觉得如果上课用这种顺序讲给学生听，更加契合学生的认知。然而，电势差一节内容较少，算上例题也不过两页内容，如何把这一观点拓展成一篇有借鉴意义的文章，我在很长时间内都没有思路。

之后，我仔细分析了论文思路不清的原因并做出总结。一方面是由于我对邢老师指出的教材上存在的逻辑缺陷问题理解得比较片面，没有意识到问题的严重性，也就无法切入正题。另一方面，自身的教育教学理论基础还比较薄弱，这是导致写作困难的直接原因。针对这些原因，我采取了以下应对措施。

（1）反复阅读中国知网上搜到的有价值的文章，主要学习此类文章的写作结构。

（2）重新学习邢老师关于科学方法方面的文章，想在此设计里面显化出科学方法，例如类比法、直接定义法、演绎推理法等。

（3）由于这是一节概念教学的新授课，为了对概念教学有更加深入的理解，我阅读了乔际平先生写的《物理概念与定律的教学》一文和胡卫平著的《物理课程与教学论研究》一书，对概念规律教学有了更深层次的理解。

（4）遇到不明白的问题与胡扬洋同学讨论，从他那里得到了不少帮助。

（5）参考了胡扬洋和石尧同学写的高端备课方面的文章，得到不少启发。

接下来，我分别从教材编排的顺序、教材编排存在的问题、比较合理的设计、对教材编写的建议四个方面尝试完成了初稿。

2. 基本思路形成阶段

一稿送交邢老师后，邢老师详细批改，悉心指导。把我所写文章的整体结构作了修改，删去了文章的第四部分，做到重点突出。把大小标题均作了改动，并且提出最好能把知识获得过程用脉络框图形式清晰地展示出来。经过邢老师的一番指导，我茅塞顿开，瞬间觉得文章的结构变得清晰了。

经过邢老师的修改，我的上述四部分内容被修改为以下三部分：教材编排的结构分析、"电势差"教学设计的新视角、比较与分析。二稿的基本框架被确定为以下三个部分：

（1）教材编排的结构分析（图2-3）。

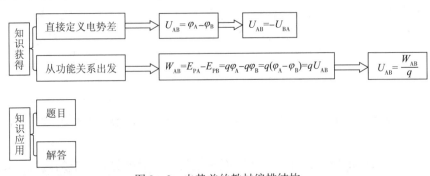

图2-3　电势差的教材编排结构

（2）"电势差"教学设计的新视角（图2-4）。

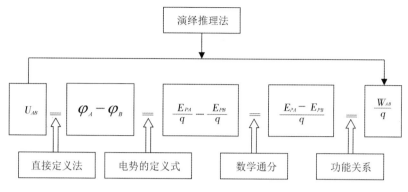

图2-4 电势差教学设计

（3）两种教学设计的比较分析。

3.反复修改阶段

二稿送与邢老师后，邢老师在文章的结构与内容上均做了详细的批改。在文章结构上，删去了知识应用部分，把重点放在知识获得部分。指出第一、第二部分衔接不大，缺少过渡，第三部分针对性不强。在内容上，邢老师几乎逐字修改，包括把一些连词、虚词的用法都做了调整，使段与段之间过渡更为自然，语句更为简洁。例如，删除了一些不必要的"的""了""也""又"。用词不恰当的或者可以替换的均作了修改，例如，把"通过分析教材"改为"进一步研究发现"；把"采取了两条线"改为"采取了两条逻辑路线"；把"平行"改为"互不关联"；把"深刻反思"改为"深入反思"；把"没有物理依据"改为"缺乏物理依据"等。这些细节修改足以看出邢老师治学的严谨和深厚的语言功底。

按照邢老师的指导意见，我又开始了第三稿的修改。在文中第一、第二部分添加了适当的过渡，把第三部分的内容又做了调整，语言句式力求流畅。送与邢老师后，邢老师又对文中的语言、句式、结构给出了修改意见。重点指出第二部分应该写出具体的教学步骤。第三部分还是写得不够深入，需继续完善。

依据邢老师给出的意见，我的四稿修改重点是在第二部分添加了具体的教学步骤，对第三部分两种教学设计的比较与分析做了全面的修改，从学生的认知水平、《物理课程标准》的要求、概念教学的规律、物理学的学科特点几个方面出发，对上述两种教学设计进行了比较与分析。经过邢老师几番修改与指导，我的思路由一开始的迷茫愈发变得清晰，越来越觉得这篇文章很有价值并且马上就会大功告成。令我没想到的是，邢老师返回的结果依然是"满篇红"。邢老师批改得很详细，每个地方都告诉我要怎么改、为什么这样改。例如，第三部分既然是比较与分析，就应该主要从两方面分析，即教材的缺陷与我们的教学设计的优点，最后综合评述一下就行了，而我写得又跑题了。

继续修改，第五稿主要针对第三部分，主要分析了教材如何缺乏逻辑、这样做带来的负面影响以及高端备课的优点。送与邢老师，邢老师又是逐句逐字修改，语言一遍比一遍精炼。我觉得邢老师改的每一笔都是点睛之笔。遗憾的是，第三部分还是不能令邢老师满意，我需继续修改。

到此为止，邢老师已经帮我修改过五遍了，每一次修改，总能找出语言上不够精练的地方，而我自己看却总也看不出来。这一次，我修改完了以后（作为七稿），没有直接送与邢老师，先让胡扬洋同学帮我看了一遍。他又帮我做了细致的修改，最后我整理成第八稿，交给邢老师。邢老师又稍微做了一些改动后终于答应可以投稿了。

（二）《库仑定律教学的高端备课》写作心得

经历了《"电势差"教学的高端备课》一文的写作历练，《库仑定律教学的高端备课》的写作自然顺利一些。文章还是由邢老师给出思路，认为教材编排逻辑不清，探究实验亦有问题，让我以类比法为主线来设计这节课。

1. 思路建构阶段

带着邢老师提出的问题，我首先还是从阅读教材开始，当我意识到邢老师指出的问题确实存在时，我就在中国知网上下载了相关文献，通过阅读整理试图发现前人所做教学设计的优点与不足。在此基础上，我开始构思文章的框架，文章的大体框架并不难建构，我把它仍然分为三个部分："传统教学设计存在的问题""库仑定律的高端备课"和"高端备课的启示"。不难看出，文章的主体是第二部分，如何能体现出这节课的"高端"，就成为我写作的重点。即要体现自己的创新之处：用类比法讲授新课，又要体现教学的逻辑，还不能置教材上的实验于不顾，这一系列的问题困扰了我很久，反复尝试与否定，最终将初稿高端备课部分的小标题定为以下三方面内容：①设计先行组织者，为类比提供可能；②从特殊到特殊，展开类比的思维过程；③渗透物理学史，体会类比法的成功。将启示部分的小标题定为：①高端备课应注重科学方法的显性教育；②高端备课应促进课堂教学有效性的提高；③高端备课应注重培养学生的物理思维能力。

2. 修改阶段

鉴于第一篇论文的写作经验，在交与邢老师之前，我反复阅读修改，要求自己在语法、句式、措辞等方面尽量完美，争取不让邢老师再为我的这些错误耽误时间。一稿返回的结果出乎我的意料，邢老师基本认同了我的写作思路，但在语言上还是进行了细致的修改，"满篇红"现象依然存在。我认为只要思路没有大的改动，这篇文章就成功了一半。之后又经历反复锤炼，邢老师答应投稿。整个过程经历一个月左右。

3. 小结与反思

无论是从写作持续时间，还是从论文修改次数都证明了这次写作效率提高了很多。我深知，这得益于邢老师在我第一篇文章写作时的悉心指导，我在每一遍的修改过程中都受到了潜移默化的熏陶。《库仑定律教学的高端备课》很快就被《物理通报》杂志录用，如果说《"电势差"教学的高端备课》一文让我收获了写作技能的话，那么《库仑定律教学的高端备课》是让我收获了信心。之后的一段时间，我又做了两篇高端备课的文章，具体不再赘述。

如表2-12所示，是我研究生期间发表的7篇论文，其中核心期刊3篇。参编邢老师著作两部（表2-13）。这些成绩的取得，我要衷心感谢邢老师悉心的教诲与指导！

表2-12　王慧研究生期间发表的论文

序号	作者排序	题名	期刊	刊期
1	第一作者	"电势差"教学的高端备课	《物理教师》（核心期刊）	2013（7）
2	第二作者	剖析超重与失重"判据"引发的教学疑难问题	《中学物理教学参考》（核心期刊）	2013（7）
3	第四作者	压强概念教学的高端备课	《中学物理教学参考》（核心期刊）	2013（10）
4	第二作者	由三组"正误对照"谈物理图像题的教学与备考	《湖南中学物理》	2013（12）
5	第一作者	库仑定律教学的高端备课	《物理通报》	2014（5）
6	第二作者	"示波管的原理"教学的高端备课	《首都师范大学学报（自然科学版）》	2014（3）
7	第一作者	简谐运动的高端备课	《课程教学研究》	2014（3）

表2-13　王慧研究生期间参编的书目

序号	参编书目	主编	出版社	出版时间
1	高中物理高端备课	邢红军	中国科学技术出版社	2014年9月
2	初中物理高端备课	邢红军	中国科学技术出版社	2014年9月

三、对教师专业发展的反思

时至今日，我的毕业论文也已完稿，但我并没有如释重负的感觉。回顾三年的学习经历，觉得需要反思的地方还很多。高端备课系列文章的学习与写作，不仅锻炼了我的写作能力，更重要的是教会了我以后在教学中应该如何上好一节课。跟随邢老师学习与写作的过程是紧张而又充实的，我不仅掌握了丰富的物理教学论知识，而且具备了一定的写作技巧和教学技能。在三年的研究生结束之际，我有必要为自己以后的教师专业发展做一些规划与思索。

1. 继续学习理论知识

我很庆幸，自己即将到高校工作，这对我来说是机遇亦是挑战。高校毕竟不同于中学，我深知自己在业务知识方面与一名合格的高校教师相差甚远。但是，三年的研究生学习，也弥补了我本科毕业时所缺少的学习能力、科研能力及思维方式。我相信自己能够更好、更快地去适应一个全新的工作环境。高校教学工作固然繁忙，但绝不能忽视专业知识和教育理论的学习。读书、看文献、思考应该成为一种习惯。我希望自己在以后的教学生涯中能够践行邢老师的教育教学思想，继续学习与研究邢老师的物理教学理论，并切实将这些理论运用到教学实践中去。

2. 切实提高教学技能

诚如邢老师所言，大学的主要任务还应该是教学。我认为，教学、教好学，是一个教师的安身立命之本。虽然我有过中学教学经验，具备了一定的教学技能，但是对照邢老师所讲授的大学教学技能，我还有诸多差距。高端备课的理论对教学的最大启示可以概括为四个字："逻辑、简单"。逻辑，就是指教学的脉络，一节脉络清晰、逻辑性强的教学设计会起到事半功倍的教学效果。用邢老师的一句通俗易懂的话解释教学的逻辑就是：要让学生知道"我们现在在哪里，我们要到哪里去，我们将要怎样到达那里去"。所谓"简单"，就是指，教学设计要关顾学生的认知水平，尽量把抽象的问题讲得具体，把复杂的问题讲得简单。在以后的教学过程中，我会力求用心去准备每一节课，把高端备课的理念付诸实践，切实提高自己的教学技能。

3. 坚持进行论文写作

在我以后的工作中，科研应该是其中的一部分。由于我所在的学校是一个刚起步的二本院校，科研平台相对较低，因此，我姑且只能把科研狭隘地理解为论文写作。如前所述，师从邢老师的写作过程可谓充实，也积累了一定的写作经验。首先，写作需要积累，没有捷径可走，更不能靠"临时抱佛脚"。多读书、多反思是写出好文章的前提。作为教师，多读一些学术论文、教育教学方面的期刊是比较有益的。其次，写文章要少写白话，用词要尽可能专业，语言尽可能精练。段与段之间要衔接，句与句之间要连贯。最后，文章必须重点突出、紧扣主题、论点鲜明、脉络清晰，不拖泥带水。自己在论文写作学习的过程中也看过许多老师写的文章，有些老师的文章思路清晰、通俗易懂，读来就知道文章的主旨是什么，也有些老师的文章比较晦涩难懂，这里面可能一部分原因是由于相关理论的局限，但我想更大一部分原因是由于文章的结构不够清晰造成的。我会在以后的教学过程中多思考、多练笔，争取写出高质量的文章。

如表 2 - 14 所示，是我毕业后至今发表的论文汇总，其中核心期刊 3 篇。在独立从事研究与论文发表的过程中，我更加深刻地体会到了邢老师的训练带给我深刻的领悟与收获。我为自己实现了教育研究从"被组织"阶段到"自组织"阶段的转变而感到高兴。

表 2 – 14 王慧毕业后发表的论文

序号	作者排序	题名	期刊	刊期
1	第二作者	"探究弹性势能的表达式"教学——以科学方法为中心	《湖南中学物理》	2014（9）
2	第一作者	刍议修订后的义务教育物理课程标准	《中学物理教学参考》（核心期刊）	2015（1—2）
3	第一作者	课程标准应渗透多样化的教学方式	《教学月刊·中学版（教学参考）》（核心期刊）	2015（1—2）
4	第三作者	压强概念教学案例剖析	《教学与管理》（核心期刊）	2015（10）

总之，教师专业发展注定是一个长期曲折的过程，上述规划与思索纵然比较肤浅，但至少是我个人的一个近期规划。按照邢老师构建的关于教师专业发展态理论的内涵，我自知自己必须从学科发展态开始，脚踏实地，不断加强自己的专业知识训练，并力求逐步向学科教学发展态、教育发展态靠近。当然，这或许只是我的一个教育理想，但追求理想的过程亦然精彩！

最后，我要特别感谢我的导师邢红军教授。邢老师科学严谨的学术精神、宽以待人的处事风格、亲切平和的为人品质都让我深深敬佩。从邢老师身上，我不仅学到如何做学问，更学到如何处事做人。三年来，邢老师不仅在学业上给予我悉心的指导，在生活上也给了我很多关照，使我兼顾了学业和家庭，取得了较大进步。同时，也要感谢我的同学胡扬洋、耿爱霞、石尧和师妹郑珊、张婷玉、刘锐、陆星琳，他们在我的学习和生活中同样给予了无私的帮助。有良师益友如此，人生足矣。

（王慧）

第三章　卓越物理课程与教学论研究生团队专业发展的行动研究

第一节　引　言

教师教育作为推动基础教育发展的重要动力，在新课改的背景下得到广泛关注，物理学科课程与教学论研究生的发展，关乎未来物理教育实施者的教育教学研究水平。鉴于此，物理课程与教学论研究生的发展就成为一个值得研究的问题，而如何从团队培养的角度研究物理课程与教学论研究生教育，就构成了研究这一问题的独特视角。

一、研究背景

始于2001年的新一轮基础教育课程改革，时至今日已逾10年。10年间的探索与反思，在学界引起热议。物理课程与教学论研究生，主要研究方向是中学物理课程、物理教材分析、物理教法探讨等方面，主要就业方向为一线教师。

物理课程与教学论专业的人才如何培养？物理课程与教学论研究生的培养，应注重提高其教学研究能力，促使其由单纯的"教书匠"向研究者转变，以更高的视角审视基础教育现状，不从众、有思考、有深度地研究教学。一般而论，各个领域都有本领域的优秀人才。同样，物理课程与教学论专业也有优秀人才与一般人才的区别。这个区别是怎么产生的？又该如何评价呢？这些不容忽视的问题却鲜有人探讨和研究。

物理教学论是教育学门类三级学科"学科教学论"方向的一个分支。该专业硕士研究生的评价标准未有清晰界定。虽然物理教学论主要以培养高水平师资为目标，但仅用是否能胜任中学任教、是否能获得教学讲课类奖项作为能力高低的判定，难免偏颇。经过物理教学论三年的专业学习和培养，研究生应该具有较高的教学研究能力。如若仅仅成为困足于三尺讲台的教师，而在教育教学研究方面无所作为，那么这样的硕士研究生阶段学习又有何用？三年的学习究竟又带来了怎样的影响？

因此，对物理课程与教学论专业硕士研究生的培养和发展进行研究很有必要。

二、研究目的

邢红军教授多年从事物理教学论方向的研究，作为物理教学论专业的博士生导师，一直关注该专业研究生的发展与培养。多年来，他身体力行，承担该专业硕士研究生专业课教学任务，指导近百名研究生撰写论文。与此同时，邢红军教授一直以来还关注物理教师的专业发展，尤其强调物理教师教学研究能力的养成，对指导和帮助物理教师专业发展具有强烈的责任感和使命感。因此，如何让物理教学论专业研究生得到更好地成长，如何让物理教师有更好的专业发展，一直是他努力的方向。

师从邢老师的三年中，我切身体会出自己的成长转变，观察着师兄、师姐的成长历程，思考着物理教学论专业研究生的培养与发展。于是，我将论文题目定为"卓越物理课程与教学论团队专业发展的行动研究"。在课程学习和向师兄、师姐学习的过程中，我真实记录团队成长中的点点滴滴，以学习者和访谈研究者的身份深入物理教学论团队的"田野"中，开展教育质性研究，以期为以下问题找到答案：

（1）团队成员经过三年的学习达到了怎样的学术研究水平？

（2）团队成员经历了怎样的过程，才得以取得这样的研究水平？

（3）影响团队成员学习发展的关键因素有哪些？内涵是什么？

三、研究意义

本研究选取邢老师指导的 2011 级 4 名物理课程与教学论专业研究生团队为研究对象，试图探寻以下问题：

（1）探讨物理课程与教学论研究生团队发展的内在机制；

（2）使研究者"我"获得深度理解物理课程与教学论研究生团队的学习方式与专业发展经验；

（3）归纳总结物理课程与教学论研究生团队中优秀学生的发展特征；

（4）为物理课程与教学论研究生的培养与团队发展提供有益启示。

第二节 文献综述与理论准备

一、国内物理课程与教学论研究生的培养研究

课程与教学论硕士同时具有为高等院校和中学提供高学历教师的功能[①]。由于高校师资培养取向向博士生倾斜，物理课程与教学论研究生的主要就业方向为中学

---

① 刘健智. 课程与教学论（物理）专业硕士研究生课程设置的调查研究 [J]. 湖南中学物理，2011 (4)：1—4.

教师。在师范院校中，"物理课程与教学论"在一定程度上几乎囊括物理专业中与教师教育有关的所有课程和内容，承担着物理教育专业如何为基础教育服务、怎样培育年轻教师的重任。[①]

课程设置直接影响着研究生知识面的宽度和深度以及研究能力的高低，随着社会观念的变革，教育改革的不断深入，研究生知识结构、教学手段与教学资源的不断更新，都对研究生课程设置提出了新的挑战和新的要求。[②] 关于物理课程与教学论研究生的课程设置，高校均实行学分制，一般包括学位课程、选修课程、实践和学位论文，部分学校对发表文章有明确要求。公共基础课通常包括科学社会主义理论与实践、自然辩证法和英语等。各学校学位课程设置不同，刘健智在课程与教学论（物理）专业硕士研究生课程设置的调查研究中，共收集24所学校课程设置情况，24所学校开设的专业学位课累计达62门，这些课程分别为教育教学基本理论类、教育心理学类、教育教学史类、教育科学研究方法类、课程与教学论理论类等。其中，开设物理课程与教学论的学校最多，有17所学校，其次是教育心理学（16所学校），然后是教育科学研究方法（12所学校），有36门课程只有1所学校单独开设。[③] 选修课程的种类则更多，实践环节一般是必修环节，包含学术和实践活动。总体来说，物理课程与教学论专业研究生培养的课程体系基本稳定，但仍存在一些问题，如课程设置随意，标准不统一、部分课程比例失衡和理论实践分配不当等，这些问题与课程设置没有完全突破传统培养模式有关[②]。

有研究指出，物理课程与教学论研究生的专业素质存在不足，如教育学理论基础和语言文字基础相对薄弱、缺少教育实践经验、创新能力亟待提高和专业素质先天不足等问题。[④]

目前，我国物理课程与教学论研究生的培养研究，主要集中在课程设置方面，在实践指导、文章写作方面的研究近乎为零。研究中发现的问题表明目前物理课程与教学论专业研究生的培养存在许多问题，而可行解决建议并不多。

二、物理课程与教学论研究生教学研究能力形成与发展的相关研究

经过CNKI检索，仅有1篇硕士学位论文是关于物理课程与教学论研究生能力

---

① 于海波. 试论"物理课程与教学论"的学科定位与发展走向［J］. 课程·教材·教法，2010（9）：97—101.

② 刘健智，徐超. 物理课程与教学论研究生课程设置研究［J］. 湖南中学物理，2010（11）：1—4.

③ 刘健智. 课程与教学论（物理）专业硕士研究生课程设置的调查研究［J］. 湖南中学物理，2011（4）：1—4.

④ 梅忠义，郑赞，李娜. 课程与教学论（物理）研究生专业素质培养中的问题及对策研究——以合肥工业大学为例［J］. 合肥工业大学学报（社会科学版），2011，25（6）：62—65.

发展的质性研究的——《新课程背景下一个物理教学论研究生向中学物理教师角色转变的成长经历与思考》。①

该论文以新课改为背景，用叙述法完整呈现自己由一名普通高校教育类研究生向教师角色转变的学习和成长历程，反思自己在转变过程中遇到的教育观念落后和教育实践经验匮乏这两大困难，发现师范生向教师角色转变的方法和途径。论文包括问题的背景与缘起、研究方法、研究目的和资料的收集四个部分，精选自身角色转变过程中的实例和课例，采取夹叙夹议的方法，展示了各个阶段笔者对转变的理解和态度，反思诠释自己向教师角色转变的过程，归纳研究结论。

该论文主要讲述作者在向教师角色转变中的成长过程，并未涉及其向教育研究者转变的情况，亦没有关于研究生教学研究能力形成与发展的论述。

三、其他相关研究的综述

以"课程与教学论"为关键词，经中国期刊全文数据库检索的文献数为 73 条。其中，博士论文 1 篇、硕士论文 8 篇，其余为期刊或国内会议论文，专门针对物理学科的文章仅 1 篇。以"物理"并含"课程与教学论"为主题，搜索相关文献 9 篇，其中硕士论文 1 篇。以"物理课程教学论研究生"并含"发展"为篇名，搜索结果为零。以"物理教师"并含"教学研究"为篇名，共查得 1994—2013 年相关文献 6 篇，其中期刊论文 4 篇、硕士论文 2 篇。以"物理课程与教学论研究生团队"和"物理课程与教学论发展"为主题，搜索结果为零。经过多番尝试，文献搜索结果不太丰富，涉及相关理论的研究则少之更少。在整理中发现 3 篇硕士论文的理论有较高的参考价值，分别是《高师物理师范生教育教学研究能力发展的个案研究》《中学物理教师教育教学研究能力形成的个案研究》和《中学物理教研组物理教师团队教学研究能力发展的行动研究》。

李正福的硕士毕业论文《高师物理师范生教育教学研究能力发展的个案研究》，针对物理师范生教育教学研究能力的发展，将高师物理师范生教育教学研究能力的发展划分为组织前状态、被组织状态、临界状态和自组织状态，该研究对深化物理教师教学研究发展机制的理论研究具有深刻启示。②

王瑞毡的硕士毕业论文《中学物理教师教育教学研究能力形成的个案研究》通过质性研究法，分析高原现象的形成原因、被研究者对自身高原现象的意识、高原现象的突破及研究者自身的成长等方面内容。研究结论显示，影响中学物理教师教育教学研究能力形成的主要因素包括自身的素质、有效的指导和帮助、进取创新的个性、教育观念；中学物理教师形成教育教学研究能力的核心品质是经验加批判反

---

① 周河山. 新课程背景下一个物理教学论研究生向中学物理教师角色转变的成长经历与思考 [D]. 四川：四川师范大学，2013.

② 李正福. 高师物理师范生教育教学研究能力发展的个案研究 [D]. 北京：首都师范大学，2008.

思，这也是教师研究能力提高的最佳途径。[①]

胡扬洋的硕士毕业论文《中学物理教研组物理教师团队教学研究能力发展的行动研究》主要针对北京某高中物理组进行团队发展研究，该研究历时一年多，采用跟踪调研的方法，发现并着力解决中学一线教师的教学研究能力短板，为物理课程与教学论专业研究生团队发展研究提供参考。[②]

以上3篇论文分别采用自组织理论、教师发展态等理论背景，为我的研究提供理论参考，他们对质性研究的运用与把握为我开展研究提供了有益参考。

四、文献综述小结

现有物理课程与教学论专业发展的研究主要集中在课程设置、专业定位方面，关于研究生团队发展的内容涉及较少，既为本研究提供了广阔的研究空间，另一方面也因诸多理论及研究空白为本研究带来一定困扰。

为了解本研究的已有研究成果，从中发掘目前存在的研究空白以及更好地开展本次研究，我从上述多方面进行文献检索及综述工作，但无论搜索抑或文献归类整理综述，结果均不甚满意。目前来看，有关物理课程与教学论的研究成果较少，关于物理课程与教学论专业研究生团队发展的研究则少之更少，该方面的资料积累不足，显示出本次研究的开展对物理课程与教学论专业发展具有促进意义。

五、理论准备

"理论准备"是指开展问题研究之前，研究者围绕相关主题进行的理论思考与学习。本章用理论准备代替理论基础，罗列出研究者"我"在研究前学习的理论，为自己在研究中有可能受到的牵引提供慎思，也将我可能持有的观念背景予以呈现。这是因为，在教育质性研究范式下，"理论基础"并不是研究的必然构成，应悬置研究者的一切先见，不加偏见地开展研究。然而实践证实，如果没有任何观念背景，研究者在进入现场后很难得到实质的结论与成果。

1. 教师专业发展"发展态"理论

邢红军教授提出的教师专业发展演化理论[③]，对教师专业发展"发展态"理论做了详尽的阐述与说明。物理课程与教学论专业研究生的专业发展理论，与教师专业发展"发展态"理论有很多共同之处，我在开展研究之前认真研读了该文，收获颇多。该文章在理论建构、发展态及理论内涵、教师专业发展态的演化路径等方面进行阐述。

① 王瑞毡. 中学物理教师教育教学研究能力形成的个案研究 [D]. 北京：首都师范大学，2004.

② 胡扬洋. 中学物理教研组物理教师团队教学研究能力发展的行动研究 [D]. 北京：首都师范大学，2014.

③ 见本书第一章第二节。

2. 学科教学论文作为衡量教师专业发展水平的标志

在本研究期间，我的导师邢红军教授发表了《北京市中学教师专业发展水平的实证研究及其启示——基于北京江苏两省市的比较》①。该文是一项基于 CNKI 检索的、实证的京、苏两省（市）教师专业发展水平的比较研究。作为文章作者之一，我参与了研究过程，以教师的教学研究论文作为教师专业发展的衡量标志是该研究的重要基础。对比该文章和我自己的研究，我认为以教学研究论文作为物理课程与教学论专业发展的衡量标志同样适用，并且有很强的指导意义。

六、核心概念界定

1. 物理课程与教学论专业研究生专业发展

在教师专业发展的发展态理论基础上，类比衍生出物理课程与教学论的专业发展状态，即该专业研究生对教育研究工作的专业认知状态在学科发展态、学科教学发展态、教育发展态内部发生涨落或在发展态之间顺向发生转变的过程。

2. 教学研究能力

教学研究能力是指物理课程与教学论专业研究生能够对物理学科的教学工作具有发现学科教学问题、研究学科教学问题、并能撰写达到学科教学研究共同体认同的质量标准的学科教学论文，即能在学科教学研究期刊发表研究论文的能力。

第三节 研究设计与过程

一、研究方案

（一）整体方案

根据本次研究所涉的问题及方向，采用的研究方法为教育质性研究，根据研究伦理，对本研究中相关研究者、研究对象及相关单位均采用化名。

本次研究采用以下路线开展（图 3-1）：

研究路线 1：对研究对象团队成员访谈。

研究路线 2：对团队指导教师访谈。

研究路线 3：对研究对象发表论文及毕业论文的评判。

---

① 见本书第一章第三节。

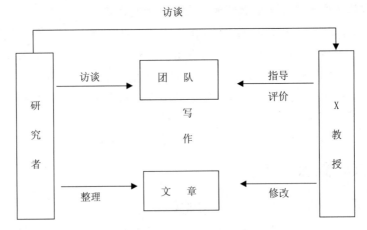

图 3 – 1 研究路线

（二）访谈主线（表 3 – 1）

表 3 – 1 访谈主线

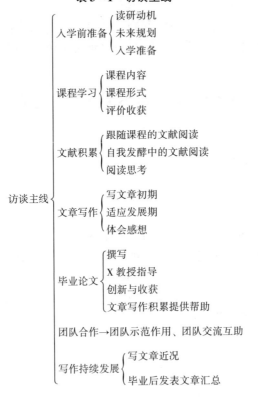

二、研究对象的选取

燕都师范大学是教育部、北京市"省部共建大学",北京市重点投入建设进入"211 工程"的北京市属重点大学,是一所包括文、理、工、管、法、教育、外语、艺术等专业的综合性师范大学。该校教育学专业有较高的学术水平,在 2012 年教育学专业教育部学科评估排名中排名第 6,是为北京市基础教育输送合格师资的重要基地。

燕都师范大学物理系课程与教学论专业物理教学论方向,致力于物理教育的前沿研究,对物理科学方法、原始物理问题等理论体系进行发展及丰富研究,近年来开辟出物理高端备课研究领域,指导中学一线教学。该团队导师 X 教授是物理课程与教学论博士生导师,作为教育部首批"国培专家",多年从事物理教学论的教学及研究工作,在《课程·教材·教法》《教育研究》等期刊发表学术论文 200 余篇。10 余年间 X 教授指导的硕士研究生人均发表 3 篇以上论文,具有很高的科研水平。

由 X 教授指导的燕都师范大学 2011 级物理教学论专业硕士研究生共 4 人,这 4 名学生无推免生,均通过研究生考试考取,本科专业均为物理学,有充足的学科背景作为研究支撑。入学伊始,他们在课程学习、文献阅读、撰写文章等方面都有优异表现,尤其在发表文章方面,他们的文章质量和数量均展现出较高的学术水平,保证了本研究具有较高的指导意义和实践价值。四人的未来规划包括读博继续深造、中学一线实践和高校科研任职 3 个不同方向,为研究样本的多样性发展提供了支持。

三、研究过程

本次研究始于 2013 年 5 月,于 2015 年 3 月结束,研究历程如表 3-2 所示。

表 3-2 研究历程

时间	地点	研究内容		
		研究对象	研究形式	研究历时
2013 年 5 月— 2014 年 6 月	燕都师范大学	团队 4 人	观察研讨	一学年
2013 年 5 月 7 日	燕都师范大学物理系 432 室	X 教授	布置观察工作	1 小时
2013 年 5 月 18 日	燕都师范大学物理系 431 室	收集 4 名研究对象已发表文章		
2013 年 5 月 25 日	燕都师范大学物理系 431 室	杨洋	访谈	2 小时
2013 年 6 月 8 日	燕都师范大学物理系 431 室	艾瑕	访谈	1 小时
2013 年 7 月 9 日	燕京师范大学 物理系教法实验室	与 X 教授沟通		
2013 年 9 月 10 日	燕都师范大学物理系 431 室	时茏	访谈	1 小时

续表

时间	地点	研究内容		
		研究对象	研究形式	研究历时
2013 年 10 月 11 日	燕都师范大学物理系 431 室	杨洋	访谈	1 小时
2013 年 10 月 25 日	燕都师范大学物理系 431 室	艾瑕	访谈	1.5 小时
2013 年 11 月 7 日	燕都师范大学物理系 431 室	汪辉	访谈	1 小时
2013 年 11 月 23 日	燕都师范大学物理系 431 室	时莞	访谈	1 小时
2013 年 12 月 14 日	燕京师范大学物理系教法实验室	与 X 教授沟通		
2014 年 3 月 2 日	燕都师范大学物理系 431 室	艾瑕	访谈	1 小时
2014 年 3 月 20 日	燕都师范大学物理系 431 室	汪辉	访谈	1.5 小时
2014 年 3 月 27 日	燕都师范大学物理系 431 室	杨洋	访谈	1 小时
2014 年 4 月 25 日	燕都师范大学物理系 431 室	汪辉	访谈	45 分钟
2014 年 5 月 14 日	燕都师范大学物理系会议室	团队成员毕业论文答辩		
2014 年 6 月 25 日	燕都师范大学物理系 431 室	时莞	访谈	30 分钟
2014 年 8 月 20 日	燕京师范大学物理系教法实验室	收集整理团队成员研究生期间发表文章		
2014 年 11 月 14 日	时莞单位附近咖啡厅	时莞	访谈	30 分钟
2014 年 12 月 2 日	燕都师范大学物理系 431 室	杨洋	访谈	45 分钟
2014 年 12 月 17 日	燕都师范大学附近咖啡厅	艾瑕 汪辉	访谈	2 小时
2015 年 2 月 24 日	燕都师范大学物理系教法实验室	X 教授访谈		
2015 年 3 月 2 日	燕都师范大学物理系 431 室	收集整理团队成员毕业后发表文章情况		

四、研究资料的搜集整理

在本研究过程中，我共搜集如下几类研究资料，随后进行了细致地分析和整理工作。

1. 访谈录音

本次研究中，我以遵循研究伦理的基本原则开展访谈，在征得研究对象许可同意的前提下，获取录音资料，之后经过系统地分析，将录音资料整理为文字，以便研究存档和研究讨论。

2. 研究对象已发表文章

根据时间节点，分为研究对象就读期间和毕业后发表的文章，两部分文章分别展示了研究对象学业期间的学术历程以及学业结束后学术研究能力的延续情况，对这两部分文章的区别分析有助于研究工具"我"对他们学术科研能力的把握分析。

3. 研究生阶段心路历程

4 名研究对象从个人感悟出发，回忆自己研究生 3 年的成长和经历，这份资料既补充了访谈中未涉及的问题，又能从研究对象自身出发与访谈内容相对照。[①]

4. 毕业论文

4 名研究对象的硕士毕业论文代表着 4 人研究生阶段的最终成果和水平，4 个不同研究方向全面展现出该团队的研究领域，对照他们撰写毕业论文的过程和论文，是本研究必不可少的部分。

本次研究涉及 4 名个体和团队导师 1 名，研究资料类型多样、数量十分丰富，研究过程中包含观察记录、讨论研究和研究资料的分析及应用，各类资料的分析整理工作量较大，任务较为繁重。在本研究的资料分析中，采用将个体访谈和文章分类整理的方式。

第四节 进入现场

一、X 教授的想法

对于物理课程与教学论研究生团队的发展，X 教授关心几个方面：①怎么上课，课程如何设置；②只有看文献才能积累，该团队如何阅读文献，经历了怎样的发酵过程；③如何写小论文，在写的过程中经历了怎么样的过程，在选题、写作、导师修改等过程的心路历程是怎样的；④毕业论文，毕业论文是学习的总结，如何选题

---

① 详见第二章。

目、导师如何指导，写作过程中感受最深的是什么。

X 教授的期望：针对本届研究生的发展，通过资料分析，进行判断、推理、评价，从团队成员中提炼出共性，发掘出发展的实质，归纳好的做法，总结团队特色，得出对课程与教学论研究生发展的启示以及对在职中学教师专业发展的启示。

二、团队初像

本研究开始之时，该团队正值研究生二年级第二学期。已经结束研一阶段的课程学习，正处于阅读文献、撰写文章的自我发酵时期，团队成员或已有文章发表于期刊或正在撰写修改中。如表 3 - 3 所示，是该团队 4 名成员的基本情况（姓名与涉及的相关研究单位采用了化名），我以研究者和学习者的双重身份和视角开始本研究。

表 3 - 3　燕都师范大学物理教学论团队基本信息

序号	姓名	性别	出生年月	籍贯	本科毕业院校	专业	教学经历	获取研究生资格方式
1	杨洋	男	1988	河南	信阳师范学院	物理学	无	考取
2	汪辉	女	1982	山东	聊城大学	物理学	5 年	考取（2 次）
3	时莞	男	1988	北京	燕都师范大学	物理学	1 年	考取（2 次）
4	艾瑕	女	1989	山东	泰山学院	物理学	无	考取

三、研究工具"我"

质性研究以研究者自身作为研究工具，研究工具自身的知识储备和学术能力，决定了本研究的水平和层次。

（一）研究工具"我"的知识储备

研究工具"我"，在中学时代对物理学科有很高的兴趣，并且十分崇尚和向往教师这一职业，通过高考被燕都师范大学物理学（师范）专业录取。本科阶段注重教学实践，两次代表学校参加全国教学大赛。本科毕业后参加支教项目，赴内蒙古准旗世纪中学支教一年，后保送燕都师范大学物理课程与教学论专业，师从 X 教授。在教学实践方面有一定的经验。

燕都师范大学师范类本科专业的课程设置中，既包括专业课即物理学的专业课程，也包括教育学类的课程如教育心理学（含见习）、教育学基础（含见习）、教育研究方法、中学物理教学法、中学物理教学法实验以及 4 学分的教育选修课。我在研究生期间学习的课程包括：物理教学论、物理实验教学论、物理教育心理学、物理教育论文写作、普通物理专题研究等。以上课程的学习，使"我"在物理专业背景和教育研究方面具有一定的基础。

（二）研究工具"我"的研究学术能力

进入现场前我已有 1 篇文章被录取，进入现场过程中继续发表了 2 篇文章，3 篇文章的信息如表 3-4 所示。

表 3-4　研究工具"我"的文章发表情况

序号	作者顺序	题　目	期　刊	时　间
1	第一作者	高中"牛顿第一定律"的高端备课	《物理教师》	2014 年 3 月
2	第一作者	国际 STS-EL 教育的六种思潮述评	《物理之友》	2014 年 8 月
3	第一作者	认知结构视角下物理知识应用的教学 ——以"生活中的圆周运动"为例	《湖南中学物理》	2014 年 11 月

进入现场前录用文章的写作修改过程，为我的访谈奠定了基础，使我更容易与研究对象产生共鸣，访谈内容得以深入。进入现场后，我与研究对象经历了共同成长的过程，伴随着 X 教授对研究工具"我"的指导，研究层次持续深化，研究方法日益明确。

第五节　团　　队

在本章中，我将通过对研究团队中每一个人特点的描述，刻画出该团队各成员的特征，塑造出团队群像。

一、"权威核心"的作者

在访谈中得知，杨洋自中学时代就对物理有浓厚的兴趣，一直向往在物理教学论专业学习，在考研中选择到燕都师范大学求学。

第一次见到杨洋是 2012 年 7 月。我支教结束后找到 X 教授，询问入学前我应该做哪些准备工作，X 教授建议我找杨洋聊聊，问问他的学习经验。X 教授评价杨洋是一个十分踏实好学的学生，悟性高、自觉性强，认为向杨洋讨教经验十分合适。带着对杨洋的期待和崇拜我找到他，他很热情地给我推荐了很多文献，详细介绍了研一上课应该做哪些课前准备工作，还有一些选课的建议。

回想起来，那时候杨洋刚刚结束研一课程的学习，应该是在写第二篇文章，他给我提供的都是非常实用、可行性强的建议，仅仅通过那次对话，就使我对他的认真细心以及严谨的学术态度钦佩不已。随着时间推移，通过观察讨论和访谈，我们的接触逐渐增多，发现他身上的闪光点越来越多。杨洋在研二获得国家奖学金，这在所有人看来是实至名归的。

（一）强调共鸣

在问到研一和研二如何读文献、读文献的次数和方法时，原以为他较高的学术科研能力得益于多次阅读和理解文章，杨洋的回答却强调了"共鸣"二字。

问：研一上课学习的文章你在课前看得多吗？看几遍？

杨洋：我一般看一两遍吧。我感觉主要是把文章里主要观点给理解了，有共鸣的，我就仔细看一看；共鸣比较少的，看一遍也就过去了。虽然 X 教授的文章比较多，但我觉得主要观点还是比较集中的，所以有详有略地看吧。再一个看点，我觉得就是文章里的一些材料，也都非常好找，可以着重地看一下。

问：课后你会再看 X 教授的文献吗？比如说今天讲的某一篇，课后你会再回去看这篇文章吗？

杨洋：课后看的情况不多。在课上会有共鸣，我印象非常深刻。课后可能更多的是继续深入地来琢磨、理解，反复地看我觉得倒没有，主要是琢磨思考，思考深入了，产生共鸣，再看点别的东西。

由于在入学前，杨洋已经对文献进行了十分深入的学习和思考，先于他人下足功夫，他对文章的把握不只是停留在理解的水平上。与文献得到共鸣绝非易事，这需要个人相对高的积累和悟性，而在实践中只有达到"共鸣"才能真正做到把握文献，将别人的文章内化为自己的积累。

（二）独立的学习想法

关于课下阅读哪些文献，写文章安排和暑期计划，杨洋都有着自己的想法和安排，他丰富的知识积累正是源于这份独立性和自主性。

问：除了 X 教授引用的一些文献，还会再看别的文献吗？

杨洋：会多看别的，我会按照自己的阅读计划进行，不一定是由某篇文章引发的。比如科学探究，X 教授在文章中谈到科学探究，那么我就围绕科学探究这个主题来找一找关于科学探究的文献，看一看。

问：研一暑假是怎么安排的？

杨洋：暑假比较长，我大约安排了时间分配计划。三层实验室有 5 种版本的教材，我很感兴趣，制订了教材阅读计划，把那 5 本教材读了读，做了笔记。暑假末开始写文章，到研二开学之后那段时间写了 3 篇文章，包括权威核心期刊上发表的那一篇以及另外两篇。其中，《例谈物理教学中 STSE 议题的设计原则》是篇小文章，发在《物理教学》上。

问：研二这一年，你自己看什么书？

杨洋：因为那个时候发了一篇大文章①，我觉得考博有望，就开始为考博做准

---

① 指《物理教材引入科学史的新观点》，发表于 2012 年第 12 期的《课程·教材·教法》。

备。一方面，继续帮 X 教授做文章；另一方面，自己写文章，主要是围绕自己写的文章去阅读文献。看书和阅读文献没有专门计划，总的来说是根据考博和写文章的安排进行。

谈到写文章的选题和写作效率，更是凸显了杨洋的独立自主特性。

问：你写文章和修改文章的效率很高，基本一天一稿。

杨洋：差不多吧。主要我觉得是想通，想通写什么，写起来就比较快。我想写某篇文章，一般是自己选的题目，选的时候就已经有想法了，有这样一个动机。

通过访谈，发现杨洋对于文献阅读、文章选题和未来规划都有自己思考。虽然他有"阅读计划性不强""研一计划性不强"这样的自我评价，在笔者看来，这些只是从另一个方面说明他对自己有较高的要求。

（三）发表文章不算难事

姑且不论杨洋毕业论文后附录统计的第一作者文章 18 篇，其他作者文章 9 篇，单是杨洋发表的第一篇文章《物理教材引入科学史的新观点》收录于权威核心期刊《课程·教材·教法》2012 年第 32 期，并在人民大学复印报刊资料 2013 年第 4 期全文转载，就足以说明他的学习能力和科研水平。针对写文章究竟算不算一件很难做到的事情这个问题，我对杨洋进行了提问。

问：权威核心的文章是如何确定选题的？

杨洋：权威核心那篇可以说是我与乔通师兄聊天聊了一年"聊"出来的。他个人对物理学史、科学史、科学哲学很感兴趣，聊天也经常谈论这些。在与他聊天的过程中我突然有这么一个想法。直到他毕业之后，我酝酿了一个暑假，开学的时候把它写了出来。

从暑期酝酿到开学写出来，用时不算长，可以佐证杨洋写文章不算难事，在随后的访谈中也得到印证。

问：研究生阶段写的第一篇文章，写得痛苦吗？

杨洋：不痛苦。六七天就写出来了。

问："权威核心期刊"和"STSE"这两篇文章从开始写到最后投出去用了多久？

杨洋：其实都好像一两周就写完了。权威核心那篇改了六稿，"STSE"好像是四五稿吧，但都能两周之内就完事。因为这个思路一旦清晰之后，我觉得改得还是比较顺的。

问：你是不是在发完那篇权威核心之后，感觉写文章更上手、更自信了？

杨洋：是，可以这样说。

问：写完最初的三篇文章之后，写之后那些文章的时候，都相对很轻松吗？

杨洋：可以这样说吧。只要是我想写的题材，关键是有一个清晰的想法，对于我来说写文章尤其是小文章其实不是一件很难的事情了。

问：就是说写文章不算是个问题？

杨洋：小文章比如说不发核心的，要求不太高，基本上还行。投到核心期刊的篇幅到六七千的大文章那一类，还是要好好推敲的。

正所谓"难者不会，会者不难"，通过平时的观察还有访谈，我能感受到杨洋是一个十分谦虚从不说大话的人，他对于自己写文章难易程度的评判，是客观甚至是自谦的。他发表文章的数量、质量和写作效率，足以证明写文章于他而言不算难事。

（四）毋庸置疑的能力

访谈中，不论是问到 X 教授还是团队其他成员，谈到对杨洋学术水平的评价，大家给出的回答十分统一，基本都是"杨洋的水平肯定就不用说了"这样一句看似简单却充分显示对他能力的肯定。

在文章写作过程中，杨洋曾执笔将 X 教师的思想转化为高水平文章，团队其他成员都有与杨洋讨论文章的经历，并且不乏"给 X 教授看文章前，我会先让杨洋看看给出修改意见"的对话。例如，在与艾瑕的对话中，我问道"在你写论文的过程，跟杨洋讨论的多吗？"她回答说"讨论。关于'黄灯问题'① 的那篇文章，就跟杨洋讨论过，写完之后还先让他提修改意见的。"由此，杨洋的能力确实是毋庸置疑的。

二、文章十分有深度的人

汪辉在团队中年龄稍大，本科毕业后曾在威海市的乳山市（县级市）某中学教了三年高中，之后随家人到北京，在培训机构代课，参加了两次研究生考试。在访谈中，感受到她是一个很真实、很细腻的人，许多事情都记得很多细节。这与访谈中其他人对她的印象相符。

与该团队其他成员不同，她已经结婚，在读研期间生育女儿，毕业之后就业去向已安排妥当。总的来说，一方面她没有就业的压力，但是另一方面生育女儿又占用了她很大一部分时间和精力，而五年的中学教学经验，使她在文章写作中更加扎实细腻，所以在发表文章这个环节她有个人独特的观点。

（一）家庭并不是学业的阻碍

已经成家的汪辉，并没有因为家庭耽误学习。生育女儿的过程没有耽误研一的课程，也没有影响她发表文章的数量和水平。具有很好的全局观，并能合理分配时间，是她的一大特点。

问：你生宝宝是在什么时间？

---

① 艾瑕，陈清梅，邢红军. 汽车通过黄灯问题的研究及其教学启示——基于原始物理问题表征的视角[J]. 物理教师，2013（8）：24—25.

汪辉：其实我生孩子没怎么耽误时间。我发现怀孕了是在寒假里，3 月开学我就跟 X 教授报告了并谈了休学的想法。X 教授帮我分析了其中的利弊，建议我把时间安排好，不用休学。上半年我上课基本上是一节课都没有耽误过，后来到六七月份暑假在家里了，在家里会看一些文献，找找自己感兴趣的题目。9 月开学就跟 X 教授请了个假，9 月 28 号就生了孩子，在家也就休了两个月吧，11 月底就又回去了。

问：你是什么时候开始准备写文章的？

汪辉：我在家里的时候，团队其他同学去我家看我，告诉我都有谁已经开始发出来文章了，说时莞写完了，艾瑕写完了，杨洋就更不用说了。当时看到大家发了挺多文章的，我心里确实挺着急的。我生完孩子第一次去学校，正好是在职教育硕士答辩，等答辩完，我赶紧跟 X 教授说了写文章的事，从那个时候开始准备写文章了。

在访谈中，可以发现汪辉把学业进行了相当妥当的安排，暑期在家仍坚持看文献找思路，没有得过且过的糊弄心态。

在写文章和毕业论文时，汪辉倾注很大心力，回家的次数很少，访谈中关于第二篇文章的写作过程，她说到"这篇文章好像一共也就用了一个月，挺快地，那一段时间我也是天天坐在教研室，专心写文章"。在毕业论文写作过程中，她更是"很少回家，每天在教研室和宿舍两点一线，在学校的效率更高一些，还可以和同学讨论，家里的事情和孩子都留给了家人"。

（二）毕业压力下的文章有质有量

由于在研二上学期末开始写文章，汪辉写文章的时间和准备毕业论文的时间有一些重合。虽然没有就业的压力，但是照顾孩子和撰写毕业论文都不是简单的任务。在这样的情况下，汪辉仍然写出三篇高水平的文章。

问：第一篇文章什么时候写完的？投稿情况如何？

汪辉：第一篇文章修改了差不多十稿，成稿的时候应该是在 2013 年 4 月，写完就立刻投出去了，投稿还算顺利，投了《物理教师》，就被录用了①。

经过十稿修改的第一篇文章，能够被核心期刊录用，文章的质量应该是很不错的。此时距离毕业还有一年的时间，之后汪辉克服困难又发表了两篇文章。

问：你什么时候开始写第二篇文章？

汪辉：第二篇文章是研三 9 月写的。第一篇文章发表后，有一种如释重负的感觉——终于能毕业了。当时想着赶紧写毕业论文，把毕业论文写好，顺利地毕业。X 教授给我安排了一篇文章"库仑定律"②，我觉得这是个任务，也能提高自己的水

---

① 汪辉，安诚，邢红军．"电势差"教学的高端备课［J］．物理教师，2013（07）：26—27，30.

② 汪辉，邢红军，陈清梅．库仑定律教学的高端备课［J］．物理通报，2014（05）：49—52.

平，虽然时间很紧张，还是坚持写了。

问：第三篇文章什么时候写的？

汪辉：第二篇文章写完 X 教授同意发表之后，接着又布置第三篇文章"简谐运动"①。我确实感觉时间有点太紧张，X 教授认为这个文章和写毕业论文不冲突。听了 X 教授的时间安排建议，我接下了这个题目，所以又开始写了第三篇文章。

克服时间紧张的困难，汪辉共发表了三篇第一作者的文章，访谈中关于后两篇文章的修改次数和修改内容的情况如下："我觉得第二篇文章应该说是出乎意料地顺利。X 教授没怎么改文章结构，主要是改了一些细节上的问题，比如把小标题改了改，这篇文章好像一共也就改了三四稿就完成了。写第三篇文章时，心里上已经很放松，不那么有畏惧感了。在 X 教授的指导下，一步一步地走过来，这篇文章写了六七稿完成的，用了一个多月，不超过两个月的样子。"

通过对这三篇文章的阅读和分析，我觉得三篇文章水平都很高，之后收录在由 X 教授主编的《高中物理高端备课》和《初中物理高端备课》两本书中。

（三）踏实稳重成就文章深度

汪辉的踏实稳重，在研一上课的发言和写文章的过程中都有所体现，团队其他成员也都看在眼里。时尧清楚地记得研一上课时的一件事情"汪辉在研一上课时能看出 X 教授论文中的缺憾，她明确提出哪些地方应该怎么写，这个想法得到 X 教授的认可。这绝对不是一般人能做出来的，她总是想得很深"。而艾瑕则对汪辉写文章的状态印象很深，"汪辉特别踏实，跟她比，觉得自己需要努力的地方很多。她真的没有让老师那么费心，标点和错别字那种错误是不会发生在汪辉身上的"。

汪辉发表的三篇文章，都属于"高端备课"系列，该系列是 X 教授今年新开辟的理论与实践结合、用科学方法指导一线教学的领域，五年的中学教学经验和踏实稳重的性格，使她的文章写得很有深度。在与 X 教授访谈时，他说道："汪辉毕业论文做的难一些，后边几篇文章思路一说，改一改就行，写的到位中肯"。在团队成员间访谈时，杨洋说"汪辉的文章写得很真实，更贴近真实的教学，更加细致，很扎实，有深度有内涵"。

三、一个很"灵"的多产者

时尧本科就读于燕都师范大学，第一次考研失利后，在北京某医学类（211 高校）任职，从事计算机管理。在工作的同时他准备第二次考研，最终成功考取。他对计算机比较精通，善于操作各类软件，有较强的动手能力。

在访谈中，发现他写文章似乎有瞬间爆发的力量。突然有一天拿着几篇发表在核心期刊的文章的他出现在 X 教授和团队中，给大家带来很大的震惊和惊喜。自此

---

① 汪辉，陈清梅，邢红军. 简谐运动的高端备课 [J]. 课程教学研究，2014（03）：39—41.

他发表文章的数量快速增长，用他自己的话说就是"写起来就停不下来了"。

（一）善于从文献中汲取精华

时莞读文献，有他自己的特点，不同于杨洋的"共鸣"，也不同于别人的理解文章内容，他更多的是在文献中寻找闪光点，找找好用的词，选选合适的引证，还有看看别人的观点，更多的是将别人的文献作为自己的学习基础和写作材料。

问：你如何看文献？

时莞：第一遍是泛读，掌握内容即可；第二遍开始用议论文、记叙文的分析方法，逐段分析结构，逐句分析表达方式，逐词分析好词。结构是最好模仿的，关键是一些句子的借用，例如分析一些名人说过的话主要表达的内容，思考把它怎样用到自己的文章里。如都是谈反思话语，可以用到自己文章中的启示部分，可以放在段前总领一些句子，许多内容可以迁移到很多与物理能力有关的地方。逐词的来说，如"遑论""圭臬"等词我都记下来，把好词用在自己的文章里。

问：什么算好词？

时莞：我觉得对好词的理解就是，肯定不会在口语中出现的词汇，好词有一个特点，笔画都多。

时莞在阅读文献时有一套自己的方法，经过长期阅读的积累，对于哪些能取用、哪些应积累有一套标准。

问：阅读文献时主要找文章论点的论据吗？

时莞：对，关键是在读文献的时候领悟思想、弄懂结构，还有思考其中的经典语句自己可以用在何处。例如，X教授讲过一个人发表在美国的文章，讨论是否存在一个用电器既保证有很高的效率又有很高的功率，我就将它用于自己的论文中。

问：读文献对你有什么帮助？

时莞：看X教授文献非常有帮助，课上的讨论开拓了思维。读文献，研究文献，考虑其中可学习参考之处，然后着手写自己的文章。

通过访谈和对他发表文章的阅读，发现取材于文献是时莞写文章的一个特征。

（二）知识面很广

时莞的知识面很广，访谈中他谈及了很多方面，这对他发表文章提供了很多积累，这种多领域阅读的方式，扩展了他的理论基础和论证范围。

问：你文章中有一些与古文相似的词。

时莞：嗯，是的。我曾经阅读过四大名著类的书籍，其中有一些古文词，与X教授用的很多词有异曲同工之妙，我也会把其中一些词迁移过来，多一些书面语，在审稿时会显得很正式。

访谈中，时莞还会提及一些科学效应，关于姆潘巴效应他说道："就比如姆潘巴效应，一个孩子把一杯热牛奶和冷牛奶同时放到冰箱里，热牛奶先结冰。他问中学老师，老师觉得是错误的，直到问了一个非常知名的教授，教授做完实验根据现象得出结论，并以这个孩子的名字命名这种效应为姆潘巴效应。"之后他又提到了"钱学森之问"，"钱学森问我国为什么培养不出来获诺贝尔奖的人才"。

在问到平时与团队成员谈话的内容时，他也说道："我与杨洋也会聊一些军事、哲学、历史方面的事情。"同时，杨洋对他的评价也印证了这一点"时尧的知识面比较宽"。

（三） 对自己的文章如数家珍

时尧在研究生期间发表了多篇文章，截至访谈时仍有多篇文章处于在投或在写状态，问及这些文章的情况时，笔者能感觉到他对文章的珍视和喜欢，可以说还有一些自豪感。

问：直到研究生毕业一共发表了多少篇文章？

时尧：第一作者只有 5 篇，第二作者 3 篇，一共是 8 篇。正在投和正在写的还有 8 篇。

他可以清楚地说出每一篇文章的题目和录用期刊，比如问到第一篇第二篇文章题目时，他很快就回答说"第一篇是《以科学方法的逻辑展开"磁感应强度"概念教学的高端备课》，第二篇是《论高中物理"磁感应强度"教学的逻辑》"。此外说到让大家对于他发表文章感到震惊的转折点时，他清晰地记得"有两篇是连续两期在《中学物理教学参考》上发表，这是很难得的事情"。

访谈中，他可以清晰说出每一篇文章的内容和思路获得方式，有条理地展示各个文章其中的关联。笔者感觉到这些文章为他提供了很大的自信，他自身也对发表多篇文章十分满意。

（四） 用巧劲写文章

时尧的文章总是有一种讨巧的独特魅力，他写文章的方法很是独特，访谈中他是这样形容的"就好比有一辆自行车，换了其中很多零件之后，虽然还是一辆自行车，但是它已经变为一辆崭新的属于自己的车了。有这样一个故事，一个人的自行车被偷了，半年后当他找回那辆自行车的时候，却发现跟自己当时丢的车已经是完全不同的车了。那么，我阅读的文章每次选取不同的部分参考学习，出来的自然就是自己的文章了，是一种再开发、再利用。"此外，他还说道："我认为写文章就好像是从矿山中选一块好的矿石并精心打磨最后成型一样，X 教授的文章就是那片矿山，都是精华但并不是每一块矿石都是自己需要的，要选出与自己相关的那一段（矿石），然后慢慢筛选有用的再与自己的文章契合在一起，也就是打磨的过程。"

我对时尧提问："大家都说你写文章用了一种巧劲，写作很顺利。"他认为"差不多吧，关键是触类旁通，举一反三，我看 X 教授一篇文章，可以模仿出框架很像、思想类似但内容不同的文章。"

X 教授和团队成员都发现了他这个特质。X 教授评价说："时尧比较灵，讲了之后他写得不是很费劲。"艾瑕说："时莞就是 X 教授说的很灵的那种，到了研三的时候突飞猛进，研三都那么忙，他可以发好几篇文章，并且是核心期刊，甚至在一个期刊可以连续发两篇。"杨洋认为："时莞的迁移能力和自创能力比较强，取巧，使巧劲，有一点古灵精怪，也有一些独到的地方。"

四、认真做科研的实在人

艾瑕是一个非常乐观开朗的人，我在教研室接触最多的就是她和杨洋，她对每一个人都非常热情，经常主动招呼我们讨论问题，这些问题既有关于学术研究的，也有生活、中学教学、就业等方面，总是在方方面面关心团队成员。

艾瑕的考研笔试成绩是该团队最高分，这离不开她认真、扎实的付出，也得益于她对物理教学论专业的执着追求。入学后，艾瑕也会做一些中学教学方面的兼职来增加教学实践经历，为她写文章提供了一定的积累。性格开朗的她，做起学术来却是格外认真，在研究室埋头写文章是她的常态。

（一）读研带来的转变

研究生三年的经历，为每个人都带来转变，通过团队访谈和笔者的观察，在该团队中艾瑕的转变相对更加明显。

谈到读研对于她的意义，艾瑕有很多感慨："我考研究生的初衷就是想做中学物理教师，这三年对我的锻炼比较多。没有读研以前如果站在讲台上，我都不知道应该怎么站，而现在我在讲台上很自信，这是实践方面的收获。在理论方面，我自己能在教学方面写写文章，有思路，知道该怎么写，也会主动去写，这三年我理论和写作能力有很大提高。在北京的人文环境的影响之下，我个人性格也更开朗，做事情更加大方。"

她将三年间自己的成长分为实践锻炼、文章写作和性格磨炼三个方面。笔者也看到她由初到北京时过于真实甚至可以说是淳朴的人，逐步适应成为一个实在但不理性的人；也看到她由一个在初次讲课实践前焦虑不安的不成熟教师，到胸有成竹可以处理各类突发情况的有经验教师；当然，在文章写作方面，可以由她发表的文章来做评判。

（二）致力于中学教学

艾瑕在大学时就有了做中学物理教师的职业规划，本科期间曾参加全国物理教学技能大赛并获得二等奖。当问道："你准备读研的时候就是想以后当老师吗？"她毫不犹豫地回答说："对呀。"

因为有明确的职业规划，她会更加注重平时的实践，对于代课的看法，她是这样说的，"研一下学期我会代课，在代课过程中先接触中学生，然后再接触教材。代课对我来说是一个理论结合实践的过程，这为我在写高端备课这类文章和写指导一线教学的文章打基础。比如写关于浮力那篇文章时，因为看过教材，也带过这节课，前思后想地比较多一些。"教学实践对于艾瑕而言，不仅仅是一件事务性的工作，更是一个给自己提供更多思考的平台。

研三第二学期，艾瑕在就业单位开始了实习教师的工作，她的教学成绩很喜人。一方面，校方对她的教学水平很信任，分配的班级不断增多，"一开始带的是一个班，还没到期中考试呢，又给了我一个班，这两个班是平行班里的第一和第二，后来又接了第三个班"。另一方面，班级物理成绩处于年级前列，"我带的是平行班，在平行班中排前几名。我带了他们半年，期中和期末都是这样的。我带的那个班成绩最开始并不突出，但是最后他们三个班的成绩在平行班排名靠前。"

（三）静下心熬得住

通过访谈对比，感觉艾瑕写文章的过程似乎更辛苦一些，她的文章更多的是得益于自己能够静下心来想，能够坐在教研室中一次次认真地修改，她用的是实实在在的苦功夫，获得的是一步一个脚印、有条不紊、循序渐进的成长。

问：第一篇文章改了几稿？

艾瑕：第一篇文章《金属导体中自由电子的移动》，导出了一个函数，是一篇就事论事的文章。与理论的联系不多，字数不到2000，发表于《中学物理》，这个期刊是2008年的中文核心期刊。这是一个篇幅很小的文章，应该改了四五稿。

问：第二篇文章呢？

艾瑕：研二第二学期写的文章和X教授的理论联系比较多。"黄灯"那篇文章涉及自组织表征理论，这篇文章我保存了9份修改稿。

通过查看两篇文章的修改稿，我体会到她在修改过程中的经历和感受，没有沉着冷静的心态和坚持不懈的坚持，肯定不能写出最终的成稿。X教授评价她说："艾瑕在写文章时下了功夫。"杨洋认为："艾瑕在写作时，十分认真踏实，她是个很真实很努力的人。"功夫不负有心人，艾瑕在研三时获得国家奖学金，这是对她科研能力和学术态度的充分肯定。

五、团队成就

（一）文章发表情况

经过三年的学习，该团队发表署名第一作者的文章30篇（表3-5）。

表3-5　团队读研期间发表文章的情况（第一作者）

序号	题名	期刊	刊期	备注
1	物理教材引入科学史的新观点	《课程·教材·教法》	2012, 32 (12)	权威核心期刊；CSSCI 人大报刊复印资料2013年第4期全文转载

续表

序号	题名	期刊	刊期	备注
2	我国物理科学方法隐性教育的传统与超越	《教育理论与实践》	2014（4）	中文核心期刊
3	物理学科启发式教学的内涵与运用	《教育导刊》	2013（8）	人大报刊复印资料 2013 年第 11 期全文转载
4	中国物理变式教学研究：传统与发展	《教育导刊》	2014（2）	
5	例谈物理教学中 STSE 议题的设计原则	《物理教学》	2013（2）	
6	由一道"北约"物理题的三种解法看自主招生备考	《物理教学》	2013（12）	
7	"匀变速直线运动位移与时间关系"教学的思考	《教学月刊·中学版》	2013（5）	中文核心期刊
8	剖析超重与失重"判据"引发的教学疑难问题	《中学物理教学参考》	2013（7）	中文核心期刊
9	对"运动的独立性"与"力的独立作用原理"的再认识——兼论"平抛运动"教学的逻辑	《物理通报》	2013（7）	
10	对密度教学中前概念与比值定义法的再认识	《物理通报》	2014（2）	人大报刊复印资料 2014 年第 5 期全文转载
11	探析整体法与隔离法背后的思维内涵——兼论物理方法与思维方法教学相结合	《湖南中学物理》	2013（5）	
12	浮力增量公式的推导与应用	《湖南中学物理》	2013（9）	
13	对楞次定律物理意义与教学实验的再认识	《课程教学研究》	2013（7）	
14	牛顿第三定律教材编写存在的三个疑难问题	《课程教学研究》	2014（1）	
15	对力的分解"依据"与"力的作用效果"的再认识	《物理教学探讨》	2014（1）	
16	论物理教师的阅读素养	《中国教师》（上半月）	2013（19）	
17	革命老区高师物理师范生物理学习困难的调查研究——以豫南地区某高师院校为例	《首都师范大学学报（自然科学版）》	2014，35（2）	

序号	题名	期刊	刊期	备注
18	"牛顿第零定律"与"牛顿第四定律"述评	《首都师范大学学报（自然科学版）》	2014（5）	
19	比热容的教学逻辑研究	《中学物理教学参考》	2014（5）	中文核心期刊
20	电容定义式引入的再认识	《中学物理教学参考》	2014（7）	中文核心期刊
21	论高中物理"磁感应强度"的教学逻辑	《物理教师》	2014（7）	中文核心期刊
22	以科学方法的逻辑展开"磁感应强度"概念教学的高端备课	《湖南中学物理》	2013（4）	
23	由三组"正误对照"谈物理图像题的教学与备考	《湖南中学物理》	2013（11）	
24	汽车通过黄灯问题的研究及其教学启示——基于原始物理问题表征的视角	《物理教师》	2013（8）	中文核心期刊
25	交流电路中电子的运动研究	《中学物理》	2013（17）	
26	弹性势能高端备课——显化科学方法的本质	《湖南中学物理》	2014（2）	
27	"阿基米德原理"的高端备课	《课程教学研究》	2014（7）	
28	"电势差"教学的高端备课	《物理教师》	2013（7）	中文核心期刊
29	库仑定律教学的高端备课	《物理通报》	2014（5）	
30	简谐运动的高端备课	《课程教学研究》	2014（3）	

团队中4人在三年的学习中，共发表第一作者文章30篇，且包括权威核心期刊和核心期刊文章，足见该团队成员不俗的教学研究能力和专业水平。

（二）奖学金情况

燕都师范大学每学年进行一次国家奖学金评比，此项奖学金是燕都师范大学物理系研究生奖学金的最高荣誉。申请该项奖学金，需要本人申请、导师推荐、物理系评审委员会差额评定、学校研究生国家奖学金评审领导小组审核等多项审核程序。

物理系每届研究生55人左右，每年国家奖学金名额4人。杨洋在研二获得国家奖学金，艾瑕在研三获得国家奖学金，使该团队中50%成员获得了得奖率仅为7%的国家奖学金荣誉。

获得国家奖学金是对该团队研究能力的肯定，也是对团队学术水平的褒奖。

第六节　成长历程

在三年的研究生生活中，团队成员经过课程学习、文献阅读、发表文章和撰写论文等过程的学习、发酵、磨炼和成长，有很多收获和感悟。本章将结合笔者对他们的观察，通过访谈、成员读研成长传记、已发表文章等材料，对团队学习成长历程做出全面展示。

一、入学前的准备

团队成员入学前的背景、读研的动机、未来规划，与他们在研究生期间的状态有一定关联，访谈中笔者专门对此部分进行了提问。入学前的背景情况在第五节有描述，故本节由读研动机开始研究。

（一）读研动机

1. 选择物理教学论专业

当提问"为什么选择物理教学论专业"时，汪辉和时莞表示是结合自己的工作体会做出的选择。汪辉说"自己做了几年中学物理教师，对物理教学研究很感兴趣，也想提高自己的教学能力，那么物理教学论专业就是最好的选择。"时莞的想法"在中医药大学的工作经常接触教学，我经常在想究竟应该怎么指导和评价课堂，应该怎么教学，这需要专业系统的学习才行。同时，我个人希望能够继续读研学习，所以第二年便考了物理教学论专业研究生。"

汪辉和时莞是基于工作经历的思考和对教学的深层次自我要求来选择考研的，没有工作经验的杨洋和艾瑕则是另外的考虑。杨洋首先说了下自己的考研动机，"一方面，我本科学校是二本，学校考研的风气还是比较浓的，考研率比较高，一个班有40%会读研究生。另一方面，我要是不考研的话，其实没有出路。我考研也是搏一条别的出路，现在硕士毕业，在北京找工作反而比在河南找工作要容易。因为河南'小师范'太多，竞争大。"在这样一个动机下，他选择物理教学论专业更多的是因为个人兴趣。中学时代陶醉于物理课堂，让他选择师范专业，"可能是中学的时候，包括初中、高中的时候物理学就学得比较好，比较偏科。物理老师教得比较好，我学起来很有成就感，那个时候隐约地感觉比较喜欢物理，高考报了师范物理专业不服从调剂。"因为兴趣他又选择了物理教学论专业。"到考研的时候，同学都考了物理学的专业，我感觉对物理课程与教学论比较感兴趣就选了这个。"艾瑕则是意识到本科学习的不足，"觉得自己大学四年没有学到什么。仅仅学习大学的光学、热学、'四大力学'等专业课，并不能在教学理论、如何上课、如何备课等方面获得知识和成长。""我觉得到高中任职还是有一定困难的，没有丰富的教学理论和教学技能作支撑恐怕难以胜任。物理教学论专业可以在这两方面给我提高。"

无论是出于兴趣驱动，还是能力提升需求，抑或是职业发展需要，物理教学论专业是团队成员十分执着的选择。不是因为专业课容易，也不是因为逃避就业，更不是为了"混"个毕业证。正是充足的自我动力引领，为该团队成员获得学业成长和科研成果提供了前进动力。

2. 慕名投在 X 教授门下

当问到"为什么选择 X 教授作为研究生导师"这个问题时，杨洋说："本科时，我的物理课程教学论老师在课上推荐过 X 教授，说 X 教授在物理教学论方面做得很不错，还专门把 X 教授的名字写在黑板上，我考研调剂时就毫不犹豫地选择了 X 教授，后来看了 X 教授的文章，十分佩服。"艾瑕与杨洋的经历相似，"我学校有个燕都师范大学毕业的老师，他说 X 教授是教学论方面的权威，建议我报考 X 教授"，可见 X 教授在学界影响力很大。

汪辉则是由同学推荐的。"我有一个同学，他就是燕都师范大学凝聚态物理专业毕业的，他本科毕业就读了研究生。因为我一直想考这个专业，后来从他那打听到 X 教授在这个专业做得非常不错，就选择了 X 教授。"时莪本科时就与 X 教授有接触，对 X 教授了解得更全面。"我本科就读于燕都师范大学物理系，曾经上过'中学物理教学法实验'这门课，X 教授在第一节课向我们做自我介绍时列举了一些他发表的文章，令我十分钦佩。在课堂上，X 教授对实验的讲解和指导特别细心和认真，使我非常喜欢 X 教授，希望能有机会继续跟随 X 教授学习，感觉加入 X 教授的团队能让自己有很多收获。"

慕名 X 教授在学界的影响力，阅读 X 教授的文献，经过老师、同学的推荐以及自己切身体悟，4 名同学相聚在一起，组成团队开展学习研究。

(二) 未来规划

研究生毕业后的规划，会影响团队成员在研究生期间的表现，因此，我针对未来规划专门进行了提问，四名成员回答如下。

杨洋："那个时候有一点隐约的想法，感觉自己会继续读下去，我考研考到某师范大学，排第 8 名，但名额只有 4 个，那边跟我联系问愿不愿意调专业硕士，这边则有可能录取学术硕士。我咨询了本科教物理课程与教学论的老师，他建议我读学术硕士能多学一点东西。我也经过了一点点的犹豫，但还是来这里读了。一旦做了选择，慢慢可能就会强化这样的倾向。就业的话，那所师范大学的牌子要更好，我既然读了这边的学术硕士，我是不是就继续读博？入学的时候就有了一点读博的想法。"继续读博这个规划虽然还没有完全明确，但是自从选择燕都师范大学，也就基本确定了。

汪辉："我的先生在就业时，他的单位承诺可以给我解决工作，未来会在一个师范类高校工作，具体工作还没有确定。"师范类高校就业，在她看来是与物理教学论专业相关度很高且很有挑战的工作。

时莞："因为之前在高校工作，读研之后希望自己可以在北京区县教研部门工作或者仍然在大学工作。"由于他是男生，又是北京生源，时莞的就业优势更加明显，他对自己也有较高的期望。

艾瑕："一直准备当中学物理老师。我喜欢物理专业，向往教师行业，一直在为当老师而努力着。"做中学物理老师，也是笔者读研时的规划，对于她的成长和经历，我更能感同身受。

四人的规划各不相同，但是物理教学论专业的学习于他们而言都是十分重要的，为他们未来发展可以提供有力支持。

（三）入学准备

访谈中得知，在研究生入学前，团队成员都与 X 教授有过沟通，并且阅读了多篇 X 教授发表的文章。以汪辉和艾瑕为例，她们都在入学前联系了 X 教授，并且分类阅读并思考了文章。

汪辉的经历是这样的："我记得笔试以后好像去找过 X 教授一次，是我自己去的。因为录取分数线还没出来，X 教授当时觉得我的分数可能有点悬，建议我考虑专业硕士。X 教授给的建议比较中肯，说竞争还是比较激烈的，有多个通过初试的，面试肯定还要刷下来几个，专业硕士倒是有可能。"X 教授对仅有一面之缘的汪辉十分关心，为她的求学之路出谋划策。汪辉在入学前读了 X 教授的文章。"我知道自己通过了，对 X 教授就比较关注，看了一些他的文章，面试之前其实也看了一些。知道他是研究'原始物理问题'这一方向的。我是通过查阅才知道有这样一个方向的。然后，大致看了一些关于物理问题和科学方法的，觉得这个比较轻松，比较简单，觉得我能看懂。有些东西一看就比较难懂的那些就没看。"可见，汪辉不止看了文章，还对一些对文章进行了分类整理和思考。

艾瑕与 X 教授的联系是"复试之后，但是还没有确定导师，我特别想做 X 教授的学生，然后给 X 教授发了邮件，表达了我的想法。"阅读 X 教授文章的经历是这样的："联系 X 教授之后，他让我看一下他在《课程·教材·教法》上发表的十几篇文章，我在本科学校图书馆借往期杂志然后复印下来。有些文章看不大懂，还曾经跟推荐我报考 X 教授研究生的老师讨论过。"

杨洋和时莞的经历与汪辉、艾瑕相似，都是在入学前就开始了文献阅读的工作。

二、课程学习

该团队在研一期间进行了课程学习，主要为 X 教授主讲的物理教学论、物理学习心理学、物理实验教学论、物理教育论文写作四门课程。这些课程在"教材"选择和教学模式上有很突出的特点，十分有针对性的学习让团队成员受益匪浅。

（一）课程内容

该团队的主要学习资料并非传统的、相对古板的教材类出版物，而是十分有针对性的高质量文献和论文，主要由《物理教育心理学》《物理实验设计理论研究》两本书籍和发表在权威核心期刊、核心期刊的文章组成。杨洋回忆道："研一的时候 X 教授上课，主要是讲他的论文。我们到了实验室找到当时研三的乔通师兄，他就给我拷贝了 X 教授的文章，主要是发表在权威核心期刊《课程·教研·教法》《教育研究》和《中国教育学刊》上的文章，然后我们就把它们一人一份打印了下来。"

汪辉根据个人理解，将研一课程学习中涉及的理论分为五部分，并对每一部分总结了个人感悟：在基础教育课程改革部分，"当看到 X 教授文中所指的教育乱象时，我感同身受，觉得这就是基础教育的真实写照"；在原始物理问题部分，她认为"原始物理问题在培养学生的创新思维方面确实有着独特的功能"；关于科学方法教育，她说"通过系统的学习，我真正感觉到了科学方法的魅力，也难免不为基础教育阶段科学方法教育的现状担忧"；物理能力理论使她"从中不仅学到了理论知识和写作手法，而且在情感上也深受熏陶"；自组织表征理论则让她对 X 教授十分佩服，"通过学习，我觉得 X 教授把协同学理论引入到物理教学中，不仅恰到好处，而且体现了他敏锐的学术洞察力"。

艾瑕在研究生学习感想中，主要对几个理论进行阐述，并给出自己的看法。她认为："通过对科学方法概念、分类、教育价值及显化教育思想的学习，我认识到 X 教授研究的系统性，同时也为自己的学习与写作打下了良好的基础。尤其是科学方法理论，它可以直接应用于教学实践、指导中学教学。"对于"智力—技能—认知结构"能力理论，她认为"X 教授的能力理论，为教育教学中培养学生的能力指明的道路——智力、技能、知识、科学方法。但是，在教学中，如何去训练、培养学生的能力，传统的习题能否达到目的，原始物理问题理论向我们揭示了答案。"她对原始物理问题的评论与汪辉相似，"原始物理问题可以培养学生的创新思维，从而推进高考的改革"。对于物理高端备课系列，她说："物理高端备课强调体现教学的逻辑，所谓教学的逻辑即是教学过程中诸要素的呈现顺序，以科学方法为中心展开教学设计，进行知识教学，贯穿学生的认知过程，是体现教学逻辑的一种途径。高端备课区别于以往传统备课的一个明显特点即是有一条明朗的主线——科学方法贯穿始终。"

她认为 X 教授的理论十分严谨。"X 教授治学严谨，学术精湛，所做的各方面研究环环相扣、自成一体，不论从哪一理论说起，都能讲到其他各个理论，并且最后又回到一开始的理论。之所以各个理论研究可以形成一个整体，是因为有一条主线穿插其中，即科学方法理论。"

（二）课程形式

1. 课程安排

关于课程安排，杨洋在谈话中提到了几个方面。

一是理论学习："物理教育心理学主要是 X 教授讲他与乔先生合出的那本书，也没有全讲，主要是讲他写的那一部分。物理教育论文写作除了讲他的论文之外，X 教授不仅举正面教材，还举一些反面教材让我们知道某篇文章写得不好，不好在哪里，提高我们对文章的鉴赏水平和分析水平，这也是比较好的。"他重点提及物理教育心理学和物理教育论文写作这两门课。

二是教学实践："有两次课程中，X 教授给我们布置两个课题，一个是摩擦力，一个是向心力，让我们分别做一下教学设计。第二次上课的时候每人汇报对教学设计的认识和看法。报告完，X 教授给出适当的点评。最后，X 教授阐述他对这些课题的看法，对我们启发都很大。后来，这两节课也慢慢地发展成现在的物理高端备课，都被收入了物理高端备课的书里。"

三是预测高考题："还有一次，X 教授组织我们预测高考物理题，实验题和综合题，让我们一起来预测。"

研一的课程学习有几节特殊课程安排给艾瑕留下了深刻的印象。"印象最深的是老师让我们对一些文章和授课视频以打分的形式进行评价，之后 X 教授提出自己的观点。还有就是老师在课堂中将教学与实践相结合，让我们自己做教学设计，然后 X 教授指点，这是一个特别好的过程。"

X 教授的课程设置，不是就理论讲理论，而是用鲜活的、有信服力的文章，加强学生的认知深度和学习掌握。这些课程内容不仅与物理教学联系紧密，而且立足于科学的理论思维。同时，除了理论学习，教学实践与探讨也是课程的重要组成部分。

2. 课程模式

X 教授的课程模式为：X 教授逐段逐字讲授→学生提问→X 教授解答，在访谈中团队成员对于具体课程方式给出了详细的介绍。

杨洋："上课时，X 教授带着我们一块来一段一段地来读文章，读完之后他夹叙夹议地给予点评，大概是这样一种模式。讲完后，他还让我们一个一个发言，就这篇文章中的任何观点有什么理解、有什么疑问，都可以跟大家讨论，或者跟 X 教授讨论。"

汪辉："X 教授的授课方式很独特，每节课都有学生发言的环节，让我们针对论文的观点、写作手法等发表个人意见，X 教授再逐个点评。"汪辉又详细回忆了刚开始上课时的情景，"X 教授研一上课的情形我记得很清楚。第一次课就听他讲《基础教育课程改革：方向迷失的危险之旅》那篇文章。一开始因为确实没有心里准备，不知道 X 教授上课的风格，后来发现 X 教授一开始把这篇文章跟我们分享，然后就让每个同学都来评价。我当时感觉挺措手不及的，没有任何心理准备，觉着去评论这样的文章，真的是有点力不从心。一开始确实挺紧张，我觉得发言也不太到位。但后来听到大家讨论之后，就觉得以后每次课都是以这种方式上的话，特别好，很有收获，慢慢也就适应了，自己在发言上明显一节课比一节课都有提高。"

经过不断的讨论学习，团队成员的思考更加深入，提问的水平不断提高，课堂效果越来越好。

(三) 评价与收获

1. 评价

这样独特的课程模式，给团队成员带来了怎样的成长，大家是如何评价这些针对性强、指导实践意义强的课程呢？通过访谈总结，团队成员对这个课程模式给出了充分认可和很高的评价。

关于 X 教授讲授→提问→讨论回答的上课模式，杨洋认为可以让自己更全面深层次理解文章："通过上课，X 教授亲口说，这篇文章是怎么写的，到底想表达什么意思，甚至当时是在什么情况下他想这样写。另外，他再由这篇文章做一些发挥，给予一些宣讲，甚至拿 X 教授的话说，就是用他整个身心的投入来分享他的人生经验。我觉得通过 X 教授这种阐发和阐述，我们能够对这篇文章的写作方式以及 X 教授想表达的东西有一个更加立体的、全面的认识。"

对于讨论、提问的课堂模式，汪辉和时莞受益颇多。汪辉说："我觉得大家一起讨论文章、互相提问这个过程确实是很有收获的。有时候听别人提问，我就想这个问题确实不错，自己根本就没有想到，别人却想到了，问得特别好。X 教授的回答大家都比较满意，我觉得这是能够互相促进、非常不错的过程。我觉得，如果只是老师讲的话，学生可能根本就不去听，或者即使听了，也就听一遍就算了，根本不会再更加深入地思考。这个过程我一开始就觉得，其实 X 教授就是给了我们主动思考、主动去想的外部动力，让我们不得不想。"此外，她在《研究生学习回顾》一文中写道："我觉得这种授课方式非常值得在研究生阶段推广。"时莞说："大家的水平不一样，每个人都有问题，提问的质量也不同。X 教授让学生逐一提问，一方面是激励大家思考发问，另一方面也让大家通过提问互相启发。大家带着问题学习讨论，学习效率有明显提升，不同方面的提问能够让同学们全方位地思考并理解文章深意。"

关于独特的教材，艾瑕认为这样的理论学习十分透彻，各个理论之间是相通的，"我觉得 X 教授用文章作为教学内容，是非常好的方法。我觉得 X 教授的这些理论是一个融会贯通的整体，我曾经做过一个 PPT，将老师的各个理论放在一起，从每一个理论出发都可以走到任何一个其他理论，发现它们是浑然一体的。每一个理论都与其他理论之间有联系，既能作为出发点也能回到起点。"

2. 收获

一年的课程学生，让团队成员有很多收获，在知识储备、理论学习和实践培养等方面都获得了提高。在描述课程情景时，4名成员都主动提到了自己在研一的收获。

汪辉在知识和写作技巧方面有很多感悟："一方面就是在知识上，知道X教授研究的重点都在哪里，然后了解了X教授所研究的这些问题。再一个最大的收获主要就是X教授写作的思路，X教授的每一篇文章，观点特别地清楚。段与段之间或者句与句之间，先不说文采好，读起来会觉得特别容易读，不像有些文章拿过来就不想看。这些文章一看就能看明白，虽然都特别长，但是觉得X教授过渡衔接都特别好。这一点对我启发挺大的。"她认为："发言的环节使我学会了思考，无形之中为我以后的论文写作构思奠定了基础。在研究生期间的学习不仅有了'量'上的积累，而也实现了'质'的提升。"

杨洋说："主要是X教授的上课方式——他那种自己全身心地投入、比较发散地对这个文章进行阐发、结合自己的经验来讲解文章内涵——的确给人的帮助非常大。然后同学们在课堂上大家互相讨论，每个人站在自己认识的角度来提问，大家的认知结构不一样，看观点的角度也不一样。看一看别人的观点是什么，别人的想法是什么，对自己的帮助也是比较大的。如果只有自己的观点的话，的确是有些贫乏。"他评价道："在课程中，不仅讲述了物理课程、教学、改革与发展的宏观问题，还讲述了微观物理教学中的具体问题；不仅'真刀真枪'地讲述了在物理教学中'做什么''如何做'，还从物理教学论的高度辨析了'为什么要这样做'。这些都与我之前接触的所谓'纯'教育理论有极大的不同，颇有'别有洞天'之感。"

此外，时莞说道："课上的讨论开拓了思维。读文献，研究文献，考虑其中可学习参考之处，然后着手写一篇自己的文章。"艾瑕则在整理过程中有了成长，她说："之前一开始看老师的文章看不懂，通过学习可以知道老师的这些理论，并且能把这些理论联系在一起，是一个自己整理的过程。"

三、文献积累

阅读文献，是研究生学习的重要组成部分。每一篇发表的文章和论文背后，都有大量文献的积累，这是我通过对团队的访谈和观察得出的团队共性。

（一）跟随课程的文献阅读

在研一上课的过程中，团队成员跟随教学内容，做了很多文献阅读，主要包括课前阅读找问题、课上学习解疑惑和课后复习夯基础三个部分。课上学习部分已在前文有详细论述，下面主要介绍课前阅读和课后复习两部分。

团队4位成员都会主动在课前阅读文献。杨洋的做法是"在上课之前看一两遍文章，拿笔画一画，标一下重点"。时莞读的次数会多一些，"一开始没有经验，后来知道 X 教授将要讲的论文题目后，我们提前下载论文并认真看几遍。一开始会看两遍，到后来会看三四遍。其中，有一本 X 教授论文汇编（已陆续出版），我觉得是最关键的，书中共分为三个部分，我主要看了其中的前两个部分，就事论理和就事论事的文章有的我读了七八遍"。艾瑕"每次上课前要问老师下次课要讲的文献，在课前提前读文献做准备，要认真地看几遍，标注好自己的问题"。她特别提到了大家课下看文献时互相讨论的情景，"尤其协同学理论部分，那部分不是很好理解，大家的讨论很多，与杨洋和汪辉讨论得多一些。我当时举了一个山上猴王的例子供大家讨论，大家的反响很好"。汪辉则会提前提问，"我课前看文献，大体知道这篇文章要讲什么了，文章的思路、主要的内容是什么。对于不懂的地方，我会圈出来，或者有问题的时候，自己在课下提问一下"。

同样，大家在课后一般也会回头再去看看文章，再思考。我对团队成员提问，"课后你会再看 X 教授的文献吗？就比如说今天讲的某一篇，课后会再回去看这篇文章吗？"汪辉针对问题细读，她说："一般我会再看一遍。提前预习了一遍，老师讲完了我一般至少会看一遍，尤其是有问题的那些地方，会针对相关问题细读"。同样，艾瑕和时尧都表示"会在课下再回去看课上已经讲过的文章。"

（二）自我发酵中的文献阅读

团队成员在研究生阶段有很大一部分精力集中在写准备发表的文章上，以杨洋为例介绍该团队在自我发酵中的文献阅读经验。

杨洋认为："阅读文献的过程是要让自己明白自己的一些困惑、彷徨……其实有很多前人已经做了大量的探索工作。了解了这些，才能够运用专业的概念、范畴来思考问题，才能够运用专业的话语体系来表达、探讨问题。"

逐渐地，他找到了阅读文献的几条线索：

（1）X 教授论文。在精读老师文章的基础上，以此为线索，阅读更多的文献资料。总体而言，X 教授的论文可分为物理教学研究、物理教育研究、基础教育研究三个部分。分别由浅入深，由具体到抽象，由微观到宏观，充分展现了物理教育教学研究的不同层面，既包含面广，又有一定的深度。也正如 X 教授所说，物理教学论学者需要有三个层面的研究能力：就事论事、就事论理、就理论理，并且要纵向贯通。本着这一宗旨和目标，反复阅读，获益颇深。

（2）以专题为线索。如"实验教学""概念转变""科学探究""教育技术应用"等专题。

（3）以自己的疑惑、问题为线索。我入学时（2011 年）正赶上"课改十年"这个关口，X 教授刚发表了《中国基础教育课程改革：方向迷失的危险之旅》的长篇文章，后来引起了很大反响。我们研究生的第一堂课学的就是这篇文章。后来，以此为契机，我开始了对新课改的深入思考，也阅读了大量探讨课改的文献，感到收获很大。我感到，任何文献阅读都需要一种契机和心理上的求知欲。

（4）以著名学者、教师、学校为线索。即追踪本领域及相关领域名家、名师、名校的研究。

在自我发酵阅读过程中，阅读内容有更多的自主性，4 个人阅读的内容有不同，但都包含在以上几个方面。自主阅读更多地体现了个人思考的方向。团队成员在这一过程不断增加了自己的知识储备，弥补了个人知识上的一些不足，同时进一步训练了处理文献、鉴别文献的能力，并将这个工作贯彻到了后续的学习和研究过程。

（三）阅读思考

在访谈中杨洋和时尧对于文献阅读的感悟收获做了较多论述，在他们的研究生三年回顾中都有提及。

杨洋认为文献工作是一道门槛，"我个人感到，文献工作的确是一件必须越过的门槛。有古人曾对读书方法打了一个颇为形象的比方：先猛火煮，再慢火煨。或许文献工作也应该经历这样的过程"。他特别强调了两个方面的经验：一是培养读书的习惯与能力，"这一观点同样是乔通师兄的，他个人就是一个读书的'好手'，我亦非常认同他的这一看法。事实上，读书既是一种习惯，又是一种能力。历史上的学者从来没有终止过对读书方法的探讨。朱熹就曾提出了著名的'朱子读书法'，今天一些大学的课程也将当堂'读书—研讨（讲解）'作为教学的基本形式，目的都是为了培养读书的习惯与能力"。二是养成"积累"的意识，"积累意即积少成多、融会贯通、聚沙成塔，包括精神上的积累和物质上的积累。学过的东西、闪过的念头不要忘记，可以用笔记、札记的方式记录、整理、琢磨……这就是精神积累的过程。我在学习过程中，坚持做笔记、札记，一直延续至今，这就是一种积累。物质上的积累是指研究资料的搜集和保存。好书、好文章往往很少且不易获得，所以建立自己的资料库很有必要"。

文献阅读对时尧而言，是非常重要的思考来源，他的诸多想法、创意都是源于文献阅读中迸发的灵感。他认为"要写一篇好的文章，首先要阅读大量文献作为积淀"，并且强调"文章的阅读不仅要保证一定的数量，而且还要注重阅读的质量，要挑选有创新、有自己的观点、有一定的理论深度的文章"。在阅读时，他同样提到了"朱子读书法"。他说，"可以参照我国古代著名理学家朱熹在'朱子读书法'中所倡导的'熟读精思''切己体察'等方法"，此外他还提到"要辩证对待文献，不能一味信之，要有个人判断"。他列举了自己在文献中汲取精华的经历，"例如对一些名人说过的话，理解其主要表达的内容，思考在自己写文章时怎么样引用它们"。

艾瑕和汪辉提到文献阅读对于保证自己文章的创新性帮助。艾瑕说："写文章，都要先到 CNKI 上看看别人是怎么写的，可以避免自己的想法与他人想法重合而失去创新性，失去写作意义。"汪辉说："我在写文章和着手准备毕业论文的时候，都会去看一些相关的文献，是梳理文献的过程，也能有效避免自己的创新性不足。"

四、文章写作

（一）万事开头难

最初，团队成员在需有一篇公开发表文章才能达到毕业标准的要求下，开始文章写作。在最初的学术文章写作阶段，团队成员遇到了各种困难，X 教授对每个人进行悉心指导，帮助大家成长。

1. 最初的动机

说到最初写文章的动机，4 名成员很是一致，都是在毕业的压力下略显被动地开始动笔。

艾瑕是在研二第一学期开始写文章的，在这个学期写了一篇文章。她考虑的是"因为毕业要求必须发表文章，研二开学后觉得应该着急发表文章的事情了，研三要着急找工作，必须在研二达到学校的毕业要求"。

汪辉最初认为写文章是一件很困难的事情，"当时最大的愿望就是能发一篇文章毕业就行了，因为这是毕业的硬性指标，必须发一篇文章出来，当时确实很发愁"。

说到第一篇文章写作时，时莪说"第一篇文章写出来得比较晚，是因为我主观上还是有点畏难情绪，不知如何动笔。"他特别提道："X 教授只要见到我就催我，督促得很紧。"X 教授的督促也是他动笔写作的主要动力之一。

在团队中学术水平很高的杨洋表示自己"在研一的时候还真是没有想过写文章，一心想着认认真真地读一读文章，读一读文献，把一些没有想通的东西给想通，这个工作就花了一年的时间才慢慢结束。虽然是想发一篇文章或者两篇文章，但主要是由于发一篇文章才能毕业的考虑"。

2. 起笔那段路

"万事开头难"这句俗语用在此处，显得格外贴切。写文章初期，团队成员或多或少都经历了一段堪称难熬的过程。

最初的文章写作，团队成员很难独立找到文章选题方向，加之毕业的压力，更易形成畏难情绪下难以动笔的局面。X 教授在选题这个步骤主动化解团队成员困扰，分别给每位同学提供了题目，让大家有了思考方向。提供题目之外，X 教授还会给出指导性的思路建议，之后由团队成员自行查找文献，梳理文章框架，开始初稿的写作。

艾瑕在写文章的第一阶段经历了两篇文章写作的历练。她的第一篇文章是由 X 教授选题的《交流电路中电子的运动研究》，发表于《中学物理》。艾瑕回忆道："该文章导出了一个函数，是一篇就事论事的文章，文章不到两千字，篇幅不算长，与理论的联系不多，对于语言、用词的要求不是很高。""X 教授有一种感觉，觉得这应该是能导出一个函数的，也曾同系里其他相关专业的老师探讨过。"之后，艾瑕开始了文献搜集和撰写工作。"我按照 X 教授的思想在知网上搜文章，有两篇文章比较有帮助，给了我一些启发。我还专门去了图书馆借书，但是没有找出来条理论。"她还说道"这篇文章初稿写作的时间比较长。"

艾瑕的第二篇文章同样是由 X 教授选题的《汽车通过红灯问题的研究及其教学启示》，该文章涉及自组织表征理论，与 X 教授的理论联系比较多，是一篇就理论事、理论应用的文章。由于有了第一篇文章写作的积累，加之 X 教授督促得比较紧，修改过程"是从开学到 3 月 17 日，是 20 天到一个月的时间"。

汪辉第一篇文章《"电势差"教学的高端备课》的选题是通过杨洋转述的，主要说明是写电势差这一方面，同时提出建议让她看课本，寻找并发现教材上的问题。汪辉回忆说："杨洋大致跟我说了一下，我就凭着我自己的理解搜了很多的文献，发现电势差、电势这一块确实很多人在发表文章。我提前没有和 X 教授沟通，就按照自己的理解开始写初稿了。""我当时写了关于电势、电势差、电势能的编排顺序的问题。"问及初稿用时，她说"写第一稿用了两三个月，我自己应该是从寒假前就开始着手了吧。拿给 X 教授看初稿是研二下半学期了"。汪辉特别提到在写作过程中主要参考的文献，"我主要是看了科学方法方面的文章。就是在概念引入、概念教学这一方面看了一些，看了 X 教授关于教学逻辑这一方面的文章。因为那个时候高端备课已经发表出来一些文章了，还参考其他同学发表的高端备课方面的文章。"该篇文章主要强调的是科学方法，指出"电势差"这节概念教学要用什么样的科学方法，还强调了教学的逻辑问题。经过不少于 10 稿的修改，这篇文章于 2013 年 4 月成稿，发表在《物理教师》上。

时莞的第一篇文章《以科学方法的逻辑展开"磁感应强度"概念教学的高端备课》发表于《湖南中学物理》。该文强调"纵向"的教学逻辑，注意区分"控制变量法"与"比值定义法"两种物理方法背后不同的思维方法。

杨洋的文章写作在初期分为两个阶段，第一阶段是第一篇文章被拒收的尴尬，第二阶段则是三篇文章的重要转折。杨洋开始第一篇文章的写作是在研一，他是团队中最早开始着手写文章的人，然而他第一篇文章的经历却是格外坎坷。杨洋描述了第一篇文章写作的经历。"在研一快结束的时候，X 教授给了我一个题目，是我们一位师姐去应聘试讲时 X 教授给她设计的一个课。这个课结束后，X 教授让我把这个课写成文章。我写了一下，交给 X 教授，用了两个星期改了六七稿吧，投到一些杂志上，一些感觉很一般、觉得应该是很容易录用的杂志，但是都被拒绝了。"此外，他谈到这篇文章写作参考的文献，"第一篇文章我参考了 X 教授的文章，主要是他的文章中用的材料，他用了哪一个论据，我也用了；再一个就是 X 教授的观点，具体到一两句话。研一学的东西，我觉得一方面找感觉，再一方面为写文章提供了很多的资料、论据。"

这样一个打击自信心的事情，反而成为杨洋发力写作的动力。他说："考虑到需要发一篇文章毕业，研一过完了还没有发，稍微有一点着急了。还有就是自己的文章被拒绝了，觉得有点不甘心，想证明一下自己，按照自己的思路写写试一试。"在这样的动力下，杨洋在研一暑假末开始写文章，一直到研二开学写了三篇文章，包括发表在权威核心期刊《课程·教材·教法》上的《物理教材引入科学史的新观点》、发表在《物理教学》上的《例谈物理教学中 STSE 议题的设计原则》和一篇篇幅一页的解题探讨。访谈中谈到选题的思路，杨洋说"我自己决定的选题方向，主要思路还是自己的思考。那个时候这几个想法比较成熟了。权威核心那篇可以说是我与乔通师兄聊天聊了一年'聊'出来的。'STSE'那篇文章，是我看到了新闻，新闻上有一个素材，我觉得可以编一道题，就编了一道题，把它写成了一篇文章。第三个小文章解了一道题，我中学的时候就发现这个题解得不对，就探讨了一下。"《物理教材引入科学史的新观点》一文发表于 2012 年的 12 月，《例谈物理教学中 STSE 议题的设计原则》一文发于 2013 年的 2 月，一道解题在后来修改后于2013 年发表。文章修改的次数和用时都不多，"从开始写到最后投出去，都在一两周就写完了。"

3. X 教授的修改

第一次动笔写的文章，都不是很理想。这时候，就需要一位经验丰富的智者，无论是在文章的结构方面还是在斟酌措辞方面，给予充足、细致、高水平的指导。该团队的指导教师 X 教授承担了这个智者的角色，一稿又一稿地细致修改，让团队成员经历了蜕变成长。

艾瑕的第一篇文章修改了四五稿，修改的时间大约是两个月。她向我介绍了第一次的修改情况，"第一遍导师的修改意见是：①文章开头两段显得啰唆，不能表达文章主旨；②函数图像要画在相应的函数下面；③关于结论的解释不够充分，需加以补充。"一稿修改后，X 教授提出的修改意见是"大的结构没有问题，主要是语言文字方面的问题；语言表达意思要明确，同时不能有多余的话"。

艾瑕第二篇文章的修改过程是她文章写作的重要转折点，她说"第二篇文章一共修改了 9 稿，对我来说是训练最大的，其过程格外辛苦，甚至可以说是痛苦，是一层一层磨炼提高的过程。"我们详细谈了 X 教授对她第二篇文章的修改。她说："结构、文风都动了。结构改了，题目和小标题也有修改，最后的三点反思是由一层一层改成逐个深入的过程，相当于每一个字都是由 X 教授经手的。除了结构会改，逻辑关系也会改，这篇文章哪个部分写什么内容，包括语言上 X 教授也会改动。有一些专业词汇的修改，比如把'科学态度'改成'科学素养'。那个词改得特别好，文章的感觉一下子就提升了。"

汪辉文章的修改，经历了几个过程。第一步是 X 教授在思路设计上的指导，她写完初稿后给 X 教授，发现了很大的问题。"我拿给 X 教授看，X 教授一看我写的和他的本意是完全不一样的，他说我理解得有问题，或者说是理解错了。其实，他是想让我就针对电势差这一节去写，就看这个知识点课本上是怎么处理的，还详细说了他的看法，并给了我写作建议。"X 教授认为："电势差这一节最重要的问题，就是教材编排的逻辑存在问题，出现了逻辑断点。"依据 X 教授的指导，汪辉开始了修改过程，她说："当初觉得电势差这一节太简单了，真的不知道怎么写，回去就完全颠覆了初稿，硬着头皮又写一稿，之后就是这样一遍一遍地修改。"在思路确定了之后，文章修改进入润色结构、语言的过程，"这篇文章我记得反正是修改了不低于 10 稿，至少有一个月的时间在修改。"

说到第一篇文章的修改过程，汪辉记忆犹新，她说了很多细节。"改十几稿的过程一开始确实觉得非常痛苦，后来慢慢也就适应了。最初的三四稿确实觉得特别痛苦，觉得每次改一稿，虽然 X 教授说了怎样改，我也知道 X 教授是什么意思，但我就是不知道怎么写出来。这一节的内容本来就特别少，就是导出来一个电势差的公式，把它写成一篇文章，当时确实觉得比较困难。前几稿 X 教授从结构到语言都给改过之后，就面目全非了。后来，X 教授每改一次，下次就会觉得好一些了。我越往后越觉得有动力，觉得能改成文章了，确实越写越觉得有信心。在时间上越到后面改得越快一些，每稿的周期就能缩短一些。不像以前，X 教授可能给我改完一稿，我得花一个星期甚至两个星期才能改出来。"

时尧在描述第一篇文章修改经历时，虽然只说了一句"第一篇文章那就不用说了，写得特别费劲，X 教授改了 6 稿，改到最后一稿时我觉得自己进步了很多。"其中"费劲"二字就足见那段时间的不容易，"进步"二字则是他的切身体会。

杨洋的第一篇文章 X 教授修改过 6 稿，暑期写出的三篇文章 X 教授同样进行了细致的修改和指导。杨洋说"'STSE'那篇，我觉得 X 教授改得是比较多的。发表在权威核心的那篇改得就更多了，在结论上、行文上都给了很多意见。"对于具体的修改内容，他说"我觉得 X 教授给我改的文章，可能细节上改得不是那么多，主要是在文章的结构上，比如哪一个结构缺了，哪一个结构再增加一部分，哪一个结构换一个顺序。还有就是个别的字词修改，我觉得这也很重要。"

可见，X 教授是从全方位对文章进行修改的，在一稿又一稿的修改过程中，团队成员既是文章修改的参与者又是学习成长的经历者。X 教授手把手、点滴细微处做起的做法，让团队成员得到切实的感悟，使大家文章写作的水平有了很大的提高，并且帮助成员树立了信心，对写文章这件事不再有畏难情绪。

（二）写作的适应与发展

在 X 教授的指导下，团队成员培养出了独立写作的能力，最终文章成功见刊也给大家带来很大鼓励。"万事开头难"时期终于成功渡过，团队成员在文章写作方面进入适应与发展时期。

1. 不再畏惧写文章

访谈中，团队成员对于第一阶段写作成长都有较为明显的体会。

杨洋说："在前边三篇文章比较顺利发表之后，写文章就顺手多了，觉得在写作上找到感觉了。在写完最初的三篇文章之后，写之后那些文章的时候都相对轻松，只要是我想写的题材，关键是有一个清晰的想法，对于我来说不是很难。"

从最开始的不想写文章，到后来自己能够顺利写文章，艾瑕认为其中变化的主要原因是"第二篇文章的艰难历程，熬过来了就都会了。一定要有这样写一篇文章的过程，这样的历程才会让自己的水平得到提高，之后 X 教授也会放心让自己去选题找思路，也会写得越来越顺。"

时莞认为"只要有了前边写作的经历做基础，之后写文章就不再是难题了"。在我提问"为什么突然研三想要多写些文章"时，他回答："一是有了一些写文章的技巧和方式，二是在研二的时候思考过一些问题，只差落在纸上这一个步骤。一开始确实写不出来，但是之后发现写作是有规律可循的，搭好框架，找到问题和改进方向，就好做了。"

汪辉说："第一篇文章改了很多次，可能就真的是潜移默化的影响吧，写起来没有想象中那么难。"她认为第一篇文章辛苦的修改过程，对第二篇、第三篇的写作有很大的帮助，"让我有自信敢接下题目，去想去写，不再有自己写不出来的担忧"。

2. 持续写作的动机

在这一时期，杨洋和时莞更多地去主动发掘题目，通过自己平时的阅读和思考找到一些值得讨论和研究的方向，并落笔写作。时莞谈到认真写论文的动力，"在读研之后，我希望能够充实自己，并且真正在能力上有提升，希望自己能够成为学术上比较优秀的人。在这过程中，我心中有一个比较的对象，以她发表文章的数量和质量为基本目标而努力。另外，获得 X 教授的认可也是我的一个主要动力。"此外，通过统计他发文章的时间，我发现另一个促使他写文章的原因，"我一开始想应聘某区的教研中心，知道那里的教研员和课程开发两个岗位共招 4 个人，于是开始申请并在发表文章上下功夫，为了能够成功应聘，我 11 月、12 月、1 月三个月每个月写一篇文章，想要通过文章来证明自己的科研水平。"杨洋同样也有一些未来发展的考虑，"考博需要一些文章来证明自己的实力，一般来说有了文章，分数再过录取线，录取的概率会大很多"。

艾瑕之后主动发掘写过一篇文章，相对杨洋和时莞的文章数量少一些。迫于时间和毕业压力，汪辉在主观上写作的动力小一些。此时，X 教授的持续指导至关重要，他会继续提出一些题目或者方向，为她们继续写文章提供外部动力，同时也激发了她们主动寻找题目的自主意识。

3. 适应发展中的写作经历

艾瑕在写作的适应发展过程中，首先自主选了一个题目。"第三篇我就根据自己曾经疑惑的物理问题出发，提出问题，利用学习过的理论解决问题，选了弹性势能一节课作为讨论方向，然后和杨洋讨论的。我在跟 X 教授谈这个题目时，X 教授提供了思路：推翻教材的设计，教材的设计比较麻烦用到了极限推导，高中生的水平未必能全部理解并推导出来，他建议借用逻辑推理的过程得出来，然后自己去推导函数。"这篇文章的写作过程比较顺利，并且获得了 X 教授的认可。"第三篇文章《弹性势能高端备课——显化科学方法的本质》获得了 X 教授的肯定。其实，文章有思路的话写得很快，改得也很顺利。经过与 X 教授的探讨，修改四次后投稿并发表。"十分可贵的是，艾瑕在写作中有独立的思考，"我自己的思路也是一个不同于教材的理论推导过程，但是与 X 教授的想法有区别。此外，我又加了一些实验和实验的总结。我将这个思路整理后写了一篇文章，但还没有完全整理结束。"她认为第三篇文章和第二篇文章的关系是"都是应用了 X 教授的理论，行文的感觉差不多"。在此之后，X 教授还让她写了一篇关于浮力的文章，同样她也是结合 X 教授和自己思路写了两篇文章。

汪辉的第二篇文章是《库仑定律教学的高端备课》，题目是由 X 教授提供的。因为库仑定律主要用类比的方法，这篇文章主要是参考科学方法方面的文章。文章写作的过程很顺利，汪辉详细介绍了具体情况。"我觉得第二篇文章应该说是出乎意料地顺利。X 教授说完大致意思以后，我也就差不多能领会了，思路看起来还是相对比较简单的，我就知道该怎么去写了。剩下的问题主要就是怎么把语言组织好。"她在细节上格外注意，"我第一篇文章在语言上花费的工夫太多了，X 教授每次改得都特别详细，我觉得语言上的一些低级错误，确实不能再让 X 教授改出来了，再改这样的错误就挺丢人的。所以我自己写的时候下的工夫比较多，尤其在初稿，虽然交给 X 教授是初稿，但是我自己也不知道在私下里改了多少遍了，一遍一遍地看，看完了先是觉得结构上差不多，然后我再修饰、润色一下语言，确实下了很大的工夫。"修改的过程让她很是意外"把初稿拿给 X 教授，非常令我意外的是X 教授没怎么改文章结构。因为第一篇文章光在结构上就改了三四稿，会有颠覆整篇文章的感觉。这一次基本上结构没怎么动，主要是改了一些细节上的问题，比如把小标题改了改，所以拿过来以后，我觉得特别有信心，就觉得不像写第一篇文章那么有压力了。之后按 X 教授说的又改了改，这篇文章好像一共也就改了三四稿就完成了。可能是因为我和老师达成一致了，我领会得也比较好。这篇文章好像一共也就用了一个月，挺快的。"

在第二篇文章同意发表之后，X 教授接着又给汪辉布置了第三篇文章《简谐运动的高端备课》。虽然有毕业论文的压力，但是汪辉在写这篇文章时"首先从心里上已经很放松了，想着还是按照以前的写，因为都是写的高端备课，按高端备课的思路去写，应该就行。在写的时候心理已经不像写第一篇那么有畏惧感了，没有'能发表出来吗''我行吗'那种自我怀疑，觉得反正都已经投出去两篇了，有自信了。""简谐运动"写得相对比第二篇文章花的时间多一些，"简谐运动这个内容 X 教授跟我讲了很多遍，我一开始的时候还是觉得有点困难，尤其是在文章的结构和思路上。X 教授特别有耐心，每次改完之后，告诉我哪不行，应该怎么写，然后亲自改，好像就是有惯性了一样。在 X 教授的指导下，这篇文章写了六七稿才完成的。用了一个多月，不超过两个月的样子。"

时尧的写作有他自己的特点和方法，访谈得知，在这之后他写小文章大约一个月能出一篇，一般是修改一两稿。《比热容的教学逻辑研究》是他自己写的第4篇文章。这篇文章的每一稿修改都是由他自己完成。"我前三篇文章都是 X 教授改 6稿。第二篇文章《论高中物理"磁感应强度"教学的逻辑》是我的转折点。这篇文章是我第一篇文章的延续，发表在《物理教师》上，从这篇文章开始我知道了如何写启示类文章，因为只要会写启示，很多其他类型的文章就都能写了。启示有模板，就是把一些名人说过的话加到自己的文章里。第三篇文章是《比热容的教学逻辑研究》，X 教授改了 6 稿，不过大的结构上只调整了 3 次，从这篇文章开始我基本可以独立写文章了。"访谈中，我觉得他很擅长把一个题目拓展到几个方面。他回答说自己是"思维有深度而没有广度。做事的时候我也是这样，几件事同时做很有可能做不好，但是如果只有一件事情，我肯定能很好地完成。可以由一个点想到很多问题和类似的地方，主要是依靠发散思维。"

他举例介绍了一些自己写文章的方法。"我看过一篇关于电阻的文章。初高中都有电阻，那么螺旋式的编排应该如何处理呢？提供了外推和内差法的应用。我仿'电阻'一文的'神'写了'速度'。电阻一文指出，初中讲过后高中讲了外推和内差法，那么对于速度一文，其中的问题就是，初中采用控制变量法，但是高中仍采用控制变量法。我建议高中可以采用比值定义法，从而表达出不只是知识上的不同，更是科学方法上的不同这个观点。是以'电阻'为题材'画'出来的一篇文章。"关于姆潘巴效应，他的想法是"首先我们从物理现象出发分析，X 教授写过一篇概念驱动和数据驱动的文章，物理专家都是概念驱动，物理老师和一般人都是数据驱动。这个观点就可以用到文章中，文章也可以向原始物理问题靠一靠"。他文章的选题分为两类，"一类是一开始看 X 教授或者别人的文章，想一想自己能不能写出一个差不多但又有新意的文章；另一类是，当写到一定程度的时候，就会凭着直觉自己写文章。"

杨洋在发表两篇文章之后，达到了可以自己选题目、自己写文章的水平，X 教授给了他很多自主发挥的空间。他说："选题方面 X 教授管得不多。权威核心的文章发完之后，X 教授感觉我好像可以做大文章了，给了我两个大文章的题目，让我做一下。X 教授说他的思路，我执笔，然后我们再一稿一稿讨论，慢慢来做。我自己选的题目基本上是我自己写的，再交给 X 教授，X 教授改动少一些，有的时候就不改了，他说小文章你自己写就行了。"

杨洋没有将自己写的第一篇文章搁置不管，而是思考如何将其整理成一篇可用的文章。"直到 X 教授发现了物理高端备课这个领域之后，我的写作模式、写作思路也慢慢成熟了以后，我就想到了自己的第一篇文章，能不能把它再整理一下。"杨洋找到 X 教授说出自己的想法，X 教授说："这文章再发一个小文章有点可惜，建议你将它修改成大文章。"之后，杨洋下了一些工夫，"就把它改成一个比较大的文章，就是《物理高端备课：构建 U – S 合作的桥梁——以"生活中的圆周运动"

为例》那篇文章，投到了《教育科学研究》上。"谈到这篇文章的修改过程，杨洋还是很自豪的，"这篇文章我觉得还是自豪感、成就感比较强的，就是原先一个改不成的文章，通过加工，被核心期刊录用了"。对于这篇文章的修改过程，杨洋说："主要思路还是 X 教授的思路，改动，我觉得在整个行文和论证方式上来讲，还是比较大的。"

杨洋在回忆研究生三年成长中，将文章写作分为两部分，一部分是跟随 X 教授做"大文章"，"在写完最初的两篇文章之后，我跟随 X 教授写做了多篇以 X 教授为主导者的'大文章'和'小文章'。写作模式均为 X 教授向我口授观点与文章框架并提供素材，然后我来打草稿，最后交给 X 教授反复讨论、修改。每篇文章的修改均不下 10 稿，有些甚至修改 20 稿以上。"第二部分是多次"精雕细琢"的独立修改，"我同时开始尝试写文章表达自己的观点。令我欣喜的是，此后我独立写作的文章 X 教授并没有做太多的修改。如果说让 X 教授给自己修改文章的过程是自己学习的过程，那么独立撰写、修改、投稿则是一种培养独立研究能力的过程。我感到这个过程培养了自己的信心，并且十分享受。在这一阶段，我先后独立撰写并发表了十余篇小文章与个别大文章。这样'精雕细琢'的过程，既是对所学的巩固，也收获了一些成就感。"

（三）体会感想

在整个文章写作的过程中，团队 4 名成员都有自己的思考和体会，他们分别从自己的经历经验出发，介绍了自己的感想体会。

时尧认为写文章分为三个阶段，"第一阶段是写不出来"，即最初开头难的历程；"第二阶段是写起来没完"，这一阶段虽然不畏惧写文章但是文章篇幅很容易显得冗长，重点不突出需要精雕细琢；"第三阶段是字数够了"，是指可以准确把握文章的篇幅和结构布局，用精练的语句表述自己的思想。访谈中，他强调"能坐下来、静下心来学习，坐得住，悟性高，多思考，十分重要"。他在写文章时经历了几个步骤，"写一篇学术论文就好比雕刻一件精美的玉器。首先是确定雕刻一件什么样的玉器，是吊坠还是手镯，即确定文章的题目及研究的方向；然后是选矿，即在 CNKI 等数据库中找寻与研究内容相关的文献；最后是三轮雕琢：第一轮是大刀阔斧的修改，逐段修改，调整文章的结构；第二轮是细致入微的修改，逐句修改，使各句衔接得当；最后是打磨润色，逐词修改，使词汇的使用恰如其分。"

时尧在研究生学习回首中写道："一定要摆正写文章的心态，不要为'写文章而写文章'，更不能'为评级，为毕业'而去写文章。因为这种过于功利的价值取向往往导致创作者心烦意乱，我认为应该将写文章（或者说是科研）当作一种信仰、一种乐趣或是生活中的一部分去看待。即使不能把写论文提升到如此境界，也应该当作自己工作中的一部分来看待。"他认为写文章要在几方面下工夫，"写作需要积累，没有捷径可走，多读书、多反思是写出好文章的前提。写文章时不要仅仅依赖于导师的修改，导师是科研道路上的明灯，但自己也要有独立的思考。用词要尽可能专业，语言尽可能精练。"

汪辉强调了研一这一年上课对自己写文章的帮助。"我觉得研一的课程非常有用，对我写文章非常有帮助。研二就开始自己写文章了，在写文章的时候，引用的一些观点等，我觉得有很多和我们这个专业相联系，基本上还是引用的 X 教授文中的一些观点。我们每个人都有一本 X 教授的文章，所有的文章基本上都在里边，当时我们那一届是一人一本。写文章时都会拿过来看，再看一遍。因为之前记得有这个观点，就会去找这篇文章，找到这篇文章然后再去引用。或者说在引用的时候，不单纯引用这一句话，可能就把这篇文章整体的观点思路再读一遍，对自己写作的过程还是非常有帮助的。"

汪辉认为自己的成长得益于第一篇文章的修改过程，她在三年回忆中写道："这得益于 X 教授在我第一篇文章写作时的悉心指导，我在每一遍的修改过程中都受到了潜移默化的熏陶。"访谈中，她说了很多感想。"我觉得第一篇文章改了那么多次，改得那么辛苦，确实挺有帮助。就因为第一篇写得比较辛苦，每一个稿的过程都很有收获。这个收获或者说吸取经验也好，在第二篇写作的时候，真的是非常有帮助，不只是前车之鉴"。她将自己第一篇文章和第二篇文章进行了对比，"第一稿一开始写的时候就想赶紧完成初稿，写完赶紧给 X 教授看看。X 教授一看发现那么多问题，有些问题确实是问题，但是有些问题真的不应该出现，尤其是在一些语言上或者是句式语法上。这些方面在我写第二篇的时候就特别注意，肯定不能再出现错别字，用词尽可能准确，语句尽可能通顺，结构上也尽可能完整。每一段的大标题小标题尽量让读者清楚要写的内容，让人一看就非常清楚"。X 教授强调逻辑、脉络，对她影响很大。"我觉得也确实得益于 X 教授，不管是讲课和写文章都一直在强调要有一个逻辑、脉络。让人一看就非常清楚，一目了然。有时候确实自己想到的标题，不是太好，可能不如 X 教授的建议好，但是最起码在写的时候，三段或者四段，小标题应该怎么样，每一个标题和标题之间起码应该对应起来。我当时特别注意了这一点，不能第一段写那么长，第二段那么短，后来就特别注意对称性，尽量让每一段都比较自然，都并列、对仗起来"。

艾瑕回首自己写小文章的过程，"回头看整个写小文章的过程，第一篇相对好写一点，因为理论性的少。第二篇理论用得多，磨了几稿之后就有一个提高了。逐渐有自己想法，可以独立找题目了，打磨完第二篇文章之后写论文就挺顺手了。有思路就可以写，写文章不算难事，相当容易了。X 教授帮忙改第二篇文章这件事是有很大帮助。因为与 X 教授交流过程中，X 教授想法很多，再加上 X 教授的语文功底，给我们很大影响"。她写文章的特点是"首先要有自己的设计，文章包括哪几部分、要用到哪些材料和老师的理论，然后去搜资料查文献"。艾瑕认为写文章要有框架，"我文章的框架绝对不会离开老师的理论支撑。X 教授的理论都很扎实，能在其中走出来再继续走下去"。她还强调了写文章的自主性，"写文章写到后边，还是一个自主的过程，不再是等着老师给题目。写文章有自己的想法，想改的时候就要主动提出来，不要让自己被动思考"。谈到导师和同学的作用，她说"导师应该可以说一个引路者，同学可以说是帮忙辅助的角色。因为 X 教授把我们引到这条路上来，我们沿着这条路一起走下去，跟随着 X 教授的理论，运用这些理论。"

艾瑕系统梳理了自己写论文的经验。"首先，通俗地讲，写作过程就像是'盖房'的过程。写作是一个'选题—结构—写作—修改'的过程，恰好与盖房的'选材—设计—施工—装修'过程相对应。其次，文章一定要有理论支撑，理论基础就是整篇文章的一座基石，使文章有理有据，文章的每一句话就不再是悬空的，这样才可以使读者信服。理论不能摆在那里，要处处体现，不然无法使文章浑然一体。最后，文章的语言要具有学术性和逻辑性，写作的历程，就像一个人学习的历程，是从模仿开始的。要想模仿，那就要有目地阅读文献，学习前人是如何遣词造句，如何安排文章的逻辑结构。在此基础上，自己思考练习，并逐步形成自己的写作风格。"

杨洋谈到了 X 教授教给自己的框架意识。"写文章这个过程主要是 X 教授对文章把握比较好。以前自己也写过东西，但总是不成文，X 教授改完之后就成文了，这个区别主要在哪里？就是 X 教授对文章的框架改动非常明显。能明确告诉你哪一段应该是什么，逻辑在哪儿，顺着前后承启关系。X 教授没改的时候，感觉这个文章没有框架，X 教授改完之后，整个行文的框架性出来了。我从 X 教授改动文章中学到的最重要的就是写文章要有框架性。就是每一段是什么，分工很明确，有理有据，说得很清楚。以前是把事说了，但是用他的方法才能说清楚。X 教授对文章的框架性要求可以算是苛刻，甚至他会要求小标题都要照应或者完全地对照，可能会感觉这个要求太苛刻、太死板。但是这样改完之后，文章就是会显得高大上，像一个学术性的文章，整体结构强，结构性更强。我觉得主要是通过 X 教授的改动，把自己的意识和想法给扭转过来了。"最后他总结说："可以说，X 教授是我物理教学论的启蒙者和引路人，在 X 教授这里，我第一次体验到了学术的魅力和创造的乐趣。截至我硕士毕业时，我以第一作者或独著发表 18 篇文章，在写作的过程中，我着实体验到了收获的喜悦。"

杨洋写文章没有过刻意的模仿。"我想好方向了，就照着自己的思路列提纲，跟着自己的思路去写。一开始，前一两篇文章，X 教授对结构修改得多一点，后来就少了。主要我觉得是想通，想通什么，写起来就比较快。平时的兴趣很重要，兴趣到这儿，慢慢就会出来想法。我喜欢看一些有兴趣的书。"他在与 X 教授谈论文章的过程中"感觉到更多的是共鸣，也就是我与 X 教授行文的语言风格会有相似的地方，就是直来直去，比较切中要害，或者说是一针见血，我也很喜欢这样的风格。"

五、毕业论文

毕业论文是团队成员研究生三年学习最终的成果验收，论文的撰写过程需要多种能力，多篇文章的写作经验为他们快速着手论文准备工作、高速高质完成论文写作提供了有力支持和保障。

（一）撰写

1. 选题

毕业论文的选题十分重要，选题方向要有研究价值、实际意义并有科研上的创新，同时也应与作者自身的能力水平相匹配。团队成员的选题基本都是由 X 教授提供研究方向，成员再根据自己的想法和考虑，与 X 教授讨论确定最终的研究题目。

每个人的题目都是结合个人特点和写作能力来安排的。汪辉的毕业论文是《〈义务教育物理课程标准〉修订的比较研究》，X 教授认为"汪辉在文章写作中比较扎实，水平不错，但她毕业论文做得要难一些"。时莪的论文是《初中原始物理问题量表的编制研究》，他很喜欢这个题目。"这是一个我很喜欢、自己也很适合的题目，如果是其他题目我未必能做得这么得心应手。我比较喜欢研究原始物理问题，喜欢编题目，我曾经参加过上一届一个师姐毕业论文的写作讨论，对我个人而言是很大的收获。"艾瑕毕业论文的题目是《中学物理教师课堂视频文本分析研究》。"其实最初选题不是这个题目，而是与统计有关的论题，我认为统计不是我这三年所学的专长，跟自己三年学的理论没有任何关联。所以，我根据当时教研室的工作特点，与 X 教授讨论，想由高端备课出发来选题，之后选择了与所学理论相关的课堂视频文本分析研究。"杨洋的题目是《中学物理教研组教师团队教学研究能力发展的行动研究》[1]，这个选题方向源于 X 教授与北京市某中学的合作课题。"2011年，确定和该中学一起合作课题之后，我开始跟随课题研究。我给他们做了一次讲座，主要讲了怎么发文章等内容，正式开始在团队中深入交流，安排访谈事项。"杨洋在该课题参与了较多具体工作，选择这个研究作为毕业论文的题目也是顺理成章的。

2. 准备与写作过程

由于有了写文章的积累，团队成员在结构布局和遣词造句等方面都有基础，加之每个人的题目都是结合个人特点量身定做的，大家撰写毕业论文的过程相对顺利。

汪辉介绍了自己写论文的方法。"我写毕业论文的时候，先确定要写几章，确定章标题，然后又想每一章应该写几部分，每一部分的标题是什么，比如二级标题、三级标题等。每一章我都把它当成好几篇小文章这样分开来写，慢慢地就会发现，把每一章的内容整合好了，一开始看起来可能就是没有多少对应性，但是通过一遍一遍地修改，一遍一遍地看，最后整体看下来，这个文章写起来也就不是那么困难了。我要假设好前言或者绪论要写几部分，然后再看看每一章之间应该怎么安排。"

---

① 见本书第五章。

她说到论文的准备工作。"写毕业论文前期准备就是看那些课程标准,进行思考研究。文献是一直在搜集的,寒假前做的工作就是把该下载的资料和文献都下载完了。有时间就看几篇,一直在想一些问题,但是并没有动手去写。"在寒假里,她把框架和思路整理完,如"包括应该写几章,每一章大致写什么内容等"。开学后两个多月的时间,正式进行写作和修改。

时茏在确定题目之后,一直在思考论文的相关问题,他找到了 X 教授写过的关于高中原始物理问题的文章。他说:"我以此作为依据来学习,当然其中有很多部分还是不一样的,这篇文章为我提供了大体的思路。写作过程中我做了很多创新,如编辑的原则、评价标准等,感觉自己是站在巨人的肩膀上取长补短,创新改进。觉得自己善于用自己的方式向他人学习。"之后,他详细说了一下自己写作的思路。"我参阅 X 教授那篇关于高中原始物理问题的文章,但没有个人的思考和创新,在篇幅和内容上都肯定是不能达标的。我提出编制的思想其实是取材来源,而取材来源又是有明确界定的,加上之前有直接编题目的经验,进行了多方位多角度的创新。X 教授写过一篇创新性实验的编制原则,我认真学习之后,写了原始物理问题的编制原则部分,虽然有一些名词是相同的,但是结合不同的问题,每一个名词的解释有很大区别,是基于原始物理问题自身的特点来写的。"在时茏的毕业论文中,编制原始物理问题是一个特色,他介绍了自己的编题思路。"我编题的思路是将习题还原成原始问题,之后我将这些思路整理后发到了《教学月刊》上。平时我会经常看这方面的书和文章,虽然毕业论文与平时发表的文章相关度不高,但功夫都要花在平时,也是自己的兴趣所在,才能写起来得心应手。"经过前期充足的准备、进行实操和统计等过程后,他实际动笔写论文的时间大约是两个月。

艾瑕介绍自己的论文,"是以楞次定律高端备课为例,以高端备课理论来进行课堂教学的文本分析,是建构了一个理论模型的文本分析理论研究。比较重要的是因为 X 教授构建了一个理论模型,然后用这个理论模型来评价了一个老师的课堂,之后又分析了一下 X 教授和杨洋发表的那篇高端备课,最后做了一个比较分析,相当于是一个理论、一个实践。"论文用到了很多 X 教授的理论知识。"我在写论文时把 X 教授研一给我们讲的那些文章又翻出来看。理论框架,基本框架是物理能力结构理论。毕业论文肯定要有理论基础的,所以研一那一年上课对于我选的论文特别有帮助,为我树立了理论基础。"她认为毕业论文写作中,要有个人的想法。"我要先有自己的想法思路,首先主动地去跟 X 教授讨论,然后经过讨论看我的思路是否可行,或者应该如何修改。"她觉得自己动笔写论文的过程"还算顺利,大概用了一个多月,做好了每个星期干什么的计划"。

杨洋的论文是建立在访谈、参与、干预、观察基础上的质性研究,我们就访谈的开展情况作了细致的对话。

问:访谈是怎么样进行的?

杨洋:一个一个地独立访谈。去一次完成两个或者三个访谈,后来越聊越投机,越聊时间越长。他们团队也比较大，有十几个人，大家时间都很紧张。

问：谈完之后有效果吗？

杨洋：最后访谈结束的时候，起码在口头上都说写文章，基本上还是积极的。但是到最后写出文章的只有一两个人。只有栗腾飞（化名），他的文章发得比较多。

问：你是如何提炼研究对象的特性和共性的，怎么看待质性研究？

杨洋：是通过访谈和整理，提炼出来一些大家的共性或者一些特性，比如一些人有潜力，有一些人的兴趣点就是在实验，等等。然后我开始构思文章的框架，构思了四五天时间，确定了文章的主要框架，再一点一点把东西填进去，然后文章就出来了。质性研究就是这样，它为什么强调质性，就是区别于以前学究气的，或者理论性的研究。所以说质就是质感，什么叫质感？就是首先把这个事情做"成"，我觉得这比较偏向于实践。

问：你在写这个论文的时候，跟理论的结合多吗？还是就质性研究的这个论文？

杨洋：没有刻意的和理论结合。我觉得这个毕业论文可以说是就事论事的文章，作为一个研究，肯定要讲道理，但是这些道理是基于这些访谈的事实提炼出来的，运用一些常理，不要说学术性的道理。教育理论方面，我觉得更多的在理论基础部分，可以放在适当的部分，前边后边放一点。主要体现在研究里面的，还是不要说那些学术性的大道理。那几条结论，我觉得虽然说是比较大的大道理，但是都是创新的，是根据实际访谈总结出来的。比如说有一条结论是，中学对教师用人不育人，这个也比较浅白，是通过访谈总结发现的一个事实。

在经过访谈、整理、与 X 教授讨论之后，杨洋设定了论文结构，开始了写作过程，他动笔写论文所用的时间相对短一些，这得益于他的学术水平和前期访谈整理中的思考。

（二）X 教授的指导

X 教授对团队成员毕业论文的指导主要分为两个部分，一是在确定题目时给出的研究方向和框架建议，二是论文具体写作过程中的讨论指导。

1. 方向与框架建议

X 教授在初期给汪辉提出了一系列操作性强的指导建议。"X 教授整体上给我一个思路。指导分为几个方面，首先，之前听 X 教授讲课的时候说过一些观点，修订《义务教育课程标准》，修订前后有什么变化。然后，X 教授说了一些研究方向，基本的思路一是研究修订的原因，看看修订之后解决了哪些问题；二是搜集大家在使用《义务教育物理课程标准》的过程中发表的相关文章，特别注意那些比较修订前后版本的文章，还有研究修订后的优缺点的文章；三是研究修订后还有哪些问题没有解决，这些可能都是我要研究的问题。之后举了几个例子；比如之前实验版没有涉及科学方法，可以看看修订版有没有；比如课程标准一直在说、在倡导的科学探究，那么它对科学探究这个概念提得是不是到位，几个要素是否准确。还建议我对比理科相关的比如生物、化学课程标准的修订，看其他科目的执行过程和修订前后的对比。不仅是在纵向上比较，在横向、在学科之间也做一下比较，看看有没有比物理方面更有价值的参考。我在准备的过程中确实就是在做文献调研，下载了很多这方面的文章，关于课改的、关于课程标准的，不仅是生物的还有地理的，因为我主要想看看他们的框架，课程标准由几部分构成，学科之间是否能统一，修改之前实验稿是什么样的，修订以后都怎么改变了。"由于汪辉论文的题目要难做一些，X教授在此领域研究得很深入，他给了汪辉一些有指向性的建议，帮助她准确确立了研究方向和内容。

对艾瑕的论文，X教授给出了方向，但同时保留了让她自己思考的空间。"X教授一开始给过一个大的思路，要构建一个什么样的理论模型。但是各个理论之间的联系、关系，怎么搭桥，要我自己来做，相当于X教授给了特别宽的框子。比如说文本分析5个维度，X教授给了我这5个维度，那我怎么从理论转化到这个5个理论维度，这5个维度的来源依据是什么？这个很难，我就要去找文献，最终是乔际平老师的文章和理论，起到一个桥梁的作用，有了一个依据，文章的框架就能架起来了。"

X教授对时尧的初期指导为其论文顺利进行提供保障。"X教授在给题目的时候，同时给了5道原始物理问题，要求我把题解答出来并设计评分标准，并且帮我联系学校安排学生测试，为我的论文提供了思路和实证基础。"

杨洋的论文是基于与北京某中学的合作。"X教授让我去问问，访谈一下，看看项目的情况到底是什么样，X教授主要是说他的意图，为什么他们发不了文章，动机不强，主要是找出问题到底在哪儿，我也与X教授聊了很多，我觉得还是基本把握了他的意图。"

2. 具体写作与修改建议

在毕业论文的写作过程中，团队成员遇到问题或者思路不清晰时，都会向X教授请教，X教授也会根据实际情况给出专业的指导。

我和汪辉关于此部分谈的细致一些，访谈内容如下。

问：在写毕业论文的过程中，与X教授讨论过吗？

汪辉：寒假前我在看文章的时候一有问题，就会去找X教授问，比如观点上我们应该怎么写之类的问题。我把框架搭出来了，大致分为几个部分，就是我想写几章和大标题或者说这个目录，搭建完和X教授交流过。X教授说也差不多就这样，你先写。在写每个章节的时候也咨询了X教授的一些意见。后来全写完了，每一章都觉得写得差不多了，把写出来的初稿给X教授，X教授开始修改。

问：X教授改动多吗？

汪辉：其实，X教授一开始就看整体的思路和框架对不对，对具体内容的修改不多。开始改的都是一些目录，目录的章节分法，每个章节下面那些二级标题、三级标题，甚至是四级标题的写法。看着目录往后翻，后面哪些不对的或者不合适的地方，都能给改出来。X教授看完初稿以后，对我的论文改动还是非常大的，主要还是在结构上，他觉得结构上我写得不太好。虽然内容都包含了他所交代的，但是我组织得不是太好，不符合毕业论文写作的结构。有些内容在写小文章和写大的毕业论文时还是不一样的。写毕业论文有什么样的要求、什么样的套路，或者说有什么样的结构，X教授都给指出来了。

问：X教授怎样指导你修改结构的？

汪辉：有从这部分挪到那部分的，顺序上不太对的。但是有一个部分主要是关于怎么设计结构、讨论结论的。按照我的思路，我是把课程标准的每一项进行了逐一比较，比较之后得出结论，X教授指出我缺少了讨论这一环节。说要比较别人写的文章，对他们的结论进行讨论，有了比较的结论以后，才能对结论进行讨论，才能提出建议和对我们的启示。这一部分我觉得改动是最多的，修改了有四稿，这些过程一直在讨论，也参考了一些别人的毕业论文。X教授总是认为我写得不太对，不到位。他一直在思考应该怎样写更合理一些。我也给出了我自己的一些观点，觉得我那样写是比较好的，如果改动特别多了，不知道后面应该怎么和前面部分联系起来。但是X教授凭他的经验、直觉，觉得我写得这个不对，不应该这么写，他就一直在和我商量。我也请教杨洋，就在想整体怎么样最好。当然大致的内容没有太大的变化，就是结构上应该怎么处理，结构变内容或多或少都要再改一些。事实证明，按照X教授那样写确实是更合理一些。

时尧注重描述了几个关键问题的讨论情况。"关于评价体系，我与X教授认真地探讨过，表达了一些我的想法，其中关于图像表征的问题很值得讨论，图像表征不太能体现思维能力，我认为应该建立一个抽象建模表征的概念，在讨论中虽然X教授没有认同我的观点，但对于我来说是一个独立思考研究的过程，我使用了SPSS软件进行相关性研究，得到了一些比较有价值的数据。此外，评分标准也是与X教授一同商讨的。"在成稿后交予X教授讨论，X教授对内容稍作一些调整，比如删除部分内容，一些部分换一下阐述方式，还有调整了一些内容的位置。

杨洋在访谈过程中会及时向X教授汇报访谈情况。"其实，X教授也很想听这个事，每次访谈完，下午或者晚上回来，X教授都在等我跟他汇报，比如说我今天谈的是谁，说了什么样的话，我是什么感想。然后，X教授会跟我说一些建议想法，比如说下次再谈哪个人，可以再跟他说什么。当时交流还是课题的内容，主要是围绕怎么把这个课题做完，能够有成果来讨论。"关于毕业论文整体的写作和修改情况，杨洋说了两个方面：一是与X教授讨论的必要性，"与X教授讨论主要是对这个文章的结论进行讨论，在论文写作后半部分进行讨论，前半部分主要是我自己写。因为这个课题是X教授的项目，怎么给这个研究定性，成功还是没成功，需要X教授的定性。因为X教授他也是研究者之一，或者说被研究者之一；另一个我要与X教授讨论的就是问题到底出在哪里，原因在哪里。"二是关于毕业论文整体结构，"首先我的主动性更多一些。X教授给了我很大的空间，我写完之后，X教授提建议哪儿比较多了，哪个地方比较少了，加哪些部分，在论文结构上做了一些调整。X教授建议我加一部分，然后还建议我把两个部分删减一下。算是大篇幅缩减，删掉了十几页。"

从访谈情况来看，X教授对于指导的"度"把握得很好，既给了方向性的指导，保证毕业论文的构架不出问题，又在具体行文中给了大家很多自主发挥的空间。既不是"甩手掌柜"也没有"越俎代庖"，给每个人提供了关键性的指导意见也让大家在写作中得到了锻炼。

（三）创新与收获

毕业论文的创新性，同样也是论文价值之所在。在访谈中我专门就毕业论文的创新性提问，团队成员在回答此问题的同时，也谈到了自己的一些收获体会。

1. 创新

时尧的毕业论文的创新性体现在几个方面："一是理论创新。我编著了五条原则，之前没有人研究过原始物理问题的编制原则。二是对于取材来源的界定更清晰。依据是由现象到原始物理问题，原始物理问题是对现象的描述和抽象，再进一步抽象形成习题。基于此我得出两条编写原始物理问题的路径，第一条是真实情境中提炼的原始物理问题，第二条是由习题还原成的原始物理问题。第二条路径是以往研究中没有涉及的。三是和X教授一同商议的如何评价原始物理问题，在X教授的基础上总结出思维能力分项，每一个知识点背后都有其思维能力，用非此即彼的二级公式。"

杨洋觉得自己的创新主要在三点："一是与学科紧密结合；二是体现学科教学的研究，它不仅是学科教学，而且是学科教学的研究；三是物理教师团队的研究。以前的研究一是学科性不明显，并没有体现学科教学的研究；二是一般描绘一两个老师，没有描绘一个团队。这几个创新点，主要是与别人的研究相比较，通过比较就能发现自己论文的亮点和创新点。"

汪辉的创新在于敢指出问题。"我觉得最主要的创新就是指出了课程标准在修订以后所存在的问题。因为我看了那么多篇文献，对新版的课程标准的修订评价溢美之词比较多，都在说这个课程标准修订得多么好，比实验稿好在哪里，很少有人说它有问题，但是我的毕业论文指出了它存在的问题。"

艾瑕的创新在于文本分析的理论模型。"就是文本分析的一个理论模型，之前没有。之前的文本分析，都是在做字和词的分析，根本就不会理解他们之间的逻辑关系。还有课堂评价也是这样的，只是去评价这个课堂上老师和学生之间的互动。这些就能够研究到某一些学科本质的东西吗？不会涉及，其实是相当局限的。"

2. 体会

时尧说到独立思考空间的体会。"我论文中如编辑原则等部分主要是自己在想，因为需要一个独立思考的空间，这样对自己创新的成果研究思考更深入，就更容易让自己信服和接受，也更能坚持下去。在自己能力够，能够独立思考研究的情况下，要尽量留给自己空间，但是也绝对不能盲目，与导师的讨论交流是必不可少的，但也不要过度依赖导师。"

汪辉提到自己初期写论文的顾虑和感悟。"一开始 X 教授给我这个题目的时候，我也是有顾虑的，咱们说话有话语权吗，这个能写吗。除了 X 教授在一些文章中指出来，可能有人确实是这样想了，但是没有这么直白地指出来，课程标准修订得哪里不好，应该怎么做。我觉得自己是一个学生，会有人微言轻的感觉，也怕自己没有资格对课程标准指手画脚，后来证明这也是我个人的偏见。我没想到这篇毕业论文能写得不错，我自己比较满意，X 教授也是比较满意的。最令我想不到的是，后来我把毕业论文做了一些修改调整，就发出了两篇小文章到核心期刊上。从这一点足以看出来，X 教授对问题的洞察力和敏感性。"

艾瑕认为踏实的学习态度在写毕业论文的过程中非常重要。"说到在写毕业论文的时候感触比较深的事情，我觉得是必须得要踏踏实实地学。我在写论文之前，对 X 教授那一篇理论文章进行了反复地读和思考，直到落笔前还在读那篇文章。在理论成形之前，一定要看大量的文献。比如说乔际平那篇文章，怎么就那么巧合的被我发现了，其实是因为有了大量文献的基础。"

杨洋强调的是积累的重要性。"我觉得以前的积累对于这个研究来讲比较重要，因为这个研究是一个质性研究，质性研究的理论准备或者说理论基础，不是说确定了哪几个理论为基础，而是以研究者本身的全身心投入作为一个基础，用人来研究人，而不是用理论工具来研究人，就是要这个人全身心地投入进去。"此外，他还强调了论文的框架和结论的重要性。"要布局一个非常好的框架，文章写起来才会结构完整明确。还有就是要有一个非常好的结论，比较贴切到位、让人眼前一亮的结论。结论就相当于这篇论文最终的成果，最后的提炼，有一个好的结论，过程才显得重要。"

（四）文章写作积累对毕业论文撰写的帮助

多篇文章写作的历练，使团队成员在写作方面有了理论知识和文字功底上的积累，这为他们研究生最后阶段毕业论文的撰写提供了帮助。

我向汪辉和艾瑕提问："你觉得写过的三篇文章对自己写毕业论文有帮助吗？"她们都毫不犹豫地说："有啊，肯定是有的。"汪辉说："写毕业论文的时候，因为毕业论文字数比较多，它的内容相对来说也比较充实，所以我个人觉得写起来比写小文章的难度还是大很多的。写小文章时候的思路、手法和语言，在写毕业论文的时候，同样都是必不可少的。有前面这些铺垫了，写大文章，我还是按照我以前的思路，首先去构思要写几章，每一章下面要写几部分，每一部分之间是不是应该对应起来，这些都是一开始写之前必须要考虑的。"

艾瑕说："写小文章的时候去收集资料，要先对文章有一个大的设计，然后再去收集资料来阅读。这个阅读过程可能就是一个文献综述的过程。因为要知道别人有什么，写了什么，还有哪些没有，再来写，再来补充，其实大文章也是这样的。思路差不多，就是比较大而已，写的字多一点，想法更深一些。"

时尧说："虽然我的毕业论文和发表的几篇文字基本可以说是没有任何关联。但是前期文字写作的经验确实很有帮助。锻炼了文笔，文章都是磨出来的，在反复修改的过程中自己的文字水平得到提高。文字的加工能力，看文献多且深入，对文字的驾驭能力很强，这些都是在文章写作过程中历练出来的，才使我毕业论文写作很顺利。"

杨洋针对自己做质性研究的特殊性谈道："之前那么多篇文章的写作过程的行文以及感觉肯定对写毕业论文提供了帮助的，应该是作为一个基础。但是，到底哪篇文章提供了什么，真不好说。毕竟我跟大家的研究方向不太一样，我做的是质性研究。写文章的经验还是比较重要的，这个种类的文章写不好，其他种类的文章就能写好吗？不能。语言文字表达能力是可以迁移的。"

通过团队成员的回答，发现他们所看重的是写作过程中自己积累的经验、方法和功底。这些潜移默化中的能力成长对毕业论文写作有帮助和影响。

六、团队合作

团队四名成员自研一入学后开始为期三年的学习，三年中他们一起参加课程学习，一起参与 X 教授主导的课题研究，在文章写作过程中有很多交流讨论，团队间的互助互促让每个人都收获更多。

（一）团队示范作用

杨洋是团队中最早写文章的，他第一篇被录用的文章发表于《课程·教材·教法》，在文章写作、科研探讨等方面都有十分优异的表现，同时他又热心助人，愿意为团队奉献，这样一名成员对团队成员发展有很多示范和引导作用。

艾瑕率先说到杨洋第一篇文章给团队带来的影响。"他第一篇文章就被《课程·教材·教法》录用，给我们的文章写作带来鼓励，带动我们学习。"在她写文章的过程，与杨洋有很多讨论。"讨论得很多。'黄灯问题'那篇文章，就是跟杨洋讨论过，我写完之后还让他先看看给了修改意见。因为他学得比较多，看得比较多，跟他讨论讨论肯定是有好处的。所以有时候也会特别相信他，让他帮忙改、帮忙提意见。"设想团队中没有杨洋，她说"大家可能没有那么积极写文章，也许觉得发一篇文章达到毕业的标准就够了。有了杨洋发那么多文章的示范，大家也都在尽量多写一些。"

时尧在研究生期间与杨洋沟通很多。"都是男生，话题多一些，除了学术还有历史方面，还有一些其他方面，聊得很多。"访谈中杨洋也说道："写文章的过程中我与时尧的交流比较多，我甚至帮他改过，也帮他写过一段或者两段。"

汪辉说："杨洋对我的每一篇文章都给出了宝贵的意见和建议。"杨洋回忆了自己与汪辉的交流，"我跟汪辉讨论得比较多，她因为生孩子一直感觉文章难发，怕毕不了业，正好那个时候有一个 X 教授的想法我们讨论过，我建议汪辉不如写写这个，X 教授也同意了。她自己写了一下，X 教授说还行，再继续改一改。"

可见，杨洋为团队其他成员都提供了很多帮助，对于这个情况我对他进行了访谈。

问：你觉得你发完那篇权威核心之后，对他们三个有影响吗？

杨洋：我觉得应该是有影响的。发了这篇文章之后，主要是让大家看到了，发文章或者发好文章也不是那么难的。帮助他们克服障碍，有勇气提笔去写，是一个促进，可以去试一试。

问：你为团队发展做了很多努力，有很多好的想法都会主动跟大家分享。

杨洋：说到这儿，我倒想起来，当时看 X 教授很多文章，觉得 X 教授的确是有水平的，我感觉凭 X 教授做的东西，能够做得更好！那肯定我们这个团队也就更好！X 教授发展得好的话，我们"背靠大树都好乘凉"，我觉得应该做这个事情。我也在想，怎么样能够尽自己的能力，能够给 X 教授和这个团队施加一些影响，起码也是个人化的影响。所以我也在慢慢地有意识地发挥一些积极的影响，把大家都往好里带。影响 X 教授，影响团队，给大家一些触动，让大家有一种往上努力的动力。

杨洋在回忆中对于帮助团队修改文章有一些思考和体会。"在我个人能力逐渐得到 X 教授认可的基础上，经 X 教授同意，我开始帮助师弟、师妹们修改文章。当然，只修改最初的几稿，到一定程度则只能由 X 教授继续修改。虽然是帮助别人修改，但对自己的提高也是非常大的。缘于这一过程在客观上促进了自己经验的外化和再反思。当我拿到每个同学的文章并下意识地对比它们的时候，我惊讶地发现，一个人思维的深度与认识的水平竟然可以在文章中体现地如此充分和明朗。由此也就更加认同 X 教授将教学论文水平作为物理教学工作者专业发展水平标志的观点了。"

(二) 团队交流互助

除了跟杨洋讨论，团队成员间也会互相探讨学习，团队的力量给每个成员都带来了很大影响。时茏在回忆研究生三年生活一文中写道："学习和写作过程中，应与优秀同学为伍，取他家之长，补自己之短。"这里所指的，即为团队中的其他三位同学。

艾瑕说："我们 4 个人彼此之间互相帮助很多，有很多讨论。4 个人团队对我影响很大，团队带动了一种学习的氛围，形成一种学术的探讨。自己写文章的时候，有时会写不下去，或者可能有两条路，跟大家讨论讨论，明确走哪条路可能会更好一些。"

汪辉说："X教授带的这个团队对我帮助很大，真的很大。我最主要的小文章和毕业论文，都是在教研室完成的。真正看文献、写文章，我基本上都是在教研室完成的。我觉得在学校待上两三天，都比在家待一星期效率要高得多，做的工作要多。因为在那个环境里，有学习的氛围，有思考的空间，有问题可以及时问。我经常和大家交流，我觉得跟同学们的交流，对我的启发特别大。教研室每一个同学，包括师妹们，不管谁只要一坐在那，我都会抓住他问。每个同学都有优点，和每个同学交流都会有收获。"她还回忆了第二篇文章，"写第二篇文章的时候，经常跟杨洋、艾瑕他们在一起讨论，我写完先让他们看，他们看了以后有什么意见我就修改，一直改到我自己比较满意，觉得没有什么意见了，这才算初稿，再交给X教授。"

杨洋谈到大家平时在教研室的沟通和聊天。"我觉得平时聊事业、聊工作或者学业，聊得还是比较多的。不局限于学术探讨，主要是事业发展，包含了学术方面。我们这个团队有去考博的，有去找工作的，也有跟家人到新单位去的，也有'京男硕党城'[1]，每一个人的规划都是不一样的。我觉得这也有一个好处，就是我们的发展可以更加全面。每一个人的基础也都不一样，大家都有不同的选择，那么我们一块儿讨论讨论，可能大家的思路也会有一些触动，眼界也更加开阔，因为每个人面临的问题和要解决的方向都不同。"平时学术上的谈论很多，"学术讨论还是比较多的，比较经常性的。虽然主要都是各自思考自己的文章，但是在写作的过程中有困难，还是大家一起解决。"他专门说起自己对团队的感受。"团队中大家的气氛很融洽，有一种团队的力量。大家有比较相同的奋斗目标，团队有家庭般的温暖，平时的沟通无障碍，彼此间个性合拍，这些共同铸就了团队归属感。"

七、文章写作的持续发展

讨论一个团队的成长，不能只看他们在校的学习进步，还要看在校的学习对于他们未来发展提供的助力支持以及离开校园后他们是否仍然保持继续学习的积极性。我对团队成员毕业后文章发表情况进行了持续追踪。

汪辉说："自己通过研究生三年的学习，确实收获非常大。之前哪知道写文章是怎么回事，也没想过我会写文章发文章。经历了这么三年，当发现问题以后，就敢想也敢去写了。现在工作了，不能把自己学来的知识和方法丢掉，我觉得写文章不只是写，而是在于要会思考。现在在教学的过程中，在工作的过程中，我会发现一些问题，会想着去写，去整理。离开了像研究室那样的环境，在办公室要处理的事情很多，好在我家离学校比较近，周末我会去学校安静地思考，然后写写东西。"

---

① 指具有北京户口、男生、硕士、党员、家住城区的身份，这些条件在就业时是很大的优势。

她对自己未来的科研工作做了打算。"在以后的工作中，科研应该是其中的一部分。由于我所在的学校是一个刚起步的二本院校，其科研平台相对较低，因此，我姑且只能把科研狭隘地理解为论文写作。师从 X 教授写作的过程十分充实，也积累了一定的写作经验。我会在以后的教学过程中多思考、多练笔，争取写出高质量的文章。"

汪辉在毕业之后已发表或录用三篇文章。"研究生毕业以后，我觉得自己花了这么长时间写完这个毕业论文，花费了很多的精力和功夫，里面创新点又比较多，说了一些不同于别人的观点看法，觉得如果不发表出来有点可惜了，就想把最主要的观点整理出来写成文章。暑假时间比较充裕，我就改了改，给杨洋发过去了，问他这样是否能发表，经过与杨洋的沟通，我觉得特别有信心，就好好整理了整理，给 X 教授看，问问他的意见。X 教授看了以后给我回复说可以发表。考虑到评职称的需要和文章的水平，我想投在核心期刊上试试。杨洋建议我投稿到《中学物理教学参考》，经过分析觉得这个期刊应该挺有兴趣的。我共投了两篇文章，都在核心期刊上发表了，分别在《中学物理教学参考》[①] 和《教学月刊》[②]。"除了这两篇源于毕业论文的文章外，汪辉还发表了一篇文章。"我还把以前研究生时写的一篇没写好的，又改了改，投出去了。已经给我通知了，大约是上半年见刊，在《教学与管理》这个期刊的中学版[③]。"

艾瑕在中学的工作十分辛苦，教学压力很大，但是她同样在工作之外找时间，继续写文章。"我想写，我也有题，但是写的效率比不上在学校的时候，目前实在太忙了，新老师的培训很多，很少有完整的周末，还要备课。之前趁着还没有当班主任，我想办法挤出来时间写文章。现在当班主任了，时间更少了，我还是在努力找时间。写作这个事情，不能放下，放下了就很容易不熟悉写作，手生了就太对不起 X 教授的指导和三年的学习了。其实静下来思考，看书写文章也是一个比较好的享受，但是现在觉得很奢侈。当然，我肯定会争取的，多思考多写作。"她说了一下自己最近写文章的情况。"我最近在整理文章，之前上学的时候弹性势能写了两篇，当时没有整理好的那一篇我整理之后发表了[④]。还有阿基米德原理，当时也是写了两篇，有一篇没有好好整理，我同样也是找时间整理后投出去了。研究生学习对我还有一个影响就是我不只对教学有思考，对学生的德育工作也进行了思考，刚刚写了一篇德育方面的文章投了，正在等消息。目前还有其他文章也在看、在想，

---

① 王慧，韩伟. 刍议修订后的义务教育物理课程标准 [J]. 中学物理教学参考，2015，44（1—2）：7—9.

② 王慧，耿爱霞. 课程标准应渗透多样化的教学方式 [J]. 教学月刊，2015（1）：3—5.

③ 韩伟，李海涛，王慧. 压强概念教学案例剖析 [J]. 教学与管理，2015（4）：46—48.

④ 耿爱霞，王慧. "探究弹性势能的表达式"教学——以科学方法为中心 [J]. 湖南中学物理，2014（9）：36—38，45.

肯定是不会把写文章这个事情放下的。"

时莞认为写作于他而言是一个兴趣所在，并不是任务和作业。"我研究生阶段就觉得写作很有意思，是我的一个兴趣，甚至可以说是爱好，觉得写写文章思考一些事情很好。现在的工作离家很远，我就在单位附近租了房，那么下班之后的时间都是可以用来写作的，我很愿意沉迷在写作这个事情里。文章能够发表，觉得很开心，给不同期刊投稿的过程也很有意思，甚至都可以比较一下不同期刊的封面设计，总之持续的研究思考对我来说真的很不错。"他在毕业之后写文章的效率很高，作品数量不少，"在研究生写作的基础上，随着写作数量不断增多，自己的水平也在增长，思考得越来越深入，现在写文章的效果更高一些，我到现在写了不少文章了，有十几篇吧，大部分已经录用发表，有几篇在审稿中。"

杨洋考博期间积累了很多想法。"我在准备考博的后期，就'封笔'不写文章专心备考了。在这段考博复习的期间，我脑子里冒出了很多想法，有一些是关于物理教学的，有一些是因为准备考博看教育学知识想到的。考博之后，我就把积累的那些想法整理整理，到现在为止，我积累那些想法，基本写完了。我想最主要还是看到什么就去思考什么，思考就能有想法有题目。目前写了10篇左右的文章吧。"问到下一步写文章的计划，他说："到现在为止，我发表的文章已经达到学校博士生毕业的要求，最近没有继续写文章而是认真看书。研究生阶段我发了一篇权威核心，那一篇文章相当于我跟乔师兄用了一年的时间思考积累出来的。之后我没有再写出来这样的文章，我也思考了两方面的原因，第一个方面是想法上，没有一个那样好的想法了，有一个足够好的想法很重要。再一个原因就是没有时间，考博和博士期间的课程占了一些时间，各种事务性的工作占了一些时间，我自己写小文章又有点上瘾，自己很多想法想写下来也用了时间。现在，小文章都写完了，我把时间留出来好好想、好好看，要再努力一把，试一试，觉得自己还是有能力再写出来权威核心文章的。"

截至2015年5月，该团队成员自研究生毕业后发表文章情况如表3-6所示。

表3-6 团队毕业后第一作者发表文章统计（截至2015年5月）

序号	题名	期刊	刊期
1	高中物理电磁场教学中"试探法"的盲点与要点——兼论科学本质观教育的合理途径	《教学与管理》	2015（4）
2	拔河比赛问题的物理因果与胜负因果	《物理教师》	2015（1）
3	超越重点难点：我国物理教材编写思想的传统与发展	《教师教育学报》（人大报刊复印资料全文转载）	2014（6）

续表

序号	题名	期刊	刊期
4	物理教材分析：传统与展望	《教育导刊》	2014（11）
5	中美太空授课的比较教学论研究	《上海教育科研》	2014（11）
6	"触摸"密度——教学中比值定义法的动因与逻辑	《湖南中学物理》	2014（12）
7	由"机械能守恒定律"的物理意义与物理图像说开去	《物理教学探讨》	2014（11）
8	初高中物理"摩擦力"教材编写的改进建议	《物理教学》	2015（3）
9	从"'前'科学概念"到"'前科学'概念"：中国物理前概念教学思想的流变与反思	《课程教学研究》	2015（3）
10	我国科学方法教学思想的理论审思与发展进路	《教师教育学报》	2015（6）
11	初中欧姆定律教学中的控制变量法与比值定义法——兼论用复比定理证明多变量乘积组合关系	《物理教师》	2015（4）
12	论中学教师融通性的学科知识	《教育理论与实践》	2015（7）
13	走向具身：物理教学心理学思想的传统与发展	《教育导刊》	2015（4）
14	显化科学方法的高中物理教材编写研究——以"向心加速度"为例	《中学物理教学参考》	2015（5）
15	我国物理概念与规律教学思想的传承与超越	《教育科学研究》	已录用
16	教材导向下胡克定律建立的教学路径研究	《课程教学研究》	2015（2）
17	初高中物理重复性内容教学的研究	《中学物理教学参考》	2014（11）
18	关于比值定义法和控制变量法的思考	《北京教育学院学报》	已录用
19	习题还原问题：一种原始物理问题编制的好方法物理教师	《物理教师》	已录用
20	"探究弹性势能的表达式"教学——以科学方法为中心	《湖南中学物理》	2014（9）
21	课程标准应渗透多样化的教学方式	《教学月刊·中学版（教学参考）》	2015（Z1）
22	刍议修订后的义务教育物理课程标准	《中学物理教学参考》	2015（Z1）
23	压强概念教学案例剖析	《教学与管理》（中学版）	2015（5）

  如果团队成员在研究生毕业后，不再主动思考、不再动笔写文章，将自己限于事务性的工作或者认为工作之后不再需要写文章，那么在笔者看来，这样的研究生只是在形式上获得了学位，他们的思想和行动并没有转变为一个合格的研究者。在后续的追踪访谈中，团队成员都在主动寻找题目，继续写文章，虽然大家毕业后发表文章的数量不一，但在主观上都没有放弃学术研究。研究生阶段的学习对他们形成这种持续的影响和作用，或许就是接受研究生教育之后"留给他们的东西"。

第七节 研究结论与综合讨论

一、研究结论

结合研究历程与讨论，得出以下三点结论。

（1）经过 X 教授的专业指导和学习，物理课程与教学论专业研究生团队取得了较高的教学研究能力。

（2）以文章写作训练为途径，可以实现物理课程与教学论专业研究生团队教学、研究能力的发展和提高。

（3）经过高水平专家的指导，实现物理课程与教学论专业研究生团队教学研究能力的发展并产生持续长久的影响是可行的。

二、对研究问题的回答

1. 团队成员经过三年的学习达到了怎样的学术研究水平

经过三年的学习，该团队成员达到了较高的学术研究水平。团队成员均有多篇文章发表，文章的内容展现出较高的学术水平和科研态度。在学习后期团队成员逐步开展独立写作的学术研究，并且有主动开展教学研究的自觉，有追求教学研究水平提高的愿望与实际行动。

2. 团队成员经历了怎样的过程得以取得这样的研究水平

团队成员经历了课程学习、文献阅读、名师指导、毕业论文撰写等多方面的学习与历练，得以取得较高的研究水平。首先，他们的课程学习有很强的针对性，充分的讨论帮助每个人获得更多开阔的思维空间。其次，团队成员养成了良好的文献阅读习惯，精读、札记与深入的思考等过程，为他们的写作提供支持。再次，经过 X 教授的悉心指导，对文章一稿又一稿地修改磨炼，他们由写作初期的有畏惧感和目的性强，成长为以写作为兴趣的教育研究者。最后，毕业论文的撰写过程凝结着他们已有经验的精华，同样也是研究水平的升华提高。

3. 影响团队成员学习发展的因素有哪些

主观成长需求、导师指导、团队互助是影响成员学习发展的三方面因素。一是主观学习成长的需求。主观的原动力驱动，是团队成员发展的基本保障。二是导师的指导和敦促。正是由于 X 教授有渊博的学术知识，并为每一名成员亲力亲为地修改指导。同时，在团队成员主观动力不足时适时加以敦促，使团队成员能够不满足现状，做到持久发力。三是团队的互促互助。团队成员彼此讨论、互相促进，形成积极正向的学术氛围和团队归属感，有利于团队每一名成员的发展。

三、对研究结论的讨论

燕都师范大学物理课程与教学论专业研究生团队取得了较高的成绩，团队成员的教学研究能力都有发展。作为观察者，我看到团队成长的历程与发展进步，对于研究结论，我做了如下思考。

（一）动机为发展提供驱动力

动机是一切活动的原动力。抱有"混个学位证"、"镀个硕士'金'"或者是"正好多点时间做家教挣生活费"的心态，自然是以得过且过的心态糊弄学业，这种消极对待学业的态度必然不会产生良好的学业成绩。

以增长知识，提高水平，学得本领为目的的学习，才会产生不断努力的动力，不会以应付的心态对待学术，在科研的过程中不会有懈怠心理。当达到教学研究已经成为自己的一项兴趣，而非必须完成的任务的心境时，主动发现、深入思考、落实行动等一系列作为都会自然而然的发生，不需要任何刻意的提醒。这样才会在研究生学习阶段有切实的收获和成长。

形成物理课程与教学论研究生思考教学、研究教学、指导教学、改善教学的使命感，用所学指导实践，以较高的教学研究水平将自己区分于普通的"教书匠"，以使命感和责任感激励自我。在这样的情境下，即便走出校园、走出学习的环境，也会继续保有动力与激情，继续在教学研究中发力。

（二）课程学习引领团队入门

系统的专业课学习，为物理学背景的团队成员补充了大量充实的理论知识。虽然经过考研复习，团队成员已对教育学基础知识有所了解，但是自学的效果远不如名师授课更有效，在课堂中的学习是有深入交流的，是有重点有案例的，是生动形象的。

课程的学习应该是有针对性的。结合中学和大学阶段学习经验，教科书绝不是万能的，依赖某一本书进行一门课程的教学，会使课堂知识单薄。研究生阶段是以培养专业性强的研究者为目的，其课程学习绝不是某一本书就能全面涵盖课程内容的，更不具有典型性和针对性。

课堂应该是讨论型的。研究生的课程安排在入学第一年，可以让研究生尽快进入专业领域，熟悉要研究的方向，培养思考意识。要给研究生充分的讨论空间，抛弃教师讲授的教学方式，开放式的授课环境，讨论型的课堂，有助于学生发散思维，充分思考。思考是研究的基础，在入学伊始，通过课程学习，在潜移默化中让学生化被动接受为主动思考。

（三）名师专家给予关键指导

导师的专业化指导是研究生成长成才的关键。没有专家指导，仅仅通过研究生的自学，不可能达到较高的学术水平。导师在研究生成长过程中，促进研究生的人格养成，传递知识，引导研究生科研能力和创新能力的提升。

物理课程与教学论专业研究生的科研能力，体现在他们对物理教学的理解、反思与研究的深度上，通过他们写作的文章和论文，可以反映出这些理解、反思和研究的水平高低。导师指导研究生写作，在指导过程中能促进他们的思维、提升他们的研究水平，使他们养成良好的研究品质和科研素养。

通过做导师在学术项目方面的助手，可以提高研究生的研究能力。导师可以让学生更多地参与课题研究过程与研究的核心内容。更多的项目交流与合作，能够促进研究生科研视域的扩展，从而增加他们科研范围的广度。

（四）保有独立和自主的空间

做研究不能"等、靠、要"。导师和同学在研究生学术成长过程中提供的指导帮助固然重要，但是主动学习的意识同样决定了自身科研水平的发展提高。做科研，不能等着导师分配任务，不能靠师兄师姐的提示，不能一味依赖他人。

为研究生的学习留有自主的空间很重要，能够让他们建立独立思考的意识，培养发现问题思考问题的研究自觉。思考，是科研的基础。只有充分的思考，才能在科研过程中树立自我的特色和研究，只有思维到达某一深度，才能看到研究中另一番景象。

独立与自主为科研创新提供基础。一味追随他人，会容易失去个人在科研过程中的独立判断意识，容易成为"人云亦云"的跟随者，忘却了自己的目的地。要有不畏权威的胆量，敢于发现问题，敢于发表不同的讲解，敢于尝试，才能保持清醒正直的科研态度，也就能在科研过程中有所作为。

（五）团队交流讨论开拓思维

团队对于成员发展提供的支持不可小觑。团队成就由每一个成员的付出累积而成，每一个人的成长同样离不开团队的支持和帮助。积极的科研氛围，形成"赶、学、比"的学术风尚，是团队进步的重要因素。

让研究生有属于自己专业的教研室或者实验室，有一个属于自己静心学习的座位，成为他们学习讨论的"基地"，是专业学习的保障。团队成员每天都在此学习，既保证了学习时间，也为大家讨论提供平台。

团队成员入学前的水平不一，发展目标不同，多样的思维模式和不同的思考方向，可以丰富团队的探讨深度和广度。充分的讨论和资源共享，为团队成员发展提供有效促进。团队间的讨论增加了成员的思维发散度，促进了团队融合。

四、研究启示

(一) 物理课程与教学论专业研究生培养的推广意义

1. 可推广性分析

在《2014 中国大学评价研究报告》公布的 2014 年中国师范大学排行榜中，燕都师范大学排名第 9。[①] 在《2012 年教育学专业教育部学科评估排名》中，该校教育学专业排名第 6。由此可见，该校教育专业研究生团队的培养工作具有典型性。X 教授的学术水平，在业界享有盛誉，他有多年指导物理课程与教学论专业研究生团队的经验，也曾多次指导研究生开展质性研究，使本次研究有可参照性。我国教育学专业硕士研究生人数逐年增长，本研究有十分充足的适用群体。综上所述，本次研究兼具典型性与可参照性，适用群体充足，有较强的推广度。

团队成员发表多篇高水平文章，经过三年的学习他们有了很多收获和成长，并且在毕业之后持续研究，主动发表多篇论文。该团队取得这样的成就，对于物理课程与教学论专业研究生培养有很多值得学习之处。

2. 名师专家的指导意义

团队的成长，与导师的水平密切相关。X 教授具有很高的学术水平，他在《课程·教材·教法》期刊发表 22 篇文章，如表 3-7 所示。

表 3-7　X 教授在《课程·教材·教法》发表的文章

序号	题名	年份	期次
1	初中原始物理问题测量工具：编制与研究	2015	2
2	论物理数学中的审美教育	2015	1
3	创造教育：文化与传统视域下的反思与对策	2014	5
4	物理数学促进中学生思维品质的发展研究	2013	7
5	物理教材引入科学史的新观点	2012	12
6	物理问题解决的影响因素研究	2012	6
7	从隐性到显性：物理科学方法教育方式的重要变革	2010	12
8	从数据驱动到概念驱动：物理部题解决方式的重要转变	2010	3
9	论物理课程改革背景下的科学方法教育	2009	8
10	自组织表征理论：一种物理问题解决的新理论	2009	4
11	原始物理问题测量工具：编制与研究	2008	11
12	论高考物理能力理论与命题导向	2007	11

---

① 2014 中国师范类大学排行榜 [EB/OL]. http://edu.sina.com.cn/gaokao/2014-03-28/1039413576.shtml.

续表

序号	题名	年份	期次
13	原始问题教学：物理教育改革的新视角	2007	5
14	论教学过程的自组织转变理论	2006	11
15	从习题到原始问题：科学教育方式的重要变革	2006	1
16	论原始物理问题的教育价值及其启示	2005	1
17	论物理教育中的直觉思维及其对教学的启示	2004	4
18	高中物理探索性实验教育目标的理论与实践研究	2000	4
19	高中物理探索性实验的设计理论	1999	9
20	中学生物理认知水平的模糊判别及其教育价值	1997	7
21	高中物理教材编写应当进一步渗透 STS	1997	2
22	高中物理"绪论"的编写建议	1996	7

如表 3-7 所示，《课程·教材·教法》在业界有很高的影响力，X 教授自 1996 年起持续多年在该期刊在发表 22 篇文章，足见他的学术水平和写作功底。通过对文章的分析，可以发现 X 教授有固定研究领域即原始物理问题、物理科学方法显化教育等，并且开拓出新的研究方向如审美教育、思维品质、物理高端备课等研究领域。这样高的学术水平，在业界十分难得。

正所谓"名师出高徒"，专家的指导直接影响着研究生的学术水平。有了扎实严谨的学术科研水平，才能对各类研究方向产生"直觉"，这个"直觉"需要多年学术研究的扎实基础，更需要多年亲身写作、亲自指导学生的积累。

X 教授不仅为学生提出纲领性指导意见，更能亲自对学生的文章逐稿修改、做细心周到指点，这是十分难能可贵的。X 教授没有采用"大孩带小孩"的撒手式培养，而是一对一直接指导，亲自在学生的每一份文章中圈画，这个做法值得每一位研究生导师学习。

X 教授能够专心研究，不做满天飞的"空中飞人"，注重科研和文章的质量，而不是虚"名气"，对研究生的成长有良好的示范作用。对研究生加强督导，可以有效增强学生的科研主动性，使学生由被组织状态，经过专家的干预（涨落），实现自组织状态。

（二）对培养卓越教师教学研究能力的思考

在 2014 年《教育部关于实施卓越教师培养计划的意见》中，关于卓越教师培养，教育部特别提出要"培养一大批师德高尚、专业基础扎实、教育教学能力和自我发展能力突出的高素质专业化中小学教师"的工作目标，并提出"高校将社会需求信息及时反馈到教师培养环节，优化整合内部教师教育资源，促进教师培养、培训、研究和服务一体化"的工作要求。①

卓越教师应当在学科领域内有一定见解，能够起到引领示范作用，对学科有充分的思考并能指导学科教学发展。这个见解和示范作用，在笔者看来应该是通过他们发表的高水平学术文章来展现的。

在各类教学技能大赛、教学基本功大赛、教具设计大赛等比赛中，参赛教师都会拼尽全力，力争做出高水平的教学课。然而，相比较整个教师行业从业人员数，能够参加比赛的人数只是很小的一部分。同时，获奖教学成果的展示推广也存在很大的局限性。如果教师将自己参赛的课程设计和教具设计过程落在纸上，将成果夹叙夹议地展示在全国范围发行的期刊上，既能发表自己的见解，引领学科教学的前沿发展，也是个人教学研究能力的发展和提高。

除参加比赛外，教师在平时教学过程中也应该是有思考的。目前来看，除了区县教研统一要求上交的"文章"外，一线教师很少在公开发行的期刊上发表文章，在中文核心期刊和权威核心期刊发表文章的则少之更少。这一方面反映了他们主观思考的深度和广度不足，另一方面反映出他们教学研究能力存在不足。

针对这一问题，笔者认为，需要高校提供大力帮助指导，提供促进教师教学研究能力的推动力，要结合教育部文件精神，切实做好教师培训和指导，在实践中解决问题，突破难题。

第八节　建议与反思

与四位团队成员相识近三年的时间，我观察着他们的成长历程，看到他们热火朝天地讨论问题，目睹每个人写文章时付出的艰辛，一同分享过文章发表带来的喜悦，倾听过他们发展中遇到的磨砺。如今，他们各自走上不同的工作岗位或者继续学术追求，欣闻他们在教学研究方面的持续发力和对未来的长远规划，我的研究也即将结束。此时，我再次回顾本次研究历程，有以下建议与反思。

一、中学对教学研究重视不足

研究对象中，有两人到中学求职，虽然有学校对于他们发表的文章表示出关注与赞同，但是相比较他们投出的诸多简历，参加的多所学校面试，真正严格考察应聘者教学研究能力的学校不在多数。艾瑕在工作之后，单位更多地强调教学成绩、班级管理，很少甚至可以说从不问及她发表文章的情况，也很少提出写文章的要求。

物理课程与教学论专业研究生的主要就业意向是中学物理教师，在求职中发表

① 教育部关于实施卓越教师培养计划的意见［EB/OL］. http://www.moe.edu.cn/publicfiles/business/htmlfiles/moe/s7011/201408/174307.html.

文章的情况不是主要的参考因素，必然削弱他们的写作动力。过多的家教、代课、实习虽然可以增加教学技能，但是占用了很多的学术科研时间，导致思考时间不足，进而很难创作出优秀的学术论文。

同时，这种对教学研究的不重视，会成为非良性循环。中学教师主动思考，主动进行教学研究的意识薄弱，新入职的教师即便有较高的教学研究热情，也很容易随波逐流，抛弃自己的学术科研能力。

如何带动一线教师主动科研，破解他们的思维障碍，值得在实践中研究改进。

二、高校与中学合作机制的可行性

物理课程与教学论专业研究物理教学的方式方法，聚焦物理教学的发展前景，大可研究全国范围的课改，小可研究某一节课甚至是某一个知识点。这个专业的发展，离不开中学一线，仅仅凭在教研室里看书、看文献这种"闭门造车"式的研究方式，恐不能起到以理论指导教学实践的目的。

访谈中，杨洋也谈到，与中学合作申请项目课题，是物理课程与教学论专业发展的关键，也是各类权威课题立项评奖的审核指标之一。X 教授团队与北京某中学开展的项目活动，能够进入一线教学实践中观察和发现问题。该中学物理教研组在团队的指导帮助下，逐步意识到教学研究的重要性，主观上建立了主动研究的意识，有部分物理老师成功发表了论文。这种合作，可谓是互利双赢，对双方都有益处。

根据 X 教授团队的经验，与中学一线建立项目合作机制十分可行，也非常有必要，让研究者与中学实践中的教师共同形成开放的研究系统，对教育研究领域有十分重要的意义。

三、促进物理课程与教学论专业的国际化交流

教育，是一项全人类都要参与的活动，不论国籍不论肤色。结合每个国家发展的实际情况，各国开展教学的方式方法存在差异，以国际化视野着眼物理课程与教学论研究，十分有必要。

访谈中，X 教授提到该问题，并向我介绍说正在安排他的博士生杨洋到国外访学事宜，这反映出了一种发展性的眼光和长远的统筹规划。

四、研究的不足与需要进一步研究的问题

本研究持续近两年的时间，在研究过程中虽然努力做到全面、具体，但仍有不足和需要进一步研究的问题。

1. 本研究存在的不足

（1）研究虽有后续跟踪访谈，但由于研究结题在即，跟踪时间不足，研究对象长期发展情况未能充分显现。

（2）以观察和访谈的角度进行研究，没有参与研究对象的写作过程，对于他们

在写作过程中的发展了解存在不足。

（3）错过研究对象课程阶段的经历，仅通过访谈回忆，可能存在偏差。

2. 需要进一步研究的问题

（1）物理课程与教学论专业研究生专业能力形成过程中的心理学因素。

（2）教育学研究生团队集体发展的途径与策略。

（3）课程与教学论不同学科专业间研究生专业能力的比较。

第四章　中学物理教师教学研究能力形成的个案研究

第一节　问题的提出及研究意义

一、研究背景

（一）教育教学发展的国际趋势要求教师成为实践中的研究者

20 世纪 70 年代以来，"教师即研究者（the teacher as researcher）""反思的实践者（reflective practitioner）""反思性教学（reflective teaching）""行动研究（action research）"等概念越来越多地出现于各种教育文献中。笔者在中国学术期刊网、万方数据资源系统等资源库上将上面词语作为关键词查询时，马上就能检索到几十篇甚至上百篇的相关文章来。这些概念道出了一个共同的声音：作为实践者的教师，应该结束长期以来消极被动的"教书匠"形象，代之以积极主动的新形象，即研究者形象。目前，"教师即研究者"几乎被作为教师专业发展的同义语，成为一个新的研究焦点，这是因为：

（1）教育教学实践活动本身要求教师成为研究者。教育教学活动本身是动态的，其价值、意义和方式是生成性的，这就要求教师必须对自己的实践活动进行反思研究，创造性地解决具体实践问题。

（2）解决教育理论和实践脱节的问题需要教师成为研究者。理论研究者很少深入实践调查，致使研究成果太空泛、太思辨，一线中学教师难以理解和运用；而多数中学教师又没有能力进行研究，这就造成了教育理论和实践脱节的问题。如果中学教师能够在理论工作者的指导下在行动过程中担当起研究者的角色，对自己的教育教学实践活动进行研究，在新的研究成果基础上进行实践，那么，这种置于系统的理论知识和研究基础之上的教学实践，不仅解决了理论与实践脱节的问题，而且有助于教师研究能力的发展。

（3）改进教育教学实践和完成自身专业化需要教师成为研究者。一个教师可以有意识地进行教育教学活动，但不见得会有意识地反思自己教育教学活动的深层意义及产生的影响。这使他们易于单凭积累起来的有限的教育经验进行简单的重复性教学实践，这种机械的重复性将逐渐导致知识结构定型、思维定式和经验主义倾向，从而导致教师的教育教学能力停滞不前。如果教师在实践中进行在理论指导下的具体研究工作，便可以提升自我反思的能力，增进了解自己行为的意义和作用，注意分析那些阻碍他们工作的因素，从而改进自己的教育教学实践，提高自身的专业能力。

（4）实现自我实现需要教师成为研究者。苏霍姆林斯基说："如果你想让教师的劳动能够给教师带来乐趣，使天天上课不至于变成一种单调乏味的义务，那你就应当引导每一位教师走上从事研究这条幸福的道路上来。"当教师以研究者的姿态追求个人实践的合理化、理性化时，他身上便体现出理论探究的精神，就能充分发挥他自己的潜能，创造性地解决实践中遇到的问题，感受到创造、成长的快乐，体会到自己存在的价值和意义，从而实现自我实现。

（二）物理教育专家的观点

著名物理学家钱伟长先生曾说："你不上课，就不是老师；你不搞科研，就不是好老师。教学是必要的要求，不是充分的要求，充分的要求是科研。科研反映你对本学科清楚不清楚。教学没有科研作为底子，就是一个没有观点的教育，没有灵魂的教育。"这不仅旗帜鲜明地提出并强调了教学必须与科研相结合的观点，而且从逻辑上给出了两者之间的关系：教学是必要要求，科研是充分要求。

在如何提高教师的教学水平方面，钱先生认为，"教师必须搞科研，这是培养教师的根本途径"，"不搞科研，忙着捧书本上讲台是上不好课的，因为你没有自己的观点，不会选弃内容"。讲课不能按照教材和教参讲完就算数，教师对教学内容要理解，要有自己的见解，这又必须建立在深厚的科研基础上。许多老师长期只搞教学不搞科研，这导致他们对教材内容的理解往往停留在表面上，对教材的掌握往往是肤浅的、经不起推敲的。"搞科研可以帮助老师扩大眼界，使他晓得一项科学技术的来龙去脉，晓得当代这个专业在发展中所存在的问题。这对于一个教师提高自己的水平、教好自己这门课、指导好学生学习都非常重要"。

二、预研究及问题的提出

随着我国教改工作的进行，20 世纪 90 年代以来，"教师即研究者"的观点越来越引起教育各界的关注，那么我国中学物理教师的教育教学研究能力现状如何呢？我们就这个问题进行了问卷调查，发放问卷 100 份，返回有效问卷 70 份，统计数据及分析如下（表 4-1～表 4-6）。

表4-1 中学物理教师对科研的认识

题 目	一线教师有无进行教育科研的能力			在物理教育中开展教育研究对中学物理教学				有无信心克服在科研中遇到的阻力		
选 项	有	不确定	没有	促进很大	促进较大	促进一般	没有促进	有	视情况而定	没有
人数/人	56	12	2	40	22	6	2	37	31	2
比率/%	80	17.1	2.9	57.1	31.4	8.6	2.9	52.9	44.2	2.9

由表4-1可见，大部分教师有正确的科研观念，而且认为自己有进行科研的能力和克服科研中遇到阻力的信心。

表4-2 中学物理教师提出教科研问题的能力

题 目	思考物理教材上不科学之处的情况			想出或发现过值得推广的物理教学经验			发现某个教育理论对物理教育实践有不足或应扩展之处			发现过解决本校物理教育中急需解决问题的方法		
选 项	经常	偶尔	没思考过	经常	偶尔	没有	经常	偶尔	没有	经常	偶尔	没有
人数/人	11	55	4	11	53	6	6	52	12	18	46	6
比率/%	15.7	78.6	5.7	15.7	75.7	8.6	8.6	74.3	17.1	25.7	65.7	8.6

由表4-2可见，中学物理教师发现问题的意识很薄弱，提出研究课题的能力不强。可能原因是对教育教学的实践反思不够，对教材结构及知识点的分析、把握不够深刻，很可能只是按教材、教参进行单调、机械的重复性教学；难以将经验加以总结，上升到理论的高度，使之有推广的价值；理论联系实际的意识薄弱，因此很难发现教育理论对教育实践存在的不足，面对物理教育中亟须解决的实际问题，不能站在理论的高度想出解决的办法。

表4-3 中学物理教师查阅文献资料的能力

题 目	查文献时是否能很快查到所需资料				是否知道去哪里查找与问题相关的资料			
选 项	能	有时能	不能	预计能	不知道	有时不知道	知道	没试过
人数/人	19	40	7	4	2	28	37	3
比率/%	27.2	57.1	10	5.7	2.9	40	52.8	4.3

表4-4 中学物理教师接触刊物的种类及阅读量

题 目	所在学校订阅中学物理教学刊物的种类				自己订阅的中学物理教学刊物种类				对所订阅刊物的阅读情况			
选 项	0种	1种	2种	3种以上	0种	1种	2种	3种以上	每篇	只看大部分	只看个别文章	偶尔浏览一期
人数/人	6	14	22	28	32	25	10	3	2	25	24	19
比率/%	8.6	5.7	55	40	45.7	35.7	14.3	4.3	2.9	35.7	34.3	27.1

查阅资料的意识、数量和能力会对教师的研究能力产生直接影响，而统计结果表明，他们在这些方面比较欠缺。只有52.8%的教师知道在哪里查到相关的内容，能很快查到所需资料的仅有27.2%。阅读相关资料是扩展视野、丰富知识、了解教育新动态和新理论的重要途径，可以防止知识、思想的僵化。然而，大部分中学物理教师接触到的刊物种类不多，阅读文章的数量远远不够，这应该是他们查阅文献资料能力差的一个重要原因。

表4-5　中学物理教师发表论文情况

题　目	在 CN 刊物上发表论文的篇数				自己认为没有发表论文的主要原因			
选　项	0篇	1篇	2篇	3篇以上	没时间写	不知如何写	没兴趣写	无人指导
人数/人	66	3	1	0	10	33	5	22
比率/%	94.3	1.3	1.4	0	14.3	47.1	7.1	31.5

由表4-5可知，统计数据显示仅有4.5%的教师在全国公开发行（CN）刊物上发表过论文，14.3%的老师认为没有时间写，这可能是因为他们课业繁重、家庭负担重又或是自身惰性太大；47.1%的老师不知道如何写，31.5%的老师将原因归结为缺乏指导，可能他们依赖性太强，处于等待的状态，缺乏自己积极进取、钻研的精神，也可能自身能力有限，不知道方法，需要指导帮助。

表4-6　中学物理教师论文撰写情况

题　目	撰写中学物理论文的主要目的				希望自己通过什么途径提高撰写中学物理论文能力			
选　项	评职称需要	提高自己素质	提高教学水平	对写论文感兴趣	出去进修	希望有人指导	有专门学习班	听专家讲座
人数/人	19	40	7	4	0	50	10	11
比率/%	27.2	57.1	10	5.7	0	71.4	14.3	15.7

由表4-6统计数据可知，26.5%的教师认为写论文是评职称的需要，可见相当一部分教师功利性太强，观念需要转变。然而，大部分教师还是能认识到撰写论文的意义的，32.4%的教师认为是提高自己素质的需要，35.3%的教师认为是提高教学水平的需要。没有教师认为"出去进修"能对他们的论文写作有所提高，可见，目前的教师进修培训存在着严重不足，不能满足教师的切身需要，70%的教师希望有人指导，对他们进行指导帮助应该是一条很有效途径。

之后，我们又对硕研班的多位老师就教育教学研究能力的问题进行了采访，大部分老师反映：工作几年后，积累了比较丰富的教育教学经验，教学已不存在什么大问题，但是教育教学效果开始"长进不大"，出现了教育教学水平的"高原现象"，不能将自己平时的教育教学实践经验上升到理论的高度，学术性的文献又看不懂，即使看懂了也不会用于实践。"大道理谁都懂，关键是怎么做？""研究能力上不去，不会做研究啊！"许多老师发出这样的感慨。

问卷统计分析和访谈表明中学物理教师的教育教学研究能力水平现状并不容乐观，大多处于高原现象阶段停滞不前。问卷和访谈只是从宏观上、表面层次上展示了造成现状的原因，但是教师意识到自身高原现象后的反应如何？采取了什么样的措施？怎样才能突破高原现象？影响物理教师教育教学研究能力形成的更实质的因素是什么？研究能力形成过程中教师应具备什么样的品质？这些都还有待于进一步的深入研究。鉴于此，笔者将研究内容定格在"教育教学研究能力形成"上，采用质的研究方法，对研究对象教育教学研究能力的形成过程进行深入、细致的追踪调查和记录，获得丰富细微的材料，通过对这些材料的分析，从而发现更有意义的研究结果。

三、研究意义

（1）揭示影响中学物理教师教育教学研究能力形成的深层原因，为中学物理教师专业化的培养途径提供参考。质的研究对研究对象进行长期深入、细致的实地跟踪调查，更易于进入研究问题的微观层面，揭示其本质和深层意义，易于将研究对象能力转变过程中的思想、观点、感受和行为展现出来，从而总结出影响中学物理教师教育教学研究能力形成的主要因素，为教师专业化的培养途径提供参考。

（2）为工作在一线的中学物理教师找到一种可操作的提高教育教学研究能力的方法和途径。质的研究是从被研究者的角度理解他们的行为及其意义解释，成文中可以说一方面是"教师们用自己认为有意义的语言描述自己的工作"（因为行动研究中，教师是对自己教育教学实践活动进行研究和反思的主体，有很多切身的感受和体会），另一方面是将教师的自传性故事进行理论的分析和提升。所以，文中的研究方法、研究过程和研究结果易于被其他教师理解、接受和借鉴，可以说是很好的案例。

（3）尝试新的研究教育教学现状问题的方法。目前在物理教育研究领域用质的研究法和行动研究法进行研究的人较少，笔者对其进行尝试，希望对教育领域中的研究方法起到丰富、推广作用的同时，对研究方法的体会及总结出的经验与教训能对其他的研究者有所借鉴。

第二节　文献综述

一、相关概念的界定

1. 教育教学研究的高原现象

工作七八年，教师由于在职继续教育机会少，缺乏外界新鲜事物的刺激，从而产生知识结构定型、思维定式及经验主义倾向，易于凭借已有的经验进行机械重复性劳动，产生倦怠感、挫折感甚至无力感，处于"做一天和尚撞一天钟"的消极状态，教育教学研究能力发展缓慢，甚至出现停滞现象，如果得不到及时有效的指导，这种状态将会持续很长时间，甚至于整个职业生涯。

2. 教育行动研究

教育行动研究就是教师在研究人员的指导下研究本班、本校的实际情况，解决日常教育、教学中出现的问题，从而不断改进教育教学工作的一种研究方法。其实质是教师在实践中通过行动和研究的结合，创造性地运用教育教学理论去研究和解决教育教学实践中的具体问题，促进教育教学工作的合理、科学和有效，不断提高教育、教学实践的水平和质量。

3. 教育教学研究能力

在教育教学领域中，具有丰富的和组织化了的专门知识和教育科学理论知识，富有职业的敏锐的洞察力和创造力，能够运用理论指导教学实践，自觉地去研究教育教学的规律，优化教学过程，研究教育现象，总结教育得失，将点滴的经验积累起来进行理性思考，对教育教学有一定见地和自己的独特风格。

二、理论基础

（一）皮亚杰的建构主义理论

瑞士心理学家皮亚杰认为：动作（活动）是一切知识的源泉，一切知识都是主客体相互作用过程中主体建构（即认知结构的建构）起来的。皮亚杰将动作的内向发展称为内化建构，而把动作的外向发展称为外化建构，两者合称双重建构。内化的确切含义为：主体动作协调或主体动作结构从外部层次、外部平面投射到内部层次、内部平面上去，如实物运算内化为概念运算。内化建构是把动作或动作图式按照新的方式在新的水平上组织起来，建构也即动作组织化的形成；外化的确切含义为：主体的内部图式投射到外部层次或外部平面。如将逻辑数学运算结构归属于物理实体形成因果解释，再将根据这种因果解释做出的技术设计外化为实际的技术创造。可见，外化建构首先是在主体头脑中把物理经验组织在图式之中形成有关客体的物理知识，然后按照这些知识把实际动作组织起来以作用于客体，进而使各种客体组织起来，以新的方式发生相互作用，从而改造转变客体。

通俗地讲，内化建构即将外面的知识"移入"脑中，而外化建构就是将脑中的东西拿出去用。内化建构虽然是进行外化建构的前提条件，但是影响我们生产生活的任何发明创造都是外化建构作用的结果。由此，相对来说，外化建构比内化建构更重要，如果只是完成了内化建构，而没有进行外化建构，那么所完成的内化建构就是没有任何意义的。目前的各种教师培训，只是把教育教学的理论知识讲解给教师，而不考虑教师在教育教学实践中怎样实施、运用这些理论，这导致许多老师不能将教育理论知识联系运用到实际教学过程，由此发出"教育理论难学、难懂且难以在实践中运用，对实际教学几乎没什么用处，还不如多积累一些经验"的感慨。

根据皮亚杰的双重建构理论，问题的症结在于：目前中学教师研究能力上不去主要不是因为缺少知识，而是不会将已有的知识运用于实践。理论性知识如果不在实践中加以运用，只是处于缄默的状态，就发挥不了应有的作用。例如，面对物理教育中亟须解决的实际问题，不能站在理论的高度想出解决的办法；难以将经验总结提升到理论的高度，从而使之有推广的价值。

教师教育教学研究能力的形成过程，就是教师将自身的知识进行外化建构的过程，我们对这个过程进行案例研究，希望能得出有意义的结论。

（二）教师的专业发展理论

教师专业发展指教师专业成熟度（专业知识发展、专业才能发展、专业情意发展）由简单到复杂、由低级到高级的持续变化过程。其最终目标是达到专业的成熟，即教师成为一个相对成熟的教育教学专业人员。教师专业发展不是一个简单的、线形的递进过程，而是一个螺旋上升、反复前进的过程，其中既有高潮，又有低谷。我国的学者将其划分为7个阶段：专业预备期、专业形成期、专业成长期、专业高原期、专业更新期、专业成熟期、专业退化期。

教师专业发展有3种途径：职前培养、入职指导、在职培训。

教师专业发展的新理念：教师即研究者，教师成为行动研究者。教师从事教育研究，有多种方式可供选择：课题研究、移植研究、教例研究、合作研究等。从某种程度上说，教师要成为研究者实际上就是要成为行动研究者。因为行动研究是教师为解决自己教学上的问题，提高教学质量而进行的一种探索性活动。它的基本特征主要表现在由行动而研究、为行动而研究、对行动的研究以及在行动中研究。行动研究的基本过程由4个相互联系并具有内在反馈机制的环节构成，它们分别是计划、实施、观察和反思。

三、文献综述

综观有关"教师教育教学研究能力"的文献，国外的研究更侧重于具体实践，而且都与行动研究有着某种联系，而国内的研究多停留于教育学层面的理论阐述。

（一）国外部分

20世纪60年代，国外有关行动研究的理论和实践已经在不同领域迅速发展起来，90年代已经发展得比较成熟。由于行动研究在发展过程中提出了一些不同于传统教育研究的意见，这些"不同意见"对传统的教师培训方式及教育研究的方法和途径等提出了挑战，因此许多国家试图通过使教师开展行动研究来提高自身的教育教学研究能力，并且取得了很大成果。下面两本著作收集了很多成功的行动研究的案例。

（1）《国际视野中的行动研究——不同的教育变革实例》一书，辑录了世界各地著名行动研究者和倡导者的论文，书中列举了美国、奥地利、澳大利亚、加拿大、意大利、马来西亚等国家行动研究的案例。通过一系列案例，作者们从不同的视角，针对不同的主题，对同领域的行动研究作了精彩的论述，集中展现了行动研究在不同情景中的开展状况，呈现了不同国家开展教育行动研究的实际经验和理论思考。

（2）《批判反思型教师 ABC》一书，通过丰富、有趣、翔实而具有启发性的实例，展现了教师们在行动研究中一步步走向批判反思、提高教育教学研究能力的旅程，使读者看到一个批判反思型教师的学习和变化过程。书中每个部分的奇妙建议和忠告更让人茅塞顿开。

（二）国内部分

20 世纪 80 年代，行动研究的理论才引入我国，90 年代后期出现了大量行动研究的专著和论文，但大多止于理论介绍和阐述的层面，关于教育行动研究的实践还处于摸索阶段，多数没有进入到深层次实践水平，较有代表性的著作和成功案例有：

（1）《到中小学去研究教育——"教育行动研究"的尝试》一书中列举了很多大中小学合作研究的案例。书中的"合作研究"打破了以往只是研究人员执笔，不是严密论证的文章，就是规范的实证报告，或者只是中小学教师执笔，都是心得体会或经验介绍，上升不到理论的高度的案例。但是研究过程中，中学教师虽然积极主动，似乎还是没有摆脱研究者主导、中学教师被指导的地位；而且案例的呈现多是研究者的分析和体会，缺少对被研究者转变过程的描述，过程和结果之间缺乏原始资料的支撑。

（2）《教育创新的行动研究》是由中小学教师执笔写的有关自己行动研究的案例，但是基本上停留在经验总结的层面上，不够深入。

（3）《对一位研究型教师成长的追溯》，采用质的研究法对一位高中英语教师进行"情境教学"的行动研究进行了跟踪调查和详细描述，展现了一位研究型教师的成长历程，分析了教师成为研究者的条件，可以说是关于"教师教育教学研究能力"研究的一个很好的案例。

总之，国内有关"教师教育教学研究能力"的理论和实践研究主要存在以下几个方面的问题：大多是停留在教育学层面上，深入到具体学科领域进行研究的不多；研究方法要么是纯思辨的理论阐述，要么是完全凭借经验的假设——论证，缺少深入到教育教学实际情境的研究；就研究的参与者及对问题的理解视角而言，教育理论专家或教育决策者总是扮演着主角的角色，缺少一线教师的参与，不重视实践者——教师自己看待、理解问题的视角，不重视他们切身的感受和体会；有关研究方法的指导多是站在理论的高度，有些理论脱离实际，学术性太强，教师难以理解和运用，实践针对性不强；从研究的内容看，有关中学物理教师教育教学研究能力的文献很少。笔者目前查到的文献有：

（1）《物理教师科研工作的理论探讨和实践研究》，文章介绍了物理教研工作的属性及实践，实践部分主要对教学内容和教学方法两方面阐述，介绍了对大纲、教材的学习和研究，课堂教学方法等，内容还是停留在研究如何教学上。

（2）《中学物理教师素质结构的调查研究》，针对中学物理教师的素质结构进行了问卷调查，调查结果表明教师的教育科研能力较低，提出以教学科研相结合的形式改善现状。

（3）《对北京地区中学物理教师教科研能力的调研》，对北京地区中学物理教师教科研能力进行了问卷调查及统计，分析了中学物理教师的科研能力现状与造成现状的原因，并对怎样提高中学物理教师的教科研能力提出了一些建议。

还有几篇关于如何撰写物理论文的文章，如《怎样撰写中学物理教学论文》《浅谈撰写中学物理教研论文课题的选择》。在查阅的文献中，尚未见到关于中学物理教师教育教学研究能力形成过程的研究。

（三）自己的见解

教育行动研究强调教育的实践者——教师积极参与自己的实践研究，解决了理论和实践脱节的问题。教师可以从专家那里获得必要的专业理论知识和研究技能，理论工作者可以从真实的教育实践中获得第一手资料，发现新问题和新课题，甚至发现和创造新的理论，使研究成果更容易为广大中小学教师所接受。但是，目前对教师开展行动研究的研究很少，而且研究者一般置身于实际情景之外，这种以旁观者身份所进行的研究不易于反映问题的全部和问题更深层原因。鉴于此，本部分采用了质的研究方法，深入到学科领域，对两位中学物理教师教育教学研究能力及研究者"我"的研究能力的转变形成过程进行了详细的个案记录研究，让老师自己内心真实的声音说话，用他们的语言将行动研究过程中他们的感受体会及研究能力的转变历程表述出来，从他们的视角理解他们的行为及其意义解释，同时"我"对自己能力转变的过程也进行了描述。由此揭示出了影响中学物理教师教育教学研究能力形成的主要因素及形成研究能力的核心品质。

第三节　研究方案

一、研究方法介绍

（一）质的研究法

质的研究是以研究者本人作为研究工具，采用多种资料收集方法对社会现象进行整体性探究，使用归纳法分析资料和形成理论，通过与研究对象互动对其行为和意义建构获得解释性理解的一种活动。它比较适合在微观层面对个别事物进行细致、动态的描述和分析，擅长对特殊现象进行探讨，在时间的流动中追踪事件的变化过程，以求发现问题或提出新的看问题的角度，它更强调从当事人的角度了解他们的看法，注意他们的心理状态和意义建构。

（二）行动研究法

1. 什么是行动研究

学者们对行动研究的界定"仁者见仁，智者见智"。由于存在众多的理论背景，要给"行动研究"作一个明确的界定很困难，但是无论定义的表述如何，所强调的实质都是一致的，与其他研究方法相比，它具有以下特点：①为行动而研究（research for action），即以实践为中心。行动研究是以提高行动质量，改进实际工作为"首要目标"的研究。因此，行动研究的课题来自社会实践活动和实际工作者的需要，也即以实践中的具体问题为研究对象。研究成果为实践者理解和运用，最终目的是提高实践者对实践情景的认识水平，改进实践者的实践，而非获得理论上的真理。②对行动的研究（research of action），即以问题为中心。行动研究关注的不是理论问题，而是实践中遇到的具体问题，不追求问题的普遍性和推广价值。③在行动中研究（research in action），即以实际情境为中心。强调研究过程与行动过程的结合，即研究是在实践行动中进行的研究，研究的策略、方案等随着实际情境的变化而变化。④由行动者研究（research by actor），即以教师为中心。行动研究是由实践者和研究者合作进行的研究，要求行动者参与研究，研究者参与实践，但主要是由实践者参与的研究。要求实践者通过研究活动对自己所从事的实际工作进行批判性反思。

2. 我们的行动研究

凯米斯（S. Kemmis）借鉴哈贝马斯（J. Habermas）关于认识的基本兴趣理论（knowledge constitutive interest theory，又译知识构成兴趣理论），将行动研究分为技术性行动研究（technical action research）、实践性行动研究（practical action research）和解放性行动研究（emancipatory action research）。这三种行动研究主要是从研究者和实践者对研究不同程度的介入而定义的。技术性行动研究中，研究者处于研究的中心和控制地位，为教师提供研究的技术程序，教师根据研究者提出的理论性或者说明性框架进行实践研究。这里教师处于完全被动的地位，因此也就不能通过理解反思来认识自己实践的合理性。这种研究的目的只是为了给研究者积累文献，而不是致力于实践，因此这种研究中研究者与教师并不是真正的结合。在实践性行动研究中，教师与研究者一起工作，研究者与教师由技术性行动研究的那种设计——实施的关系变成了合作伙伴的关系。这里研究者辅导教师进行研究，帮助教师表达、形成自己的问题，拟订不断变化的行动计划，反思已达到的结果和价值。

这里老师已经是研究和反思的主体，反思研究的对象是教师的实践活动，但是离不开研究者的指导和帮助。在解放性行动研究中，教师完全负担起研究者和实践者的双重角色，对自身的教育教学实践活动进行自觉主动的反思和研究，从中提取理论，并把自己的理论加以评价再运用于实践。

我们的行动研究更多的是实践性的行动研究，当然同时也存在着一些技术性行动研究和解放性行动研究。由于研究对象在教育教学实践中会碰到困难，所以我们尽量给以他们帮助和理论上的指导（在他们需要的时候）。但是，研究中两位老师是对他们教育教学活动进行研究的主体。

（三）小结

教育教学现象是复杂的、动态的，具有强烈的情境性，传统的"假设—调查—分析—结论"的研究方法要么是对已假设结论的论证，要么是对经验的总结，研究者没有深入到实际情境之中，论证也缺少一线教师的参与，所以研究易流于形式和走过场，无法真正触动教育深层的问题。而质的研究则从新的角度为研究提供了一条新的思路：研究者对事物的复杂性和过程性进行长期、深入、细致入微的跟踪调查，从被研究者的角度理解他们的行为及其意义解释。这种研究方法更易于揭示问题的深层原因。而在我们的行动研究中，教师是对自己教育教学实践活动进行研究和反思的主体，研究者在和他们一起制定研究计划、采取研究行动、讨论反思的过程中，易于倾听他们的感受、体会，观察他们行为的变化，从而记录他们教育教学研究能力形成的过程。

二、研究对象的选取

本研究采取的是"目的抽样"，即抽取能够为本研究问题提供最大信息量的样本。具体的抽样方式是强度抽样，即抽取具有较高信息密度和强度的个案进行研究。研究对象都具有一定的工作经验，认为自己教学能力较强，但感觉教育教学研究能力处于高原现象阶段，同时又具有很强的研究愿望。之所以两个个案同时进行，是因为我们要对教育教学研究能力的形成过程进行研究，很可能所选研究对象并不具备研究的条件或能力，因此也就无所谓有"形成过程"，为保证样本的有效性，采用了两个案例同时研究的方法，两个案例较一个案例对问题的揭示应该更全面。研究开始时，J是一位初中二年级的女教师，L是高中二年级的男老师（考虑到性别差异及初高中教师水平差异的影响）（表4-7），由于研究经历了很大的时间跨度，在我们合作期间，J和L也分别教授过初三和高三的课程。由于时间和精力有限，我们无法同时进行更多的案例研究。需要说明的是，研究者"我"也是本论文研究对象之一，因为研究过程中研究者自身的教育教学研究能力也得到了提高。

表4-7　研究对象的背景

代号	性别	年龄	教龄	所教年级
J	女	30岁	7年	初中二年级
L	男	34岁	12年	高中二年级

三、资料的收集方法

访谈：与被研究者及其学校领导、学生进行平等的对话和交流。本研究主要是对研究对象的单独访谈，也有对学校相关领导的访谈，同时也有对学生的焦点团体访谈。访谈前研究者均制订了访谈提纲，访谈过程中重点围绕提纲中的问题与研究对象进行交流，并根据研究对象的回答及时灵活地对访谈问题做出调整，并且用数字录音笔记录整个谈话过程，然后将其逐字逐句地变为文字。

观察：课堂观察；对访谈对象表情、行为的观察。

实物收集：对被研究者的教学日志、教案、发表及未发表的论文进行分析研究。

在整个研究过程中我坚持写研究日志，详细记录了获得的资料，并随时记下自己的灵感和偶发事件；不断对自己的研究方法和自身进行了解反思，以求改进；分析、反省每天的研究结果，并在分析的过程中撰写分析型备忘录，对原始资料进行解释性评价，将这种评价发展为理论框架，凭借此框架进一步收集需要的资料和更深层次地分析已经收集到的资料。

四、资料的分析处理方法

如图4-1所示，整理阅读原始资料后，用两种方法对资料进行处理分析，而后将两种方法分析抽象的结果相结合，得出研究结论。

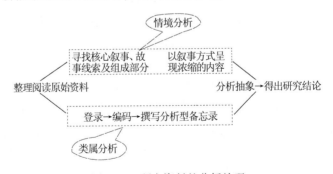

图4-1　研究资料的分析处理

五、研究路线

沿研究路线（图4-2），有意义的访谈对话、研究者的解释旁白及研究者自己的感受体会构成研究过程。

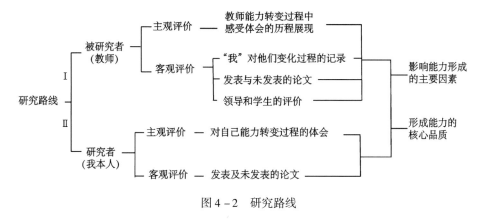

图 4-2　研究路线

第四节　研究过程与分析

　　本章内容主要是对访谈资料的呈现及我对资料的分析评议。访谈资料在呈现上尽量采用访谈对象的个人陈述及他们的"本土概念"，而分析评议中包含着我的个人的体会和感悟，是对被访者形成的认识。之所以以这样的方式呈现研究过程是因为：①访谈中教师从他们自己的视角、用自己认为有意义的语言描述工作中的所思、所感，与他们的谈话记录中就有关于他们如何成为研究型教师的内容，可以说是对他们教育教学研究能力形成过程的展现；②形成对被访者的认识，从而进行一定理论上的分析和归纳，这应该是本研究的主要收获之一。

　　在写作框架上将结合"类属分析"与"情境分析"，即在主题分类的基础上，每个部分都镶嵌了研究对象的不同经历。希望这种写法能够为研究结果提供一个比较清晰的分类结构，同时也不失个案自身的连续性和内在关联，这样我们能够充分利用收集的资料，从中即可以看到个案自身的发展历程，通过对个案情况的对比分析，又能找出他们之间的共性和差异，通过对共性和差异的分析，将提供有意义的结论和解释。

　　研究过程中，我始终抱着反思批判的态度：我的立场是否客观？资料的收集是否全面？资料分析中形成的思考、判断是否反映了真实情况？而且在合作交流中，我也养成了批判反思的习惯，我的教育教学研究能力也得到了相应的提高，这里能看到我由一个不成熟的研究者逐步成长为比较成熟的研究者的过程。因此，这部分的写作沿两条研究路线进行：一条是我对被研究者能力转变过程的描述和分析，一条是我对自己在研究过程中研究能力转变及体会的描述。但是，由于我和研究对象之间是合作的，我们相互影响，在对他们的描述分析中也包含了我的感受体会及成长过程。因此，两条路线中有相互重叠的部分，区分并不是太严格。

一、研究路线 I

（一）高原现象的形成

研究对象在教育教学研究能力上虽然起点不同，但都存在着某种程度的高原现象。他们的高原现象是如何产生的？导致高原现象的主客观因素是什么？下面将从被研究者自己的理解视角来回答以上问题，以下部分的标题均出自于研究对象在访谈中的原话。

1. "老师把课教好就行了，有必要非搞科研吗？" ——R 的科研无用论

R 是我最早的合作者，我们之间是一次失败的合作。

R 是一个非常开朗、健谈、自信的人，但是比较懒散。正如她自己所说："我是一个非常自信而且也非常强的人，领导们都很赏识我。""我属于爱动的人，坐不住，能说，什么东西我都能给你说出一套来，但就是不爱动笔写。我这人就一个字儿——懒！"

我给她打过两次电话，第一次她正给孩子洗澡，第二次在陪孩子练钢琴，半小时后再次打过去，我们聊了好久，"真要想学点儿理论、写点儿东西、研究点儿东西，你得耐得住寂寞？我这人不行，耐不住寂寞。"决定是否进行研究的难道只是性格原因吗？是 R 所说的"耐不住寂寞"吗？R 又谈了其他方面的原因，"其实，每天过得很单调、很机械，又得料理家务，又得管教孩子。感觉上完课已经很累了，真是没有精力再搞什么科研了。而且我觉得老师把课教好就行了，有必要非搞科研吗？我不是没能力搞科研，而是觉得没什么大用处。就我本身而言，虽然没搞什么科研，但是课绝对讲得一流。而且我刚晋升了中学一级教师，以我的年龄进中学高级教师早着呢，也用不着搞什么科研，发什么文章"。她虽然对我的访谈很热情，但是感觉很不愿意就科研的问题合作下去，于是我们的合作结束了。

我觉得 R 不支持科研、不愿意与我合作的原因除了她说的性格上"耐不住寂寞"，每天很累没有精力之外，最大的原因在于她的科研无用论，而她的科研无用论从某种程度上来说与一定的功利性目的有很大关系，好像科研只是为了评职称的需要。这里不难看出教师的科研观念对他们的行为起着支配、决定的作用，也许只有当教师自身强烈地意识到科研对他们自身发展、生活、情感的重要性时，他们才能"心甘情愿"地、踏踏实实地进行研究。

与她的合作虽然失败了，却为之后与 J 和 L 的合作提供了宝贵的经验：应该先通过电话向所选研究对象解释清楚找他合作的目的，如果他没有兴趣，就没必要进行第二次访谈；访谈前应该列好访谈提纲；要用录音笔录下整个访谈过程；采访时要控制访谈的整个局面，要就某些问题大胆地追问。

2. "都是在×××中给耽误了!"——J 的无奈

J 于 1995 年毕业于宁夏大学物理系,之后在大兴×××中(初中部)任教,曾获得"区十佳青年教师"称号,所教班级连续两年中考成绩居区首位,一直辅导物理竞赛班,获"优秀辅导员"称号;2000—2001 年调到崇文区天坛中学,教初三物理兼做班主任,2001 年所带班级物理中考成绩总分全校第一;2001 年 8 月调入目前所在校——X 中(一所高校附中的初中部,民办公助性质),教初中二年级,所教班级中有两个是实验班。

她中等个儿,很瘦,第一次见她时,感觉她精神不够饱满,有些忧郁,不太善于言谈,应该属于性格比较内向的人。

第三次访谈,J 就向我诉了一大堆苦,她说"结婚几年了也没有买上房子,连个家都没有,有种漂着的感觉。都三十多的人啦,也没条件要个孩子。""唉!我都不知道能干什么。不教学的话干什么呢?想考研,但是都多大啦啊,关键是考上了还得读三年,孩子也没得要。"感觉她对目前的工作有种强烈的挫败感和无可奈何,好像对教育事业已经失去了热情。为什么会这样呢?从她的资料看,她在以前的学校干得还是比较有成绩的,而且她说过刚开始工作那两年觉得工作"挺惬意的"。这与我见面之前对她的印象截然不同,因为她曾经寄过四篇小论文让我的导师指导、修改,觉得她比较积极进取的,而且她也很乐意与我们合作。这样的老师怎么会对教育没有热情呢?是什么时候什么原因导致她对教学没有了热情呢?

在访谈中,我发现 J 一直带有强烈埋怨情绪地重复着一句话,"唉!都是在×××中那几年给耽误了!"当我就这句话的原因进行追问时,J 一改我对她不善于表达的印象,有条有理地说了起来(下面是 J 的原话,我只是摘抄出了能凸显问题的部分内容)。

(1)"由于×××中是县里的重点,大部分老师都是当地人,有的与领导是亲戚,外地老师有些受排斥,区里有什么课题或者进修、讲公开课的机会,都是秘密进行的,好多老师根本就不知晓,领导就私底下安排人了。所以,你干得再好也没用,时间长了大家就不求上进了。另外,领导对科研也不管不问的。"

(2)"学校与外界交流合作很少,也没有图书馆,老师内部的交流更少,所以很难接触到新的教育理念、了解到新的教育发展动态。短期的进修培训也没什么用,都是些老掉牙的东西,要么就是高深的理论,根本不实用。"

(3)"学生素质也不高,不用备课就能上讲台顺顺利利地讲下来,根本没有学生提问题,因此思想上也没什么压力。哪像现在这个学校的学生啊,问的好多问题我都回答不上来。"

(4)"学校老师基本上都是本科毕业的,评职称按资排辈的,许多老师还有关系,所以你积极、优秀也没用。我是那里年龄最小、工龄最小的一批,想评职称更困难。长时间待在那里都疲了。"

(5)"后来,注意到了这些弊端,考虑到大环境对人的影响,想调到市里来,凭自己的实力好好干。但是，我妈病危好几次，不断地往老家跑，来回折腾也耽误了不少事。我工作的第四年，我母亲病逝。之后的一年，我工作上比较上进，看了一些教育理论方面的书籍，写了一些教后感，因为准备跳出来，到市里面闯一闯。"

毫无疑问，×××中的环境确实会对老师的发展产生很大的负面影响，但是人是具有主观能动性的，也许导致J目前状况的还有重要的主观原因，在之后的研究中我开始注意挖掘影响她发展的主观方面的原因。

研究的前一段时间我每周都听她一节课，课堂中她很注重提问、启发，与学生的互动很好，也能调动学生的积极性，但感觉缺少激情，有些地方逻辑性不够好，重点、难点也不够突出。J似乎也意识到了这些："觉得我讲得有点儿乱，有点儿不会讲课了"，"没激情是吧？我讲课比较平淡，几年下来很难改变了，看来以后得好好备课。"她以前都是认为"不用备课就能上讲台顺顺利利地讲下来"的，而且以前的校长老夸奖她说"课讲得好"。她对自己的课堂教学水平一向很满意的，现在又说"几年下来很难改变了"，对自己的评价似乎有些矛盾。她似乎早已对自己的讲课风格比较了解，知道存在的问题和缺陷，但是由于领导夸奖好，对学生也足够了，所以一直并未加以改进。她好像不善于对自己的教学进行认真的反思、改进，对自己要求不高，不够积极进取，而这又受到她所在的客观环境的强烈影响，因为即使这样，她的工作和生活也不会因之而改变。

后来和她谈及发表文章的问题时，她说："一直没发表过文章，评职称啊什么的也许用得着，所以想试着写几篇投一投，看能不能发表"。可见，她写文章带有某种程度的功利性，不是源于研究和自己的发展，如果科研仅仅只是源于外部的压力，而不是源于追求自身的发展，研究起来也许没有任何的乐趣，只是一项苦差事。

3. "如果我能早5年来Y中，肯定要比现在强得多！"——L的遗憾

1990年L毕业于首都师范大学来广营分部物理系，之后在××中学（一个乡村中学）工作将近10年，一直担任高中物理课。1999年调入Y中，并迅速成长为学校青年骨干教师。

L中等身材，稍瘦，看起来很精神，很干练，很健谈。

"不说一毕业就来这儿，如果我能早5年来Y中，肯定要比现在强得多。在××中学时上课、管理都比较松散，研究的东西也都比较简单，或者根本谈不上什么研究，领导们也不怎么重视科研"，而且"那里的一些老师的进取心不是那么强，我在教学上也没什么更高的要求，因为别的老师谁也超不过我"，"学生质量也不太好，课弄得再深了、再透彻了学生也听不懂"，而且学校的老师，都是"以前的老师和同学"，在那个环境里面"比较舒服，没什么压力"，所以"那时追求的就不是教育教学理念啊、教学概念啊，没什么深远的想法"。

当问及他对短期培训的看法时，L说："短期培训用处不是太大，选择的内容、方式不适合水平、年龄、经验、进取动机不同的老师群体。内容有的太陈旧，有的理论性太强，听完了没体会，几天就忘了，没什么大作用"。两位老师对目前的教

师培训模式似乎都存在强烈不满。可见，如何选取培训内容和方式是一个值得深刻探讨的问题。

4. 高原现象的成因分析

为便于对比分析，表4-8和表4-9分别对J和L高原现象的成因进行了简单的总结，从中我们可以看到导致他们高原现象的主要原因。尽管两位老师形成高原现象的具体原因不尽相同，但是他们一致认为是所处环境的影响，而且两者的情况非常相似。

表4-8 对J高原现象成因的总结分析

项目	原 因	结 果
领导管理	外地老师受排斥，没有展示机会；评职称按资排辈，积极优秀也没用；对科研不管不问	时间长了就不求上进了，疲了
获取信息	内外部的交流合作都很少	很难接触到新理念，了解到新动态
学生	素质不高，不用备课就能顺利讲下来	思想上没什么压力，不精心备课
进修培训	不是老掉牙的东西就是高深理论	不实用

表4-9 对L高原现象成因的总结分析

项目	原 因	结 果
领导	管理都比较松散，不重视科研	比较舒服，没什么压力，没什么深远的想法
老师	部分教师的进取心不是那么强	
学生	质量差，课弄得再深了、再透彻了学生也听不懂	
进修培训	内容与方式不适合不同的教师群体，内容有的太陈旧，有的理论性太强	听了没体会，几天就忘了，没什么大作用

可见，无论是从领导、同事还是学生身上，他们都感受不到压力，进修培训也没有带来新鲜的刺激，久而久之也就"疲了"，"不求上进"了，主观上对自己也便没有更高的要求。可以说，他们主观上的不太进取，很大程度上是受客观环境的影响。环境对人的影响虽然不起决定作用，但是当人长期处于某种环境中，意识不到环境的缺陷，或者意识到了又无力对其产生影响或使其改变时，他们便屈服于这个环境，习惯于这个环境，行为就会受到环境的支配。

此外，R和J某种程度上都对研究存在着功利性目的，仅仅将研究看成是职评的需要，意识不到研究能够提高自己的教育教学实践，提高自己的专业能力，更意识不到研究能改变自己的生活方式，使自己从中体会到教师职业的价值、意义和乐趣。因此，R觉得科研"没什么大用处"，感觉"每天过得很单调、很机械"；J对教学有种疲惫感，失去了热情，发出了"不教学的话干什么呢"的感慨。虽然3个研究对象就自己所在的学校而言，在教学上都算是佼佼者，但是他们却没有太大的成就感，为什么呢？因为他们不能深刻地意识到研究对自身发展的作用，不能发自内心地投入研究，更多的是凭借已有的经验进行重复性的教育教学实践，虽然比别人优秀，但是感受不到自己成长和进步的快乐。

（二）对自身高原现象的意识

研究对象是如何意识到自身存在的高原现象的呢？意识到高原现象后，他们有什么样的反应？都采取了什么样的措施？效果如何？为什么会是这样的效果？两位老师的情况有什么共同点？又存在着什么样的差异？下面内容将围绕这些问题展开。

1. "再不总结，再不下功夫我就完了"——J的危机感

"实在不想在×××中待了，在那儿一辈子也出不了头，就想法跳了出来。"J最初调动工作的目的好像并不是为了自身发展，而是因为怕一辈子出不了头。那么跳出来之后是否就如愿以偿了呢？"来到X中后，感觉自己观念转变很大，压力也很大。在×××中时，基本上不怎么备课的，现在不同了，实验班的学生素质都很不错，只讲课本上的东西，他们会觉得太简单、吃不饱，我现在备一节课要查好多相关资料"。J在新环境的刺激下首先觉察到自己已经不能像在×××中时那样轻松地应付学生了，而是需要精心备课才行，而且她强烈意识到自己的知识结构急待于调整，"只是把课本上的东西弄透彻、讲好课是远远不够的，课下学生很能问问题，都是书上没有的疑难问题。现在学生获取课外知识的渠道太多了，有的学生看的科普知识很多的，不扩充自己的知识面的话，很难满足他们的需要。所以平时还要多接触一些前沿的东西，与日常生活有联系的高科技的一些东西"。J开始对自己的讲课风格进行改进，"每节课后我都会对课堂进行认真反思，慢慢改进。有时习惯一旦形成真是很难改的。"J最先从自己的课堂和学生身上感受到了压力，意识到自身的不足，并力求改进。但是她说："学校就三个物理老师，而且另两个是刚毕业的，没有有经验的老教师能请教一下。高兴的是，刚调过来的教务主任是教物理的，思想开放，水平也高，好多问题可以与他讨论、交流、切磋，一直没人指导，这下可好了。"她很渴望能有人请教，得到指导。

有一段时间，本来就管理实验室和辅导竞赛班的J，由于学校老师紧缺，还要跨年级代课。虽然很忙，压力也很大，但是感觉她的精神面貌好多了，不再埋怨和唉声叹气。"最近好忙，要期末考了，我得编考卷，以前从来没编过，编不出来，正犯愁呢。领导又这么看重我，把两个实验班和竞赛班都交给我带，所以得加把劲儿啊。这个学校是民办公助性质的，干得不好了很可能就被淘汰掉了。"

J说学校领导也很重视老师的发展，学校有图书馆，书很多，"没有自己需要的书也不怕"，因为校长说了"只要你看上了哪本书想买就买，回来后给报销，实在没时间自己去买的话，告诉我书名，我派人去买"。领导在资源和经费方面给了老师以充分的支持。可见，领导对老师的高期待会成为他们前进的动力，领导对他们

的认可，使他们对自己更自信，从而更认可自己的能力。一定的淘汰机制所带来的压力对老师的发展也很有促进作用，尽管这会在一定程度上导致老师之间的竞争，削弱他们之间的合作交流。

面对自己的不足，在新的环境里，J思想上产生了很大的转变，"来X中对我来说算是一个新的起点，打算认认真真地干，趁现在还没有孩子拖累。一星期都住在学校也好，有足够的时间整理点东西。目前我手里的素材很多，有教育理论方面的，有教案、习题，还有一些感想体会，只是太零散了，一直没时间整理。哎呀，再不总结，再不下功夫我就完了。"记得J第一次谈到没有房子和孩子时很是伤感，现在这些对她而言似乎都成了优势了，没孩子一身轻，住在学校有时间整理东西。同样的客观条件，J对它的理解前后态度竟然完全不同。我认为这种看问题的视角的变化，正是她思想变化的体现。

J开始实现自己的打算，她开始看教育理论方面的书，第一次见面时我就发现她桌子上有几本教育理论的书，而且里面有很多折页，显然是读过的。但是回过头来看J那4篇文章，发现4篇文章都是停留在经验总结上，而且见解和观点都不够深刻。她说"杂志上看着别人写得挺简单的，但是自己一写觉得很难。不知道写什么，从何下手，理不清思路"。我发现，当我们就书中的某一个观点进行谈论时，J往往脱离不开书上的观点，很少有自己的观点。可能是阅读过程中缺乏思考和联想，不能带着批判的眼光去阅读，没有反思质疑。正如她自己所说："虽然努力地看，但是有点儿看不进去，看完了就忘了，没什么印象。"这或许是她的习惯和方法问题，或者是自身的能力问题。

2. "周围的人一个一个都这么强大，很有压力"——L的压力

L说调到Y中后一下子就结束了在××中学时的轻松日子，"觉得周围的人一个一个都这么强大，很有压力"。L曾经说过在××中学时讲课水平是无人可以超越的，那么来到Y中之后又怎么样呢？"首先感到业务上不行，物理专业上就肯定没有其他老师好。讲课也就比不上其他老师"。周围的同事的"强大"使他意识到自己的讲课水平不再是不可超越的，这种位置的改变使他产生强烈的压力感，"心理一下子失去了平衡，触动很大"。

而且L深刻感受到目前学生的水平与以前的学生相比有很大差异，"学生的素质也比较高，感觉目前的知识已经无法完全满足他们的需要了，需要调整，需要认真备课"。并且他开始关注学生的反应，"现在越来越觉得有些问题不能讲得深得学生听不懂，也不能浅得讲不透彻，你要想讲得恰到好处，这个度的把握确实需要深的知识做底"。

领导的观念、管理也大有不同，校长"挺有水平的，很重视科研"。他说老校长在1992年就开始带着老师们搞"研究性学习"了，从1997年又提倡学校老师搞行动研究。老校长还出了两本研究方面的书，"写得很有见地、有思想，而且都是

自己的思想，读后很有感想"。L说学校整个研究的氛围对他的触动很大，"如果自己不够积极进取的话，很可能就跟不上了"。于是，他也积极投入科研中来，开始带着学生进行研究性学习的探索，并取得了一定的成果，写了一篇《研究性学习和物理教学整合初探》的报告，想作为高级职评的论文，但是"觉得写得不够好，有关研究性学习的理论并不是太明白，都是从别的书上看来的，没有自己的想法"，我觉得文章里面的几个案例还不错，但是理论与例子糅合得不够好。

产生压力之后L有什么反应呢？"自己得想办法啊。之后就把精力都放在业务上了"，L说他没看过电视，经过将近一年的努力，业务上没什么问题了，然后就开始"往高了追求，写一些随笔、感想啊，把自己教育教学中的经验总结提升一下，有时候试着投一些文章"。我对他就写文章的感觉进行追问。

L：我确实在努力地写文章，但是发出去之后也没有回音。我在《班主任》杂志上发表过，但都是教育文章，不是关于物理的。平常很少看大理论方面的东西，太深奥，看不懂，老觉得实践不起来，理论与实践糅合不到一块儿。

我：但是看你写的那几篇文章还是比较有自己的观点的啊？

L：但是接触邢老师之前写的那些文章都是停留在经验的描述上，上升不到理论的高度，很肤浅。感觉写文章很困难，不会写，有种心有余而力不足的感觉。现在才知道是方法不对。硕研班期间对邢老师的课的印象比较深刻，可能他讲的东西与中学的联系比较紧密，好多处点到了中学物理老师的一些通病，你一听感觉到：哎呀，是这么一回事儿，心里有一"激灵"的感觉。之后找他谈过几次话，他建议我精读《物理教师》一类杂志上的文章，感受一下别人是怎么写的，然后试着从物理知识出发写一些较具体的、有针对性的小文章。现在，我正向这个方向努力。

3. 对自身高原现象的意识及反应

由表4-10可以看出，调动工作后，他们受到新环境的刺激，都感受到来自于各个方面的压力，有学生的，有同事的，还有领导的，从而意识到自身的不足，并都积极迅速地采取了行动。但是，L在各方面要比J强一些，这也许是因为他们的起点不同，或者两者的能力、素质存在着差异。尽管行动中各自的表现不同，但是有一个共同点，那就是他们都很想由经验型教师走向具有批判反思能力的研究型教师，但却不知如何才能到达。虽然业务上都取得了很大进步，但是总体来说，他们的教育教学研究能力都还是停留在高原阶段，而且靠自己的努力很难突破。

适当的外界压力虽然能促进教师的前进、发展，但是教师凭借自己的能力进行教育教学研究很困难，很吃力，他们都希望得到有效的帮助和指导。正如J所说"我们没有什么课题，也不会做啊，没人指导"。L虽然进行了将近两年研究性学习的研究，但是仍然感觉对研究性学习的理论体会不深，理论与实例糅合不到一块儿，"如果寒暑假能跟像邢老师这样的教授学习学习，受他们指点一下就好了"。L还说，与邢老师谈论过几次问题后，感觉自己受益匪浅。

表 4 – 10　对自身高原现象的意识及反应

项目	J	L
对高原现象的意识	学生素质不错，只讲课本上的吃不饱，课下问的问题多；觉得越来越不会讲课了；领导对老师期望值很高，学校实行淘汰制	学生素质高，目前知识无法完全满足他们需要；周围同事都很强大，业务、专业上有待于提高；领导很重视科研，学校很有科研氛围，自己不够积极进取就会跟不上
所采取的行动	精心备课，查很多资料，扩充自己的知识面；对课堂进行反思；看教育书籍	认真备课；把精力都放在业务上；看教育书籍，把自己教育教学的经验总结成文章
对自己行动效果的感受	写文章不知道写什么，从何下手；教育理论的书看完就忘，没印象；不会做研究	写文章很困难，而且停留在经验描述上，上升不到理论的高度；心有余而力不足的感觉
"我"对其行动效果的评价	讲课比较平淡、缺少激情；专业知识需要调整；看书缺乏思考和联想，没有批判、质疑；对文章见解不够深刻	讲课幽默、风趣，开始追求自己的风格；专业知识比较扎实，知识面较广；看书较有批判性，重反思、质疑，能产生自己的观点
	新环境的压力使他们意识到了自身的不足，虽然力求改进，业务上都取得了很大进步（L较J强一些），但是他们研究能力都还是停留在高原阶段，而且靠自己的努力很难突破	

（三）高原现象的突破

我们合作时，J与L的教育教学研究能力均处于"高原"阶段。由前面的阐述不难看出，虽然他们对自身的高原现象有所意识，主观上也力图改变，但是经过一两年的努力却并没有什么大进展。采取怎样的措施和行动才能突破高原现象？在突破过程中，他们都经历了哪些值得讨论的有意义的变化？这对教师的专业发展途径和培训模式无疑具有重大的参考价值。论文对一年半的合作过程进行了详细的记录和分析，希望通过对重要事件和关键对话的呈现，能够很好地说明研究型教师教育教学研究能力提高的过程。

由于教育教学研究能力的表现有多个方面，所以按标题对内容进行了分类阐述，这或许在一定程度上对研究过程的连续性有所割裂，但是以标题呈现的形式能使读者思路更清晰。

需要说明的是，合作时J较L的起点低，加上主观因素及自身素质的影响，J在研究能力提高过程中走得比较艰辛。由于研究时间有限，在合作结束时，J虽然已经向研究型教师迈出了可喜的一步，但是作为一个研究者还存在明显的不足，L的资料也许能更全面揭示一个研究型教师成长应具备的品质。

1. "我觉得这一两年几乎从头开始，进步很多"——J 的艰辛和收获

（1）J 的教学篇

由前面部分的叙述我们不难看出，合作初期 J 的课堂教学存在着一些问题，而且她也意识到了自身的不足，但却难以改变。最初一段时间，我听完她的课后虽然有很多感触，但是鉴于"面子"不敢大胆地提出建议。后来我发现，J 对我的不提任何建议的态度有些不满，她是把我当成指导者（至少是理论方面的）来看待的，如果我不能给她指导、建议或者帮助，她会感到很失望。之后，每次听完课或者就她问的某个问题，我都会大胆、委婉地表达出自己听课的感受和看法。J 没有遮掩虚荣心，在我们的讨论过程中，她都会把自己的想法和疑问展现出来，有时候让我觉得她像一个向老师请教问题的学生。我尽量地从理论上去解决她的问题。其实更多的时候，尽管我的观点、建议称不上指导，但是在这个交流讨论的过程中我们确实都觉得受益颇丰。鉴于资料太多，文章中不可能一一呈现，这里只选出有代表性的、能说明 J 转变过程的片断进行描述和分析。

1）听课"电压与电压表"

我建议她在讲表盘结构、量程、最小刻度时结合实物指点讲解，我说：初中生还处于形象、直观思维的阶段，结合实物讲解，他们更容易接受，印象也会比较深刻，而且在做后面的实验时使用起来也会感到容易一些。"我想着让他们看过实物之后，结合图示讲解比较好讲，而且习题中也都是图示"，J 好像更多的是从自己的角度来思考。

对"短路、断路"的概念讲解得也不够详细。后来，J 说学生作业中这块儿知识点掌握得普遍不好，"看着他们都挺明白的，一做题怎么就都不会了呢？""也许他们没明白概念的实质。只是把概念说给他们听，他们理解得可能不到位，见着具体问题就会措手不及，如果能有针对性地结合几道题从多个角度进行讲解，他们的理解就会更全面、更深刻"，我建议性地回答她。"可能平时习惯了按自己的感觉来决定方案，很少从学生的角度来考虑。有时候老觉得他们笨，看来很多原因在我身上呢。"J 颇有感触地说。

实验班的学生比较活跃，学生常常在讲解过程中提出一些很有意义的问题，这节课就有两个同学问了很值得表扬的问题：①为什么（电压表）零刻度左边还有负刻度值？②伏特表是用电器吗？J 对他们的问题好像不太重视，并没有认真、详细地回答。课后我们谈到回应学生的问题时，J 说"如果课堂过多回答他们的问题，会影响讲课进度，打扰讲课思路，课堂秩序也不太好"，所以她一般"不给他们具体、详细的解答"。"但是时间长了，这也许会挫伤他们思考的积极性"，我尽量让她把注意力转移到学生身上。经过讨论，权衡利弊之后，我们决定对实验班学生在课上的问题一律在课堂上进行详细解答。J 好像不太善于对问题进行反思，或者说虽然进行了反思，但并没有力求改进，"我倒是注意到这个问题了，但是并没有认

真思考过该怎么对付"。不善于针对实践中出现的问题进行理性的思考，寻找解决的方案，从而很好地解决它们，使自己的实践得以改进，这也许是阻碍J进步的最大原因。

2）听课"声音的产生与传播"

我觉得她这节课讲得特别好，精神状态比较好，很流畅、很投入、善于启发，气氛也很活跃。当我把自己的听课感受反馈给J时，她也很有同感地说："我也觉得这节课很投入，讲起来也很轻松、愉快。可能一班学生的接受、反应能力都很强的缘故吧。"

我：与以前的课相比，感觉您这节课上与学生的沟通特别好，善于利用学生反馈过来的信息。

J：以前不是很少从学生的角度来思考问题嘛。每次咱俩聊过之后，我都会再仔细思考一下，并且尽量慢慢改掉这些毛病。有时候自己意识不到这些问题，或者模模糊糊地感受到一点儿，但没有引起应有的重视。

由J的话不难看出她现在正处于反思意识的觉醒阶段。只有善于对自己的教育教学实践活动进行反思，才能更深刻地理解自己的教育教学活动及其产生的影响，才能发现问题，并且创造性地去解决它，才能冲破经验的束缚。而对课堂的最好的反思途径莫过于学生的眼睛，因此，针对学生的反馈，站在学生的角度思考处理问题，无疑是最好的切入点。

3）一次习题讨论

J说周五回家，班车路过我们学校附近，想过来与我讨论几道竞赛班的难题，"在学校也没有人商量，自己想来思去，好多问题还是想不明白。"不知不觉中，我们从6：30讨论到了9：00，J很兴奋地说："有个人商量商量、讨论讨论真好啊！讨论的时候，思维比较活跃，产生不少新思路。"可见，老师需要交流讨论的条件和氛围，多个老师共同参与研究一个课题，难度也许会降低好多，效率也许会提高很多。

J的疑问、困惑很多，有知识方面的，也有学生接受方面的，下面给予详细阐述。

J：现在学生很能问，忽然觉得自己好多东西都还不是真正明白，有的问题自己明白了，却不知道怎样讲才能使学生明白。这道题我自己是很明白了，可是给学生讲解时应该如何入手？怎么讲，重点放在哪里，才能让他们明白？

我觉得J不知道如何才能给学生讲明白，是因为她不善于分析学生可能会在哪些地方产生困惑和疑问，可能是对题目本身的难点分析不够，也可能对学生的认知水平和心理把握不够。于是，我就自己的观点与她进行了讨论。

我：其实不管习题还是教材知识点，本身都有一定的重点和难点，首先必须把重难点分析出来，而后结合学生的现有水平和他们的接受能力，估计学生可能产生的思维滞点，然后再决定重点如何突出，难点如何突破。教学内容和方法只有与学

167

生的发展水平相匹配，才能达到最佳的学习效果。所以说，备课时不光需要备课的内容，还得备学生，分析他们现有的接受能力。

J：就 $\frac{1}{u}+\frac{1}{v}=\frac{1}{f}$ 这个公式我给他们讲了好几遍，很多人还是不明白，更不用说同时用到其他知识了，学生根本理解不了，这样的你说怎么办？是不是因为超出了他们的接受能力？

我：这个对初二的学生来说，可能难度太大，其实没有必要要求每一个学生都懂。您可以通过实验带着他们推导这个公式。

J：唉！好长时间不接触高中的知识，觉得自己对它们都很生疏了，看来这道题是因为站的高度不够。

我：是啊。只有比学生站的高度高，充实自己的知识结构，才可能理解、把握学生的心理，才能游刃有余地去解决他们的疑问。

总之，我感觉到J的疑问越来越多了。我认为这正是她开始对自己的教育教学过程和结果进行反思评价的结果，在反思评价的过程中她发现许多有待于解决的实际问题，她很想去弄明白它们、解决它们。当她对自己的思想和行为及其对学生产生的影响进行反思时，也许她正在迈上一个新的台阶。

4）记"海淀区教师风采大赛"

由于找工作的原因，有一阵子我没和J见面，都是通过电话联系。感觉她精神面貌变化好多，说话较以前轻快、洪亮、有力，性格也开朗了好多，充满了干劲儿和自信。她说"这阵子特别忙，跨班级代课，还要准备教师风采大赛的课。我觉得最近一两年，几乎从头开始，进步很多。要是早点调进 X 中，早点与你们接触合作就好了。"虽然课业任务繁重，但是J却比初次见面时的精神好多了，也许她重新找到了教学的乐趣。

"上周的初赛过关了，我们学校总共去了 8 个人，经过淘汰，就我一个进入了决赛。现在正在准备下周的决赛，准备讲平面镜成像或者折射定律……"J很兴奋、很自豪地对我说："我觉得平面镜这一节可以把学生调动起来，折射不是太好讲，都是定性的东西，定量的太少。我再找进修学校的××老师讨论交流一下。"J已经很积极主动，而且对一些问题逐渐有了自己的观点和看法。

"校长对我的期望值很高，说这一次一定要拿奖回来才行。（笑）其实，不管得不得奖，参与这个活动的过程还是很有好处的，自己受益匪浅。觉得自己没有瞎忙活，真学了不少东西。"与以前相比，她更注重自己的收获和发展。

她说由于学校没有资历较深的老师听课帮她指导一下，她试讲时进行了录像，然后自己看录像琢磨、改正。如果说以前J的依赖性比较强的话，现在她已经很独立。人的依赖性往往源于处于弱势的地位、对自己不够自信或者一定的惰性，我觉得J现在已经很积极主动而且比较自信。

后来，J很高兴地告诉我说："决赛中讲得很不错，几个评委老师的评价都很好!"她好像在课堂上重新找回了自己,之后又忙于参加其他一些活动。她的"牛顿第一定律"的教学设计获海淀区课堂教学设计二等奖,"熔化与凝固"的教学建议课将被收入北京师范大学出版社出版的一本教案集,并且参与了全国教育科学规划重点课题——"信息化进程中的教育技术发展研究"的子课题——"基于课程改革的资源开发与应用"的研究。她是初二物理组项目成员之一。

(2)J的论文篇

在我们合作之前,J的文章都是经验总结类的,不能对经验进行提炼,上升不到理论的高度。她说:"感觉很缺乏理论知识。"但是读教育理论方面的书也起不到应有的作用,"看完了没印象,与实践联系不到一块儿"。

合作开始,她"觉得最需要得到帮助的是怎样写论文"。可见,J一方面理论基础比较薄弱,另一方面不善于选择恰当的、适合自己的研究方法。因此合作过程中,我们着重从这两个方面对其进行了帮助。当然,她的研究能力的提高还与她自身的其他素质(进取心、领悟力等)有着密切联系。

我发现J读的书理论性都很强,基本上没有与物理知识相结合的,也许这正是她读了会没印象、没体会的原因。于是,我给她复印了几篇有代表性的例文,都是物理知识与理论相结合的"小文章",告诉她"精读一下,体会别人是怎么选题的、怎么写的",建议她"最好从具体的、有针对性的物理知识方面的小文章写起,某一个实验的改进啊等。"她看了之后说:"人家怎么就能把理论与具体知识联系起来呢?我就不知道该写什么、怎么写。"可见,J起初的最大问题是不会选题,问题的敏感性不够强。而问题的敏感性又取决于她平时的反思意识和反思能力,只有将理论结合实践中的具体问题进行反思时,才能更好地理解自己的行为和想法,从而认识到存在的不足或者产生实践的多种可能性,而这些都可以作为研究内容和论文题目的来源。

1)关于论文《一道物理题引起的争论》

鉴于J选题困难的现状,我将《中学物理》上一篇存在争议、需要进一步解答的文章复印给她看,并与她一起讨论确定了题目,然后建议她自己先就自己的观点写,而后我们讨论。一周之后,看到她写的文章,我觉得写得不够理想:格式不正确,逻辑性不够好,推理不太严密,重点不够突出,要讨论的问题有些含混不清、观点不集中,而且在原来的问题上原地踏步,没有提出自己的新观点,她似乎没用心去写。我把自己的看法反馈给她。

J:感觉写不出来,不知道从何下手,理不清思路。

我:万事开头难嘛。先想好大体框架,写的时候要围绕讨论的问题,怎么着能把这个问题说明白了,然后再一遍遍修改,因为写文章很难一蹴而就,尤其刚刚开始写。对于这篇文章,咱们主要是针对以前的讨论提出并证明自己的新观点是正确的,原来甲乙两方的观点错的话,错在哪里?为什么错?你得证明出来,在批驳他们错误的基础上,提出自己的观点,并证明自己的观点是正确的;如果认为某一方观点正确的话，你认为正确的理由是什么，如何将反方的辩驳推倒，从而证明前者观点的正确性。

其实，这些话只是我自己写作时的感受，称不上对她的指导。但是平时的总结、体会，与她讨论时却突然起到了作用。

J：你能不能帮我修改一下，顺便让邢老师给点建议。

她似乎没有认真与我讨论，没有谈她自己的任何看法，感觉她不是太积极主动，依赖性较强。我就修改后的论文与她交换意见。

J：我觉得经过你修改，明朗多了。我怎么就想不起来呢？

我：我也不太会写文章。写完之后，要回过头来思考一下哪里觉得不对劲儿，凡是隐隐约约感觉有问题的地方都是需要进一步改进的，然后再慢慢改。

这篇文章确实不是太容易写，因为涉及的全是高中的知识，而 J 一直教授初中课程，对高中的知识不是太熟悉。但是我觉得 J 不仅只是因为知识方面存在困难，她主观上也不太求上进，依赖性比较强。我建议她自己再修改一下，然后投稿。

我觉得这篇文章我帮助她的太多了，可能看她写作有些困难的缘故。我不应该这么帮她的，可以给她修改建议，但不该帮她修改，应该让她独立完成。只有经历了艰辛的过程，她才能有自己的感受和体会，才会从中受益。

2）关于"错题卡"的讨论

J 说想把"错题卡"的那篇文章修改一下投稿，我觉得那篇文章经验性太强，她说："虽然经验性很强，但是对别的老师也许很有借鉴作用。"我建议她尽量往理论方面提升一下。

这篇文章被当年《中学物理》第 8 期录用。收到寄来的稿费和样刊时，J 特别激动，她说："哎呀，真是没想到啊！太好了，一定要请你吃饭庆祝一下！"

（3）一堂研究性学习活动课和论文《指甲剪中的杠杆原理》

J 同时负责初中二年级的课外活动小组。她比较困惑地说："活动开展得并不是太好，不知道该进行一些什么内容。"我建议她选一些新颖的题目来做，既能扩充学生知识面，又不脱离课本，同时能对所学知识有所深化的。这样学生比较感兴趣，积极性会比较高。

那段时间，她经常看一些研究性学习方面的资料，好像对研究性学习很感兴趣。于是，我建议她可以以研究性学习的形式来开展活动。但是，J 还是苦于没有题目来做，不会选择活动课题。一天，她拿一道关于指甲剪的中考题目与我讨论，忽然间我脑袋里闪出一个念头。随后与我与邢老师进行了交流，接受了邢老师的建议：可以就指甲剪中的杠杆问题来让学生进行研究。我把这个想法与 J 交流，她很兴奋地说："是啊，这不是现成的东西吗？那我们讨论讨论怎么设计。"

经过讨论我们决定，活动以研究性学习的形式展开，由不同形状、不同结构的指甲剪省力大小不同出发，让学生探究解释其原因，以具体数据来验证经验感受。在讨论中，J 好像很注重我的看法和观点，她常说"你觉得呢？""那怎么安排比较好?""这样行吗?"最后,我建议她先好好写出教案,考虑好结构怎么组织、顺序怎么安排、怎么引导启发……

上完这节课后,J很高兴地告诉我:"这次活动特别成功,出乎我的意料,学生很活跃,很感兴趣。"当我问及她自己的感受时,J说"以前只是看研究性学习的资料,没有亲自实践过,体会不深,觉得比较空洞。上完这节研究性学习活动课后,感触颇深啊!""上这样的课比平时上课对老师来说更有挑战性,如果有时间的话,应该让学生多开展一些研究性学习的活动。"我建议她把教案整理一下,写篇文章投稿出去。"行,我先写写,然后你帮我修改一下。"J一直把我当成指导者来看待,我总觉得她缺乏独立思考和自己的见解。

两周之后我见到J,她还没把文章整理出来,她说"最近很忙,大块的时间没有,零碎的时间又抓不住,一直静不下心来整理。我这个人不会抓小时间,总想找一个上午或者下午,甚至是一整天,集中精力把它一口气写下来。"但是,我总觉得J还有其他没写论文的原因,她一星期8节课,对于有七八年教学经验的老师来说,课业并不是太重,而且每天住在学校,相对自由时间应该多一些,她的写作方法也许存在问题。于是我建议性地说:"我觉得您有点思路就赶快记下来,先想大框架,再慢慢往里面填细节。文章很难一口气写成的,要一点点慢慢修改,很可能修改到最后与最初的表达已面目全非,甚至于观点也有所改变。但往往写出来一点后,看着它思考会出现许多新的想法和思路,有了新的想法时要赶快在原来的基础上进行修改。其实,有时候是钻不进去,进不了状态,开不了头,所以有种一筹莫展的感觉。""真是有一筹莫展的感觉,脑袋里一团糟。"J有同感地说,"上课我会,但是感觉写成文章就不是那么容易。你说题目怎么定呢?结构框架怎么安排?"她自己独立完成这篇文章好像还是相当困难,总是征求我的意见。鉴于上篇论文中总结出的经验,我决定只是给她建议性的启发,放手让她自己做决定。

又过了两三周,J说论文整理出来了,想与我一起讨论讨论。她把题目定为《指甲剪中的杠杆原理——一堂研究性活动课对杠杆的深化》,很不错的。我觉得文章的大体框架也还好,较以前进步很大,可见她是下了一番功夫的。"你说还用加上点儿有关研究性学习的理论吗?我试图加上点儿,但是总觉得揉不到一起,好像它就自己搁在那儿了,别别扭扭的。"虽然也是征求我的建议,但是与以前相比,她先谈出了自己的看法,说明她不再处于完全被动接受的状态,而是开始独立思考了,并提出自己的观点,我觉得这是很大的进步。经过讨论,我们认为,文章不应该出现研究性学习的理论,但要处处体现出研究性学习的观念,也就是说用研究性学习的理论来指导论文框架,而每一步里面又渗透着研究的思想。J颇有感悟地说:"其实,讲课的时候就是沿着这个思想进行的,只是那个时候不是太明朗化,可能是体会不深的原因。"她说:"通过上这堂课和写这篇论文,对研究性学习的体会深多了,以后再上这样的课的话,应该要有感觉得多,不至于举步维艰。这个过程走起来真是难啊！不过过来了觉得身心愉悦，很有成就感。"

能感觉得到 J 的观念确实改变了很多，主观上已很努力，虽然研究过程中走得很慢、很艰辛，登上一个台阶很难，但是她确实正在一步步向研究型教师方向发展。

2. "咱们合作期间感觉各方面都上了一个新的台阶"——L 的感触

（1）L 的教学篇

我们合作时，L 的讲课可以说不存在什么问题。"就讲课水平来说觉得应该不需要什么提高了"，他的学生这样评价他的课。

我觉得与 J 不同的是，L 开始追求自己独特的教学风格。他说："我看到周边的许多老师工作很辛苦，要求学生也很辛苦，我不愿意搞得很辛苦，也不愿意我的学生搞得很辛苦。但是，我又不希望自己的教学成绩比别人低。所以我一直在寻找一个方法，怎样能把课讲得更好一些，让学生掌握的方法更多一些，让学生学得很轻松，老师教得很轻松，同时又能取得好的成绩，这是我目前所追求的最理想的境界。""我觉得应该把抽象的、不好理解的物理概念或者不太容易给学生讲清楚、讲透彻的定理、定律等，能够讲得更透彻、生动、深刻一些。在这方面，我比别的老师追求得高一些，做得更好一些。"

但是 L 在探索、追求自己独特教学风格时，也遇到一些困惑。

L：这几天我一直在思考一个问题，都教书十多年了，而且讲课也追求精益求精，可是最近两年学生的成绩却没有提高，甚至于还不如以前好，也不知道是怎么回事？

我：是吗？目前学校的生源怎么样？

L：还可以。不过因为许多学生争着进我们班（因为 L 课讲得好），学生质量稍微有所下降。

我：这可能是一个原因。您平时留作业多吗？

L：基本上不留作业，只留物理组统一做的题，而且我基本上也不收作业。我正想跟你讨论这个问题，这也许是影响他们成绩的一个很重要原因。

我：我觉得高中的东西还是挺难的，即使学生课上听得很明白，理解得很透彻了，课下还是需要一定量的习题去巩固、深化、活化知识点的。

L：他们也做的啊，我教的学生自觉性还是可以的。

我：那您留的作业都判吗？

L：我不太喜欢判作业，这可能是很不好的缺点（笑）。但是，我每次都会让课代表把大家的疑问收集起来给我，然后课堂上针对他们的疑问统一讲解。

我：我觉得还是应该收作业，并且判一部分作业的。毕竟一些同学自觉性不够，也许课后不会主动做题。课代表收集的疑问可能不全面，而且有的同学也许并不知道自己在哪些地方存在问题，本来做错的很可能会以为自己做得很好呢，但是通过判作业这些就都能得到反馈，针对他们共同出错的问题，分析出错的原因，然后课上有针对性地讲评指正，这样效果也许会好一些。

L：也是。我最初只想着让他们轻松点儿，我也轻松点儿，想着有些题有的学生已经很明白了，还让他们练习的话是浪费时间精力，不如多给他们一些自己支配的时间，这样好有所侧重，把精力花在薄弱的地方。看来在作业方面，我的督导和反馈都不够。

L：还有一个原因，我觉得是研究性学习有问题。你说四五十人的大班适合开展研究性学习吗？

我：研究性学习一般较适合小组开展。

L：我觉得也是。我发现往往是那几个比较聪明的、有见解的同学发言，其他的同学被远远甩在了一边，没有机会表达。也就是说，只有很少一部分的学生真正参与了进来，而大部分学生没有真正参与进来，可以说，他们的一些权利被剥夺了。

我：学生的能力存在很大差异，并不是所有的学生都有能力进行研究性学习，所以最好尽量将研究性学习渗透到课堂中，培养学生的研究意识，把整节的研究性学习课放在课堂之外进行。

可见，L具有较强的反思意识，他比较善于反思自己的教学及教学中出现的问题，并带着批判审视的眼光来分析，力求使问题得到解决。这正是一个研究型教师最应首先具备的品质。

（2）L的论文和研究性学习

初次读L的文章，感觉写得挺不错，虽然经验性强些，但表达得很到位，逻辑性也强，很有自己的思想和见解。但是，他觉得自己写的文章"理论性不够强，又不是物理知识方面的，水平不行"。他说正按照我们的建议，准备从教材知识点、知识结构切入，写一些较具体的、有针对性的小文章。

L将寒假里写的三篇文章给我看。我觉得他问题的敏感性很强，写得很不错。他说"现在觉得题目找起来也不是特别费劲儿，可能以前方法不对吧。感觉真是对具体的事例、案例，有自己的想法和体会，从这些方面写起来才有机会；写理论肚子里没有，也写不深入。"他的三篇文章从选题、写作、修改都是自己独立完成的，虽然他让我给提一些修改建议，但是我觉得自己好像无法站在比他高的高度进行修改，这使我触动很大。

L把论文投稿了出去，其中的两篇《汽车转弯最高限速的讨论》和《"一百多年前"应改为"两百多年前"》分别发表于《中学物理》2003年第7期和《中学物理教学参考》2004年第1—2期（合刊）。

L的反思能力很强，正如他自己说的"已经养成了反思的习惯""比较能琢磨事儿，好像已经养成这个习惯了。"但是他说："觉得有的时候所思考东西的深度不够，而且有时总觉得一些事儿想得不够透彻，处理起来上不了很高的台阶。"当我追问他："您在处理什么具体事件时对这个感触最深？"他说："就说这个研究性学习吧，我已经做了一两年了，虽然取得了一些成绩，但是老觉得做得不够好。"

L说他"于1999年就接触到行动研究了，只是理解得不够深刻。有一个感悟就是，深奥的、大理论的东西看不懂，也不喜欢看。但是呢，又觉得应该想一点事、研究一点事，能把自己的工作干得更好、更深入一些，行动研究是最好的途径了。""那您对行动研究怎么理解的？"对我的追问，L回答说："就是针对自己的实践进行研究，注意教学中出现的问题，然后采取解决措施，反思做得是不是好，不好的话进一步改进。我做得不是特别好，但是值得一提的是，我的反思意识真是受益于它。"

L一直说自己"做得不够好"，但是又苦于找不到原因，得不到改进。我觉得他进取心很强，对自己要求很高，主观上也已很努力，"到底原因出在哪里呢？"我问自己，正如L的困惑"不知道怎么回事？"

L说他将这两年开展研究性学习的成果感受整理成了论文《研究性学习和物理教学整合初探》，准备作为评高级职称的论文，想与我一起讨论讨论。看过L的论文后，我一直忙于查找关于研究性学习的资料，因为以前我对"研究性学习"只是知道皮毛而已。通过查找、分析资料，觉得自己对这方面的知识了解了很多，可能给L选资料时很上心的缘故。我觉得与中学老师一起研究交流的过程中自己也在不断地进步。

L说有关研究性学习的理论并不是太明白，都是从别的书上看来的，没有自己的想法，总觉得理论与例子糅合得不好。我觉得论文中提到的"把研究性学习融入物理课堂"的思想很好，而且那几个案例也不错。但是与L有同感，觉得理论与案例不够融洽，两者没有结合点，太孤立。

由此看出L"做得不够好"的一个原因很可能是对研究性学习的理论理解得不够深刻，不能对实践进行有效的指导，他应该多从理论与实践的结合点上反思。我把自己的想法与L交流，他很赞同。我们就这篇文章中的问题讨论了好几次，讨论时L的质疑能力很强，很有自己的观点和见解，他常说"不是吧？我觉得……""我觉得也许这样会更好一些……""我不是太赞成你的观点……"他根据我们的讨论对论文进行了修改。

过了一段时间L告诉我说："我又与别人讨论了一下，做了进一步修改，但是一直觉得不满意。"他颇有感触地说："我真的非常愿意与邢老师的团队打交道，能从中学到不少东西。我觉得跟你交流起来感觉特别好，谈起话来容易蹦出一些新的念头和想法。平时学校老师之间的交流更多的只是停留在嘴头或者总结上，没有深度。"这使我记起一次要对L说再见时，他说："你有事儿吗？没事的话想跟你多聊一会儿。"

或许是L比较健谈的原因，我们之间的互动非常好，我与他有同样的感觉：一起讨论时思路总是很畅通，思维也很敏捷，他的话总能激起我许多灵感和想法。但是，有时还是觉得不能站在一个应有的高度去提一些建议，我觉得自己平时应该多看一些文献，尤其是教育理论方面的。另外，我应该学习L探究、严谨的精神，有些时候我对问题有些不求甚解。我发现在对 L 的问题进行思考时，常常忽然觉得自己也存在着类似的问题，这促使我重新审视、反思自己、改进自己。

（3）研究性学习活动课案例

L 说 6 月要上晋高级的课，因为职评论文是关于研究性学习的，所以讲课内容也想定为研究性学习方面的。他问我是否看了伊拉克战事报道，"不知你注意到没有，主持人与战地记者的对话有较大的时间间断，我想就这个现象上一节研究性学习活动课。我们不是每周有一节研究性学习活动课嘛，我正带着学生做这个事，题目初步定为'伊拉克战事报道中的对话为何出现间断'，你觉得怎么样？""我觉得挺新颖的，但是进高级的课允许讲这个吗？"惊讶于 L 的独特性的同时，我不无担心地问。"对讲课内容没有限制要求的。平常课本上的东西谁不会讲啊？我觉得这个题材比较新颖，能给人眼前一亮的感觉。"L 很追求创新，观察力及问题的敏感性很强，很善于对生活中的现象进行捕捉思考。下面将对连续几个月（2003.3—2004.2）的研究性学习活动课的过程进行阐述。

由于研究性学习活动课涉及的知识面广，关键时刻老师又必须对学生进行及时的指导帮助，因此这就要求老师对活动中可能涉及的方方面面的问题有所把握。活动开始一段时间之后，L 说已经从声音传播途径的角度引导学生分析出了"间断时间"的成因，大概有 9 个部分组成，但是遇到了好多问题：电磁波从上星到下星的时间间隔大约是多少？属于什么单位级？声波转化为电磁波的时间大约是多少？属于什么单位级？记者思考反应时间大约是多少？他说"麻烦你问一问在信号传播方面比较权威的老师，我自己也再问问，咱们再讨论。"

我就 L 的问题咨询了一下信号系统专业的一位老师，得知电磁波从上星到下星所经历的时间间隔应该是微秒级，声波转化为电磁波的时间是纳秒级或者纳纳秒级，问正在学心理学的师兄，他解释说记者思考反应时间是 $1 \sim 1.2$ 秒。当我把咨询的答案告诉 L 时，他说："那这两段时间确实可以忽略不计的，我之前只是从估算的结果推测，不敢确定。"之后他若有所思地说："不对劲儿，这里又有一个问题，间断时间的最小值 $t =$ 电磁波传播的时间 t_1 + 记者的反应时间 t_2，这里计算出的 t_1 大约是 0.48 秒，记者的反应时间 t_2 最长按 1.2 秒算吧，估计还不到 1.2 秒，你看我喊你名字，你反应的时间应该肯定小于 1.2 秒吧，估计比 1 秒还小呢，现在 t_2 就是按 1.2 秒算，t 才是 1.68 秒，而实际上的时间间隔大约是 2 秒，估计还要多，你说剩下的那小段时间哪儿去了呢？我怀疑那个老师的答案不对。"L 的质疑能力很强，而这正源于他对问题的敏感性和善于思考。于是，我们就分析查找原因，得出结论：对话间断的时间也许比我们估计的少；记者的思考反应时间也许要比 1.2 秒长，与两人面对面的交流不同，记者是通过电波听到播音员的声音的，是没有任何思想准备的，加上要回答的是问题，他反应的时间肯定要长一些。这次讨论又出来两个新问题：如何准确测出对话的间断时间？如何测量记者的思考反应时间？

当我对这两个问题还没有较好对策时，L 说他已经找到了解决办法：对于对话间断时间的准确测定，可以将对话片段制成可以利用影像播放软件（Real Player）进行反复播放、观察、研究的课件，从 Real Player 上的计时器很容易测出间断时间。经生物老师的指点，以模拟采访的形式来估算记者反应思考时间。利用学校电视台的广播，让甲学生对乙学生进行广播采访，所提问题的字数与电视采访提问字数相当，其他 3 个同学用秒表来测定被采访同学的反应时间，反复多次，去掉其中误差特别明显的数据之后，求剩下数据的平均值。L 对于自己解决不了的问题很善于征求别人的意见，取得别人的帮助，这是我应该学习的。

L 说研究过程中新问题不断，"我发现问题越来越多，当初只是觉得这个题材比较新颖，没料到这么难对付，我怕上课时讲出来的效果没有料想的好，课堂会不太好组织和控制，因为你不知道学生会讨论些什么，讨论到何种程度。"他说"教案我自己又琢磨了好几遍，做了一些修改，但是肯定还存在很多问题，我发邮件给你，你帮挑挑错。"L 不但发来了教案的文字（Word）版，还发来了演示文稿（PPT）版，Word 版已经在上次发来的那个基础上作了些修改，感觉 PPT 版做得很不错，但是 L 却说还不是太满意，感觉他很追求完美，也许这正是他积极进取的原因吧。

第二天，我们一起进行了讨论，除了关于课堂引入的、用词造句的，主要争论了两个大的问题。

我：我觉得应该带着学生经历"卫星到电视台的距离近似为卫星到赤道的垂直距离"这个过程，然后讨论为什么可以这样近似？怎样将复杂的问题简单化处理？这是一个能力，这里近似估算就体现了这一点。

L：是，我算了一下，用实际高度计算的结果和近似高度计算的结果几乎没有差异。

我：计算出的时间差异是完全可以忽略，我也算了。但是，关键是得引导学生经历这个过程。有的学生可能会产生疑问，为什么卫星到电视台的距离和卫星到赤道的垂直距离这个差值是不可以忽略的，而造成的时间差就可以忽略呢？

L：我也想到这个问题了，但是觉得稍微解释一下的话，学生也能理解，就没有把它作为学生探究的环节。

我：我比较倾向于将整个对话过程与平时面对面的交流进行对比。9 个时间段可以再加上几个，将平常面对面交流的时间段也列出来，之后两者对比，再把前者时间段中与后者相同的都排除出去，剩下时间段的时间总和就是我们感觉到的间隔时间。

L：但是，这个对比起来有些太复杂，恐怕学生难以理解，而且一节课的时间有限，讲不了太多的内容，到时候怕讲不明白。

上完课后，我们又进行了一次交流。

L：评委们对这节课反响很大，大家议论纷纷，评价都很不错，说这节课很新颖、很有创意。但是有一个评委说'间断'这个词不太合适，改成'间歇'比较好。我觉得从造句上看很别扭，忽然觉得'间断'这个词是不太好。

M："间隔"怎么样？（我脑海里忽然冒出这个词来。）

L：你看你这里又出来一个"间隔"，我也访问了几个很有经验的语文老师，但是大家意见不一，所以很难确定。

M：我觉得这个问题找搞信号处理传播的老师问一问比较好，因为这属于专业术语，不是单单的用词问题。

L：对对对，我就想着抠词儿了，那你帮问一问，咱们再决定。

关于用词问题我请教了李老师，他说用"间隔"或者"延迟"都可以。就这个词语选择可以看出L很认真，很严谨，对自己要求很严格。

L把教案整理成了一篇文章《伊拉克战事报道中的对话声音为何出现间隔——一堂探究性学习活动课》，我们一起讨论后他投稿了出去。这篇文章发表于《物理教师》2004年第3期。我以为这个研究性学习活动课已经告一段落，但是L却又带着几个学生和老师成立了一个研究小组开始了继续研究，他说："总觉得有些处理不是太恰当，一些疑问还需要进一步探究。"为了更精确解释电视对话声音间隔问题，他们又对5个理想模型进行了讨论，并指导学生写出了研究报告，将研究过程以报告形式制成了Web网页，小组学生成员就这个研究课题参加了全国青少年科技创新大赛，并在竞赛中荣获市级二等奖。当这个历时10个月有余的课题结束时，L颇有成就感地说："咱们合作期间感觉各方面都上了一个新的台阶。虽然以前也搞了不少研究性学习，但是都没这次对研究性学习理解得透彻，好像一下子上了一台阶，找到感觉了。可能以前没有进行过专题研究的缘故，没有经历过整个研究过程，都是在课堂中对研究性学习的渗透，难度不够。"

（4）L的课题观

L最早做的课题是"城乡中学社会综合实践活动的研究"。他说："很多乡村教师可能不是拿课题来认真研究，但是我不是（加强语气），我确实（强调）是在想这个事情……"他说他力求找到一个东西，既不离开课本，又能提高学生的兴趣，又能与社会实践相结合。"其实，之后开展的研究性学习就是从这儿得到的启发。"

确实如L所说，他对课题研究很认真，有一件事对我触动很大。他问我是否能联系到我的一位师姐。我问他什么事儿，L说："她去年不是在我们班做了一个关于《中学生物理认知水平》的问卷测试嘛，我想向她了解一下测试的结果①，看看我们班的学生处于一个什么样的水平，我也好多掌握一些他们的情况，针对他们的状况采取相应的措施。"不像有的老师只是把科研挂在嘴上，走走形式就完事儿，L对研究很支持，态度很认真，在配合研究人员搞好研究的同时，力求自己的提高。

L还接了一个"习惯、方法、能力的培养"的课题，与我讨论一下怎么做。从

①　相关研究成果参见邢红军《初中物理认知水平判别》《高中物理认知水平判别》两部著作。

我的论文的研究方法受到启发，他说"习惯、方法、能力的转变都是过程性的，而且不能测量，所以我觉得仿照你论文来做比较好。"经过讨论，我们最后决定：在对学生进行习惯、方法、能力的培养的过程中，定期记录学生的感受，可以通过座谈的形式或者让学生写感想随笔的形式，而且过程中着重抓几个不同层次水平的典型学生，对他们的变化进行细致的观察记录，把他们作为特殊案例，最终的报告可以以多个案例呈现。"我自己琢磨这个课题很久了，但是想不出较好的方案来，咱们这么一讨论觉得思路一下子开阔了，尤其你的论文的研究和写作风格，对我很有启发。所以我真是很愿意与大学里的老师或者像你这样的研究生经常合作交流。"L很有感触地说。

(四) 不同的声音

通过对研究对象的访谈和记录分析，我们从当事人的角度了解了他们对自己教育教学研究能力形成历程的所思所感、体会评价。那么学校的领导、学生对他们的评价、观点如何呢？领导对老师进行科研的看法和态度如何呢？也许来自多方面的不同的声音能帮助我们获得更多的信息，为此我对领导和学生进行了访谈。但是由于种种原因，我们只对 L 所在的 Y 中学的徐校长和 L 所教的部分学生进行了访谈。访谈的主要内容如下。

1. 访 X 中学徐校长

这里需要说明的是，在对徐校长的访谈过程中，L 也在场，他的很多话已经出现在平时的访谈中，并且有的曾多次出现（这说明资料的收集已经饱和），但是鉴于谈话的逻辑关系，能让读者有一个完整的印象，下面仍然引用了 L 的话。

我：L 老师自 1999 年调入 Y 中，很快成长为学校的青年骨干教师，能就他的成长过程谈谈您的看法吗？

徐：L 刚调过来时我是年级主任，曾在一个办公室共事三年，对 L 的成长过程我非常了解。他对教科研接触得比较晚，但进入得非常快。他这人特敏感，特有问题意识。对于 L，说白了，第一是环境，第二就是他自己，特别有主动性、进取心和创造性。

L：是。在××中学的状态跟在这儿的就不一样。

徐：环境的影响还是比较大的。我们的老校长——梁校长，很支持搞科研。我校从 1992 年就开始研究性教学研究，梁校长还出了两本关于这方面的书，1997 年他就要求学校老师搞行动研究，我们都跟着他做。

我：也就是说科研跟环境、领导都有关系是吧？

徐：关系大了。像研究性学习这事儿别的学校不接受，我们接受。其实，研究性学习大有文章可做。主要是刚提的时候，提得高，做得不够，没有落实到基层，真正落实了，效果就有了。好多学校也都开了课，但是没有什么成果，都糊弄过去了，只是口号、走形式。我觉得就目前没有什么成果，我也不会把这个课的时间给其他学科占用，这是一块阵地！这是一种趋势！可能我们开展两年了没有什么大的成绩，但是只要认真做了，至少这个过程中可以培养学生的一种意识，在这个过程里面他这个学习方式转变了。

我：您（指L）刚刚说在××中学的习性跟在这儿的不一样，具体有哪些不一样？

L：在××中学时上课管理相对来说比较松散，也没有什么研究，反正谁也超不过我，所以教学上没什么更高的要求。再往上追求呢，除非是当学校领导，当时我是年级主任。那时追求的就不是教育教学理念、教学概念。来这儿之后就不一样了，首先感觉物理专业上没有其他老师好，就有一种压力，然后就把精力都放在业务上了，没看过电视，经过半年或者说一年的努力吧，业务上没什么问题了。然后就往高了追求，才开始想进行一些个研究。

徐：其实，我觉得他（L）是两条腿走路发展起来的。一个班主任，一个教学。他1999年过来就当班主任，学校要求，每个班主任都要一周上一次的德育活动课，对学生生活进行指导。他这人比较活，思维比较活跃，能创新、好想、能问。他有两点给我的印象特别深：一是来了之后就开始埋头读梁校长的一些文章和书。那个时候我们学校老师的教科研意识挺强的，就是老在这个环境里头，慢慢熏陶，时间长了就有这个味了。他来了就研究梁校长的一些教学思想、研究型教师的思想、行动研究，这是教学方面的；另外呢，他善于把班主任期间的活动课的内容方法进行再思考、再研究。二是他在工作中特别善于发现问题，发现问题之后他就拿来做，不是说把这个问题随便做做就得了，他把这个问题放在面前作为问题来研究，作为课题来研究、来对待。梁校长听过他一节课后曾跟我说过："这小伙，课虽然讲得还不是一流好，但是有一点特别值得表扬，比较有创新意识。"就是问题意识、研究意识强，可以培养。尤其最近两年搞研究性学习之后，算是找到生存的土壤了，他的研究性学习就是两大块儿，一块是课题，就像伊拉克这个；另外一块是课堂，课堂教学中渗透研究性学习的意识，学生评价挺高的，我们每学期都让学生给老师打分，他的分往往很高。

L：是。刚刚我在我们班做了一个调查：三年中上了这么多节物理课，你记住的有哪几节？做了你们三年班主任了，给你印象最深的一节课是什么？回答最多的，一个是关于伊拉克的，一个是以卵击卵的那个，第三个是牛顿讲苹果掉在地上，是由于地球的引力，那么地球吸引月球这么多年，怎么就没把月亮吸引下来。

徐：可见，学生对这个研究性学习还是非常认可的。但是，现在全校性的开展研究性学习活动课也有一定的困难，因为并不是每一个老师都有这个能力，如果能够大学与中学联合起来，专门成立一个研究性学习小组，有高校资深教师指导，先带动起几个教师，然后这些被带动起来的老师再带着别的老师干，会好得多。有时候就靠推动，我想只要重视了，就会有成果。

我：有的老师需要一些适当的压力是吧？

徐：一方面就是得靠外界压力。有的老师工作七八年，甚至十多年后，没什么长进了，不是他自己不愿意上去，而是上不去了，找不到自己的位置了，所以就下去了，像 L 就是找到了自己的研究方向。所以，只靠压力也不行。怎么能让老师自己把自己调动起来，找到一个成长的支撑点，这个很重要。

我：您的这个"支撑点"指的是什么？

徐：搞研究就是一个很好的途径，像 L 这两年就成长特别快，他跟我聊起过与你们的合作。我们非常愿意与高校合作做一些课题、搞一些研究，这要比进修培训来得更实在一些。因为老师们自己做研究能力有限，他需要指导帮助，所以，有机会我们会请像邢老师这样的老师来学校给做一些具体的指导性的讲座。

L：其实，咱也不是说奉承话，与你们合作真的很受益，尤其是邢老师的指导、与你的交流。硕研班期间上的课中，邢老师的课给我印象、影响最深，可能是觉得别的老师的课不对口，或者说自己水平不够，听着时觉得讲得也不错，但是之后就都想不起来了，但是对邢老师的课印象比较深刻，让我联想到很多东西。兴许是邢老师讲的东西与中学结合得比较紧密。一开始我最需要一篇教学论文的时候，觉得特难，邢老师告诉我回去就去看《物理教学参考》之类的杂志，好好看看人家是怎么写的，等等。后来，我就认真看，找他讨过几次经验，慢慢地就入路了。有一点体会是什么呢，现在回过头来看以前写的文章，觉得写得真是不行。这两三年，我从高一开始试，觉得高一时还不行，高二时就基本上像样了，尤其是咱们合作这段期间，觉得长进最快。

2. 访谈 L 的学生

我解释完访谈原因后，要他们随便聊聊对 L 的感受和看法。S_1：老师，您坐！聊哪方面的呢？S_2：老师找个话题聊吧。① 顿时感觉他们较城里的孩子多些朴实。

我：与其他的老师相比，你们觉得物理老师的讲课风格有何不同？

S_3：上课的精神面貌比较好，比较有教育热情，用我们数学老师的话说物理老师就是"年轻有为"。

S_4：讲课比较具体生动，老给我们做实验，有时用课件，比较侧重物理情境和过程方法的讲解。比如，某一个定理、规律，他不是直接给我们结果，而是仔细讲解推导过程，我们就比较明白，理解得深刻。

S_5：老师讲课还比较幽默，像今天讲那个光电效应时就拿女生打男生举例子。

S_6：老师讲课比较善于归纳，将很多题型进行归纳。有时虽然他讲的是一道题，其实之后你发现并不是一道题，通过这道题复习、掌握了很多知识点。

S_7：老师总说要重质量、方法、过程，而不是数量。感觉他讲解时能抓住重点和要害，挺难、挺复杂的东西能讲得很明白、很透彻，让我们听起来觉得很简单。

---

① S_1，S_2，…，S_{17} 均为 L 的学生的代号。

我：听说物理老师不怎么留作业，对这点你们怎么看？

S_8：老师只留物理组统一做的作业，他自己从来不给我们额外留。

S_9：赞成。因为每个学生的程度不一样，没必要非要求大家都完成同样的作业，如果你已经都明白了，还要做就是浪费时间。学得好的、爱学的，不检查也会做得很好，不会做的，检查了也没什么用，他肯定做不完。这样我们可以自己安排，把精力多放在自己不明白的问题上，而且还有其他学科呢，自己可以均衡一下时间。

S_{10}：适当留点也行。因为有时自己自觉性不够。

我：老师不判作业怎会知道你们学习中遇到了哪些困难？有哪些疑问？

S_{11}：老师让课代表统一整理大家的问题，老师课上有针对性的一起讲解。平常自习时间，别的老师都用来讲课，物理老师答疑，坐在讲台上，谁有问题谁就问。这样我们有一个消化、整理、系统知识的时间，挺好的。

我：对老师开展的一些研究性学习课，你们有什么感触？

S_{12}：很有意思，不枯燥。不仅学到了知识，而且其他方面也都得到了提高和培养，尤其是能力的提高。

S_{13}：生活中很普遍的现象，大家都没意识到。但是，老师却把它拿出来研究，觉得老师挺能琢磨事的。

S_{14}：觉得研究性学习知识面比较广，像伊拉克，可能涉及很多别的学科的东西，在学习过程中我们扩展了知识和眼界。

S_{15}：觉得研究性学习能培养我们的问题意识，你要善于观察、思考、分析，而且能培养我们的合作交流能力，有时候一些问题必须大家一起讨论的。

我：觉得老师没有什么缺点或者需要改进的地方吗？

S_{16}：就讲课水平来说觉得应该不需要什么提高了，而且老师对我们特别好。

S_{17}：老师挺爱钻研的，而且知识面很广。平时老见他学习一些软件，而且他思想挺前卫的，注重能力的培养。

二、研究路线 Ⅱ

导师对论文题目和研究方法的介绍给我耳目一新的感觉，我很快对质的研究方法产生了兴趣。做这个论文可以说是一个很好的实践的机会。但仔细思考研究的内容后，我很担心在与研究对象的合作中，不能胜任对他们的指导。导师知道我的这个想法后，鼓励我说："这个研究过程恰好是你学做研究的过程，希望过程中你自己的研究能力也得到提高。"研究中我及时向导师汇报研究的进度，向他请教自己的问题和疑惑，整个过程可以说是我与 J 和 L 在导师指导下共同进步成长的过程。在这个过程中，J 和 L 把我看作理论方面的指导者、帮助者，作为一个即将走向中学物理教学岗位的毕业生，我把他们视作教育教学实践的前辈，可以说我们之间是相互影响、相互借鉴的。在合作交流中，我常常发现自己遇到的问题与他们存在的问题有着惊人的相似，在帮助他们解决问题时，我反省自己的不足，并力求改进。同时，我完全沉浸在他们的教育教学实践中，虽然我不是教育教学的实践者，但是我的教育教学研究能力不知不觉中也得到了提高。下面将就一些重要片断加以阐述。

论文的撰写能力和水平可以说是研究能力强弱的一个标志，正如 L 所说"能发表文章，说明你这个人对问题有自己的见解和看法，研究意识和研究能力都要强一些"。研究开始时，我与 J 和 L 有一个共同的感受，就是"不会写文章"，不知道如何选题，理论的东西写得不深刻，实践的东西没有经验又写不出来。对此，导师建议我从琢磨高中物理教材入手，注意将具体的知识点与所学的理论相联系，一次他问我们对比值定义法的物理实质和内涵的理解，并建议我们就这个问题结合某一个具体的比值定义写一篇文章，我写了一篇《电场强度的比值定义法教学》，历时两个多月，刚开始难以下笔，边写边改，修改到最后自己还是觉得不满意，但是又没有能力更好地进行修改。导师说论文结构安排还可以，但是表述太繁琐，写得不够简明扼要，不能切中要害。文章投稿出去之后杳无音信，但是从写这篇文章起，我开始了论文写作的摸索过程，慢慢产生了不少写作的体会，这些体会在我与 J 就论文写作的讨论中有所体现。

与 J 和 L 一样，我也一直觉得很难将理论与具体问题联系到一块儿，不能从理论的角度对问题进行解释或指导。一次与 J 就某一问题谈论到教材重难点、学生的认知水平和接受能力时，我忽然想到我在中学教物理的同学 G 与我讨论过的一道物理试题：

用大小不变的力 F 拉着一物块在粗糙平面内沿一圆周运动一周，问拉力对物体做的功为（　　）

A. 等于 0　　B. 大于 0　　C. 小于 0　　D. 无法确定

G 说："80% 的学生都错选答案 A，问他们的选择理由时，一部分学生说根据公式 $W = FS\cos\alpha$，物块运动一周其位移 S 为零，代入公式，所以 $W = 0$。我很不能理解的是，课堂上一直强调这个公式只适用于恒力做功，为什么做题时他们却完全不考虑这个适用条件呢？怎样才能使他们深刻地理解、掌握这个公式的适用条件呢？"

当时，我只是建议她紧抓住"适用条件"这一点来纠错，但是对她的疑惑并没有更好的解释。与 J 讨论时，脑海里忽然闪出一个念头：皮亚杰的认知发展理论完全可以解释她的疑问。面临新问题时，学生总是试图先采用同化的方式去学习它，无法同化时，他们才试着采用顺应的方式去学习。如果学生不能理解新问题与头脑中已有的图式有着本质的不同，他们很可能用旧图式去同化它。就这道题而言，学生头脑里恒定机械力做功的认知图式 $W = FS\cos\alpha$ 已经存在，但是学生没有意识到题中所给拉力 F 是变力，他们头脑中没有产生认知上的冲突，所以仍然将力 F 作为恒力处理，在位移为 0 的条件下，代入公式 $W = FS\cos\alpha$ 得出 W

= 0 的结论。总之，这部分学生没有意识到面临的实际问题与头脑中已有的认知图示 $W = FS\cos\alpha$ 的适用条件是不同的，从而错误地用恒力做功公式 $W = FS\cos\alpha$ 来同化变力做功，这当然导致错误的结论。于是我就自己的思考写了一篇文章《一道物理试题引起的认知心理分析》（发表于《中学物理》2003 年第 6 期）。当我把文章拿给 G 看并就自己的分析和观点与她讨论时，她说："如果能了解并把握学生的认知心理，将这道题作为新课例题讲给他们听，引导他们产生认知冲突，那么通过这道题的讲解，他们会更深刻、更透彻地理解和掌握 $W = FS\cos\alpha$ 这个公式的物理实质和适用条件的。"J 与 L 在实践中或许碰到过很多诸如此类的问题，如果他们能够使问题得到理论上的指导和解释，研究能力会提高很快，这是我们合作的很好的切入点。

可以说我是在帮助他们，与他们交流的过程中不断进步成长起来的。与 L 一起修改《研究性学习和物理教学整合初探》这篇文章时，我对"研究性学习"的理论只是略有所闻，谈不上理解，通过对有关"研究性学习"资料的查找和筛选，对 L 文章中研究性学习案例的思考，觉得自己对研究性学习的理论有了比较深刻的理解。鉴于 J 苦于论文题目的确定，我常复印一些比较典型的文章给她看，想让她能对别人的文章有所借鉴。一次在《中学物理》上看到一篇存在争议的文章《一个值得讨论的问题》，忽然灵机一动，这不是一个很好的题目吗？于是，我建议她就争论的问题结合自己的观点写一篇文章。文章中的题目和争论双方观点详见图 4 – 3。

題目：如图所示，弹簧的一端悬挂一物体，另一端悬挂在不可伸长的细线上，则将细线剪断的瞬间物体的加速度为多少？

讨论最初出现了甲、乙两种不同的观点：

[甲方] 物体的瞬时加速度为 g。

[理由] 细线剪断的瞬间，弹簧没有收缩，因此弹簧和物体可看成一整体，整体只受重力，所以此时物体的加速度为 g。

[乙方] 物体的瞬时加速度为零。

[理由] 以物体为研究对象，物体受到两个力作用：重力和弹簧的弹力。当细线剪断的瞬间，弹簧没有收缩，因此弹簧的弹力没有发生变化，所以物体仍处于平衡状态，其加速度为零。

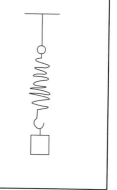

图 4 – 3 《一个值得讨论的问题》中的题目与双方观点

最初，我们以为问题会很容易解决，显然乙方的观点是正确的。细线剪断的瞬间弹簧并没有收缩，这一点是甲乙双方都承认的，既然弹簧没有收缩，那么它对物体的弹力与细线剪断前相比并没有发生变化，所以物体受力仍然平衡，由力和加速度的瞬时对应关系，其加速度显然是零。但是，我们却发现很难将甲方的观点驳倒，甲方错在哪里呢？有一段时间我和 J 对问题的解决处于一筹莫展的状态。经过多次讨论，我们才找到解决问题的切入点：甲乙两方都承认细线剪断的

瞬间弹簧没有收缩，结论不同仅源于他们采用了不同的分析方法，甲方采用整体分析法，将弹簧和物体看成一个整体考虑，得出物体加速度为 g；而乙方却采用了隔离分析法，将物体隔离出来考虑，得出物体加速度为零。那么问题的症结应该出于甲对整体法的使用上。

虽然觉得甲方对整体分析法的使用有问题，但是一时却不能弄清楚具体问题在哪里。我们就这个问题进行了长时间的思考和讨论，并请教了导师和有 7 年高中物理教学经验的师兄，结果认为整体分析法的含义为：对组成整体的系统，如果有 n 个加速度不同的部分，且各部分质量分别为 m_1，m_2，…，m_n，相应的加速度分别为 a_1，a_2，…，a_n，那么对这个系统的某一时刻应用牛顿第二定律应为：$m_1g + m_2g + \cdots + m_ng = m_1a_1 + m_2a_2 + \cdots + m_na_n$。就这道题而言，虽然在细线剪断的瞬间，弹簧没有收缩，但组成弹簧的每一个小环的运动状态是不同的，最上面的小环加速度最大，与物体相接的最下面的小环加速度最小。因此，不能再将弹簧作为一个加速度相同的整体考虑，更不能将弹簧和物体当成加速度相同的整体考虑。甲方恰恰没理解这一点，因而将弹簧和物体看成了加速度相同的整体，整体只受重力，于是得到了加速度为 g 的结论。正确的解答这道题的整体法应为：假设弹簧质量为 m，物体质量为 m'，组成弹簧的不同运动状态的各段小环（由上至下）质量分别为 m_1，m_2，…，m_n，相应的加速度分别为 a_1，a_2，…，a_n，物体的加速度为 a'，则对弹簧和物体组成的系统有 $mg + m'g = m_1a_1 + m_2a_2 + \cdots + m_na_n + m'a'$，这里 $a_1 > a_2 > \cdots > a_n = a'$。

之后，我们又将弹簧分为轻弹簧和重弹簧两种情况进行了讨论。在这个基础上就轻弹簧和重弹簧两种情况，用整体和隔离两种分析方法对问题进行了解答。

通过解决这道题，我感触颇深：很多中学老师（包括我自己）对"整体分析法"的理解并不深刻，虽然解题中经常用到整体法。习题中对于可看成整体的系统，组成它的每个部分的加速度往往是相同的，久而久之就产生了看到系统就用整体分析的思维定式。而这道题中，组成弹簧的每一个小环的运动状态恰恰是不同的，如果不能突破定式的思维束缚，还将弹簧视为一整体考虑就会得出错误的结果。

在"物理能力测量"课作业《高中学生物理归纳能力的实测统计分析》（发表于《物理通报》2003 年第 11 期）这一论文的写作过程中，与 L 的一些讨论给了我很大的帮助。最初我只是对 AL 值进行了等级频数分布和性别分布的统计，结果显示：被测试群体的物理归纳能力水平整体偏低且发展不平衡，男女之间存在差异，而且男女各自内部也存在差异。当我就这个结果与 L 讨论时，他说："我觉得你应该分析一下看他们到底在具体的哪些方面水平低、差异大。这样对实践的指导可能更具有针对性。就你目前的结果而言，不用统计，凭经验我也知道。"作为实践者 L 也许更关注论文结果的实践意义，但是他的话却使我茅塞顿开，我进一步统计了各题得分的平均数和标准差（分男生、女生、总体三项），研究了学生在具体能力层次上的水平和差异。之后，我就具体统计结果和针对结果提出的教学建议再次与 L

进行了讨论交流，他说："你那个统计过程我虽然不是太明白，但是统计结果和提出的教学建议对我来说很有借鉴意义。"

其实，我的"教学建议"的提出很受 L 平时一些观点的启发。他说讲概念规律时，应该注重物理情境的营造和过程方法的讲解，学生只有搞清楚了来龙去脉，才能真正理解、掌握它们的物理实质，平时学生做题不在多而在于精，在于对方法的掌握，只有掌握住了方法，才能形成自学能力。同样，要想提高学生的归纳能力，老师应该在课堂上显化归纳方法，应该注重归纳推理过程的讲解，应该丰富学生头脑中感性材料的储备。

一次 J 打电话说："这两天心情很不好，以前的考试两个实验班都是遥遥领先，但是这次却没有与其他班级拉开距离。"她有种强烈的危机感，从自身的方方面面找原因，很是自责。后来我看到试卷，发现试题太简单，难度不够，区分度当然要小得多，我给她算出每道题的难度和区分度，之后将分数没有拉开距离的原因讲给她听，她如释重负地说："原来不是我的原因啊！"如果 J 能够对这一现象做出正确的反思评价，发现结果并不是自己造成的，她就不会那么自责了。

也许很多中学老师正是因为缺少正确的批判反思能力，所以总是从自己身上寻找失误和失败的原因，从而产生强烈的挫败感和自责感。如果他们能够带着批判反思的眼光来看待、分析失误和失败，找出真正原因所在，这不仅能使他们很好地解决问题，避免以后发生类似的问题，而且对他们的业务成长无疑也具有重大意义。而这种正确的批判反思能力又源于对理论知识的掌握和运用。这些感受和体会对即将从事中学物理教学的我来说具有很大的参考价值。

J 和 L 的学生常常问很多问题，他们常拿来与我讨论，也使我受益匪浅。我拿其中比较有意义的问题写了文章，比较有代表性的文章有《几种方法对自行车刹车时稳定性问题的讨论》（发表于《物理教学探讨》2003 年第 9 期）和《由"楞次定律演示实验"的疑问引起的思考》。学生的问题是：当我们骑自行车直线行驶（尤其是下坡）时，若进行急刹车的话，使用前闸特别容易翻车，而使用后闸则比较安全，这是为什么呢？

在对自行车刹车时的稳定性问题进行讨论时，我建议给学生讲解时进行定性分析。但是对于老师而言，我们不能将问题停留在定性分析的层次上。于是，我们就自行车刹车时的稳定性问题开始了定量的分析讨论，针对 3 种不同的力矩参考点的选法，我将对自行车刹车时稳定性问题的讨论分析写成了文章。

在演示楞次定律实验时，L 解释说：当磁铁插入或者拔出线圈时，线圈中因有感生电流通过而相当于一根磁棒。当磁铁插入线圈时，线圈上端极性与磁铁下端极性相反，两者互相排斥；当磁铁从线圈中抽出时，线圈上端极性与磁铁下端极性相同，两者互相吸引。也就是说，感应电流对磁铁的磁力总是阻碍磁铁的运动，这是符合能量守恒定律的。但是 L 说课后，有同学针对他的上述讲解提出了疑问："当磁铁在线圈外部运动时，也即磁铁接近和离开线圈时您的话是成立的；

但是对磁铁插入进到线圈内部的过程和从线圈内部抽出的过程是不成立的。对后一种情况，由同名磁极相互排斥、异名磁极相互吸引的规律，线圈对磁铁的磁力不是磁铁运动的阻力，而是动力，由此这个过程不需要外力做功就可以产生感应电流了，这是违背能量守恒定律的。"对学生的疑问，我和L查阅了很多资料，但是仍然没有找到解决的突破口。我就这个问题向导师请教，他建议我查阅一下磁性起源的两种不同观点。

对磁性起源的解释有两种观点，较早的一种是"磁荷"的观点。"磁荷"的观点将磁场强度矢量 $\vec{H}$ 作为基本的物理量来描述磁场，磁力线（$\vec{H}$ 线）不是闭合的，它起于正磁荷，止于负磁荷，即磁场是有源场。磁性起源的另一种观点是"分子电流"的观点，认为"磁场是电流激发的"，并规定磁感应强度 $\vec{B}$ 为描述磁场的基本物理量，磁场的磁感应线（$\vec{B}$ 线）是与电流环连的无头无尾的闭合线，没有端点，因此，磁场是无源场，不存在"磁极"的概念。磁性起源的两种观点都可以独立地解释磁现象，而且一定条件下，两者对同一问题的处理可以得到相同的结果。但是分析同一问题时，只能用同一种观点将问题讨论到底、贯彻始终，决不能在同一问题中兼容使用两种观点。在管的外部 $\vec{H}$ 和 $\vec{B}$ 分布相同，$\vec{H}$ 线和 $\vec{B}$ 线相似，磁荷的磁场就和电流的磁场等效。也即，利用磁荷观点中磁极的概念讨论磁作用力就和利用电流的观点讨论磁作用力所得结果相同。所以本演示实验中，当磁铁在螺线管外部时，两种观点所得结果是一致的。但是在螺线管的内部，由于磁荷观点所得出的等效磁荷的磁场强度 $\vec{H}$ 和电流磁场的磁感应强度 $\vec{B}$ 方向相反，所以当磁铁在管的内部时，就不能用磁极讨论电流磁场的作用力了。就我们的观点我写了文章《由"楞次定律演示实验"的疑问引起的思考》。

在与L一起解决学生的疑问之前，我并不知道磁性起源的两种观点，更不要说用它们来解决问题了。通过对学生疑问的解答，我和L感触颇深：作为老师不能仅满足于理解和把握课本上的知识，而应该具有与课本知识相关的深厚的专业知识结构，晓得知识的来龙去脉，这样才能站在一定的高度解答学生的问题。

三、研究的效度和推广度

（一）效度问题

任何一项研究都要考虑效度问题。效度也即研究的有效性，指研究是不是基于事实或证据的，是不是能够被证明的。

质的研究中，研究者对是否使用和如何使用"效度"这一概念普遍存在争议。我赞同：质的研究中的"效度"指的是一种"关系"，即研究结果与研究其他部分（包括研究者、研究的问题、目的、对象、方法和情境）之间的一种"一致性"。这种一致性指对研究结果的"表述"是否"真实"地反应了在某一特定条件下某一研究人员为了达到某一特定目的而使用某一研究问题以及与其相适应的方法对某一事物进行研究这一活动。

质的研究中，研究结论是否真实反应了被研究者的情况首先取决于本研究所获得信息的真实性和可靠性。在本研究中，研究者——我，是一名在读研究生，这种不同于具有丰富理论知识和研究经验的资深研究者的特殊身份，对本研究的效度既有正面影响，又存在一定的效度威胁。

正面影响在于，我和被研究者之间不存在任何利益冲突，也没有身份地位的悬殊，因此研究对象对我没有任何防备意识，他们能够很坦诚地畅所欲言。例如，一次就某一问题，我让 L 给邢老师打电话直接讨论交流时，L 笑着说："还是你当中介吧，感觉跟他们水平高的老师打交道有些紧张，不是太易于表达。但是，跟你交流起来感觉特别好，有什么说什么，有时谈起话来容易迸出一些新的念头和想法。"整个研究过程我们相处融洽、交谈自然，彼此间的互动非常好。我们的研究关系更像是朋友，当然鉴于质的研究对研究者的要求，我时刻把握住朋友的度，我尊重他们像尊重长辈。

不利因素在于研究者——我，理论和经验水平均有限，有时不能站在一定的高度及时处理他们遇到的问题。在论文研究方法确定之前，我对质的研究方法并不了解，所以研究过程中难免走一些弯路，不能很好地把握对所需要资料的收集和分析。这在一定程度上会造成研究的"效度威胁"。

但是，研究中我采取了一些有效地减少"效度威胁"的方法：①在进入研究现场之前，我认真阅读了有关质的研究方法及质的研究报告或论文的文献，为自己的研究做准备，并在研究过程中回过头来多次对文献进行阅读、体会；②整个研究过程都用录音笔录下了访谈原话，并逐字整理成了文字，对意思含混之处通过与被访谈者进一步的讨论而进行澄清；③利用"三角互证法"（根据多种资料来源或多种资料收集方法的一致性来评估资料的真实性）：用观察、访谈和实物分析来研究同一问题；对同一问题在不同的时间、空间和角度进行研究；就不同的人——研究对象及其领导、学生对同一问题进行研究。

此外，在研究过程中，J、L 和我均在全国公开发行刊物上发表论文多篇（表4-11），这是教师教育教学研究能力提高的很好证明，从而也证实了研究的效度。发表论文的数量和质量可以说是教师教育教学研究能力综合素质的体现，因为要写出高水平的论文，教师必须具备扎实的物理专业知识，要掌握一定的教育学、心理学理论，而且会将两者结合起来加以运用，还要掌握适合自己的研究方法。此外，论文的选题说明教师具有一定的问题敏感性，而论文的写作过程要求教师必须具备较强的逻辑思维能力和表达能力。可以说，第一篇独立完成而发表的论文是教师教育教学研究能力发生质的转变的标志。

表4-11　合作期间J、L和我发表论文的情况

	论文名称	期刊及刊期
J	运用"改错卡"提高学习效率	《中学物理》，2003年第8期
	一道物理题引起的争论	《物理教学探讨》，2004年第5期
L	汽车转弯最高限速的讨论	《中学物理》，2003年第7期
	伊拉克战事报道中的对话声音为何出现间隔——一堂探究性学习活动课	《物理教师》，2004年第3期
	"一百年前"应改为"两百年前"	《中学物理教学参考》，2004年第1—2期
	殊途同归理变清	《中学生学习报》，2004年5月10日
我	由一道物理试题引发的认知心理分析	《中学物理》，2003年第6期
	对自行车刹车时稳定性问题的讨论	《物理教学探讨》，2003年第9期
	高中生物理归纳能力水平的差异研究	《物理通报》，2003年第11期

（二）推广度问题

推广度的概念来源于定量研究，它指用概率抽样的方法抽取一定的样本进行调查，此后将获得的研究结果推论到从中抽样的总体。而质的研究要求对研究对象和问题进行深入挖掘，这种研究方法就本质而言，不是为了推广，而是为了揭示样本本身，通过对特定对象的深入研究，使研究者和研究者以外的人对研究对象获得比较深刻的认识和理解。因此，质的研究中研究结果的推广不能按照定量研究中的推广标准进行检验，它更多是通过思想上的共鸣或者有关人员对本研究的认同来达到推广的，实际上是一种认同性的推广。当然，这并不排除质的研究可通过建立有关理论来达到推广。

本研究着重对两名中学物理教师进行了研究，尽管在研究对象的选取上考虑了性别、教课不同年级、不同能力起点等因素，但由于研究者自身时间、精力的限制，决定了不可能进行更多样本的研究，因此，研究中获得的信息和结论并不能代表所有处于高原现象的中学物理教师的状况。但是，本研究在深入调查、分析的基础上，对研究对象教育教学研究能力的转变过程进行了细致的描述，并在分析的基础上揭示出了能力转变过程中的一些共性和个性的问题。这可使读者对两位老师教育教学研究能力的整个变化过程有更深刻的把握和认识，从而可通过有相似境况的读者对被研究者体验感受的共鸣达到推广的目的。而从共性中抽取出的一般性结论，也许更具有借鉴意义和推广的价值。

第五节 研究结论与建议

本章在对两位中学物理教师教育教学研究能力形成过程深入分析的基础上，结合对研究者"我"（一名即将走向中学物理教学岗位的准教师）的教育教学研究能力成长历程的描述分析，总结出了影响中学物理教师教育教学研究能力形成的主要因素和中学物理教师形成教育教学能力的核心品质，并且针对性地提出了一些建议。

一、教师教学研究能力的构成因素

1. 中学教师自身的素质

一位研究型教师必须具备进行研究的素质，对中学物理教师而言：

首先，教师必须具备扎实、深厚的专业知识。因为只有具备了深厚的专业知识，才能深刻地理解教学内容，灵活地选择教学方法，从而有效地进行课堂教学。而不是按照教材和教参机械地讲解。很多中学教师在教改中举步维艰的很大原因是因为他们的专业知识结构急待于调整，他们不能轻松地处理、组织教材内容；只有具备了深厚的物理专业知识，教师才能晓得物理规律、定理的来龙去脉及与其他知识点的联系，这样才能更详细地将物理规律、定理的发现、建立过程讲解给学生，才能将规律、定理的物理实质讲解给学生；只有具备了深厚的物理专业知识，教师才能站在一定的知识高度，从而更好地发现问题、处理问题。因此，教师要不断扩充自己的专业知识面，多了解一些有关物理的科技前沿进展。

其次，教师必须掌握研究所需要的教学理论，尤其是学科教学理论。通过对理论的理解，教师才能更好地审视教学中存在的问题，并发现研究的课题。理论往往对一些熟悉但不易理解或者不容易引起理解的情况给出多种阐释，帮助读者用不同的方式、从不同的角度识别、看待自己的实践，从而更好地理解这些实践。因此，通过对理论的阅读和理解，教师能更好地审视、理解自己教育教学实践中存在的问题和不足，产生研究的主题和内容。目前，我国教师的教育教学理论基础比较薄弱，而且不会运用教育教学理论，这是制约他们进行研究的一个重要原因。

最后，教师必须掌握适合自己的研究方法。"良好的方法能够使我们更好地发挥运用天赋的才能，而拙劣的方法则可能阻碍才能的发挥。"从某种程度上来说，研究方法更是制约教师研究能力的因素，很多老师苦于找不到适合自己的研究方法，以致不能展开研究工作。只有掌握了研究方法，教师才能将专业知识和教学理论在实践中加以运用。这里需要强调的是教师对研究方法的掌握，除了靠平时对经验进行反思、总结、摸索外，更需要一定的指导和帮助。

2. 有效的指导和帮助

由于教育理论和研究方法的缺陷，往往阻碍了中学教师教学研究能力的发展。特别是，教师仅靠自我努力往往并不能有效解决这一问题，久而久之就会形成"力不从心"的感觉和较强的挫败感，这将严重打击他们研究的积极性。要学习哪些方面的理论知识，如何学习，如何发现研究问题，如何理论联系实际，如何展开研究，如何撰写研究报告等，这是大多数教师所疑惑的。因此，中学教师在研究中能否得到及时有效的指导和帮助是非常关键的。通过有效的指导和帮助，教师才能够有效地进行研究，才有可能突破教学研究的高原现象，并最终成长为一个真正的研究者。

例如，在我们的合作中，J经常问："你觉得呢？""那怎么安排比较好？""这样行吗？"等等；L就自己最近两年的进步说："很受益于与你们的合作，尤其是你们的指导。"合作中我们对J与L的指导是多方面的，例如，在文章方面着重于阅读和练习反思的指导。要求他们精读一定量的文章，而且阅读过程中要善于质疑，注重批判反思；在阅读别人文章的同时，自己要试着练习，练习中要带着批判的眼光反思自己的不足和有待于改进的地方。

3. 创新进取的个性

研究发现，有进取心的教师要比一个没有进取心的教师更容易进步成长。但凡进取心强的教师，都会严格要求自己，不满足于已有的成绩。这样的教师会不断提出新的追求目标，而非满足于现状、不愿改变自己。进取心强的教师不会养成凡事"等、靠、要"的不良习惯，而是会积极主动地对自己的实践进行反思和评价。英国著名课程论专家斯腾豪斯说："教书本质上是一门艺术，而艺术的本质在于创新。"由于教育教学活动的动态性需要教师创造性地去解决实践中遇到的问题，因此，一个研究型教师必须具有勇于创新的精神。只有不断进行新的尝试和研究，才能使自己的教育教学更生动、更精彩，并使自己在创新中不断得到发展。而这种创新的个性又来源于极强的进取心。正如L"一直在寻找一个方法"能够使"学生很轻松，老师也很轻松，同时又能取得好的成绩"，认为自己的研究性学习"虽然取得了一些成绩，但是老觉得做得不够好"。

4. 教育观念

教师的教育观念直接影响甚至支配着他们的教育行为。一方面，教师只有从内心真正喜欢自己的职业，才能全身心地投入教育教学活动。正如L所说，"要想成为一个好老师，首先你必须真正地、发自内心地爱你的学生，爱自己的工作"。只有热爱教育的教师才能有着刻苦钻研、积极探索的精神，才能在辛勤的劳动中体会到成功的喜悦，体会到创造和成长的快乐。另一方面，教师需要摆正自己的角色地位，要意识到自己在工作中是需要发展，需要不断被塑造、不断完善的人，自己完全有能力成为一个研究者，而不仅仅是知识的传授者，只有这样教师才不会认为研究是专家的事儿，而不是自己的责任。

二、中学物理教师形成教育教学研究能力的核心品质

在对 J 和 L 高原现象突破过程的描述分析中，虽然他们的起点、过程中遇到的具体问题等均不相同、我和他们的具体情况也不相同，但是影响我们能力转变的一个很重要的共同的品质就是批判反思性。无疑，经验加批判反思是教师研究能力提高的最佳途径。

批判反思对工作对一线的教师来说具有重要的意义。①它能使教师深刻地理解自己的教育教学实践活动及其带来的影响，从而发现问题并带有创造性地去解决它，使自己的实践提升到理论的高度；②在批判反思中教师易于发现自己的声音，把自己看作是不断被塑造、处在不断发展中的人，从而体会到自己的职业价值和意义；③批判反思还能使教师避免自我伤害，面对一些过失，许多教师往往产生强烈的自责心理，而不能正确地去评判理解，如果他们能够对整个事件过程进行批判反思，找出过失原因，他们便能够更好地去面对，因为也许这些过失不是自己造成的或者自己能左右的。

教师要具备批判反思性，首先必须具有批判反思的意识；其次，要具有较强的反思能力和技巧；最后，要使反思行为习惯化。对工作在一线的教师来说，要想进行研究，首先要注重培养问题的敏感性，也即具备问题意识。只有善于发现实践中存在的问题，才能有针对性地展开研究，而这种问题的敏感性又来源于较强的反思意识。一个不善于对自己的教育教学活动进行反思的老师，会对教育教学活动中存在的问题视若无睹，只有对自己的教育教学实践进行自觉的反思，并带着批判审视的眼光来看待它、分析它，才会发现问题所在。而教师发现问题之后，不一定能够找出问题的症结所在，正如 L 的困惑，虽然讲课追求精益求精，可是近两年学生的成绩却没有提高，反而有倒退倾向。这个时候，教师的反思能力和技巧对问题的分析解决就起着重要的作用。而当一个教师的反思行为习惯化时，那么他也就成长为了一名批判反思的研究型教师。

反思实践过程的核心是通过不同的视角来观察我们是怎样思考和工作的，因此教师要善于从不同的途径进行反思。可以通过学生的眼睛，因为学生是教师教育教学实践活动的最直接对象，学生身上反馈的信息最及时客观地反应了实践的效果，教师要善于从学生的反应来分析反思自己的实践；可以通过周围同事的眼睛，因为我们往往有着与同事相同的问题，如果教师善于从同事身上反思自己类似的不足和问题，那么他就可以避免很多弯路。例如，一次 L 谈论到他身边的一位老师的一个课题时，说："他那个题选得很好，但是研究的力度不够，而且写得不够连贯、深入，不够精细。"因此他在进行自己的课题研究时就会避开那个老师的问题。教师通过写教学日志也是一个很好的反思途径，好多教师没有时间与他人进行批判性对话，教学日志中通过对实践事件的罗列分析，能使他们更清晰地了解自己的实践。此外，文献阅读也是一个很好的反思途径，这点在前面已有所阐述，这里不再详述。

三、教师专业发展的建议

1. 教师培训制度和内容需要调整和改善

目前的教师培训制度和模式存在着诸多弊端，表现为培训大多存在形式化、重数量而忽略质量的痼疾，并且培训内容与教学实践脱节严重，不能满足教师的切实需要，从而挫伤了教师参加培训的积极性，不能把培训看成提高自己业务能力和专业化发展的机会。因此，亟须对教师培训制度与内容做出调整和改善。培训内容的确定要遵从"自下而上"的路径，注重理论联系实际。培训专家要集深厚的教育理论和学科实践经验于一身，并且充分了解学科教学的规律，能够在理论和实践上给中学教师以有效的指导。最后，一定要使教师真正参与到培训中来。可以带着他们进行专题研究，选择一些典型的教育教学案例，指导他们进行讨论分析。唯有如此，才能使教师培训工作落到实处。

2. 中学需要与师范大学合作研究

大学教师与一线教师有必要开展经常性的合作交流。一方面，大学教师通过深入了解中学教育教学的教师实际情况，可以更有针对性地进行师范生职前培养；另一方面，中学教师能从大学教师那里得到理论指导和帮助。

最好能够给教学论专业的研究生提供一些深入到教育教学第一线进行研究的机会。因为部分研究生都是本科毕业后直接读研，他们缺乏实际教育教学经验。教育研究应该源于具体的教育实践，为着改进教育实践的。而多数研究生所进行的研究却是完全脱离实践的、纯思辨的，他们埋头于查阅图书馆的书籍文献，进行着从一个概念到另一个概念，从一个理论到另一个理论的研究，只考虑写出文章的理论逻辑性，而完全忽略了文章的实践价值。他们应该迈出大学校门，走进中学这片广阔的实践天地来研究，而中学老师恰好缺乏他们所具有的理论知识，两者合作研究恰好优势互补，能够互相借鉴、互相提高。

事实上，大多数中学教师教学研究能力上不去的一个重要原因是"先天不足"，即师范大学缺乏对师范生进行教学研究的训练，这导致培养出来的师范生大都是只会传授知识的"教书匠"。因此，师范大学要采取有效措施让"准教师"学会研究，要让师范生参与到教学研究中来并从中受到教学研究的熏陶。

3. 中学要对教师专业发展给予支持

中学要从观念上切实支持教师进行教学研究，创造良好的研究条件和氛围，建立起激励教学研究的机制，改变中学教育评价体制。由于许多中学领导意识不强，只将学生的分数和升学率作为教师评价的唯一标准，不能对教师的研究给以恰当的激励和评价，这就严重打击了教师研究的积极性。因此，中学将教学研究作为教师评价的一项重要指标，并给予教师以物质奖励和精神鼓励，才能建立起中学教师专业发展的长效机制。

目前，反对教师进行教育教学研究的中学领导已经很少，但是支持教师开展研究的力度还需要加强。中学领导要从观念上切实支持教师进行研究，创造良好的研究条件和氛围，建立起激励教师进行研究的机制。

（1）要改变教育评价体制。建议中学领导将教育教学研究作为教师评价的一项重要指标，并给教师以物质和精神鼓励。

（2）要保证教师有进行研究的时间和精力。目前，大多数中学教师的课业任务繁重，备课、上课、判作业、家访等几乎占据了他们的全部日程，根本没有学习新知识、进行研究的时间和精力。因此，中学领导要想办法切实减轻中学教师的课业负担。

（3）要给予研究经费的支持。教师要拥有进行研究所必需的书籍，物理教师还需要购买一些实验仪器、实验材料及多媒体软件等，这需要学校领导给予经费方面的支持。

（4）要为教师的研究创造交流合作的机会，使他们得到及时有效的指导和帮助。很多教师虽然有进行研究的积极性，但是可能会因为专业知识不够扎实，教育理论知识比较薄弱，或者找不到适合自己的研究方法，使研究不能顺利地展开。因此，中学领导可以请既有深厚教育教学理论知识又有丰富实践经验的物理学科专家给教师以操作性的具体指导。例如，可以让整个物理组的教师这个团体参与研究、接受指导，在日常的教育教学活动中，他们可以随时就研究中遇到的问题进行讨论交流，讨论交流能够集思广益，碰撞出很多创造性的解决问题的办法，这样就避免了一个人的孤军奋战和苦思冥想，促使教师更快地成长。而那些能力素质强的教师的研究能力会最先得到提高，之后，可以让他们带动其他的教师一起进步成长。以这种以点带面的形式再来影响、带动其他的教师，那么整个学校的教师的研究能力便会很快得到提高。此外，还可以让教师"走出去"，经常到科研开展得好的中学进行观摩、交流和学习等。

四、研究反思与需要进一步研究的问题

至此，本研究可以说基本上完成了它的任务：对研究对象教育教学研究能力的形成过程进行了细致的描述，分析了高原现象的成因，对高原现象的意识、反应、所采取的措施及措施效果，展示了高原现象突破过程中的观念及行为表现，并在深入分析的基础上，抽取出了影响中学物理教师教育教学研究能力形成的主要因素和中学物理教师教育教学研究能力形成的核心品质。但是，由于理论水平和实践经验的不足及研究时间和精力的限制，本研究还存在着不足之处。

（1）完整的个案应从多个方面收集资料，但由于研究条件的种种限制，我的资料更多地源于对研究对象的观察，从其他教师、校领导和学生方面获得的资料比较少，因而观察、收集资料的角度可能不够全面。

（2）由于对质的研究这种研究方法缺乏实践操作的经验，研究对象的起点及自

身素质等各方面存在差异，研究过程中我会无意识地将他们进行对比，进而产生或多或少的偏见，这在一定程度上影响了我看待他们的客观中立的态度。这是我在以后研究中亟须改进的。

（3）由于研究时间有限，论文对高原现象突破过程的资料收集可能不够全面，研究可能不够深入。研究对象对高原现象的突破过程还有待于进一步的跟踪调查和记录分析。

第五章 中学物理教研组教师团队教学研究能力发展的行动研究

第一节 引 言

这是一次令人五味杂陈的研究历程。既曾令人满怀期待，也曾令人备感失落；既让人踏实异常，也让人莫名空虚；有时信心百倍，有时却又深感无力。总之，可以说是一次头绪万千、矛盾重重、挫折不断、收获颇丰的研究。以下就从本研究的背景开始谈起。

一、研究背景

1. 课改十年

本次研究开始时（2013 年 1 月），我国发端于 2002 年的新一轮基础教育课程改革已逾 10 年（2002—2012 年），到研究结束时的 2014 年，高中阶段的课改亦满十秋（2004—2014 年）。自 2011 年以来，对"课改十年"的反思研究渐成热点。2011—2012 年，邢红军教授以《中国基础教育课程改革：方向迷失的危险之旅》为题，连发三篇长文，对我国本次课改中的诸多问题展开了堪称痛切的批评。2013年，更有论者以《奔走在迷津中的课程改革》[①] 为题展开阐发。这些都可视为课改中争鸣的延续。

这一延续中的变化主要表现在论者学术背景，一些拥有物理学、心理学、教育学等学科背景的学者开始发出独特的声音。这种学术背景的多元与具体，使近来的争论更多地超越了"纯"教育学的局限，而触及到学科教学、教学心理等课程改革中的核心问题。

对以上学术争论，教育部领导并非置若罔闻，而是特别地关注与重视。据教育部人士透露：教育部主管基础教育的有关领导，"对课改中的一些争鸣文章，特别是最近的《中国基础教育课程改革：方向迷失的危险之旅》等重要论文，都是第一

---

① 吴刚. 奔走在迷津中的课程改革 [J]. 北京大学教育评论，2013，11（4）：20—50，186.

时间拿到，并非常认真地阅读，把专门从事教学课改研究的人召集去，专门来逐段逐段地推敲、学习、研读。"①

然而，在课改前期曾主张"大破大立""重起炉灶""概念重建""三大转型"的课改专家，在这一时期的争鸣中却销声匿迹、言语噤声。同时，官方对于课改成败的评价始终处于模糊状态。虽然有论者声言"改革步入深水区""课程改革再出发"，但是课程改革的一些动向却显示出积极中的被动、主动中的消极等诸多复杂、矛盾的态势。近来，课改领导层也发出了声音。有课改主要参与的专家声言：高中课改方案"完美无缺"②。而也有教育部有关人士表示：对于课改十年中的诸多争议，"教育部明确了课程改革的基本方向是正确的，成效是明显的，并作出了必须高度重视，采取有力措施，坚定不移地推动课程改革向纵深发展的决定。2010年，教育部加快了修订、审议课程标准的进程，并在2013年年底颁布了修订后的课程标准。"③ 对此，截至研究完成时，笔者依然没有结束对课程改革出路的思考。

2. 改革中的教师

本次课程改革对我国教育生态的冲击与震荡都不能不说是前所未有的深刻。无论是观念领域还是实践领域，改革的复杂性与矛盾性都令既有的研究成果难以驾驭。而正是这些纠结使教师在诸多争论中都被推至风口浪尖。2005年，本次课改专家工作组组长在一次学术会议上透露，当时教育部正在制订教师教育课程改革的时间表，并同时声称："按照新标准，现在的绝大多数老师都不合格。"④ 这一事件曾一度引起了教育舆情的震动。然而，有学者则语重心长地强调，要"相信教师、依靠教师"⑤。无论如何，教师在课程改革中的重要作用与地位已得到普遍的、即使是口头上的重视。

2011年10月，教育部《教师教育课程标准（试行）》，经历7年研究历程，终于正式颁发。然而，对其中中学职前教师教育课程的设置，邢红军教授以物理学科教育研究者的角度指出：这样一种国家层面的中学职前教师教育课程设置，明白无误地反映出对于教师教育学科教育课程重要性的无知……以这个观点来审视，不难发现，上述中学职前教师教育课程设置的研究是一种典型的"不负责任的研究"，原因在于，该课程标准缺乏学科教育研究的基础……冒昧地问一句：中学学科教学

① 付宜红. 2012河北省义务教育新课程标准培训［EB/OL］.［2013 – 03 – 14］http：//v. youku. com/v_show/id_ XNDE5NTMwMDQ0. html.
② 沈伟，曲琳. 我国普通高中课程改革的反思与展望——杭州师范大学张华教授访谈［J］. 全球教育展望，2012，41（12）：3—14.
③ 付宜红. 准确把握新的义务教育课程标准——新的义务教育课程标准的价值与解读［J］. 中国民族教育，2012（3）：19—22.
④ 臧文丽. 现在的多数教师都不合格？基层教师喊冤［EB/OL］.［2005 – 11 – 01］http：//edu. people. com. cn/GB/1055/3817127. html.
⑤ 王策三. 对"新课程理念"介入课程改革的基本认识——"穿新鞋走老路"议论引发的思考［J］. 教育科学研究，2012（2）：5—15.

方法课程呢？中学学科教学技能课程呢？这些课程是中学职前教师教育课程的必备课程，如果连这些常识性的道理都不知道，是不是显得太业余了？这样的中学学科教育与活动指导课程难道能培养出合格的中学教师吗？①

邢教授的论述是精辟的。教师教育与专业发展中，学科性、学科教学研究的缺失的确是难以回避的问题。

3. "教育大计·教师为本"

2009 年，第 25 个教师节来临前夕，时任国务院总理的温家宝同志来到北京市某中学调研，在进行座谈、讲话、慰问之外，还旁听了学校 5 节课程，并以总理的身份进行了评课。10 月 11 日，新华社发表了题为《教育大计·教师为本》的总理讲话实录。虽然总理对地理课中国区域划分的评论引起了争议，但是仍阻挡不了该校铭记总理"殷切希望"的热情与动力。

无论如何，聚焦改革、聚焦发展、聚焦学校、聚焦教师、聚焦学科都成为了我们的关注取向。

二、研究问题

邢红军教授一直以来关注物理教师的专业发展，尤其强调物理教师教学研究能力养成，并曾采用专家干预的方式，以教师发表物理教学论文为标志，先后两次指导两名研究生开展物理教学研究能力形成与发展的教育质性研究，都取得了良好的收效。

王瑞乩的一项为期两年的研究（2002—2004 年）涉及两位处于"高原"状态的中学物理教师，研究结束时研究者和被研究者共发表 9 篇论文（表 5-1）。②

表 5-1　研究者与被研究者发表论文的情况

作者	发表论文名称	期刊名称及刊期
J	运用"改错卡"提高学习效率	《中学物理》，2003 年第 8 期
	一道物理题引起的争论	《物理教学探讨》，2004 年第 5 期
L	汽车转弯最高限速的讨论	《中学物理》，2003 年第 7 期
	伊拉克战事报道中的对话声音为何出现间隔——一堂探究性学习活动课	《物理教师》，2004 年第 3 期
	"一百年前"应改为"两百年前"	《中学物理教学参考》，2004 年第 1—2 期
	殊途同归理变清	《中学生学习报》，2004 年 5 月 10 日

---

① 邢红军. 三论中国基础教育课程改革：方向迷失的危险之旅 ［J］. 教育科学研究，2012（10）：5—23.

② 参见《高中物理教师专业发展》一书第四章。

续表

作者	发表论文名称	期刊名称及刊期
我	由一道物理试题引发的认知心理分析	《中学物理》，2003 年第 6 期
	对自行车刹车时稳定性问题的讨论	《物理教学探讨》，2003 年第 9 期
	高中生物理归纳能力水平的差异研究	《物理通报》，2003 年第 11 期

注：J、L 是两名中学物理教师，我是研究者。

李正福的一项研究选择 6 名物理师范生进行为期一年（2007—2008 年）的教育教学研究能力发展研究，研究结束时，研究对象和研究者共发表了 10 篇物理教育研究论文（表 5 – 2）。①

表 5 – 2　合作期间师范生们和我发表论文的情况

作者顺序			论文名称	期刊名称及刊期
第一	第二	第三		
我	文昭	熙晨	$P = F/S$：控制变量法还是比值定义法	《物理教师》，2007 年第 6 期
文昭	我		自制"气体压强微观意义的模拟"演示装置	《实验教学与仪器》，2007 年第 7—8 期
文昭	季妍	欣安	分子力小实验的改进	《中学物理教学参考》，2008 年第 1—2 期
我			摩擦力实验研究及启示	《中学物理教学参考》，2007 年第 3 期
我			原始物理问题研究的回顾与前瞻	《大学物理（教育专刊）》，2008 年第 1 期
我	欣安	季妍	拉离平板实验的创新与探索	《物理实验》，2007 年第 12 期
	我		一个有趣的电学小实验	《物理教学》，2007 年第 3 期
		我	用力传感器研究碰撞过程中的相互作用力	《物理通报》，2007 年第 11 期
	松然		钕铁硼磁铁在演示实验中的应用	《物理教师》，2006 年第 5 期
松然			对增透膜增透原理的进一步解释	《中学物理教学参考》，2007 年第 7 期

注：文昭、熙晨、季妍、欣安、松然是师范生，"我"是研究者。

以上两项研究贯穿于课程改革十年之中，分别涉及物理教师的职前与职后，并且获得了良好的效果。进一步，我们的关注点就自然地由物理教师个体拓展到了物理教师团队。

2011 年开始，邢红军教授与北京某中学以协议方式结成合作关系，对该校物理教研组教师团队开展长期的教学研究能力的培训。同年，我作为邢教授的研究生入学，硕士论文遂被定位为"中学物理教研组教师团队教学研究能力发展的行动研究"。在邢教授与该校的合作过程中，我全程记录了这一历程，同时担当邢老师的助手，并深入中学一线的"田野"，开展教育质性研究，试图回答以下问题：

（1）中学一线生态中的物理教师教学研究能力发展遇到的困难有哪些？

（2）中学一线生态中的物理教师的教学研究能力如果能够形成，其原因与机制

---

① 李正福. 高师物理师范生教育教学研究能力发展的个案研究 [D]. 北京：首都师范大学，2008.

是什么?

(3) 中学物理教研组织的内外关系结构与发展模式(或特点)是怎样的?

三、研究意义

本研究拥有良好的保障条件,聚焦于中学物理教师这一高专业性的群体,并选取中学物理"教研组"这一具有特色的教师组织,以团队为对象展开研究,凸显了诸多重要意义。归结起来,主要包括5个方面:

(1) 切实提高研究对象物理教学研究能力;

(2) 使研究者"我"获得深入中学物理教学一线、深度了解学校情境下物理教师的生活方式与专业发展经验;

(3) 揭示物理教师个体在一线真实环境中专业发展的特征;

(4) 为中学物理教研组织建设提供思路;

(5) 促使物理教师专业发展的理论与实践切实由个体化走向团队化。

第二节 文献综述与理论准备

一、教师专业发展的理论研究

认真梳理关于教师专业发展的研究不难发现,有关教师专业发展的内涵、阶段、途径、素质结构等问题构成了中外研究者关注的热点。其中,关于教师专业发展的"阶段论"与"途径论"则成为这些问题的核心。

20世纪60年代末,美国学者富勒(F. Fuller)最早基于"关注内容"框架,提出了教师专业发展的四阶段理论,分别为任教前关注阶段、早期求生阶段、关注教学情境阶段与关注学生阶段。后续的"阶段论"大都根植于富勒的这一研究,例如伯顿的三阶段论、伯林纳的五阶段论以及司德菲的五阶段论等。其后,我国学者也基于不同的理论框架或研究方法,提出了多种两阶段、三阶段、四阶段,甚至五阶段的理论。其中,叶澜、白益民提出的"自我更新取向"的五阶段理论是有代表性的一种,主要内容包括非关注阶段、虚拟关注阶段、生存关注阶段、任务关注阶段和自我关注阶段。[①]

总体而论,虽然教师专业发展的阶段学说在舶来理论译介与本土经验总结两种源头的协同影响与冲击下,显示了别样繁荣的现状,但这种繁荣并不足以掩盖背后的困境。正如有学者指出的那样:"多数研究关注于对教师职业状况的总体外显水平的描述,而对个体主动发展变化的内在机制阐释得不多,对影响教师成长的因素

---

① 李宝峰,谭贞. 教师专业发展导论 [M]. 哈尔滨:黑龙江教育出版社,2009:58—62.

以及如何针对不同个体促进其成长的有效策略缺乏系统研究。"① 更有论者直言"国内教师专业发展问题研究还比较多地停留在经验总结与概念澄清阶段"②。事实上，现有关于"阶段论"研究的薄弱之处就在于停留于经验的描摹，并满足于其他理论对教师专业发展问题的演绎外推。由此，势必导致教师专业发展阶段研究由于缺失内在问题意识而徘徊不进。这些多来源的理论学说很难说是确切可行的，也很难说契合了教师专业发展的特殊专业要求。

笔者认为，传统的"阶段论"囿于理论基础以及范式本身的局限性，已不足以深入刻画教师专业发展过程有层次性的本质与规律，更无法为有效促进发展提供足够有力的理论解释与辩护。正如有学者所说，"（现有研究）所得研究结论多是基于群体规范与社会外界标准，提出的阶段划分理论偏向于教师实际所经历或表现出来的发展情形的描述，即是一种'实然的描述'，而'应然的描述'则相对很少。"① 并且值得指出的是，由于自富勒肇始的各种阶段论，在有意无意间都采用了生涯发展或时间序列的研究思路，即以年龄为主要参数和常模对教师职业发展过程划分阶段③。这就导致了该种对教师专业特点随着时间变化的强调很容易将教师专业发展视为一个自然发生的生理成熟过程。依此进一步推理，教师专业发展中的质变就被认定为了必然的事件，整个教师专业发展也就成为了一个"熬资历"的过程。这一推论会从根本上消解任何为促进教师专业发展的外界干预的合法性与合理性。既然是熬资历，那么任何进修、接受教师教育的行为都将成为"揠苗助长"，而"论资排辈"也就成为理所当然。其错误的原因在于，各种"阶段论"只描述了行为和现象，未能深入内在机制；只在现象上打转，未能触及深刻的内容和本质；只看到线性的积累，而未见层次间难以逾越的质变。

此外，阶段论的局限还在于无法刻画每个教师专业能力之间的差异，因为在这一视角下，专业水平的高低无非是入职早晚罢了。而实际中却是有些教师一生无论经历几个"阶段"，都有可能仅停留于一个层次而未能突破。刚入职的教师不一定是低专业层次，从业时间长的教师也未必代表更高的专业化。而对具体学科而言，某一门学科教学的高专业性显然无法等价另一门学科的专业性。可见，传统的教师专业发展"阶段论"与现实之间还有较远的距离。

在理论内部，阶段论的局限性使得"新手型教师""专家型教师"等衍生概念也模糊化了，并联合起来使"教师专业发展"概念本身有被架空之虞。在研究方法层面，缺少理论思维的实践研究必然存在盲目性，而从其他理论演绎而来的各种"标准"，事实上都是外在的标准，无法构成体现"专业"内涵的内在依据。这些情况都使传统的"阶段论"缺乏信效度。

---

① 赵玉环. 我国教师专业发展阶段研究：20 年回顾与前瞻 [J]. 吕梁教育学院学报，2012，29（1）：8—11.

② 季诚钧，陈于清. 我国教师专业发展研究综述 [J]. 课程·教材·教法，2004，24（12）：68—71.

③ 肖丽萍. 国内外教师专业发展述评 [J]. 中国教育学刊，2002（5）：57—60.

关于促进教师专业发展的途径，学者们围绕各种模式、方式等范畴展开了研究。有学者提出了熟练型实践者、研究型实践者、反思型实践者等多种促进教师专业发展的"范式"。也有论者总结了 DPS 学校、高校为本的教师教育、校本培训、微格教学等国外教师专业发展的五种"模式"。还有学者则提出了集体备课、同课异构、教研共同体等源于本土的方式、方法。然而，同样由于教师发展阶段内涵的模糊与薄弱，使各种促进教师专业发展的途径研究缺失了坚实的依据与明确的针对性，更多地流于了一种无意识的泛泛而谈。由此，自然无法预测并保证良好的实施效果。而在此基础上提出的各种模式、策略等都由于缺少针对性而无法做到对教师的"因材施教"。总之，教师专业发展内涵的不明必将成为发展途径研究解不开的"死结"。

综上可见，不明确教师专业发展的深刻内涵，也就无法根本上使得我国教师专业发展纳入科学的轨道，更无论发展的自觉与自信。也正如有学者指出的那样："弄清教师的'专业发展'内涵、规律及其过程机制，是研究'教师专业'发展的理论前提，并将影响其现实运作模式的科学性和实效性。"① 所以，如何立足已有研究成果，并在汲取正反两方面的经验的基础上，构筑具有实践力并真正体现专业性的教师专业发展理论体系，就成了我国教师专业发展理论研究的迫切任务。

二、物理教师专业发展的相关研究

2014 年 4 月，以"物理"并含"教师专业发展"为篇名，经中国期刊全文数据库检索，共查得 1979—2014 年相关文献 24 篇。其中，期刊论文 18 篇，硕士论文 6 篇。研究内容主要分布于物理教师专业发展的区域调查研究、物理教师专业发展的途径与策略研究等方面。

对物理教师专业发展的内涵，刘光兵认为，"中学物理教师的专业发展是指中学物理教师通过各种物理教育专业训练，获得从事中学物理教学所必需的物理教育专业的物理知识、物理教学技能，不断提高物理教育素养，逐渐达到专业成熟的过程，也就是从一个'普通人'变成'中学物理教师'的专业发展过程"，并提出了物理教师专业发展的阶段性、一体性、开放性特征②。

学者关注较多的是物理教师专业发展的途径与策略。刘光兵将中学物理教师专业提升途径概括为：学习途径；进行教学反思，撰写教学案例；系统化实施新课程，推进中学物理教师专业水平提升。孙海滨等阐述了教育行动研究③、教育叙事研究④

---

① 刘万海．教师专业发展：内涵、问题与趋向［J］．教育探索，2003（12）：103—105.

② 刘光兵．中学物理教师专业发展研究［D］．苏州：苏州大学，2007：11.

③ 孙海滨，张玉富．教育行动研究——物理教师专业发展的有效途径［J］．湖南中学物理，2009（2）：1—4.

④ 孙海滨，刘婷婷，王玉平．教育叙事研究：物理教师专业发展的新途径［J］．物理教师，2011，32（11）：4—6.

作为物理教师专业发展的途径。

对物理教师专业发展的策略，孙海滨、刘婷婷提出：加强自我学习，为物理教师专业发展提供源动力；加强课堂教学实践，发展物理教师的实践智慧；打造校本物理研修平台，提升物理教师群体专业发展水平；强化师傅指导，通过传帮带促进青年物理教师快速成长；充分发挥专家的引领作用，最大限度促进物理教师专业成长[①]。

王绍杰的硕士论文《中学物理特级教师专业发展的叙事研究》采用教育叙事研究方法展开。就入职前的准备阶段、入职初的适应阶段、入职后的成熟阶段、成熟后的发展阶段分析了"物理特级教师专业发展规律"。并认为影响物理特级教师专业发展的因素主要包括内部因素和外部因素。内部因素包括：良好的职业道德情感、学习基础、自身素质、终身学习和不懈的思考、反思；外部因素主要包括：研究教学的氛围、教科研活动、有利于教师专业发展的评价机制、适度的压力和竞争。[②]

总体而言，物理教师专业发展的相关研究并不繁荣。突出表现为理论研究不够深入与扎实、基本处于借鉴一般教师专业发展的"阶段论"水平。理论研究缺乏物理学科特征，且大样本的实证研究与质性研究仍然缺乏。

三、物理教师教学研究能力形成与发展研究

经 CNKI 检索，1979—2014 年，对中学物理教师教育教学研究的历史与现状研究在以下 3 篇相关硕博士论文中体现的较为全面（表 5 - 3）。

表 5 - 3   中学物理教师教育教学研究的历史与现状研究

序号	作者	题目	单位	时间
1	王慧君	中学教师物理教学科研发展特点及影响因素研究	西南大学	2009 年
2	李兰	中学物理教师教育科研现状研究	湖南师范大学	2011 年
3	王俊民	新课改以来我国中学物理教学科研内容及其变化趋势研究 ——基于 CNKI 文献研究	西南大学	2012 年

以上研究采用历史研究与调查研究的方式，对厘清我国物理教学研究的发展脉络与当前走向做了有益的探索，在宏观、历史与横断意义上为进一步的研究提供了参照。

对物理教师个体的教学研究能力发展主要见于王瑞毡与李正福的研究（表 5 - 4）。

---

① 孙海滨，刘婷婷. 高中物理教师专业发展策略探析 [J]. 教育与教学研究，2010，24（8）：15—18.
② 王绍杰. 中学物理特级教师专业发展的叙事研究 [D]. 长春：东北师范大学，2007.

表 5 – 4　中学物理教师个体教学研究能力发展研究

序号	作者	题目	单位	时间
1	王瑞毡	中学物理教师教育教学研究能力形成的个案研究	首都师范大学	2004 年
2	李正福	高师物理师范生教育教学研究能力发展的个案研究	首都师范大学	2008 年

这两项研究都取得了良好的结果。其中，王瑞毡的研究结论显示，影响中学物理教师教育教学研究能力形成的主要因素主要包括：自身的素质、有效的指导和帮助、进取创新的个性、教育观念；中学物理教师形成教育教学研究能力的核心品质是经验加批判反思，这也是教师研究能力提高的最佳途径。

李正福的在研究结论中将高师物理师范生教育教学研究能力的发展划分为组织前状态、被组织状态、临界状态和自组织状态，提出方法是高师物理师范生教育教学研究能力发展的序参量，并认为这种前导教育是切实可行、行之有效的。该研究对深化物理教师教学研究发展机制的理论研究具有深刻启示。

四、教师团队与学校教研组织研究

目前，关于教师团队的研究主要基于管理学、教育管理学、发展心理学的视角，亦不乏教育质性研究的方法。有个别研究还基于了学校年级组和学科组的制度视角。物理学科教师团队的深入研究则还未涌现。

关于我国教研组织研究，虽然学校教研组研究一直以来不断积累，然而我国"三级教研组织"［省、市（县）、校］受到系统、有意识的关注与研究则是近年来的事。诸多研究者多认为教研组织是具有中国特色的组织或现象。[1][2] 2011 年，北京师范大学丛立新教授的论著《沉默的权威——中国基础教育教研组织》[1]出版，该耗时近五年的研究采用质性研究的方法，对我国教研组织的基本建制、历史与现状、基本职能、学校教研组等诸多方面，结合大量访谈与实物资料进行了堪称生动的论述。正值笔者研究期间的 2013 年 7—9 月，《中国教师》杂志连续多期开设"中国教研系列访谈"专栏，提出了关于教研组织的诸多热点话题。

学校教研组织的研究内容则积累更多，研究视角主要包括教育学原理、教育管理、学科课程与教学论、教育技术学、教育政策学、教育经济与管理、公共管理、体育人文社会学、比较教育、学前教育等。其中，校本教研、教师专业发展、教师团队、教研组等概念之间排列组合式的关系都有涉及。

在学校教研组的历史与比较方面，刘群英在其硕士论文《我国中小学教研组研究——从历史发展的角度》中进行了较为详细的研究。[3] 胡艳对 17 年来中小学教研

---

① 丛立新. 沉默的权威——中国基础教育教研组织［M］. 北京：北京师范大学出版社，2011：119.
② 陈桂生，刘群英，胡惠闵. 关于"教研组问题"的对话［J］. 上海教育科研，2014（3）：56—59.
③ 刘群英. 我国中小学教研组研究——从历史发展的角度［D］. 上海：华东师范大学，2007.

组的职能与性质进行了初步探讨。① 李莉、杨超则以比较研究的视角，将我国学校教研组与美国教师同伴指导制度做出了分析。②③

在研究方法层面，调查研究、质性研究的方法都被大量采用。研究范围则以个案研究为主。

就研究内容而言，由于学校教研组被分为"学科组"与"年级组"，其间存在的一些矛盾问题已被一些研究者关注。柯登地从学校管理与教育思想两方面梳理了年级组与教研组"两组模式"的时代背景，并区分了初级、中级、高级三种"两组"管理结构。④ 在学科组与年级组的矛盾冲突方面，胡惠闵认为，在面对教师专业发展时，教研组与年级引发的问题有：教研组制度的管理取向问题、体现教师专业发展思想问题以及现有组织的单一性问题。⑤ 周彬则认为年级组与教研组的冲突与论争主要包括：学校基层行政管理权之争、对教师业务引导方向之争、非正式组织利益之争，并认为应通过加强年级组与教研组之间的信息沟通与共享、强化备课组的自治能力，实现年级组与教研组的互助与合作。⑥ 白磊则以教育管理与决策的视角系统论述了年级组与教研组的冲突与整合问题。⑦

总体而言，对学校教研组的研究至今尚未聚焦出比较明确的研究主题与研究内容，在该领域，学界还处于梳理资料、增加感性认识阶段，突出地体现为研究视角的繁多。教育管理、教育社会学、课程与教学论等研究基础被混合使用，还尚未找到融合的、发展的，对教研组织展开深入研究的理论基础和话语体系，更没有聚焦出教研组织研究的核心概念与问题。

对物理学科教研组的研究，陈琪的硕士论文研究了新课程改革下高中物理教研组建设的策略问题。研究提出：增强教师的专业发展意识、重视教研组长的选拔与培养、组织教研组内、组间的合作与交流、开展多种形式的教研活动、加强教研组多方面的研究能力、重视物理教研组理论的学习等 7 项策略，并提出了后续有待继续研究的问题：突出教研组建设的学科特点、重视教研组的校本教研、健全教研组的评价机制。⑧

五、我国关于校本教研的研究

我国当前对校本教研的研究内容十分复杂，内容涉及课例研究、深度课例研究、

---

① 胡艳. 新中国 17 年中小学教研组的职能与性质初探 [J]. 教师教育研究，2011，23（6）：50—55.

② 李莉. 教研组制度与教师同伴指导制度之比较研究 [J]. 当代教育科学，2004（12）：44—45.

③ 杨超. 促进教师有效合作的研究——美国教师同伴指导和我国教师教研组活动的分析与比较 [D]. 上海：上海师范大学，2006.

④ 柯登地. 年级组与教研组并存管理模式初探 [J]. 教学与管理，2002（6）：18—21.

⑤ 胡惠闵. 教师专业发展背景下的学校教研组 [J]. 全球教育展望，2005，34（7）：21—25.

⑥ 周彬. 年级组与教研组的冲突与协作 [J]. 中小学管理，2005（7）：10—11.

⑦ 白磊. 学校基层教师组织研究——年级组与教研组的冲突与整合 [D]. 北京：首都师范大学，2007.

⑧ 陈琪. 新课程改革下高中物理教研组建设的策略研究 [D]. 赣州：赣南师范学院，2012.

行动研究、教师专业发展研究、制度研究、文化研究、价值研究、中美比较研究等诸多方面。然而历史梳理与深度思考却是在研究期间才出现的事。

事实上,"校本教研"是我国 2002 年新课改中提倡的概念,然而近年来一些研究者对其表达了不同的认识。刘月霞认为:"以校为本的教学研究制度是我们国家中小学教研工作的一个历史性变革。校本教研倡导将教学研究的重心下移到学校,以课程实施过程中教师所面对的各种具体问题为对象,以教师为研究主体,理论人员、专业人员共同参与研究教学问题。它强调在理论指导下的一种实践研究、一种行动研究,既注重解决实际问题,又注重经验的总结、理论的提升、规律的探索与教师专业的发展,可以说,它是保障我们国家新课程向纵深发展的新的推进策略。"① 然而,从立新在其关于我国教研组织的专著中却认为:"'校本教研'与'集体备课'在相当程度上名虽异,实则同,舍其实之同而求其名之异,颇有几分'出口转内销'的味道。"② 因此,对校本教研开展具有实践性的、正本清源的研究仍有其必要。

六、文献综述的小结

由于该项研究的具体性与深入性,使笔者不得不对以上诸多方面展开综述。然而综述的结果却并不令人满意。如前所述,教师专业发展的理论研究并不深入且有难以弥合的矛盾。此外,虽然有"教师群体专业发展"与"教师个体专业发展"的区分,但是在理论研究上却并未出现反映"群体"特征的理论成果。就本研究涉及的教研组物理教师而言,其组织特点与学科特点都是已有研究未能体现的。对教师团队与教研组织部分的综述则遇到了更多的困难,最主要的原因在于笔者缺乏教育社会学、教育管理学的知识,而有相当部分的研究是以管理学等视角展开的。

或许正是缘于此类研究极强的实践特征,也即教师专业发展、教研组织建设与运行、集体备课等实践都是在真实而复杂的教育情境下进行的,因此理论的深度思考自然在所难免。这也是本研究所致力于改变的目标之一,也是研究采取教育质性研究方法的原因之一。

七、理论准备③

"理论准备"是指研究者对研究问题展开研究之前,围绕相关主题相对发散地进行的理论思考与学习。在教育质性研究的范式下,他们并不必然构成研究的"理论基础",而仅作为研究者经历的理论思考经历以及可能持有的观念背景给以呈现。

---

① 林静,刘月霞. 中国教研的新形势与新任务 [J]. 中国教师,2014 (1):15—18.

② 从立新. 沉默的权威——中国基础教育教研组织 [M]. 北京:北京师范大学出版社,2011:314—315.

③ 详见本书第一章第二节和第三节。

1. 教师专业发展"发展态"理论

正是缘于对教师专业发展理论的不满，在研究期间，邢红军教授基于自己长期的教育教学与教师培养的理论与实践，系统建构了教师专业发展的"发展态"理论。笔者全程经历了这一过程，并协助了论文的讨论与撰写。

2. 学科教学论文作为衡量教师专业发展水平的标志

同样在研究期间，邢红军教授进行了一项基于 CNKI 检索的、实证的京、苏两省（市）教师专业发展水平的比较研究。我亦参与了这一过程。该研究的重要基础是以教师的教学研究论文为教师专业发展的衡量标志。

八、核心概念界定

1. 教师专业发展

在教师专业发展的发展态理论基础上，教师专业发展就是教师的专业发展状态，即教师对教育教学工作的专业认知状态在学科发展态、学科教学发展态、教育发展态内部发生涨落或在发展态之间顺向发生转变的过程。

2. 教学研究能力

教学研究能力是指学科教师能够对任教学科的教学工作具有发现学科教学问题、研究学科教学问题、并能撰写达到学科教学研究共同体认同的质量标准的学科教学论文。即能在学科教学研究期刊发表研究论文的能力。

第三节　研究设计与过程

一、研究方案

针对本研究涉及的问题，采用教育质性研究的方法，制订研究方案如图 5－1 所示。

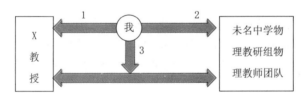

图 5－1　研究方案

根据研究伦理，对相关研究者、研究对象以及相关单位以下都采用了化名。如图 5－1 所示，我的研究主要沿着三条路线展开。

研究路线 1：理解 X 教授的观念与意图，协助 X 教授开展研究工作，并对 X 教授能动地发挥影响。

研究路线 2：作为 X 教授意图的传递着和执行者对研究对象展开研究，并进行主动地修正与补充。

研究路线 3：观察 X 教授对物理教研组的干预过程并作出判断与评价。

二、研究对象的选取

X 教授与北京未名中学的合作研究协议签订于 2011 年 4 月，课题内容为"高水平物理教师团队教学研究能力形成与发展的个性化培养实践研究"。甲方为北京未名中学副校长王飞、物理教研组长安诚。乙方为燕京师范大学物理课程与教学论 X 教授。协议分别规定了甲乙双方各自承担的权利与义务。作为 X 教授的研究生，这一合作框架是我的研究得以开展的基本保障。

X 教授是课程与教学论博士生导师，在国内物理教学论专业享有盛誉。作为教育部首批"国培专家"，长期从事物理教学论的教学与研究工作。先后在《教育研究》《课程·教材·教法》等权威核心期刊发表论文 130 余篇。近 10 年指导的研究生平均每人发表论文 3 篇以上。近 30 年来先后发展出了物理科学方法、原始物理问题等研究的理论体系。经与 X 教授的访谈了解到，为促进研究成果与教学实践的结合、检验与发展并出于一直以来对物理教师教学研究能力的关注，X 教授先后寻找了多所合作研究学校，最终与北京未名中学达成协议。

北京未名中学是北京北城区重点中学，含初中部与高中部，高中部为北京市示范性高中。2009 年教师节前夕，一位中央首长来到该校，进行了听课、座谈与慰问活动并发表了重要讲话。该校一时间成为"明星校"。当年 10 月，该校校长在一次讲话中表示："我想，我们要做的不仅仅是'明星'，而应该成为真正名副其实的'名校'。"

校长将本次首长的讲话精神与 1983 年邓小平在北京景山学校的"三个面向"（教育要面向现代化、面向世界、面向未来）相提并论，认为这次首长到未名中学来调研第一次提出了"三个中国"："教育既要面向未来、面向世界、面向现代化，与时俱进；又要办出具有中国特色、中国风格、中国气派的现代化教育"，并说："首长的话也让我们明晰了学校的发展方向，那就是建设一所'具有中国特色、中国风格、中国气派的现代化学校'"，并要"通过学习型学校的创建实现学校管理理念和管理方式的重要变革"。

另据了解，该校化学教研组已经同北京的第一师范大学进行了一项重要的合作研究，并获得了收效。因此，在以上政治背景与学校发展策略的大背景下，加之各方面有利条件，未名中学物理教研组与 X 教授的合作已是水到渠成了。此外，选取该研究对象不仅局限于契约的保障，其选择在上述政治背景下还凸显了一些特殊意义。

三、研究方法的选择与反思

(一) 教育质性研究的"质感"

本研究的实践性等诸多特征使教育质性研究的方法的选用已是必然。而事实上，当今已经有了很多选用教育叙事研究、行动研究以及生活体验研究等质性方法的研究。其中，教育行动研究已并不是一个新话题了，其具有为行动而研究、对行动的研究、在行动中研究、由行动者研究等特点，以解决实践中的问题为首要目标，与本研究有着天然的契合。

当今，以质的方法进行教育研究诚然对切合教育研究的本质、平衡教育研究的科学主义思潮起到了重要作用，然而多少还是令人感觉其中少些什么。对此，笔者认为，缺少的是对质性研究方法最大优势的理性洞察。而一种"生活史"的研究方法则启示我：质性研究最应体现的就是一种"质感"，它既是研究者在研究中的一种意识，也是研究报告应给读者的一种感受。

这种"质感"首先应被理解为历史感。事实上，生活史研究方法强调的正是"生命持续性与延续性的特质，以及研究对象的背景与历史脉络，将生命故事置于历史脉络之中。"① 其中，对历史脉络与背景的强调正是其区别于其他质性研究方法的特征。这是其对质性研究方法的最大思想贡献。以往，其他质性研究方法往往由于缺失了历史观的关照与社会背景的联系，就容易使研究对象与研究资料被理解为一种"个体建构"的、孤立的、偶然的事件，由此做出的判断与辩护也容易激进化与碎片化。总之，历史意识的缺乏使研究成果的感染力与影响力自然不强。

相较之下，生活史研究更趋向于"社会建构"的历史观与知识观。这一视角使研究者对研究对象与资料的解释、意义的理解能够更加富于历史的张力并有潜力造成一种在个体与社会之间的平衡。这使施加给读者的感染力与震撼力都更加直接与强烈，某种程度上正像是一种"历史的艺术"与"艺术的历史"。这无疑对研究者捕捉、呈现信息的功夫提出了相当高的要求。而事实上，人们对生活史体现的这些特质并不陌生，诸多历史小说、传统戏剧都以丰富的杂学知识、生动的社会历史背景描绘在很大程度上给人以历史的质感，并都给人以历史的张力与震颤。

教育研究中，笔者在阅读老一辈物理教育学家乔际平先生论著②的时候，读到他对 20 世纪 80 年代"题海战术"等物理教学状况与问题的描述与分析时，感到一种真切的历史感扑面而来，令我迅即断定这些文章是物理教育研究重要的历史文献。而阅读耿申先生文集③的时候，对薄弱校等问题的记述亦鲜明地体现了历史价值。这种研究其历史价值与质感的凸显，从根本上缘于对教育真问题的敏感和有策略地

① 李超 . 一位中学英语教师职业幸福感的生活史研究 [D] . 北京：首都师范大学，2013：19.
② 《乔际平教育思想文集》编委会 . 乔际平教育思想文集 [M] . 北京：首都师范大学出版社，2011.
③ 耿申 . 教育使命感悟 [M] . 北京：北京体育大学出版社，2007.

关注。这使其对教育研究的发展贡献了历久弥新的重要资料。可以说，"有质感"是对研究者功力与研究成果价值的双重考验。这种研究应该在教育领域更多一些。正是在这个意义上，笔者认为，生活史作为一种研究思想与研究意识应被融汇于所有质性研究方法的运用之中。

在本研究中，中央首长对未名中学的访问背景是研究的生活史意识得以契合的一大关键，并且我也在研究中试图捕捉并彰显这种历史感与质感。

（二）研究工具的"质感"

对研究方法的另一项反思是针对研究工具。在以上思考的基础上，我对教育质性研究方法有了更加深刻的认识。我认为，区分教育质性研究的标志并非是干预与否，而是如果有干预的话，那么干预的工具也应该是质性的。事实上，质性研究正是以研究者本身作为研究工具的，那么，就应该给研究工具以质性的分析和确认。这也是在本文以"理论准备"代替"理论基础"的原因。

1. 研究工具"我"的知识背景

我生于1988年，中学时就喜欢物理，本科毕业于物理学师范专业，2011年考取燕京师范大学物理课程与教学论专业，师从X教授。我有物理学本科的专业背景，备考研究生时，由于需要考具有相当难度的全国统考"311教育学基础综合"，系统地自学了教育学原理、中外教育史、教育心理学、教育科研方法等课程。研究期间，我学完了普通物理专题研究、物理教学论、物理教育心理学、物理实验教学论、物理教育论文写作等研究生课程。

2. 研究工具"我"的教学研究能力背景

进入研究现场前，我已有两篇论文发表或录用，如表5-5所示。

表5-5　中学物理教师个体教学研究能力发展研究

序号	作者顺序	题目	期刊	刊期
1	第一作者	物理教材引入科学史的新观点	《课程·教材·教法》	2012（12）
2	第一作者	例谈物理教学中STSE议题的设计原则	《物理教学》	2012（2）

以上在X教授指导下论文写作与发表的真实经历，使我对物理教学研究的过程有了切身的体验，也对X教授的指导能力有了充分的确证与信服，并对其观点与思路有了相对深刻的理解。这都促使我有信心开展对未名中学物理教师团队的干预。

四、研究过程

我的研究于2011年9月开始，2014年5月研究结束，所经历的研究过程如表5-6所示。

表 5 – 6 研究历程

时间	地点	研究内容		
		研究对象	研究形式	研究历时
2011—2013 年	未名中学	物理组教师	讲座等干预形式	2 年
2013 年 1 月 11 日	未名中学多媒体教室	X 教授、G 师姐、物理组部分教师	物理组集体教研	2 小时
2013 年 3 月 18 日	燕京师范大学物理系	第一次收到物理组教师的论文 12 篇并开始修改		
2013 年 4 月 25 日	未名中学多媒体教室	X 教授、物理组部分教师	物理组集体教研	2 小时
2013 年 7 月 8 日	未名中学教务处、安诚特级教师工作室	安诚、和梅	访谈	约 30 分钟
2013 年 7 月 9 日	未名中学安诚特级教师工作室	安诚	访谈	58 分钟
	未名中学多媒体教室	付阳	访谈	35 分钟
	燕京师范大学物理系教法实验室	与 X 教授沟通		
2013 年 7 月 10 日	未名中学多媒体教室	许玉	访谈	31 分钟
	未名中学多媒体教室	黄小荣	访谈	23 分钟
	未名中学多媒体教室	焦海洋	访谈	27 分钟
	燕京师范大学物理系教法实验室	与 X 教授沟通		
2013 年 9 月 24 日	未名中学高二物理教研室	栗腾飞、佟彤、莫小英	访谈	61 分钟
	未名中学项目班教研室	佟彤	访谈	约 30 分钟
	未名中学物理实验室	付阳	访谈	37 分钟
	未名中学高一物理教研室	王小磊	访谈	约 30 分钟
	燕京师范大学物理系教法实验室	与 X 教授沟通		
	燕京师范大学物理教法实验室 2	收到栗腾飞等老师 24 篇论文并开始修改		

续表

时间	地点	研究内容		
		研究对象	研究形式	研究历时
2013 年 9 月 25 日	未名中学会议室	仲国平	访谈	41 分钟
	未名中学会议室	洪岩	访谈	31 分钟
	未名中学会议室	于晶	访谈	32 分钟
	未名中学会议室	和梅	访谈	41 分钟
	未名中学安诚特级教师工作室	安诚	交流	约 30 分钟
	燕京师范大学物理系教法实验室	与 X 教授沟通		
2013 年 11 月 14 日	燕京师范大学物理系教法实验室	付阳老师论文投稿《湖南中学物理》		
2013 年 11 月 24 日	燕京师范大学物理系教法实验室 2	收到莫小英修改的栗腾飞老师论文并修改		
2013 年 12 月 2 日	燕京师范大学物理系教法实验室	付阳老师第一篇论文收到《湖南中学物理》录用通知		
2013 年 12 月 24 日	未名中学多媒体教室	X 教授、物理组部分教师	物理组集体教研	2 小时
	燕京师范大学物理系教法实验室	栗腾飞老师一篇论文被《湖南中学物理》录用 付阳老师第二篇论文投稿《物理教师》		
2014 年 1 月 2 日	未名中学校长会议室	王飞副校长	访谈	55 分钟
	燕京师范大学物理系教法实验室	与 X 教授沟通		
2014 年 2 月		栗腾飞、付阳老师论文见刊		

五、研究资料的搜集与整理

研究过程中我搜集研究资料有如下几种，并进行了相应的分析整理。

1. 访谈录音

在访谈过程中遵循研究伦理，在获取研究者许可的前提下，尽可能地获取录音资料，最后统一转换为文字稿进行了系统的分析。

2. 教师论文

主要包括修改过程中的论文与未合格论文两种，对两者的分析都可以对教师的教学研究能力及其发展进行把握。

3. 光盘 5 张

光盘内容为未名中学在内的全国高中"N 校联盟"一次活动的 5 节讲课视频，包括未名中学一位物理教师讲授的一节。由此可从课堂的角度了解教师真实的教学水平。

4. 教研组活动资料："磁感应强度"教学设计 1 份

该节课作为获奖课程，在一次教研组的教研活动中进行了交流。

5. 未名中学论文集、学案集各 1 部

两部集子均印于 2009 年 10 月，是未名中学第八届教学工作会的报告与成果集，包括领导讲话。从中可反映该校发展理念与战略以及整体教研理念与教研水平。

6.《燕都教育》杂志 2 本

两本杂志分别为 2009 年普教版增刊与 2010 年 8 月号，均对未名中学作了专题报道。

由于本研究涉及的个体较多，研究资料的类型与数量也很多，并且整个研究过程本身也涉及对部分研究资料的持续分析与应用，可以说对资料分析、辨别的任务十分艰苦与繁重的。因此，笔者决定对资料的分析采取以教师个体为中心和以论文为中心相结合的思路，并在研究报告的撰写中予以体现。

第四节　进入现场

一、X 教授的困惑

X 教授的目标是：北京未名中学物理组教师在我们的指导下，最后都能发表物理教学研究的论文。然而事与愿违的是，眼看课题已进行一年多，仍然没有教师交来一篇论文，并且在与物理组教师交流的过程中，X 教授的一些建议也没被他们接受。因此，X 教授非常困惑：他们为什么推不动？同时，X 教授也表达了自己的无奈。尤其令他感到反差的是自己培养的研究生在同期已经发表了很好的论文。因此，X 教授认为这不是自己水平的问题。未名中学的老师更有教学经验，反倒一篇也没有写出来，X 教授认为应该给他们一些刺激与触动。鉴于此，他决定下次活动"自己不再讲了"，让我与一位已工作的、同样发表了很多论文的 F 师姐（现任北京某中学物理教师)[1] 去介绍经验。

---

[1]　关于 F 老师的详细研究详见《初中物理教师专业发展》一书第三章。

二、初识物理组

我对未名中学物理教研组深入访谈，就开始于这巨大的困惑与一丝希望的交融之际。如表5-7所示，是我开始访谈前查得的物理组教师部分基本情况（姓名与涉及的相关研究单位采用了化名）。

表5-7 未名中学物理组部分教师基本信息

序号	姓名	性别	出生年月	学历	最高学历毕业院校	专业	参加工作时间	专业职称	评定时间
1	安诚	男	1961年10月	本科	第一师范大学函授专升本班	物理	1981年7月	中学高级（特级教师）	1999年7月
2	和梅	女	1972年1月	本科	河北师范大学	物理	1994年7月	中学一级	2002年12月
3	付阳	男	1975年7月	本科	河北师范大学	物理	1997年7月	中学一级	2002年6月
4	许玉	女	1973年7月	研究生	中国科学技术大学	管理科学	1995年7月	中学一级	2010年6月
5	黄小荣	女		本科				中学高级	
6	焦海洋	女	1976年4月	本科	内蒙古师范大学	物理	2001年7月	中学一级	2006年8月
7	栗腾飞	男	1972年12月	本科	东北师范大学	物理	1997年7月	中学一级	2002年9月
8	佟彤	女	1967年11月	本科	河南师范大学	物理	1990年7月	中学高级	2004年12月
9	王小磊	女	1969年1月	本科	燕京师范大学	物理	1992年7月	中学高级	2005年6月
10	仲国平	男	1972年9月	本科	河北师范大学	物理	1997年7月	中学高级	1997年7月
11	洪岩	女	1982年3月	研究生	第一师范大学	物理"4+2"	2007年7月	未评聘	2007年7月
12	于晶	女	1979年3月	硕士在读	沈阳师范学院（本科）北京师范大学（教育硕士）	物理学科教学（物理）	2001年7月	中学二级	2002年7月
13	莫小英	女	1989年	研究生	燕京师范大学（教育硕士）	学科教学（物理）	2012年9月		
14	余春兰	女	1982年	研究生	燕京师范大学	物理课程与教学论	2007年7月	未评聘	2007年7月

三、我在研究中角色的思考

进一步，我对自己在研究中的角色产生了思考。我认为，自己应该一面帮助教授做好工作，另一面帮助物理组教师解决一些论文写作中的问题。同时，弥合X教授与物理组教师沟通时可能有的错位。我认为，这一工作的顺利开展首先需要在访谈中获取物理组教师们的信任，即不能被他们误会为一个"告密者"或"捞一票就走"的人。然而，我也必须确保获取准确的信息并使 X 教授获知，以确保他能做出及时、正确的应对措施以"因材施教"。并且可以说，我与 X 教授的利益是直接一致的，因为老师们如果最终没有良好的论文成果，我的硕士论文也就"很不好看"，甚至无法毕业。由此可见，我扮演的角色具有非常的矛盾性与微妙性。因此，我仔细阅读了访谈研究的相关论述，谨慎地列出了访谈提纲，并思考了访谈时的策略。

第五节　干　预

一、X 教授的讲座

X 教授对未名中学物理教研组的培训课题是 2011 年 7 月开始的，截至 2013 年 1 月，X 教授主要对物理教研组就自己的研究成果开展了物理教学理论的培训。主要涉及以下内容[①]：

（1）原始物理问题教育理论。

（2）物理科学方法教育理论。

（3）教学过程的自组织转变理论。

（4）物理教学设计的理论与实例。

在我的访谈调查中显示，教师们对此的评价是非常高的。虽然大家对讲座有众口一致的"好评"，但是为什么还会有"推不动"的现状呢？

二、江淮省特级教师访问团

X 教授的长期关注以及在研究期间我们的一项统计调查表明，江淮省（化名）物理教师人均发表论文数量远高于北京等省市[②]，而该省的物理教学质量和教学研究水平在国内也是有口皆碑的。研究期间，为增进交流并对未名中学物理组教师产生触动，在 X 教授的有意促动下，江淮省物理特级教师访问团来到未名中学与物理组教师进行了交流。

交流中，未名中学的洪岩老师准备了一节公开课——高中物理"电势差"。然而，X 教授在评课环节直言不讳地指出了教学设计中的问题，认为这种公式推导的方法"如同打井，在一处未打出水就换一处再打"，这给学生的学习造成了困难。

但是，教授的这一意见却未被洪岩老师接受。对此，X 教授也非常困惑。为系统地解答这一问题，在他的口授下，就他关于本节教学设计的观点让我的同门写了

---

① 详见《中学物理教师专业发展丛书》。

② 详见本书第一章第三节。

一篇论文①，经多次修改后发表于《物理教师》杂志。

三、评课赛课

研究期间，X 教授还作为评委参加了在未名中学举办的包括该校在内的全国"N 校联盟"的"聚焦课堂"活动，进行了听课、评课，亲身体验了在中学一线备受争议的"评课赛课"。

本次活动的主题是"力的分解"和"磁感应强度"，全国 6 所高中的教师分别讲授了这两节课。仲国平老师代表未名中学参加，准备了"磁感应强度"一节。后来了解到，这是他们精心准备的一节课，也是仲老师很有信心的一节课。后来，本节课还获得了北京市一次高规格赛课的一等奖，这也让他非常高兴。

然而，X 教授在评课环节也提出了不同的看法，认为应该用比值定义法得出磁感应强度的概念，而非教材与仲老师使用的"控制变量法"。这一具体观点亦不为仲老师接受。为系统表达这一观点，X 教授口授我的一位同门写作了一篇文章②。

四、经验交流

我在未名中学的报告介绍了我学习的经历以及在 X 教授指导下写论文、改论文、投论文的过程，最后谈了自己对发写论文、发论文这一工作价值的认识。老师们的反映总体是积极的。

我在初次听闻 X 教授的困惑时，就"推不动"问题产生了自己的思考。毕竟自己经历过从"不会写"到"会写"的过程。我认为，前期教授只去讲自己的研究成果的确是不够的，这些研究的实践性很强，但也与他们自己写论文相隔很远。因此，我在我的报告中着重强调了自己读文献、读哪些文献的经历以及对这一过程的认识。③ 当然，这也是 X 教授所要求的。

令我欣喜的是，我的这一意图得到了物理组教师的重视，和梅老师主动要求 X 教授提供文献。在与教授商议此事的时候，我提出，对于中学老师，由于他们不像大学师生坐拥数据库、图书馆等文献资源，更何况他们不是研究型的教师，还没有积累资料的意识，他们可能一辈子手头就那几本书，因此给他们提供一些文献是有必要的。这一想法随即得到了 X 教授的认可。结束时，组长安诚老师嘱咐我把 PPT 留下供没来的老师学习一下。在座的和梅老师兼任教学主任，报告结束后当即提出，请把我阅读的相关论文与书籍复印给老师们，X 教授当即同意。

F 师姐则以一名实现转变的一线教师的身份介绍了自己的经验，主要内容包括他跟随 X 教授学习的历程以及自己近来写作论文的过程与经验。期间，包括安诚老

---

① 王慧，宁成，邢红军."电势差"教学的高端备课［J］. 物理教师，2013（07）：26—27，30.

② 石尧，宁成，邢红军. 以科学方法的逻辑展开"磁感应强度"概念教学的高端备课［J］. 湖南中学物理，2013（4）：1—3.

③ 详见《高中物理教师专业发展》第二章第一节。

师在内的几位老师对她的一些具体的教学做法很感兴趣。X教授认为，F师姐作为一名一线教师，对他们的触动应该更大。

第六节 团 队

一、教研组长

初识安诚老师是在我去未名中学做的第一次报告上。虽然是整个北城区屈指可数的物理特级教师之一，但他给我的印象却是温和有余而热情不足。告别时候与我的握手并不认真，或许是初次见面时的缘故。

他是从河北省引进的特级教师，现任物理教研组的组长。截至项目开始前，我经CNKI检索查得，他已有很多论文发表，如表5-8所示。

表5-8 安诚老师在项目开始前发表论文情况

序号	作者顺序	题目	期刊	时间
1	第二作者	天体的"一心三法"	《物理教学探讨》	2010.2
2	独著	物理导学案的实践思考	《北京教育（普教版）》	2009.9
3	独著	用U-I图像确定非线性电阻的工作点	《物理教师》	2008.2
4	独著	速度方向变化快慢≠速度变化快慢	《数理天地（高中版）》	2003.1
5	独著	一个物理模型图示的误导	《物理教师》	1999.10
6	独著	一道例题错解的分析	《物理教师》	1998.9

X教授认为，安诚老师在本次研究中独立发表论文应该不是什么问题，然而我有不同看法。从2000—2011年的时间段来看，他只发表了4篇文章，论文内容的深度也很有限。在访谈中，我才有机会对他进行深入的了解。

（一）对"高原期"的认识与超越

安老师作为引进教师无疑是优秀的，我着意询问了他如何看待教师专业发展的高原期问题，他用自己的经验与成长历程做出了回答。

我：X老师也很困惑，为什么有的老师那么爱写，有的老师不爱写。

安诚：这个一个是习惯问题，还有一个是重视不重视的问题。主要是考核的时候，有没有这个指标。有了更好，锦上添花了，没有也没有办法。

在高原期，差几步了，有的人就犯懒，不想走。从我个人来讲，我们组里可以说没有比我岁数更大的了。但是从我个人来讲，我特别喜欢学一些新的东西。就拿我们每次教研活动来讲，他们认为没啥意思。我认为，去了以后，哪怕听一句话、一个题，跟我以前讲的不一样，感觉很新奇，就是最大的收获。每次讲课，像久旱逢甘雨、特别饥渴时候（得到了满足）……不是那个意思的。一个问题，你也分析、他也分析，分析出根本的什么不同来，很难做到。怎么才能有长进呢？我想还得不断地学习。

在我的经验中，我就看到过很多超重、失重的，我就借鉴一下。现在就发现有些人很懒惰，说实在话，他就把网上东西一"down"，别人怎么做我也怎么做。当然借鉴别人的不是什么坏事情，但是他自己创造的很少很少。这就是一个用心不用心的问题了。如同跑百米，我一用力，跑第一了，就不是高原期了，就比高原期还高一点了。是吧？不就有长进了吗？

所以，要想解决高原期的问题，从老师个人来讲，不说远大的志向吧，最起码总得想干点事儿。这样的话，自己就有目标。我是想，你稀里糊涂地干，也是干，用心地干也是干……这么多年我琢磨着得有点事干，这么待着呢，越待越懒。你干点活，才能不闲着，有点意思。当然，有的人兴奋点不一样，你比如说有的老师喜欢炒炒股……当然一个人一个兴奋点吧。当然，业余生活要丰富不能单调，是吧？但是，工作也不能拖拖拉拉。

安诚老师说，自己与 X 教授是同一年代（20 世纪 60 年代）的人。诚然，我能感到在他身上有那个年代的人的一份诚实、扎实和朴实，对学生与教学真挚的热爱，但是可能是由于学校环境的闭塞性，我感到他对时代的追赶显得有几分吃力。

（二）对教学研究的认识

当我问到"您认为为什么目前项目难以推动？"的问题时，安诚给出了相当令人释然的答案。

安诚：做教育的本身就是一个慢工作，立竿见影必然难度就要大一些。这与攻克一个技术难题不一样。老师们虽然现在没有成果，但是他一直做下去，就像一个科学家一样，他做了一生，可能一项成果也没有，那么他经历过了，他的失败就是他的经验。

安诚老师对教学研究的作用，在访谈中是给予肯定的。

安诚：实际上搞课题，就是你刚说这个问题，为什么有些老师对搞课题不感兴趣呢？这是个软任务，立竿见影不可能做到。虽然搞科研的跟不搞科研的，一时半会看不出来差别，时间长了，老师们的教学水平就看出来了。

我随即提出，下一步，能否也让老师们把他已经研究清楚的东西整理整理，写成文章。这是我的考虑，希望让活动推进得更加顺利。安诚老师表示赞同。

安诚：可以的。根据每个人感兴趣的方面，把素材整理一下，整理后肯定跟发表要求有距离的吧。然后，你也好，X 老师也好，帮助我们把文章润色一下，这样比较好。现在可以说素材很多很多，有时候没把写文章当回事，自己感觉很简单不成问题，实际上对别人却有很强的借鉴作用。

我们需要理论指导，你们需要素材支撑，这样我们就和在一块了。就我们来讲，最大的帮助就是把我们很多的素材怎么上升到理论上。大家都知道，实践、认识、再实践、再认识，有一个循环拔高的过程。上升到理论，对老师的理论水平有很大提高的。老师的理论水平上去后，对教学还是有很大帮助的。

与安诚老师的接触虽然顺利，并且他对我后续的工作十分地支持，但是我还是觉得我在他身上挖掘出的内涵还不够——少了点什么。仔细思索起来，他先后两次谈道："现在可以说素材很多很多""老师们肚子里有东西，就是缺乏整理"。然而，对这一判断我心里是打鼓的。

（三）对教研组的一点暗示

安诚老师是教研组组长，我当然希望听到他关于教研组的一些评论。但是，直到最后访谈完和梅老师的时候，我才体会到安诚老师当时话语中隐含的信息。

和梅：过去搞科研工作都是自己琢磨着来，单打独斗吧。现在有一个团队，好在哪呢？大家可以有一个平台，借用机会共同研究。那么，我们知道，人就怕交往，不交往亲戚也远了，常交往，朋友会变成更亲密的朋友。物理组可以通过这个活动，频繁地搞这个活动以后，大家伙的思想就自然地往一块靠拢了。应该说，通过搞这个活动，我们物理组的思想最起码比较好统一。

我：心比较齐了？

和梅：嗯，心比较齐了。就是说大家伙比较好处事。就拿教课来讲，不会有藏着掖着，有好题我不给你用，给大家伙提供的资料都是大家伙都不想用的资料、垃圾资料、大路货。不是那种。就是说，我们的东西都是比较精选的了。

比如说我带的高三，我没有必要说我的东西谁也不告诉，自己用，听我课的时候我不讲课做练习。我也不那么想这个问题。听课你随便听，资料呢，主要是讨论了（之后），最后都是我执笔的。因为他们都是班主任，时间都比较紧张。这个资料主要是我来写的。写的时候，我就把我的思想渗透进去。那么好东西、好资料我也不能说不给大伙用。我都写出来。所以现在大家都希望我带高三，都愿意跟我一块干。就是说，领着他们干压力会小一点，让他们干可能压力会大一点。对我来讲就无所谓，我能干多少是多少。

从我来讲，我没有其他想法，这样的话，大家伙才能把事情干好，干好了就有抓手。大家一起闲聊天也没什么意思，得有个主题，就是物理教研活动。还是有个课题更好一点……以前也搞教研，但是没有主题，搞到哪里是哪里，现在有了主题以后呢，就更名正言顺了，干活就有一个计划性了。干活就顺手，咱们农村讲话"不窝工"，是吧？这个效率更高一点。

说实话，当时对他所强调的"期望"和"不存在的问题"我心里都有些打鼓，因为之所以要"期望"，并且将"不存在的问题"描绘得那么生动，多半是因为这种情况发生过或正在发生。此外，他就很多问题表达了一些不满，甚至有些痛心疾首。看得出来，其实他也付出了很多，可是我怀疑他是否感到有些出力不讨好，因此才有一些情绪,我的这些怀疑在后面部分得到了印证。

二、实验奇才

付阳老师除了代课以外,还兼管实验室工作,我多次给他携带实验仪器与修改的文章。他很喜欢实验,也比较开朗,对很多问题充满了兴趣,性格颇有些天真与"古灵精怪"。有一次我给他谈起一个实验话题,他竟然中午吃饭的时候还在出神地想。与他交流令人感到愉快而轻松。在整个研究中我与他接触得最多,他的实验室几乎成了我到未名中学的"驿站"。

在对他的访谈中我了解到,他是与爱人一道从河北衡水一所中学调来北京的。以前没有发表过论文。他提交的论文写的是他对一个实验的改进,被 X 教授认为是唯一一个有希望"改出来"的。因此,我第一次与他交流,就带着 X 教授给他修改好的论文,当面给他提出建议与修改方法。

(一) 对教学研究的看法

付老师明言"是纯理论的都不太感兴趣",但是当我问:"教学研究与教学实践是否真有相互促进作用?"的时候,他的回答都是肯定的。

付阳:这肯定是有的。因为你写出来的东西一定是你想了一些问题。最起码是你把一些东西想明白了之后你再讲出来的。跟你对这个东西大概了解再讲下来肯定是不一样的。就是说你要真的把这个问题想透了,和你照本宣科的讲下来肯定是不一样的。

对于自己的教学研究,他有如下表示。

付阳:更多的我觉得是没有可写的。对于我来说,有时候冒出那么一点来,如果不及时整理,过去后就没了。到最后逼着你交一篇论文的话,你觉得没什么可写。有的人觉得这个东西太小了,写不成那么大的,觉得三两句就说完了,写不出来。

此外,更可贵的是,他认为教学的确是有规律可循的,但同时也表达了自己内心的一些矛盾。他所矛盾的是,虽然经验告诉他教学存在规律,但是不按规律做的人也并非没有收到"好"的效果。

(二) 以"正能量"看待"高原期"

令我尤其欣慰的是付老师对高原现象的态度。

付阳:我觉得其实……关键是看一个人的追求的问题。他要总想探寻点什么的话,他肯定还会慢慢提高的。但是,要就指着教书吃饭混日子,那肯定就这样了,没有发展了。所以,主要还是看个人。有的可能就是六七年就疲劳了,但是主要还是在个人。因为我发文章与不发文章可能影响不那么大,但是不同人不一样……有所追求的会在意发文章。但是有的评完高级了,四十多岁了,很有可能就缺乏动力了。

像他这样对物理教学中的一个方向乐此不疲的人，对高原期持有这种态度也是可以理解的了。

（三）分数的制约

付老师言语中我还感到，当前教育大环境对分数的要求令他对科研的态度也显得矛盾。

付阳：平常杂事太多了，每天的教学任务就忙不过来。在更多情况下他们还是对科研考虑得少，更多的考虑是哪里有更新的题了、咱们怎么让他们训练了。因为他们毕竟还是要分数的。就像老师教课，我启发得很多，或者课堂设计很好，可能最后下来比硬逼的老师、留作业很多的老师的效果差。这是很现实的。因为最后评价标准，说句实在话……大家聚焦点还是在分数上。

他还谈到了"分数教育"造成的一些困惑。

付阳：现在老师们还是要分数。刚才我在算分数，考得不太好。其实，最后成绩受很多因素的影响，但领导就是看分数。我就碰见过，有的老师他水平不高，这些题他都不会做，下边问问别人，上面讲得特别仔细，学生听得特别认真，成绩还很好。他能跟学生沟通，让学生特别相信，慢慢都好了，学生都爱学这课。所以，科研跟分数不见得有什么关系。

后来的交流中，他对这个问题又谈论了很多，我才知道，他心中仍然有这样的矛盾与无奈。但他没有让这种矛盾发展为负面的情绪，是可贵之处。

三、"指望不上"的几位女老师

访谈中，尤其令我对研究前景悲观的是与几位女老师的交流，最终由衷发出了"指望不上"的叹息，但是并非是对她们的微词与谴责，而是能够理解她们的原委与苦累。

（一）个性与成见

如表 5-9 所示，许玉老师之前发表过一篇文章，但是那是 3 年前的事了，并且之前她并没有交来论文。

表 5-9　许玉老师之前发表论文的情况

作者顺序	题目	期刊	刊期
第一作者	天体的"一心三法"	《物理教学探讨》	2010（2）

我与她的交流是安诚老师事前联系好的。但是，当我在约定的时间与她联系时，她告诉我：非常不好意思，把这件事忘记了，已经回家，并有些不耐烦地问我是否可以电话访谈？我非常客气地表示理解，与她商定还是再约时间为好。

在第二次约定的时间——次日早上 8 点，我们准时开始了交流。坦言之，她是我见过的物理组个性最强的一位老师。谈话开始后，我发觉她的应答有些空虚，我因此我试图将话题往实了引。

我：您有选题的意向吗？

许玉：我在未来4年肯定要写东西，因为我还要评职称。具体题目有几个想法，但是呢，在付诸实施的过程中吧，还得想想怎么做。肯定会要做一些这事。目的很单纯，（笑）有需求才会去做。因为……安老师肯定也会说，咱们教师群体层次比较多，有的老师高级职称都评完了，有的老师可能是一级职称评完了，离高级职称年头上还差很多。关键是科研上没有特别强的激励的机制，所以，大部分老师还是安于现状。像我可能未来4年肯定要写一点东西，目的也很现实。可能是评完高级我也不写了，或者说我有几篇以后我也不写了。

我感到她还是没有将论文工作推进的态度和打算，遂坦白地说："咱们这个项目好像2014年就结束了。您看您有没有打算在项目期间出来一篇或者两篇，或者更多篇文章？"

许玉：嗯……尽量。因为找到题目动笔之后吧，哎！你发现跟别人写得雷同，那么你涉及不涉及抄袭啊？你怎么把别人的说法换成另外一种说法来进行说呀？所以这事也得挺慎重的。（我试图插话，被她打断）尤其是像这种学术杂志，你就得特别特别地慎重。我们要是在物理学会获个奖，那个相对来说还是比较简单的。

我终于发现，她对教学论文的写作有很大的成见与偏见，我有必要纠正这种认识，就对她解释说："如果您在写论文时候有技术上的不了解，可以跟我说，我们来解决。"她表示没问题之后，我向她解释了论文写作的基本知识和方式，她有些高傲地表示感谢。之后，我主动提出向她留联系方式。许老师则表示：她的邮箱一年两年都不开，再问她要QQ，她说没有。事实上，之前我建立了个QQ群，本来想把物理组的老师们都加进去开展交流，并通过这一平台分享资源，但是最终没能拉来一个老师。

我了解了她的个性之后，想通过进一步的交流，用间接地方式让她意识到教学研究是需要有真知灼见的。就问她："您感觉X老师的观点还算靠谱吗？"

许玉：因为百花齐放嘛，各种观点……不是说X老师的观点一定是唯一的，包括一节课到底怎么讲，肯定是各有各的说法、各有各的想法，X老师的想法在理论上还是挺好的，整个实操性也很强，但是可能还有更好的办法来讲这节课。方法挺好，但不是唯一的。你是不是也这么觉得呀？所有的课都是这样，关键是授课者他有自己的想法，但是他的想法是否符合逻辑规律、认知规律，那不敢有保证。包括X老师他评的一节课，他肯定是自己有自己的想法，只是在某些操作上大家觉得不是那么合适。那肯定讲课的人就觉得特别好。（我试图插话，她提高音量。）

我：我想再追问一句，您对X老师的观点，究竟怎么评价？

许玉：这个东西没有办法评价，只有所短寸有所长嘛，还有就是百花齐放，现在这个教学手段这么多，教学的思想这么多，你能说安老师就是完全对的，其他老师就是错的吗？X 老师的观点，肯定是没有问题的，那其他的观点也不一定就有问题。

我：X 老师后面关于课程改革的看法，你感觉怎么样？

许玉：我觉得还是挺好的，跟我们的观点还是比较一致。因为现在基础教育改革也是百花齐放，关键是下面的老师就无所适从。上一轮新课改一开始就探究，什么都探究，有的东西实际上不太适合探究，就是那样……

她就这个话题展开谈了很多，我对她说："我冒昧地说一下，我觉得您这个观点就可以写一篇挺好的文章。"我这样说是试图鼓励她，给她以信心。而事实上，我的确认为这一观点也的确可以写成一篇论文。然而她却表示："我这观点写出文章就是被人拍死的。"

我：哎！不会。X 老师发了这三篇文章，不瞒您说，影响还是很大的。

许玉：他的位置在那，我们要写出这个文章绝对被拍死。

听到她这话，我十分惊讶！我想解除她这一可笑的顾虑，然而还是失败了。与她的交流还涉及一些问题，我都做了整理，最后按时结束了访谈。直到研究结束时，没有看到她交来的文章。

（二）对教学论文的概念缺失

黄小荣老师之前交的是一篇关于信息技术的文章，标题与内容都比较空泛，我估计是一篇教研系统的评奖论文。访谈前查得，她在原单位也曾发表过一篇论文，如表 5-10 所示。

表 5-10　黄小荣老师在研究开始前发表论文情况

作者顺序	题目	期刊	刊期
独著	一个题设条件引发的思考	《中学物理教学参考》	2011（4）

与她的交流是坦诚的，看得出，她在教学上也是一个很干练、很勤恳的人。但是她对教学论文却没有足够的了解。

我们的谈话从给她论文的修改建议开始，她说："因为刚考试完，我在判卷，还没注意看。"简单交谈后，我感到她对物理教学研究的论文缺少概念，想知道她是否读过教学研究论文。在交谈后，我判断，她应该是没有看过。而事实上学校是有这些杂志的，我就说："您需要下载什么文章可以跟我联系。"她向我表示感谢，之后似乎又想找点理由。

黄小荣：我其实那会儿，年轻的时候，也写。我当时也是因为一种需要，就写，写完后发表，感觉还可以。比如说，你想说的话能写出来。其实我还攒了一些。但是这几年过去我觉得它已经不够新了。你的想法你再去看别人，可能也有类似的。

她在谈话中介绍了教研系统论文的要求与写作方式。

黄小荣：就像交论文吧，实话实说，如果事前指明方向，我可能就按照那个方向去写。最起码是我们要交哪一类的论文，比如说，区里会告诉我们交"习题教学""概念教学"方面的论文，咱们只是说"交论文"，没有方向性。

就是我之前交那篇论文，不是说咱们近期要在哪方面有所突破，那么我就在课堂上注意这些问题。比如说，区里面提前一年要求交概念教学的论文，那我可能就会在这个学期翻一翻、想一想，哪些地方我是怎么做的，会怎么去整理。

教研系统这样的要求对新教师及时、有意识地总结经验从而提高教学质量应该是有必要、有价值的。但是，这种"命题作文"的形式也的确容易空泛，并且质量的提升也有很大局限。之后，对 X 教授的指导工作，她提出了更加细致的要求。

黄小荣：像对于我，不妨拿几篇文章讲讲应该怎么写。说实话，我们就是讲课，写论文方面是门外汉，虽然我也发表过论文（《中学物理教学参考》），但是的确也是门外汉。因为可能刚好是我对那个东西特别有感触，特别想把这个东西说出来，于是我就写了。可能跟你们的模式不一样。但是可能看出来真的是你自己的想法，那它就发表了。

我：我感觉跟我们的还是一样的，的确，写论文还是要有真知灼见，这样才敢动笔。

黄小荣：其实，上一次 X 老师讲的有一个地方我就特别有感触，上次是拿你的一篇文章？

我：X 老师的观点，他指导让我怎么写。

黄小荣：对！如果说这个东西一遍一遍，原先的初稿是什么？怎样的批语，第二版是什么？那我就能跟着他的思路去想。我觉得那种形式特别好，当时那种形式就感觉跟孩子辅导手把手似的。我觉得这样特别有效果。如果真要是说我想在论文上有所突破的话，那肯定是一个好效果。我是这么想的。

我虽然感到她的要求有些不对等，但是为维持良好的关系，还是对她做出了承诺："这个没有问题，您写完之后，发给我，我们在那边改出来，下次我就带着文章过来。咱们完全可以做到的。"并说，寒假暑假也是一个写文章的好时间，建议她把文章整理一下。她满口答应。

然而，之后也没有收到她的任何论文。黄小荣老师虽然发表过论文，但是当年的教学研究水平与现在的已经不可同日而语了。或许教研系统的论文对教师的专业发展也有价值，她习惯于写作这种"命题作文"，她缺少的是一种主动的姿态。

（三）矛盾与纠结

在深入一线访谈的时候，我才发现实践与每个人特质的复杂性，复杂得很难用简单的话语概括。佟彤老师是从外地引进的高级教师，之前交来的文章属着原单位的名字，可能是在当时的评奖论文，连单位名字都没改。我查得她很早以前曾发表过一篇论文（表 5-11）。

表 5 – 11　佟彤老师之前发表论文情况

作者顺序	题目	期刊	刊期
独著	浅谈依靠教学方法改革提高教学效益	《新乡教育学院学报》	2003（1）

　　我与她的交流来得非常突然。在我与栗腾飞老师访谈时，佟彤老师由于自己的时间有变，所以进来想与我提前约谈。在征得她的同意后，我继续与栗老师聊，她见我与栗老师聊得没有停下的意思，主动打断了我。

　　佟彤：我还有事，还得过去。我这样……就有几句话，我想给你说一下。小伙子，你贵姓啊？

　　我：姓胡。

　　佟彤：你现在是这样……你现在目的是什么？就像栗老师刚才说的这些，没用，你也解决不了这些问题。给他说也没用啊！

　　栗：知道。

　　佟彤：对不对？

　　她似乎很不耐烦，我明白她对我的工作还没有了解，但是以免她产生逆反心理，所以没有与她顶撞，想尽量地把话题引向具体与实在。

　　我：不见得没用。这也是我硕士论文的工作，现在咱们这个项目收不了场，我也毕不了业。

　　佟彤：我明白你意思了，其实我急需的是什么？刚才他说的也是，我们其实没有时间，像我这个高一、高三，跨着年级代课，天天忙于给学生做题讲题。现在，老师面临的两个问题，第一个是讲课。就像我们开这些活动，X老师来给我们开那些活动尽量别虚，就是说我怎么去处理这个问题，像给学生怎么处理这个知识点，肯定有好的处理方法，可能我们一生也遇不到，也不知道怎么……

　　我：您还有多长时间？

　　佟彤：十分钟，我就跟你说几句话。我认为某些知识点怎么去处理？这就是一个老师特别需要的。讲课你看谁都会讲，但是有些处理问题的方法是不一样的，有些处理得特别好，就是这个东西特别难讲，但是人家举例子三言两语学生就明白了，有些就讲不明白。这个要想提高整体老师的素质，这个也是个关键。

　　第二个就是学生的管理。其实这个可是个大问题呀！现在的学生是不好管理了！你知道吧，你讲得再好，他不听。现在好多学生这个作业不爱做，他不愿意听课，就怎么去管理这些差生，这我觉得对这也应该有一个突破。

　　她说得很快，明显带着焦躁的情绪。我不想失去说话的机会，就打断她说："佟老师，时间紧，您尽量说一说，然后也给我留一两分钟。"

　　佟彤：我就这两个问题。完了。

　　我：您第一个问题是时间不太充裕，是吗？

　　佟彤：就是刚才他说那个意思，就是我们学习的时间肯定少。主动学习的时间少。但是学校不是给我们创造了一个平台，但是这个活动尽量别虚。

我：您感觉前期的活动有一些虚，是这意思吗？

佟彤：也不一定是虚……

我：咱直来直往。

佟彤：还想要最需要的，就比如说，弄几个点，像电源电动势，像那个机械波，就给我们弄清几个点，就这个学期哪怕就弄清俩点呢？三个点呢？这个咋讲呢？你们经常外边听课，是吧？那你们认为处理得比较好的东西，就拿来给我们……（被我打断）

我：X老师前期是讲他的论文是吧？

佟彤：再一个，你们让我们弄论文。（她语气更加烦躁）说实在的，这个是能提高个人业务，可是，总体来说我们老师最需要的……那个东西吧……给学生讲课，这个要求还是有点脱节。

我：您觉得那个高端备课，怎么样？

佟彤：那也行，这些东西也需要，是吧？（看了一下栗腾飞老师）也需要研究。但是我觉得就像这方面的……

我：这个跟您说的还不是一回事？

佟彤：也算是一回事吧。

我感觉她不抬杠，还是讲道理的。

佟彤：就像这一类的问题，解决这类问题，就是经常解决这类实际的……就是我们的课题。就像你说的楞次定律、电源电动势、简谐运动、匀速圆周运动。像这些东西老师讲起来课可能就会感觉无从下手，讲得不是很……就像我们这教了几十年了，反正也抱着自己的一套方法，每年都那样教，但是我这个教法是不是最好的呀？是不是还有更好的方法，我们也不太清楚。就是这种你们能把这些东西推广给我们。这样我们老师的水平会……会提高。

我：上次不还给老师们印了一本那个东西吗？那个论文部分有一部分就是这一类。您感觉那个东西怎么样？

佟彤：那个东西……我还没仔细看。你看了吧？（问栗腾飞）

栗：我基本上快看完了。

佟彤：那咋样，你觉得咋样？

栗：它里头涉及很多理论知识，前面是具体问题，后面是理论知识。（佟打断）

佟彤：我就说说我们的需要吧。另一方面的需要就是学生管理。你这个可比这个还强。

我：这个说实在话……属于教育管理的范畴，X老师不是研究这个的。

佟彤：那就算了，那就不说了。现在很多年轻老师上课，我觉得是管理问题。那就是学生不听，你讲得再好，学生不听。就这个问题怎么处理，其实这也是个问题呀，对不对。

我感到她的观点已经表达完了，就展开了回应："咱们这个项目，说得通俗一点，或者直白一点，它得收场，就需要老师发一篇、两篇或者更多篇论文，最终还是要落在论文上。这个东西虽然说……您说'虚'一点，但是归根结底他要这么收场。咱往好的方面想吧，可能就通过写论文，咱们老师也培养一个技能，是吧？再一个也真能提高点。再一个可能论文这个东西出来，它是一个实体的成果（我敲桌子），对咱们的项目和老师可能都有好处。所以，怎么说呢，我个人教学经验也有限，可能就是跟 X 老师学了点写论文的技巧啊什么的……就是做一个沟通人吧，帮老师们写一写、改一改这个论文，尽量早出成果。您看还有什么需要改进的，还有什么不足的地方吗？"我把想传达的信息都表达了。

佟彤：我没有……那时候教的论文都弄哪去了？（向栗腾飞笑）当时都一块交的，余春兰收的，是吧？到最后反馈回来了吗？

我：您那个论文都反馈回来了，您看到了吗？

佟彤：我没有啊，放到哪去了？

栗：我这儿有，我下载下来的，所有人都有。

佟彤：我那篇论文还真是自己写的呀……

我：我看到了。我跟 X 老师商议了一下，非常谨慎地也非常认真地，给了每个老师一些建议。

她听说论文都反馈回来了，很感兴趣的样子。聊到这里，我觉得我似乎把她的观念聚焦到了核心问题上。但是她有事，先走了，我们约定 11 点在她任教的"项目班"办公室继续聊。

我很想了解她这种纠结心情的原因，但是与她见面后，却令我非常失望。她并不配合，并拒绝录音。向我抱怨了任教"项目班"管理的一些问题，说这些学生中考的时候既不能让他们考得太低，也不能考得太高，因为如果考得太高就留不住了。还说，自己还有七八年就退休了，建议我应该多帮栗腾飞、付阳老师发论文才是。我向她询问是什么时候调过来的，并说我与她是同乡，然而她有戒心地说："问这个干什么？与这个有关系吗？"在我的执意下，她最后淡然地说，调来七八年了，而对我"攀老乡"的话语则没有更多深聊。之后我没有见佟彤老师再交论文。她调来时就已经是高级教师，或许真的不需要这个了吧。

四、一对喜人的师徒

莫小英与我同时入读燕京师范大学，她读两年制的全日制教育硕士（物理），早我一年毕业，2013 年 9 月就职于她的母校未名中学物理组，自然成为了研究对象的一员。我们曾经一起上课，彼此了解很多。当我访谈到栗腾飞老师的时候，才知道栗腾飞老师是莫小英在未名中学时的老师，并且他们如今也是一对师徒。

栗腾飞老师之前是发表过论文的，如表 5-12，然而近年来则没有发表过。

表 5 – 12　栗腾飞老师在研究开始之前发表论文情况

作者顺序	题目	期刊	时间
独著	核反应堆与高中物理	《中学物理教学参考》	2005 年 3 月

在上次 X 教授来做活动的时候，栗老师说，自己曾经写过很多论文，但是都没有发表，想寻求一个解释，让心里"敞亮一点"。虽然 X 教授在现场没有过多评论，但是我们都意识到，他是一个很有潜力的"写家"，也是非常重要的研究对象。我与栗老师在他的办公室见面，旁边莫老师正在批改作业。因此，我索性对这对师徒一同进行了访谈。

（一）成长心路

访谈得知，栗老师也是从外校调来的，他向我吐露了他的成长心路。

栗腾飞：说实话，我是一个很愿意上进的人。这么多年教学我没有师傅，当班主任什么的也没有师傅，就是全靠自己悟。我有不明白的，我就问教研员。教研员有不明白的，再让教研员联系专家，我再问。其实，各个方面我钻得挺深的。我原先在郊区，在西山区，我单身，每周六日从高一到高三的物理竞赛我全听、全做，然后再教学生。我有什么不明白的就问我们学校的老师，他们都不会，谁不会都问我，我问我们区教研员他们也不会。我再问北城区教研员，他们也不会，他们帮我联系专家，有好多我都是直接问专家。其实，我对很多问题我钻得很深的。那些高考题呀、竞赛题呀，拿过来一篇我很快就能做完，他们都不行。

我：莫小英算是很幸运啊！

莫小英：对！

栗腾飞：就是有很多问题我自己去钻，钻得很深，是这样。自己也写了好多的东西。但是写专业的教学论文方面确实是理论上还是很欠缺，因为没有人指点。但是，相对来说，我还是发表文章比较多的。每个学期我写出来的至少是五六篇。在区里面老获奖，但是在全国发表的也就几篇。

我觉得，大概用半个学期的时间，去琢磨、去好好写的，只有我感觉分量非常重的，它才有可能发表。有的感觉也挺好的，也不比发表那些差，但是咱就缺少理论方面的指导。

通过跟老师们相互学习可以使自己长进很快。为什么我刚才说的积累很重要，以前，对哪节课或哪个部分，突然有个想法，我得查书，我得琢磨，把它琢磨明白了，就觉得这是我增长的一个点，我赶紧把它记录下来。过一段时间我再把它整理一下，整理成我自己的东西，包括反思。这是促进自己成长的最好的手段，就是新老师要学会积累和反思。

我原先在我们西山区嘛，就算是高产作家了。学校也有一些教师的培训，让我去讲论文的写作，说实话，真说不出什么东西来。但是我唯一能给老师们说出来，第一个：我们自己要知道上进，去钻研这个专业的知识。第二个：注意多积累。没事有点什么想法就先写下来。写下来之后，你平时没有时间，假期把这些整理整理，看看能从一点突破，能写出来，哪怕是一个心得，哪怕是一个随笔，你慢慢积累。最后，你再找一些专业的书去看。看看再带上一些理论，然后再去发表。通过电子邮件这种方式就可以。给老师们说过这方面，他们也比较有启发，但是，从理论的高度讲还是没有。只能跟他们说，我们是笨方法，我们怎么能够提高自己的业务水平。

栗老师着重谈了"积累""琢磨"的心得，尤其令人受益匪浅。

栗腾飞：作为一个新老师，除了做这些之外，很关键的一点，就是需要去积累、去琢磨。积累和反思是最重要的。如果你没有经验，你最好，能经常听听别的老师的课。

我觉得刚来到这，跟安老师接触啊，就使自己提高得很快。当然，他跟我在一块，他也学到了很多东西，包括电脑、画图，甚至给学生讲题，有的学生找他问问题，突然这个题他不知道该怎么说了，或者他也有点麻烦吧，说："你问问栗老师"。我就给他的学生讲。讲完之后他说："嗌——还是你聪明呀！我怎么没想到啊！"（笑）因为图像的问题，就是我给学生讲了，他受到启发了，他写了一篇论文还发表了，嘿嘿！然后就互相学习吧。当然，我提高得更大一点。

尤其是有些问题不知道该怎么讲更好一些的时候，就问安老师什么时候讲到这里，星期几的时候，我去听听你的课呀？看你这块怎么讲的。

我：他同意？

栗腾飞：他是组长嘛，他也是特级，他也没办法拒绝。再说底下的老师去学，他没有理由不让你去学。其实有些地方他不一定比我讲得好，但是他总有比我高的地方。通过这个地方能学习人家的长处。

听罢此言，我感到栗老师在物理组的地位不一般。这一判断在之后的访谈中得到了印证。

（二）对论文的理解与筹划

栗腾飞老师对论文的态度与理解也令我感到非常欣喜，他谈到自己的写作经历。

栗腾飞：另外论文方面，说实话以前我也写了好多，但是真正发表的并不多。其实仔细看看，自己当时为什么写这些东西呢？相当于是给自己积累一些素材。不管是教学上、还是教育上，就是给自己积累一下，当时思考得很深刻，但是过去后忘了。再回过头看一看对自己也很有启发。后来慢慢积累多了就往外投稿，也有一些发表的，但是发表的并不多，原因是什么？看那些东西也确实是自己教学的一些经验呀？有些东西确实挺好，还是没有被发表。一个是可能自己懒一点，不是那么勤快。就是经常做一些修改呀，什么。还有就是从理论上来讲，我写的就是自己的一些感受、一些方法，没有更多的教育教学的理论在里面，在往外投的时候，一看可能文章的高度就不够。

我：上次反馈的论文，您感觉后面的评价是否中肯？

栗腾飞：我觉得挺好的，我看上面写得挺有水平的，我确实认真看了看，觉得确实有必要在理论方面看一看。只不过有时候从哪方面去着手，没有那么多时间去琢磨的。所以，我就想让她（莫小英）先弄弄。我现在这边的事多得狠……

我感到他对论文的理解还有些误差，就纠正道："您说的理论，其实是像 X 老师说的……就事论事……加一些理论，也不能这么说，也不能强加。"

栗腾飞：有些地方不知道该怎么样去描述。有这个想法，但是不知道这个词怎么去说。就差那一个词，加上去之后，人家就觉得眼前一亮啊，挺新鲜啊。就这个比较符合现在的情况。

这个意思就是 X 教授说的"中肯与否""到位与否"，不得不说，栗老师的体验是比较深刻的。对下一步的工作，他计划得非常乐观与仔细。

栗腾飞：上次我弄的是一个教学设计，观点效应，其实挺有自己想法的，写了一下。我看你给的意见是文章不太符合论文的格式，我也没有时间，让莫小英给看一看。

我刚才的意思是，说实话，像她这样的新人，需要有一定的成果，通过在一些比较重要的刊物上发表论文，然后提高自己的地位呀、知名度，将来评职称都是很有用的。所以，我是这么一个想法，我呢，教学也教了这么多年了，还是很有一些心得的，把我以前的东西拿出来，让她整理整理，让她去写，不管成熟不成熟，先写出来，再跟你交流，你再帮着提提建议，稍微修改修改，然后让她再去修改。其实，每个论文要写出来你至少要修改四五遍。这样的话我是想让她把光电效应先写出来，写了之后呢发给你，给看看。

莫小英：我是这个"十一"假期肯定能完成。再请您跟 X 老师帮忙给看看，挖掘一下课堂内涵的框架。主干是有了，但是内涵创新点可能还缺少一点。

看到他们如此积极的态度，我表示："您的文章可以发过来"。

栗腾飞：我打个包都发给你，但是我发的都是教学经验的，也有一些总结、一些想法。其实自己觉得挺好的，什么时候讲到这块自己就觉得挺好，我是想把那些先给你，然后呢她该写写，写完之后你给改一改。这样觉得差不多了，咱们就发表。发表之后呢，我再给她一篇，再跟她讨论，再弄一篇。通过这一年，我希望她能发表至少两三篇吧。这样的话就每次以我们俩的名义，每篇两个作者应该没问题。

我：没问题。

莫小英：三个作者也可以。

栗腾飞：这样的话，通过我的一些经验呢，通过写论文的方式，我就把我的经验给她……我是这么想的。这一学年也就是我们师徒配合吧，能够出那么两三篇，我觉得也就可以啦。

莫小英：到时候还得麻烦您，留个您电话。

他对论文修改与发表的前景是乐观的，虽然他的认识也存在一些偏差，对发表论文的难度估计不足，但是我也被他激起了信心。

（三）得意弟子

访谈中，我有意谈到他们的师徒关系。

栗腾飞：她是我的得意弟子，当年我还是她的物理老师，她是因为我才报的物理系。她的同班同学跟我说，她的未来理想就是做一个像我这样的物理老师，非常受学生欢迎。我是非常受学生欢迎的一个老师。

我：我们曾一起做过心理测试，她的思维水平是我们当中水平最高的。

栗腾飞：但是她心理比较自卑，没有自信，需要我去慢慢地培养。她高考时候就是因为不自信嘛，心理不稳定，少考了七八十分呢。本来她上第一师大是绝对没有问题的，后来就差了几分。她是他们班第一名。每次考试，物理满分120，你要不硬抠她的错的话，她就是满分。就是这样一种水平，每次考试就是满分，或者扣一分。扣那一分也是因为某个地方有些瑕疵吧，写得不那么完美。确实她挺虚心也挺好学的。比较听话。

比较好的是，我说下学期我能去高一，她也在高一，这样的话我是她师傅，她就可以更快成长，这正好这就如愿了嘛。然后，我说第一节课，我就稍微往前赶一点，我比她快一节，以后每次课我都比她快一节，她先听我的再去讲。新老师当班主任，非常非常忙。她没有时间备课。她也不知道该怎么讲。我觉得我讲，你听，你听完之后你备课就非常简单。现在基本上就是这样一个过程，就是我讲课，她去听，听完以后她就按我的方法她再去讲。稍微再加上一点自己的东西，基本上就不用怎么变，现在她写的教案基本上就是我讲课的内容。其实，这样挺好，为什么？她没有经验，她先把别人的东西拿过来。拿过来觉得哪里不合适了，再根据自己的学生稍加改动。这样的话你能更快的成长。因为她有这个条件。

我：咱们一般是不是，新老师第一遍都是这样走的？

栗腾飞：也分师傅。有的师傅比较保守，他不愿让听。他顶多就是听听徒弟的课，给他指点指点说哪不对，像我这样的，随便去听。真的，有的老师你去听人家课，人家不高兴，人家上习题。学生做题。真的，有很多老师很保守的。像我这样的很少。我从参加工作一直到来这个学校的头几年，我每学期至少要上几节公开课。而且任何老师，不管是领导，还是校长还是普通同事，不管是不是教物理的，任何人任何时间可以随时听我课，我都欢迎。而且有人听课我会讲得更激情一些，我让你看看我讲课的水平怎么样。所以，有一次我们朱校长去听我课嘛，第一节上课我马上拿上本就要走了，突然有人告诉我，校长今天要听你课。我说来吧，让他听听我讲课水平怎么样。一个校长、一个副校长俩人去听。听完之后就对我非常赞赏。从那之后，我教学方面的地位就确立了。领导非常认可，同事也很认可，学生评教评学对我所有的人，所有的项目，对我都是 A，就没有打 B 的。都是满分，我是我们学校最高的。

或许，一个老师在一个单位"教学地位"的确立，都需要一个关键事件，栗老师对此深有体会，他明白自己的能力需要有一种平台和标志来展现。或许正是缘此，他才认为莫小英"需要这个"吧。不得不说，他的想法是非常积极且实用的。而他关于"有些师傅是很保守的"的介绍，则多少令我有些吃惊，因此也就更加赞赏这对师徒的关系。

（四）人生境界

栗老师事业上的成功还体现于他的一种人生境界，这在物理组教师中是绝无仅有的。

栗腾飞：我是一个比较随性的人，不是说我一定要到特级什么的，我没那想法。我就想我既然当老师我就把它当好。尽量地让学生喜欢听我的课，至少让学生都认可的、坦坦荡荡的老师。家长很满意，学生很认可，愿意上我的课。我就看到我的学生一个个成绩比较好，一个个出来了，每到教师节还能跟我发发短信慰问慰问我。经常有学生来看我，一提起来，都说这个老师教得挺好。我毕业的学生，像她呀、王丹（音）呀，教体育的，有一次跟我打招呼，跟他同事说，这我们高中物理老师，教得可好了。人家在背后这么说你说明什么？说明活得就值！活得就高兴！（提高音量）作为一个人，人家说你：这个人教得不咋地，我们那老师教得好。你听着就舒服，人活着是为什么？活着就是一心情。人生苦短，就这几十年。你把你的精力投进去，学生能说你好，家长能说你好。

我最开始上班教的一个学生的家长，这都十多年快20年了，我去修车，碰见我特热情。跟我说完话，一转身就跟别人说："这是我儿子班主任，教物理的，教得可好了！"人家不管背地还是当面，人家就说你教得好。"这是我们学校最好的老师。"人家给你这么一个评价，说明什么，就是你得到人家的认可了。

一般而言，优秀人才的流动总是费尽周折，但是栗老师的调动却似乎非常顺利而愉快。

栗腾飞：包括我当年我往这儿调，我是10月底关系转过来的。10月底我的所有的奖，什么论文奖、绩效啊，那些东西，其他老师是不给的。我的一直给我留着，包括基本工资，直到拿出档案，全给我结了。就是人缘混得不错，人家都认可你，觉得你在这你干得很好。即使你走了，人家也对你很有感情。我觉得一个人要是能混到这份上，也不容易。就是不管走到哪，大家都很欢迎你。不管是业务上，还是做人上。尽量地咱也不背后说人坏话。谁有什么事就尽量帮谁，这样的话，你帮助别人，别人也就帮助你。无形之中你就会得到一些好处。人家说无私的人是最自私的，就是你都帮助别人，别人也都会帮助你。

我：访谈前几个老师，不瞒您说，有点提不起劲来，甚至怀疑咱们这个项目能不能推下去。今天看到很大希望。

莫小英：栗老师是脚不离地，一直闲着不住的人，就是非常上进，是很多人的偶像。甚至对于版面费问题，他也颇为乐观。

栗腾飞：我觉得这应该不能成为负担，如果说这是大家一个公认的，就是还算比较有权威的刊物，这样对你自己也是有好处的。比如说我评职称，你有东西啊。你这个东西不是说你几百块钱就能买到的。比如说你这一学年结束了，你发表几篇论文了？你什么都没有。你写上一笔，我每年都发表那么几篇论文，有这个东西你就硬气。你要真不发表，空着，人家能让你过吗？你有这个东西和没这个东西那绝对是不一样的。就看你怎么想。

我：我只能这么说，如果大家都有您这个想法，咱们这个工作就好办了。

对栗腾飞师徒的访谈是令我最愉快、最有信心的一次。其中有很多信息都值得解读与玩味。栗老师有自己的人生哲学，并且不吝惜地带上了自己这个得意门生为徒。然而，他的成长经历也的确有些辛苦了，其中折射出物理教师的职前与职后教育还有很多缺位之处。栗老师取得今天的成就，是自己钻研求教得来的，是从教多年的积累才有的。我则希望能够从物理师范教育中培养出栗老师这样的老师。而莫老师能有这样的从师机会，实在是一种幸运。回去后，栗老师当晚就发来了他的22篇论文，我当即开始了修改。

五、"说不来"

每次对老师们访谈后，我都在当晚与X教授交流情况。X教授在肯定我工作的同时，似乎觉得我还有一些东西没有发掘出来，但是他自己也很难概括。他表示，感觉北京老师身上有一种"说不来"，"很自信，觉得自己可牛了，油盐不进"。在后来的访谈中，这种特质在几位老师身上得到了或多或少的体现。当然，我也发现了X教授这一印象背后更多的内容。

（一）一些自信

仲国平老师之前没有发表论文，他之前交来的论文是一篇非常详细的教案，详细地连教师的提问和学生可能的回答都写了出来，使整篇教案颇像一篇"师生问答"。后来得知，这就是上次"聚焦课堂"活动他代表未名中学讲课的教学设计。这篇教学设计非常细致，并且他也是本组的一员"干将"。与他的交流始于对X教授前期的工作上。

仲国平：写成那种规范论文，没经过训练不行。拿一个范文？不行。你应该拿来个例子，应该拿来个学案，说如何把这个学案写成一个论文。跟老师给学生讲题一样，你得这样，后来我照葫芦画瓢，会写了吧？这也是。你说写论文的格式他没做过，就是跟没有经过讲例题那个过程一样。

我们现在是会写学案、教案。你要把它写成论文的形式，需要用你们写论文的形式重新组织。就手把手地走一个，我就很简单，照葫芦画瓢了。第一个葫芦没弄出来，所以那瓢就永远有不了。你讲一年，谁也不写。

你跟学生也是一样，你给他发个"片子"你去做去吧？你得给他讲个例题。你们都经过这个培训，就跟我们教学生，你得用这个表达，那有得分点……当然这是一个思路。其实，每个人的心理想的都是一样的，隔行如隔山，虽然都是教育系统，写学案和写论文也是隔行如隔山。你可能写论文写得很顺手，写个学案呢，你可能也得经过听听课等学习过程。

比如说我们现在教中学，你要是让我教幼儿园去，我肯定也不顺手。不是说教完高中就立马教幼儿园去，不是一码事，看着人家怎么弄，哄孩子跟教高中生不是一个劲。这也是，只要按他的格式套。人们就是懒得越，所以你要真是想越，很容易越过去。很简单的事。

我认为，他对 X 教授辅导方式的建议部分是有道理的。但是，其中透露出他对教学研究论文理解还有偏差，他没有意识到论文是一种深入思考过程。他认为"就是懒得越"，而没有更加困难的地方，显得有些自以为是。我继续把话题引向深入。

我：下一步，您对选题有何预期或打算？

仲国平：大家普遍思想，我也是一个很普通的人，大家虽然对写论文没什么动力，但是要是很容易写一个，也想发表发表。每个人都想发表。但是由于有这个坎，所以大家都不愿意去研究它。你要自己摸索，肯定很浪费时间。我有一些观点……我可以抛出一些观点来，但是我不知道人家编辑怎么想的。

我：当然，这个观点越新颖或者越有深度越好，当然是这样。

仲国平：比如说，我上次我交的电磁感应强度那个，我感觉是一个比较有突破性的一个学案。但是如何把它写成论文……我想也能把它写成一个论文，因为它是一个由定性的变成一个很准确的定量的，包括它的仪器的角度，都可以写成一个论文，我有这个想法。如果写的话，我认为这两个都可以。期刊的编审肯定也有标准。那个标准，说句实话，我们不清楚。我如何表达了，如何让他看很符合规矩、也说清了。我觉得写论文也跟写八股文差不多，它有它的章法。

或许他说的是玩笑话，但是我感到他有架子放不下来，宁愿去妄自揣测也不愿去了解，或许可以用"思而不学"来形容吧。我询问他的联系方式，他说邮箱都不用、QQ 也不上。遂作罢，我继续询问论文的事。

我：上次论文的反馈建议您认为怎么样？

仲国平：我都没什么印象了。现在忙得呀，不可开交。还当着班主任。

我：上次发的论文集感觉还对胃口吗？

仲国平：那个论文集挺对胃口的，你看着吧你知道怎么写。但是说实话，没有充足的时间细琢磨。上面实际上已经是写好的"例题"，如果一个人真是想发表论文，下功夫去读读它，琢磨琢磨他，是可以找出来的。

我向他介绍了论文集的"就事论事""就事论理""就理论理"三个部分，问他哪部分最好？

仲国平：我觉得就事论事、就理论理都无所谓，都可以。你就是感觉你目前的素材符合哪个方向。比如说，刚才的一个实验，你把它理解成一个实验思想，那就能就理论理。其实就看你强调哪块。咱们就简单说，当然你就理论理，可以是教学理论，也可以是实验指导理论。其实，适合炒的就炒，适合凉拌的就凉拌。

他的"架子"还是放不下来。我把付阳老师修改后的论文拿给他看，想对他有些触动，他看了说："其实这样的照猫画虎有那么几回，就有感觉了。"

我：您以前有没有写过的获奖论文？

仲国平：我想想，我记得以前写过的都发表了。肯定是很认真写的。

我：您发表在哪些期刊？

仲国平：没有期刊，大部分老师不会说国家期刊，就属于是"教育论坛"之类的，也是期刊，想不起来了。再一个我觉得，跟以前不是很合拍。以前你写什么论文符合当前的思想，现在的思想一看都是以前的东西。对于我个人来说就如何把一节课的思想写成一篇论文。就像电磁感应，是自己正在困惑的一件事。

老师们手头有很多这个，不是说没有做过。他有很多可能的思想，这些思想可能没有做公开课，但是他心里留着呢，这一个突破了，可能后面五六篇都不止。

我揣测，或许他曾发表的文章是教研系统内部的一些期刊或论文集，因为在CNKI上没有检索到他的文章。其实，对于老师们这些经验、"肚子里的货"，我真是既心疼，又惋惜。因为他们没有基于前人的研究，而仅是经验，这样的"水文"我看过太多。但是，为了不愿打击他们从教十几年的"信心"，并且或许也根本触动不了这种"信心"。于是，只好说点实际的。

我：下一步您看能否把这些转化成纯文字叙述的？

仲国平：这个工作肯定可以做，这个工作肯定不能让你做。（笑）

在随后的交流中，我感到他对经验非常看重，并且对论文的理解还有正确的部分，因此再次向他提起"就事论事、就事论理、就理论理"三个层次，然而他打断说："一道题放在这儿就是就事论事，两道题三道题放在这儿就可以就事论理、就成一个规律。形成一个规律，这个规律的方法能够迁移到其他的题当中，这就是就理论理了。没有就事论事，根本没有地基。"

直到最后，他对教学论文还是停留在经验与具体的教学问题层面。后来，我参加的最后一次活动就是物理组集体学习他得奖的这节课，课上他比较高兴，表示会将论文改好后发给我，但是最终还是没有等到。

（二）一点虚荣

与洪岩老师访谈前，X教授嘱咐我要格外留意，因为她在这个群体中是特殊的。她是第一师范大学专门为培养教师开设的"4+2"硕士研究生毕业：物理学的本科专业，之后由教育学部配备两年硕士阶段的导师。她的导师是国内教学论界颇有名气的一位教授。

然而，之前她交来的论文却有几段抄袭嫌疑，因此我没有给她更多评语，与X教授商议后，将查到的涉嫌被她抄袭的原件与她的稿子一起发还给了她。我有点害怕这是否会影响与她的交流访谈，然而令我高兴的是，她对我还是敞开了心扉。

一开始，我还是请她评论前期的工作。

洪岩：其实我觉得这活动挺好的。我认为他很多想法是特别好的。可能就有时候站的角度不一样，所以可能就像你说，推进起来会有些困难，就是X教授的想法我们都认为很好，但是真要我们去推行这些想法的时候，可能就会遇到些问题。可能实践起来我们个人就会有所选择。

我对访谈已经有了经验，马上把话题引向论文。

洪岩：那我觉得这目的挺好的，首先，从我个人角度来讲，其实……就像那次来讲有个说法挺好……就是有个想法你记下来了，然后过后这个想法就忘了，就很难说把这个事儿写下来，可能这事就过去了，我电脑上就很多这样的文档，写了一个标题、写了两句话，这个文档就没再用过。所以很多事就是可能就是因为你忙这个忙那个，就放下了。其实可能个人觉得最大压力还是一线教学，所以可能更多的还是在想教学的方面。写东西可能主观上就有忽略，或者叫……放到一个较低的地方，平时就不太去管它。所以，这事就像老师对学生一样，有时候就得催一催，对我们也得催一催。

可能我们也真的不太知道要怎么写。我记得X老师给我们发了一个他的一些东西。

我：我正想问您呢。

洪岩：我觉得……可能就是模仿嘛，但是，我觉得一线教师写的东西跟那些科研类的东西又不太一样。

这时候，我还没有明白她心理的状态。

我：X老师让我专门关照一下洪老师，硕士毕业，写这个东西可能比他们都要入手快一点。

洪岩：其实我现在是什么呀……原来吧，就是……怎么说呢，我这个人写东西习惯就不太好。有时候突发奇想，但是有时候一懒就过去了。还有就是在大学里特别喜欢用中国知网的那个东西，特别好用，因为像第一师大，这种校园的资源它就是可以用的，可是到了中学这个资源就用不了了。所以我就觉得好些东西就搜不到。那次我写了一篇文章，我看你们给我写的那个，很多东西在别的文献中出现过，哎，我就觉得特别奇怪，因为我就没有搜过这些文献。当时那些问题都是我在学生的作业当中，比如说一份试卷，三十几份，出来的最后一个答案，这个比例，根本就没有参考这些东西，确实就有些东西就跟别人重了。所以我觉得资源是一方面，然后这个问题现在好像已经解决了。今年六七月份，学校统一发了，说北城区统一采购了中国知网。我登了一下，可能只能登一个。

我：基础教育的数据库？

洪岩：对！就是别的是看不到的。

我：您有我的联系方式，需要什么文献都可以跟我联系。

洪岩：其实，我现在挺想写点东西的，但是我现在看了很多一线教师写的东西。我觉得就是可能毕业之后就会变了，就更倾向像《物理教师》和《中学物理》那两本杂志上面的文章了。就是你所写的文章就慢慢倾向于到那种了。

我终于明白了，她对物理教学论文的认识存在误区，认为发在《物理教师》等杂志的那些根本不是论文。殊不知，这类期刊是一线物理教师都大量订阅、阅读、投稿的，这类论文也的的确确是学科教学研究的论文，并且投中它们的难度有不亚于教育类期刊。我感到她对学术的认识有点好高骛远。可能是她的硕士阶段是在"纯"教育院系就读的原因吧。于是，我就试图纠正她的这一认识。

我：X老师他是这么个观点……《物理教师》《中学物理参考》那也都是核心期刊啊，水平都是不低的呀。对咱们老师这个定位，也就是这个定位。发在这上面也就很好了，并且是也最体现咱们专业性的。

洪岩：那可能我们想法和你们的预期就沟通得不是很好，有些可能我们还没有理解到位。其实刚开始上课我们觉得很好，就是希望能够提升自己的教学的能力，或者自己对这个物理知识的把握。

我感到她又在表达自己新的抵触。于是，我想建立起她对我与X教授工作的信心。就向她介绍了X教授的研究能力与研究背景，并建议她阅读X教授的文章。

洪岩：我还是觉得，自己想写，但是有时候就忘了怎么写了。以前是读书的时候整天老师教你怎么写，然后有人手把手帮你去改，一遍两遍的改，就习惯了。然后等到教学后一忙，就是这种改的东西很少了。

我感到了她的虚荣，因为我没有查到她的论文，虽然她说自己是"忘了"怎么写了。她特殊的学历很有可能成为了一种包袱。我说："咱们下一阶段就解决这个问题。最后每个老师最后都发表一篇文章。"我没有忘记给他一些压力，向他介绍了栗腾飞、付阳老师论文的进展。

洪岩：这个挺好的。可能想写，但是到那就遇到一个障碍，就过不去了，就可能需要跟人聊一聊。选就像你说的，就事论事的，可能我们写得都会比较好。但是，就事论事的就会让您觉得没有深度。所以就事论理，这个理怎么论……

我：这个没有关系呀。X老师就说有什么写什么，就写成就事论事的就行。

洪岩：我觉得还是可以有一定的指导的，比如说就事论理，这个事，要论到什么样的理。

我觉得她有一些眼高手低，因为我知道，纵然是就事论理也并不是那么容易的。索性就对她进行了解释，让她明确，写成"就事论事"的就好，当然"就事论理"也欢迎。她表示明白了。

我：还有一个，您有没有一些关于教研系统论文评奖啊什么？

洪岩：没有。这个老教师可能多一点。我第一轮就教高一、高二，我第三轮才教高三。因为很多事我都还没想明白，所以有时候写起来就觉得这个事特别乱。可能这个思路还没有理顺，所以写东西就比较少。可能像老教师他们就有很多成稿，他已经一轮、两轮、三轮下来，经验比较成熟了。对我们而言，可能还没有到写东西的地步。我觉得对我个人而言还需要一个积累的过程。

她对论文与教学的基本态度还是比较成熟的，也印证了 X 教授之前说过的话"没写好就是没想好"。之后，她向我吐露了"4＋2"研究生学习方面的一些情况。

洪岩：我们说我们大学学了四年，研究生又学过那么多，咱说实话真的你学了什么东西？我现在真想问你，您觉得您学了什么东西？现在真要你站在讲台上，你能把这节课上得很好吗？能保证都受所有的学生欢迎吗？

我：这我还真不能保证。

洪岩：我当时我念书的时候，就觉得那些东西太空了，没有用，所以说很多课上得就不是很认真。但是真的走上一线，我觉得现在教了两轮下来，我就越来的发现那些东西很重要，我现在要能再学一下就更好了，所以有时候就会把原来很多书都找出来。

我：您是指的哪些方面的？

洪岩：比如说教学论、课程论、教育学、心理学，甚至包括普通物理。我现在觉得普通物理很多东西我自己就弄不懂，就这些东西你自己再翻出来看看的时候你就觉得收获特别大。所以，我觉得自己貌似就是一个学习的过程。可能自己就还没有成长起来。反正我感觉我当时毕业时候就是一个"零"，真的就是个"零"，很多是在一线的时候才慢慢……

我：您上的是"4＋2"，WBL 先生的学生？

洪岩：对呀，我们当时有一个合同的，也就是我们这种"4＋2"的必须走基层教学的，也就是必须站在一线当一线老师的，是这样的一个方向。所以，我们上的研究性的课程并不是很多，两年中每年都有半年的时间是在实习的，也就是我们真的要站在讲台上去讲课的，所以我们实际做论文的时间很短，跟你们来比较可能学术性就差了一点。当时可能学得也不太认真，所以现在非常想有机会把现在我缺失的东西做一个补充。所以我现在觉得教育硕士真的会很好。

我也是物理学出身，在复习考研时候与上研究生期间，曾相对深入地学习过两类不同的教育教学理论，深知二者的不同，也能够理解那种"纯"教育理论对物理教学"无用"的纠结感。因此，我试图引导她区分二者，并能转向物理教学理论的学习。令人欣慰的是，她对 X 教授前期的培训评价很高，对 X 教授的意见也坦陈了自己的理由。

洪岩：因为我没有听过 X 老师的课嘛，我是在未名中学听 X 老师的课，我觉得他讲得很好。他的许多观点，我觉得特别特别好，是我头一次听过的，就以前从来没听过的，包括他上回说的那个小环①的那个。用那个环去讲电磁感应，我真的试了一次，但是我讲完后觉得不行，后来我又倒回来了。您明白吗？就是像遇到这种问题，有时候我又不好意思，但是就特别希望 X 老师能来听一听。哪怕把我批得狗血淋头，我可能我就知道这个事理顺了，这很多东西我就吸收了。现在我觉得很好，真的去尝试了，发现这个班第二节课的时候就没法推进了，我倒过来又重新讲了一遍。所以我是觉得他的一些东西很好，我是很想按照他的一些东西去改变一些东西的，但是推行起来就发现了很多障碍，就发现下不去了。

我看她评价如此积极，就乘兴问她："X 老师关于'电势差'那节课的意见课您为什么不是很接受？"

洪岩：这个电势差的课当时是这样的。这是我第二轮再讲电势差了，反正我就觉得这个电势差的概念是比较抽象的。X 老师的意见是一定要做很完整的类比，但是我觉得在这节课剩下的东西就不能做。我觉得现在学生是做不了的，可能就能做一部分，所以我只接受了一部分。

像他说的那个思路我一直在用，就是这节课上课你一定要让学生们知道你这节课要干什么，所以我现在每节课上都要说：我们这节课要干什么。然后下课就会说我们这节课干了什么。就是从他之后我就养成了这个习惯。原来就想我干嘛告诉学生呀，学生又不懂？我告诉学生他们也不知道，但是后来我觉得起码让他知道这节课有什么东西，然后下课又说我们干了什么。让学生来了有个准备，然后回家有个复习，所以我觉得特别好。

洪岩老师的诸多特点都使她在本组体现出特殊性。如果她能走出昔日的"情结"而找到正确的方向，她应该能走上良性发展的道路。毕竟，她当初考上了第一师范大学。然而，我也感受到了她所经历的培养模式存在的问题。

（三）一点希望

于晶老师上次交来的论文是一篇标准的教学设计，四平八稳，我已见怪不怪。她没有什么情绪，貌似是一个没什么个性的老师。访谈开始我才知道，她正在第一师范大学读学科教学（物理）的在职教育硕士。她对我说："要说写论文这件事，说实话我还是挺迫切的。为什么，因为我现在在第一师大做在职的研究生，就到了写论文的阶段了。GYY 是我导师。"

她有这一需要，我就松了口气。于是马上谈到论文。

于晶：X 老师给的论文我还真是看了，我觉得还真是从他的论文中我有很多启发。像我们最大的问题就是有些东西脑子里想过，但是不能系统地成文章，我觉得这对于我们是一个最大的困难。就是不能表述出来，不能以论文的形式给它展示出来。

---

① 详见《高中物理高端备课》。

我：咱们下一步就想解决解决这个问题。

于晶：我觉得问题最大的可能就是在这儿，就是同样一节课，我也有一些想法，可能几点，但是这几点称不能成一篇文章？X老师给我们上"物理高端备课"的时候，说了格式的问题。我觉得格式确实是重要，有的那个格式……往里面填肉吧……可能还是没有研究生那么大的训练。因为像我听研究生班课的时候，也讲如何写论文，那会也讲教育科研方法嘛，但是也是讲得很快。而且翻书吧，当时也讲一些方法，但是怎么去操作，实际怎么去做的时候好像就没有一个阶段、一个时间让你慢慢去训练出来。

我感到她的心里没有底。可能是因为缺少学习，没有读文章，不会判断，对学术的理解也比较浅。我向她谈起下一步的计划，希望每个老师至少发一篇文章。

于晶：肯定是特别愿意的。尤其像我，属于我们组里比较年轻的，而且还是挺希望在这方面有所突破。因为你要单单从教学上，教学经验什么来讲，年轻人未必有那么高的优势。但是这方面，年轻人还是应该更喜欢学习、接受新的事物，或者说在这方面愿意去做尝试和研究。但是具体落实到做上，可能的确还需要您这儿或X老师多帮忙、多给指导。可是发表的这篇文章，我不知道多大的这种？

我明白了，她的确之前没有看到过物理教学研究的论文，压根不知道这类论文是怎么回事。这是之前几位老师的通病，就向她做了解释。其实栗腾飞老师说，这些杂志学校图书馆都有，可能是因为这些杂志总在教研组长手里，她感到这些杂志高不可攀？我就向他介绍了物理教学的"六大期刊"。

于晶：这种刊物就是登出来篇幅不是很大啊？但是会解决一个具体问题。哦，明白了。

我：就瞄准这种，您看可以吗？

于晶：挺好，挺好，我觉得真的挺好的。你们真是做了不少工作。费心了。那我就再看一看，平时这方面的刊物看得的确不是很多。包括现在写论文看，也都是在网上搜期刊看，没怎么拿实际的这些刊物看。

终于将这件事说通了。在访谈中既获取了信息，也产生积极的干预，我感到很有成就感。之后，她向我讲了她考取教育硕士的原因与历程。

我：在第一师大读在职的教育硕士，您这个发展状态挺好的。

于晶：这个……其实我是属于规划有点晚了。如果可以早点去读，可能现在可以像您这样写个论文什么，就可能对我来说不是很困难的问题。（笑）

我：那是一个什么契机，促成您做这个决定去那边读教育硕士？

于晶：想法是早就有的。决定，确实是因为遇到了化学组的一位老师，因为她现在已经不在我们学校了。

我：是Z老师吗？

于晶：对对对！您知道？

Z老师后来读了第一师范大学化学课程与教学论的硕士和博士，毕业后在西海区教师进修学校工作，现任某中心主任，可谓一个教师专业发展的良好例子。我读过她写的文章，所以有所了解。

于晶：因为Z老师在的时候……因为我刚来未名不久，没跟她搭上班儿。后来，搭上班之后，从她的言谈中促成我下定决心。真的是她在科研上还是很有想法，她说的一些话还确实打动了我。而且，我记得当时她说："你赶紧读！而且读完研究生马上要读博士。"哈哈哈，这么跟我说的。确实是这样，不是三言两语啊，是她平时也给我一些启发。而且她的一些话，她对科研的一些想法和态度上真的是让我感觉应该上进。反正跟她谈了之后就决定立马要做了，不能再拖了。就这种感觉。确实是她给我一个很大的触动，想法其实我早就有了。那个时候不是说毕业三年后就可以读吗？当然可能也是在拖拖拉拉，因为个人的……女老师嘛，各种事情，就拖拉到后面。当时也是很努力地学了一阵子，因为第一师大也不太好考。因为功课扔了好多年，尤其是英语，专业课还好。

总体而言，于老师的态度是开放的，没有过多的情绪和成见，并且能够受到榜样的促动，这就是希望所在。

六、影子组长

为什么我觉得和梅老师有"影子组长"的意思？虽然她个人极力想摆脱这一印象，作为物理组的一员，她教学主任的身份还是让她在大家心目中的位置不一般。我第一次来访谈的时候，原本与安老师联系妥当，但是安老师见我后没有多说话，就客气地带我来教务处见和梅老师。和老师听罢，在欢迎我的同时，对安老师非常认真并有些期许似地说：这是好事，但是还是得由您来安排，她自己仅是物理组的成员。之后，我才在安老师的联系下开展访谈活动。

访谈期间，她由于比较忙，是我最后一个访谈的对象，给我的感觉是她的确非常优秀。

（一）成长历程

由于她是团队里面比较特殊的一位老师，既是物理教师，也兼任教学主任，她是如何走上这个工作岗位的？我问到："您能不能聊一聊您专业成长的一个心路历程？"

和梅：你要这么说，我觉得还真有三个关键点。刚毕业时，因为我长得也比较小，也瘦，一开始，说句实话，校长都不愿意要我。当时，第一年是教着课兼着管理实验室，当时觉得挺没面儿……后来感觉那一段实验室生活还是让我挺有收获的。第二年，全校的大会上，校长就说，全校进步最大的就是我。所以，当时就觉得有点信心。然后，过了一年就让我上高中了。上高中的时候没有师傅，按说刚刚毕业不都应该有师傅吗？但是，当时我们学校就有一个特级教师，我就跟特级教师要了一本他的教案，我是这整个一年看着这本特级教师高一的教案、听着高二的课过来的。那一年我觉得收获是最大的。这是我的一个转折。

然后，就高二那年……我原来是河北的，有一个河北省的评优质课大赛，是一级一级地往上推，学校推到区，区里推到市，市里再推到省。当时在学校里跟我同时毕业的年龄差不多的大概有几个，听课的同学要选，把我选拔出来；到区里，区里又选出来；又参加市里，就真脱层皮的感觉。我觉得这是课上成长的最快的阶段。一开始是教案师傅。因为在学校选的是学校最好的老师给你磨课，到区里是全区的教研员给你磨课，到市里是市里的教研员给你磨课，有专业的人给你磨课，还是挺有收获的。

另外就是学习安老师的学案。我来未名中学是跟安老师一块儿调来的。安老师这个学案，包括我跟现在的老师们也说，安老师的学案不是题集。我是真的通过安老师出的这些学案，去体会安老师的思想。我觉得你要真把它当成一份题，就糟蹋了安老师学案的设计了。所以如果说我有点优势，就是我有学习的优势。

我每次看完安老师的学案后跟安老师聊，我们俩基本上能保持一致。就是跟安老师教同一年级的时候，用安老师的学案我觉得比别人得心应手。如果说历程，我觉得这两个是我觉得在物理有提升的一块。

磨课赛课、交流合作，这都是很好的经验。她还谈到自己的一些教学的经验和体会。在她这里，我感受到了物理教学工作真正的专业性和魅力。她说：哪怕是同一种设计，不同人能讲出不同的味道，其原因是是否领会了其中的奥妙。这与X教授还有我自己的观点是一致的，物理教学要讲逻辑，即不仅要明白做什么、如何做，还要明白为什么要这样做。如果真如她自己所说，那么她在教学上首先是过关的，并且应该是不落后的。

（二）论文困难

虽然她个人如此优秀，但是她对写论文还是表示出难以克服的困难。

和梅：我现在带着高三呢。所以，我特别理解老师们。的确是中学的事务性工作特别多，弄得现在老师们的工作强度都很大，特别大。

现在中学工作量还是挺大的，班主任工作是一方面，还有那个莫小英，她现在就当着班主任，说实话这孩子也挺爱学的，你让她拿出时间来，估计她真没时间。

上次反馈的论文，她说还没有看到，也没有人通知她，说随后再看看。这种情况在物理组其他老师身上也出现过，是沟通不畅吗？我不知道，于是我就与她商议下一步的打算。

我：下一步工作，让老师们至少一人发一篇论文，您看合理吗？

和梅：行，这个没问题。我觉得这个合理。

我：老师们就瞄准就事论事的，这个定位怎么样？

和梅：应该是可以，因为说句实在话，安老师就不是特别爱写的人，但是我前两天逼了他一次，他的那个设计实验，然后还有这块。因为他的确特别有想法，特别是实验这方面，所以这些东西，心里有东西就好写，最多是文笔不好。

虽然她如此表态，但是还是没有对自己的论文做出安排，并且上次她交的论文就是一道题的解答，有些太应付了。

我：下一步您有什么期待或者什么打算？您是否也有发表论文的计划？

和梅：我说句实话，我曾经有一段就特别想写，但是我就属于那种不会写的。

我：我就直话直说了啊，您上次交的那个论文是一个题的……

和梅：对，我就没有……后来让他们从我电脑里搜了一个就交了。实际上，我最近就没写过。我知道那根本就不是论文……那是当时安老师出了一道题，那就是一个小随笔。当时就是特别急得不行了，就交了。

我：不知道您现在有没有什么选题的打算？或者有什么资源？

和梅：主要是现在我教学的事务性的事特别多，物理教学事儿好像少一点，但是我如果……哎哟……我再想想吧，现在就是这方面用的精力特别少。

我：我也得帮您切切实实地解决问题，您知道吗？

和梅：回去再翻一翻，这几年也没写什么。

然而，最后还是没有交来论文。其实她访谈中对交论文的态度与实施都没有真正深入。很容易看出，她还是没想交论文。或许她真的是太忙，或许她还是感到自己不是物理组的普通一员吧。

（三）"可能你现在最了解物理组"

和梅老师是我访谈的最后一位物理组成员，她对物理组发展与建设中的诸多问题的洞悉在当时都多少令我钦佩。

和梅：我觉得就你这个做法，真的特别好。一个是落地，咱们这个项目要落地，可能更多的要靠你，起码让老师们可能会更了解咱们这个项目是什么，或者说他该怎么做。而且我觉得老师们原来会觉得这是一堵墙，你一下把它变成台阶了。（笑）我真是觉得真的挺好的。

我：反正这个做成了我也可以顺利毕业了。

和梅：你这可不是毕业论文的事，如果说真的……我们物理组的进步还真的挺依靠你的。（笑）因为毕竟我自己这方面也比较薄弱。自己就特别想那什么的时候，我如果想怎样，我当时就会……

她有点语无伦次，想说点什么却说不出来。我访谈了那么多老师，多少也能体会到她的意思。

我：是不是老师们之间沟通也不是那么容易？是不是这意思？

和梅：其实也是，就说实话，因为现在办公室在同级，这个组不在一块，老师之间这样的交流不多，真的不多。所以，可能你现在是最了解物理组的一个……（笑）也不是说最了解，就是说你可能熟悉大家的情况。

说我"最了解物理组"，当然不敢当。

我：您看我是不是找个时间把情况跟您或跟安老师汇报汇报？

和梅：别……对！跟安老师……我觉得这事啊……这次先说好的，我参加这次活动纯粹是作为一个物理老师参加的，就不是一个教学主任。为什么要这样？因为一个物理组的建设应该是在安老师这儿。那安老师啊，这个人特别好，而且安老师属于那种我自己要做好，他是希望通过自己做带着别人做。你发现了吗？他不爱要求别的老师。

我：之前对每个老师可能有一个平面的了解，通过访谈之后，我觉得能对咱们团体有一个相对立体的认识了。您说的这些我都很能理解。

我这样说是想让她解除顾虑，表示我与她有同感，而事实上也的确如此。

和梅：安老师他就觉得……我觉得他应该是这个团队的这个……但是我觉得：我让别人干这事是不是为难别人。我觉得他有点这种想法，我跟王校（指王飞副校长，也是教物理出身）我们俩肯定是在最后支持的，但是安老师呢，所以说这一块呢……让他了解了解老师们有这个意愿，他一直觉得怕这样是否会给老师们添负担。而在我这块，我肯定会要求年轻老师。

我：那我要汇报我就跟安老师汇报？您刚才的意思我很懂，我跟您也很有共鸣。

和梅：是吧，因为这是个团队，我觉得还是得把安老师推出来。安老师有的时候觉得我和王校都是物理组的，所以他就想着往后站。其实，他在我们组里面威望非常高。但是他就是不爱要别人去干些什么。他人特别好，我自己的成长也是在安老师这个基础上。

和梅老师给了我很多宝贵的信息，从与她的交流中，我既看到了无奈，也看到了希望。可以说，和梅主任的言谈中蕴含的信息很多，而这些我直到最后论文即将完成时才有机会深入理解。

七、小结与反思：关系模式

在本章，我试图首先描绘一幅未名中学物理组教师的"群像"，并力图理解这个组的关系模式。其中，给我最关键信息的是组长安诚老师与"影子组长"和梅。

（一）领导力的来源

事实上，一开始我的态度是倾向于和梅主任的，即认为安老师有些缺乏领导力。然而，后来我才认识到，这也不能全怪安老师，而和主任的观点也并非没有局限性。和梅主任有行政身份，因而思路也是行政式的，即期望安老师作为教研组长能够去"要求"组里的成员。但是，安老师虽然是教研组长，却没有任何行政权力，对老师们任何稍显强硬的要求都是"名不正而言不顺"的。即使有教学主任和副校长在背后的"力挺"，而他一旦借助这种支持，则难免会被组内成员"鄙视"，对他"买账"更不可能。这在教师群体中则是更加容易理解的。

回忆起来，之前的几次活动中我都曾见到过和梅老师在公开场合下或明或暗地对安老师"力挺"。当时还感到她是开明且高风亮节的。然而，站在安老师的角度去想，这反倒使安老师更加想去"避嫌"，即不想让组员将自己看作学校行政人员的同道。

现在，我才对"教研组长"的职位有了准确的认识，原来，其权力与地位都是如此有限。在学校行政化的现实下，这种地位甚至显得尴尬，其作用发挥的空间几乎微小。在这样的物理组中，其需要处理的关系也极尽微妙。因此，安诚老师在教研组的行动方式也就容易理解了。

(二) 教研组长的行动逻辑

明确了教研组中领导力的真正来源，我才理解了教研组长这一角色的实际影响力。看起来，教研组长没有任何的实际行政权力，安老师曾对我抱怨说"学校重视年级组，不重视学科组"。实际上是说，没有"娘家"的学科组被有行政"撑腰"的年级组架空了。

在教研活动中，安诚老师给老师们建议时，在最后往往会强调"没有别的意思"，甚至成了口头语。有了以上思考，我才感到这是安老师在把握自己的分寸。他对行政不感兴趣，并且，由于副校长与教学主任都是物理出身，他想尽量"避嫌"。其实，这种做法也在"做人"的情理之中。

和老师为此认为安老师不愿意"要求"别人，只希望自己带动别人做，而这恰恰是教研组长只能做到的事，某种程度上也是最恰当的作为方式。虽然没有行政身份，但是在行政化的校园里，他稍不留意就能与行政发生联系，一不小心就有可能造成"狐假虎威"的印象。因此，他只能靠专业身份来影响别人。而事实上，安诚老师以他的行动逻辑对物理组贡献了很多，并且作为组长，不愿意说"要求"的话。在一定程度上，他对老师们也做到"仁至义尽"了。

据说，一般而言，普通教师群体对学校行政人员或兼任行政人员的教师是多少有些看不惯的，认为他们是"不干实事"的，并且能够借助行政权力在分班、考评等活动中占尽先机，且有能力"挤兑"别人。在文化层面，大多数教师普遍对"仕途"不感兴趣，那么，参与行政的教师也就自然地被他们排除出了共同体文化圈与心理认同圈。虽然在物理组我未发现有这样的情况，但是或许正是在这种学校文化的大背景下，安老师才会更加"坚定"地在各项事务中"后退"吧。

教研组长安老师，其领导力发挥得不足诚然与特殊的组织模式以及个人的性格特质有关，然而其专业水平不得不说也是一个一个重要因素。正如 X 教授所说，如果安老师能够在物理教学专业期刊上每年发表两三篇文章，会相同吗？也就是说，安老师虽然是引进的特级教师，但是却没有比组员在专业上"高出一截"的水平。

与安老师的两次访谈，都约定在他一间的"安诚特级教师工作室"，内含电脑、会议桌等设施。这是学校为他专门配备的，据了解，每年还拨有数万元的经费。学校引进这一特级教师的目的，显然是想让他带动一片的，而安老师也不吝惜付出，但是这种作用的发挥却显出如此的无奈。

（三）专业地位的确立与竞争

即使在专业上，仅有的特级教师安诚也并非绝对的权威。栗腾飞等物理组"干将"在专业上也具有相当的话语权。如栗腾飞老师所说，经历一次契机之后，他在物理组的"教学地位"得以确立，并且他在与安老师的合作中也有不少胜过安老师之处。在研究最后的一次教研活动中，仲国平老师"磁感应强度"一节课刚刚获得了北京市赛课的一等奖，其学案被印发大家讨论学习。看得出，他的"专业地位"也正在确立。如果关注到细节，则可发现教师们在每次教研活动中的座次对其在组内专业地位的关系也是有所反映的。

事实上，物理组教师对同事们专业水平的排序以及自己"专业地位"的定位是非常清楚的。常言道，"人人心中有杆秤"。然而，他们大部分却都在公开与私下的场合讳谈专业问题，而他们越是讳谈越是表明他们自己心中对专业水平排序清楚异常的。只是他们的这种衡量只涉及同事之间的竞争和排序，而不是专业视角下的教学研究。

（四）同行心理与同行文化

在专业层面，虽然值得肯定的是，学校教研组这一源自"民主集中制"的组织为同行的专业交流与提高构建了可贵的平台，并延续了可贵的协作传统与协作文化。然而"同行是冤家"的旧思想却依然存在，并且在当前价值观"多元"化、教育产业化的不良趋势下，教师"同行"也并非一团和谐。如前所述的教师间专业地位的竞争则是造成特定同行心理与文化的直接原因。

对安老师开发的"学案"系统，访谈中发现，尽管有的老师非常认可，然而安老师却向我抱怨说，有的老师并不使用，而用自己选择的、质量在他看来非常差的资料。在访谈中，安老师也曾多次向我表达对物理组一些教师教学基本功等问题的责备，给我留下了很深的印象。看得出来，他有很多话想说，我给了他倾吐的机会，而这些应该是他平时压抑很久的。此外，在访谈中得到反映的是，即使是师徒这种私人化的关系，也不见得会建立良好的专业共享，并且也并不是每个教师入职时都有师傅的。

既然教师同行之间的关系如此微妙，那么这种同行团队如何领导？如何给他们施加专业影响？研究中的一段时间，我感到自己似乎找到了"为什么外行能领导内行"的答案。我发现，虽然老师们对 X 教授的能力都十分认可，但是仍然以各种方式"不买账"。其原因或许在于，优秀者的优秀同时也反衬了其他同行的不优秀，而一个"外行"由于其专业领域的不同质性，也就去除了比较的可能。作为"外行"的领导或干预者相对每个人都是外行，因此，无论大家对"外行领导"如何鄙视或不满，却对"我的同事（行）不能领导我"感到心理平衡。

为什么课程改革等历次涉及课堂教学的改革中，诸多"外行人"与"外行话"能够大行其道？或许同这种"同行文化"有关。并且，要对如此同行文化与同行心理下的教师群体进行有力的领导，行政也似乎是仅有的方式。可以说，学校情境下的教研组与行政的关系是矛盾而又纠葛的，他们既受制于行政，又不得不借助行政确立自己包括专业上的地位。

第七节　问　题

在深入了解物理组成员的过程中，我发现了一些普遍具有或普遍关注的问题。

一、没时间的原因

谈到为什么推进缓慢的时候，老师们众口一词的是"没时间"。安诚老师谈到："中学老师普遍比大学老师压力大……你就拿班主任来讲。他从早到晚，从早晨就得跟学生耗到晚上。所以说，这一天耗下来以后，他就没有时间。中学从目标来看、从任务来看、从时间来看，老师们搞科研的时间比较紧张。所以说能够抽出时间来不容易。这是一个很困难的问题。"

栗腾飞老师的描述则更加具体："因为这么多年我老当班主任，经常带高三，事情比较多。尤其是半道接班，接一些不太好的班吧。的确花费的工作量比较大，我各方面比其他老师还强点，老有人找我干活，就是特别忙。"

"没有太多的时间去看一些这方面的东西……看看人家怎么写的，也确实感觉自己在某些方面做得不太够。但是没有多少时间去做那些东西。尤其是我们现在当班主任学校里每天都有很多很多的事等着你处理，你比如说我们这个科技班，周五下午选修，本来是有中国科学院的专家来讲，我就特别想听，我就想什么都不干了，就像在这踏踏实实听一下，看人家现在的前沿科技都是什么。但是听的时候就一会儿被人叫出来一次，一会儿被人叫出来一次：你看看你们班照片有没有错的，名字对不对，一会儿说你得上传、一会儿说你再确认一下……一会儿又告诉你得让学生把这些东西下载下来带回去；周一要交，周二要报到学校……就不能有一个整块的时间来踏踏实实地看这些东西。反正总有一些事情缠身。孩子也小，也需要我管。其实自己特别想静下心来做一些工作，但是这个时间上老是赶不上。"

"假期的时候，年级呀，学校也老给我布置很多活儿。我这人干活特别快，但是这么快还是觉得有点应付不过来。"

"现在我这摊儿太忙了，我现在高一是首席。高一整个的事，物理的我都得管。班主任那块我也是首席，我也得管。我还得带着她（莫小英），有好多事我都得给她说着点。昨天和梅主任又告诉我，你给我交5篇科技论文，明天就交给我。就是科技示范校那个教案。我就得赶紧弄，说不定每天都有不同的事找过来。现在学校的理念是很先进。但是事也多，你上面有好几十个‘婆婆’，随便给你安排点事，你这一周就忙不过来。"

综合起来，总体上是班主任工作与学校的各项事务让老师们感觉没有时间。

有一些教师坦陈了自身的惰性，并主动要求"严格要求"。焦海洋老师说："你比如说，一开始写文章，给我们框架没有关系。因为现在还不会那种写文章的模式。比如你刚才告诉我的，我下面就知道要干嘛去，我有点方向。并且有时候有点懒，我们班主任今天我的课就巨多，明天还有主题班会。一直弄到今天晚上很晚，活特别多。放假还好，因为平常的事比较多。一放假人也容易犯懒。"

"我觉得前面的工作都挺好的。我们还是希望特别具体吧，比如这个文章老师回去要让我们看什么文献，哪怕是特别具体的哪些东西你下去看，哪怕看完之后我们写一个小的感受都没有关系。因为，真的，X 老师来的时候都是我们平时工作时间，所以就特别容易犯懒。我们党办主任布置的事儿特别多，活儿就堆在一起。我就觉得可能更具体可能就更好操作。人就不容易偷懒。我觉得老师靠压，你要是压就挤出来了，你要是不压就真是偷懒了。"

这种声音并非孤案，很多老师身上都反映了相似的观念。

二、教学与教研的两难

仲国平老师十分直接地谈到了学校环境下教学与科研的两难。

"首先，各学校老师发表论文，如果不是为了评级，都是非常被动的，就是‘被论文’，现在很多报道也说这个事，很多科技活动啊，都是‘被’。老师主要是教学，他对写论文本身思想就抵触：写那个有什么用啊？写完了能教课吗？这是普遍的思想。这是第一个，就是没动力。占用大量的课余时间，关键是还得教学，干什么得说什么，搞了半天你搞论文，教学就干不下去了，应该各司其职。一个人干俩活不可能。所以就抵触，写出来就对付。每年弄的论文中 90% 以上的，你看去，都是对付的。"

安诚老师则解释地更为具体：

"教学科研呢，教学是一个硬指标。对于一个老师来讲，如果他教学成绩搞得一团糟，那么呢，他在学生之间就树立不起威信来。"

"在学生之间就树立不起威信之后，在老师们之前，本来说实在的，文人就相轻，你要是比我强的话了，我羡慕你也好、嫉妒你也好，最起码呢，有羡慕的成分。所以，要是不如别人的话，在老师们中间站不住脚，在学生们中间也站不住脚，在学校里面就更站不住脚。以后排课啦干什么的，尤其是像咱们北京这些学校，竞争都很厉害。北城尤其来说还比较人性化一点，人文环境还比较宽容。你在西海区待那么长时间，你对西海区的学校比较了解一些，我也了解一些。"

"应该了解一些。西海那些学校他给老师排名。你比如说就咱们两个教课，也得排出第一和第二来。他没有说咱们两个协调一下你帮我我帮你，他表面上是互相帮助，实际上西海的学校里面谁也不帮谁，都是单打独斗。他们集体作用就很少，假如说，你把这个课题搞在西海去做就不太好。老师们习惯于你干你的，我干我的，表面上看都不错，实际上呢，他这块呢，从学校体制上来讲，他喜欢把老师们分成三六九等。这分三六九等还好办一点，还有淘汰制。那么那些学校想保住他的地位的话，就想办法，最基本的硬指标得过关。老师教课得过关。所以那样的学校呢，老师流动比较厉害，老师们危机感就强。"

"所以他的首要任务，必须把这个课教好。必须占住一头，只有站住脚以后，才能再想想再提高，是吧？我想把我这个水平再往高了提一提，那怎么办？那有心计的老师，他就想呢，搞点科研工作，搞课题，搞研究了。"

安诚老师的这番话似乎令人无法辩驳，诚然有自身的原因，但是深究起来，还有更深层次的问题。

三、学校体制的问题

安诚老师坦言了学校体制对老师做教学研究的影响。

安诚：还有这个搞科研这块，科研出了成果之后又能怎么样呢？学校嘴头上支持老师们搞科研，但是呢有一个潜在的条件，就是说呢，你不能影响正常教学工作。如果你搞科研把教学工作影响了，学校是很不欣赏这个的……

我：潜规则一样？

安诚：就是这样的。所以不影响教学的情况下，搞科研他很支持。但是你因为这个影响工作了，他是不支持的。再比如说，一般来讲，像排名靠前的学校、比较好的学校，它重视科研。越往后的学校，因为生源比较差，对科研这块就不太重视。

还有学校说可以出去什么的，其实都是一句口头话，根本都是落实不了的。比如你出去到哪个单位去？都是个大问题。你上国外去是个很不现实的问题，经费谁出啊？校长也说，你们上那个国家考察去，咱们学校出经费。那个就是泛泛的一个口号。"我们一定要重视教育"，但是到出真招出具体对策的时候，他肯定不做。就我们学校搞的一些活动，很多都泡汤了。它不可操作，有些操作性不强。你像我们学校一开始搞了一个什么……挺好，说要经费给经费。但是你申请经费的话，学校琢磨，这个钱哪来的呢？所以学校很发愁这些事情。只要你不让它出钱，不让它出力，你干什么都可以。你让学校出钱出力了，学校干什么都犯怵。学校的经费也很紧张。因为这个钱不是你想花就花的问题，得上面批。

实际上从学校来讲，还是学校重视不太够。如果学校重视的话，如果写一篇文章，学校对这方面应有表示，但是也不太多。比如说，写一篇文章，给你 200 元。实际上（版面费）还不止 200 元呢，忒少，力度忒小。

付阳老师则坦露，学校中的竞争，事实上也对教学工作产生了负面影响。

付阳：不过现在说句实在话，真的是压力挺大的。并且竞争……你看今年进来多少人？进来 40 多人。对呀。一下进这么多新老师，但是你扩充没有扩充这么多呀。

我：是编制？

付阳：对呀！现在档案不都搁人才（交流中心）了吗？实际现在肯定是超额的呀。这不相当于人多粥少嘛。那肯定是会引起恶性竞争的，对吧？哈哈，恶性竞争的结果就是什么？就是违背教学规律，肯定的，绝对的！你想想，要是竞争太激烈了，我肯定是要无所不用其极的。你觉得是不是？

我：这个道理我可以理解，但是您能不能说得具体一点？

付阳：当然现在还没有这么明显啊，以前曾经有过，因为我曾在外地待过……你想那个拖堂，最明显了，拖堂、压作业，这作业 kua、kua、kua……这一科的作业可能让你做 3 个小时。那这样，一些比较强势的科目可能就会比较靠前，对不对？但是你别的科目呢？其实总体水平呢，并没有提高。所以我们学校也老提一句话，也经常提一句话："咱们不要在堡垒中的战斗，要是一个战斗的堡垒"。但是，如果人多的话，就会形成这样（堡垒中的战斗），不是说你想不想的问题。明显地，要多一个人，那肯定要比较啊，让谁下去呀？说很容易说，"我要控制你的作业量"什么的，但其实好多时候这是很难实现的。

他的信息与安诚老师的话形成了印证。

四、"高原现象"的成因

教师专业发展的"高原现象"是指在入职 7 年左右出现的一个发展瓶颈。当然，有教师不认为一定有这种现象。带着这个问题，我向老师们展开了咨询。老师们主要谈到了如下几个因素。

（一）女老师的家庭角色

出乎我意料的是男老师与女老师都将生活、家庭方面的因素被作为了高原现象的主要因素。

焦海洋：你比如说我，周六带孩子要上外教课，周六下午有个美术课，周日一点半开始上钢琴课，后面之后有个芭蕾课。平常是忙学校的孩子，回家了忙自己的孩子。有时候也想去，但是不能让别人帮你接送孩子吧？

我当时是这样想，在一个单位待久了，这个单位的很多事都适应了，而且摸透那个套路了。所以自己就变懒了。但是后面就有小孩，就开始照顾孩子，这个阶段就没有过去。

对于男老师根本就没有这个高原期，真的。因为一个家里真的有小孩，你承担的义务也是不一样的。妈妈特别不容易，我觉得，相对于女老师，男老师成功的几率高不止一倍的问题。他精力很容易集中。因为我爱人是做科研的。他是中国科学院地球物理研究所的。他经常告诉我你写作之前必须要看文献，他每年出的文章很多。但是，我晚上除了要看这些东西还要陪孩子练琴，要陪他看小人书，讲故事。

这个都是妈妈来做。爸爸就不这样。社会分工就是这样。

仲国平老师是男老师，也认同这一看法，并且有更加深刻的观点：

仲国平：这个社会就是由一个个家庭一个个细胞组成的，家庭这个细胞里面，妇女无论是作为妻子，还是作为妈妈，绝对是在家里是举足轻重。我们都有这个感觉，家里别人病了都没事，妈妈病了……孩子病了，最慌神的就是当妈的。这是一个社会现象，不只是这个行业。为什么有的单位招人不招女的呀？结完婚生完孩子，她不得不拿出大部分精力照顾家庭照顾孩子，她跟咱们都不一样。男的照顾家庭，他就是照顾家庭一些琐事，可能是很理性地处理，而女性主要是一种感性的思维。

（二）对教师职业的"融合度"

仲国平老师为高原现象的解释提供了一种颇有见地的看法。

仲国平：我觉得一部分老师就是有高原现象，因为他感觉这个题就是到这儿了。这部分老师，我个人认为啊，对这个学科不是那么喜好。

我们经常说啊，一件事出现了，你搞政治的从政治角度看它，你搞军事的从军事角度看它，你搞经济的从经济角度看它，从我们来说，教物理的，很自然地是看到它的物理现象，教文学的一看就是一种情韵。他可能会吟出一首诗来，他看的角度不一样。如果这个老师6年了，就是这个，你教的这个没有变成你的生活。所谓的瓶颈，就很难了。实际上涉及哪了？他对这个职业的融合度！我认为是一种融合度。

不管是老师，任何职业都是这样的，真得喜好这一行，不喜好这一行可能就就题讲题就完了。他也琢磨题，但是他就是做哪道题的时候琢磨哪道题，没有变成他的生活。6年之后，题都会做了，实际上已经完成了就事论事了。但是如何变成就事论理？进而就理论理？这实际上是一个深入的思想。我可能看待这个东西呢，哎！我可以这么看?！他乐于此，不需要一个推动。

所以一些老教师走过来了，张嘴就全是融合在一起的东西。他从课本他讲着讲着就讲到课外了，因为课外他始终有这个眼光。但是并不是全是物理，也有文学思想，但是物理思想这根弦始终没有断过。

（三）上进心

栗腾飞老师承认女教师的特殊困难，但是也归咎于上进心问题。

栗腾飞：这种说法（高原现象）是有道理的，因为它存在于绝大多数老师之中。尤其是一些不太有上进心的老师，一开始为了维持在学校的地位，必须得努力去做，做了两遍之后，该会做的题都做了，该会的方法也都会了，觉得就行了。尤其是女老师，咱说实话，一结婚呀，一有孩子呀，很多的精力要放在家庭上面。她就觉得，我也都会做了，我教学生也都能听懂了，成绩也还不错。于是她就不愿意上进了。真的是这样，包括一些男老师也是这样。但是有些人不是这样的。如果有老师能够有这样一个心态——总是不满足于自己的以往，那么他就没有这个瓶颈的问题。

于晶：这件事我觉得不光是老师吧？干什么职业都是从一开始的激情，到慢慢稳定，都会产生倦怠。因为我觉得还是跟人本身有关，如果说他有那种不断想学习，想改变自己那种想法，那么他应该不存在高原现象。反正对于我来说到没有觉得这是一个很难度过的阶段。

（四）学校工作的压力

许玉老师谈到了学校工作人性化缺失对高原现象的影响。

许玉：这个现象是肯定存在的，关键第一个是它的激励机制达不到。再一个教师工作非常疲劳，如果是班主任的话，早上7：20上班，晚上6：00也回不了家。一般来说，入职5~7年后就是结婚然后生孩子。其实家里对孩子教育啊，对家庭负责任的还是女性居多。所以，各种各样的原因都会造成工作的疲倦期，也是高原期，就是你不想做。凑合着干干这个活就行了。没有那么高的追求，像我们组都没有几个老师说非要去评特级。没有。这是很正常的问题。

其实各行各业都那样，如果说你劳动收入的性价比很高，可能也是一个激励，其实教师收入性价比，社会宣传完全是偏离的。教师收入很低，你想我们工作这么长时间了（1995—2013），我是1995年工作，工作到现在多少年了，都18年了，我现在当着班主任，教着两个班高三的课，一个月就挣6000多元钱。跟社会其他行业相比，收入低多了。

我：尤其是在北京房价压力下。

许玉：对呀！再有，孩子正好是受教育期嘛，小学、初中这段时间，家长要投入一些精力。就是觉得负担很重，你看老师现在普遍处于亚健康，尤其是女的嘛，身体会出现各种问题。每年体检都有很多什么乳腺癌呀，子宫癌啊。没办法，太累了。

我：精神上还是身体上？

许玉：你精神上的紧张就会造成身体上有问题，免疫力就降低了。

我大学毕业就当老师，然后读了一个在职研究生，有一段时间我不太想当老师，我想跳槽来着。后来，我先生不同意，就这么做下来了。中间调动了一次工作，在我工作五六年的时候，我突然觉得老师这个工作特别好，就是特别有成就感，尤其是看见孩子的成绩上去以后，或者说当孩子毕业后回去看你的时候。反正每到一段时间都有不同的刺激点，这个刺激点，像是有四五年不当班主任，突然一当班主任又是一个刺激。你就觉得这也挺有意思的。如果班主任要干了五六年，你就又烦了。真的！就是极度反感。就需要放松。所以，我觉得你们在工作之后，你们要注意调节自己的心态、心境，包括刺激点要发生一些变化。咱们这个话说远了哈，其实学校在管理上真的要考虑到老师的疲惫期，像班主任或老师工作一轮或两轮之后，你应该给他一个充实的过程，让他读一年，或者读半年，大家轮换读，可能会让他在理论水平和教学水平上都有提高。这是一个。第二个，因为中学的班主任是一个特别繁重的工作，让他干了三五年你让他休息一段时间，有个时间调整，那再让他干的时候，可能他更有激情。对学生、对学校、对老师都是一个特别好的。你要十年连着让他做，那就很疲惫了。爱怎么着怎么着，反正管不管都一样，就会有这样的想法。

许老师身上综合地体现了女教师在高原期面对的各方面压力和问题，也为学校提出了帮助教师走出高原期的路径。

五、师徒制的可贵

物理组中，栗腾飞与莫小英老师的师徒关系令人钦羡。然而，如老师们所言，也并不是每一个新老师都有师傅的，更不是每个新老师都能碰到好师傅的。访谈中，一些老师将师徒制作为突破高原现象的途径，这不得不令我对这种关系模式印象深刻。

王小磊：年轻老师没有什么别的捷径，因为就是要多想，再一个多跟人家去学习。就跟医生一样的。我也是从年轻过来的。我跟莫小英他不一样，她一来就有师傅，像我们就是没有师傅，自己琢磨来的。就像你们这样就特别幸运，有一师傅可以跟。像你跟了 X 教授听了那么多节课，我觉得就是这是捷径，没有别的。我们毕业的时候根本没有听过那么多节课，没有听过专家这个方面的理论上分析，我觉得你们出来绝对是没问题。

我觉得 X 老师的确是在脚踏实地地去研究，人的水平还是很高的。不是所有的教授都是干实事的。你出来马上就出师，但是有的大学生不见得就能出师。所以，对你们来讲我也没有太多的忠告。你比我们幸运多了。

于晶老师的意见也不约而同。

于晶：关键是选对一个……尤其是像学校里面都会给配那种师傅，我觉得对人的促进和提高还是很快的。经常听听课，可能就是特别好、特别快捷的一种提高方式。

再有就肯定是他自身，比如说他自己，有什么样的要求，比如说我想达到一个什么样的目标……嗯……几年要有一个规划。我觉得一个是规划，再一个选一个什么样的师傅可能更重要。当然，选一个什么样的师傅不是自己决定的。（笑）可能也就是这两点。规划，可能一开始两年的时候未必能想清楚，我也是觉得自己在工作几年之后才去想。可能我比较晚。

黄小荣老师则相对系统地强调了团队领衔者与师傅二者的作用。

黄小荣：我觉得团队得有一个特别好的领头人。他给你指方向，你就比如说咱们写论文，如果安老师和 X 老师没有这么一种合作的话，就是你自己你需要写一篇论文，那就你自己在那摸索，那你就慢得多。我觉得像咱们这样合作就特别好。

另外，我觉得或者一个团队，得有一个人领着你。可能会稍微快一点。就是他对事情的理解可能会快一点。比如说讲课，刚入职的时候，就看你碰上一个什么样的师傅了。你假如碰上那个师傅就特牛，他听你几节课"啪啪啪啪"给你一指点，知道问题出哪了。你"呼呼呼呼"就起来了。假如说就靠你自己，跟那儿摸索，那比别人要慢得多。可能跟人本身的天赋也有关系吧（笑），我是这么想这个问题。哈哈，纯粹是个人想法。

假如说真是刚入职的，我觉得多听听老教师的课吧。他起码经验在那放着。怎么去抓学生、怎么去抓重点、课堂怎么去掌控，我觉得这方面你要真是用心去感受，不是说让老教师告诉你怎么抓学生，我觉得有时候是一些潜移默化的东西在里面。你就一节课下来，感觉听这个老师的课特舒服，就觉得这节课与学生之间的融合沟通啊，特别好。我是觉得人是各有特色的，你跟他那么去学你学不来。但是，你最起码学一些这节课的重点难点怎么抓呀，这个他能明确地告诉你，重点到底在哪，但是你怎么去突破这个难点，我觉得有的时候是因人而异。首先，你认真点，踏实点，跟着老师学要谦虚点。有你自己的想法，沟通。年轻人的特点在于他可能跟学生更容易沟通，但是我觉得，跟学生关系好，那么你一定就关系好吗？你知识水平有吗？其实，我觉得真的不是这么回事。尤其你看一些年轻老师，比较活泼跟学生关系好，他可能会促进学生去学，但是不一定教出来那个班的成绩就会好。因为"点"在那放着。你一节课40分钟，人家一节课40分钟，那学生领悟的东西就不一样。我觉得有时候还是多听听其他老师的课吧，有好处。

厘清老师们对师徒制的阐释，我感到教师专业发展问题是如此困难与复杂。这么多年，这么多学者的研究，还是无法代替最原始的师徒制。并且"师徒"这一关系强烈地暗示了一种"匠人"传统，这与我们批判的"教师不能做教书匠"是格格不入的。但是，或许这正反映了教师行业至少具有工匠的一些无法去除的特质。

六、教师的知识缺陷

坦言之，这次研究就发表论文的最终目的而言，推进并不顺利，研究结束时发表的论文篇数远在预期之下。而无论老师们是否能够接受，我的判断是，其知识水平的缺陷是重要原因。这在它们自己口中也得到了反映，例如佟彤老师，再如付阳老师。

付阳：其实，教学中很多问题都不明白，其实不仅是教学方面的，其实物理知识方面也是。你要真细抠起来有的东西含糊，比如说我，有的知识你要是问我怎么来怎么去，我都能解答，但是你要是问我为什么这样？细抠起来感觉知识还是不够。

对此，老师们并非不愿意学习，而是觉得学习的机会不多，并且是十分需要这种学习的。许玉老师就系统地表达了这一看法。

许玉：尤其是我们希望看到，一些比较不好教的基础性课，像电磁感应的概念、磁场的概念、电场的概念，要从哪个方面入手讲，更科学、更有实效、对学生来说理解起来更方便。

有的东西真的挺难讲的，孩子们到高三的时候，对这些概念也都不太理解。像什么万有引力之类的，虽然都知道万有引力，像是电场磁场之类的，但是入手点比较抽象。像电场这个，你就是大概说一说，然后就让他在空间中进行想象，然后用我们的教学工具，像是发丝、油浸发丝，来演示电场大概的分布、模拟分布，其实他们根本理解不了。尤其是他的认知水平也想象不出来，所以对后边的学习还是挺困难的。最后就把物理学得特别僵化。

我们现在也有很多教研活动，讲一些教材分析，大家也都不爱听，因为你要连着教几轮之后你会发现教材分析都差不多，亮点很少，听半天就那样。

每个人都需要提高，都需要培训。但是培训你一定要落实，而不是虚的，比如今天去听一节课吧，那就是培训了？肯定不是，你必须得有一个连续的时间，踏踏实实地坐下来，回回炉、听听课，因为我们在上课的时候就会发现很多东西我们真的不太清楚。像我们讲相对论的时候大部分老师都不怎么讲，因为我们自己都不明白，最后就告诉学生你们就背会这两条就行了。时空相对论、位置相对论。空间相对论。就这两句话，高考就考这两句，别的没法讲。

物理组的物理教师们经历了大学物理的本科教育，有的还是研究生学历，为什么还是感到知识上存在缺陷？一方面是由物理学本身的特征造成的，物理学的基本概念、基本定律有深刻的内涵，即使是理论物理学家，也要用一生来理解。另一方面，物理师范教育在这一方面存在严重的空白与脱节。并且，这种脱节在当前又有了新的表现。在我与许玉老师谈话时，她给出了她的看法。

许玉：即使是在物理学讨论最多的时候，十八十九世纪，各种物理学家都有他的意见，那一定是谁对谁错吗？那就需要通过后面的验证。不是说你觉得他对他就对，因为你毕竟不是上帝呀。像是牛顿跟胡克讨论的那个，那么多问题，最后就争论牛顿第二定律到底是谁提出来的。到现在为止，到底是谁提出来的？关键是以牛顿的名字命名了，大家就认为是牛顿的了。实际上，从物理学史来看，我认为还是胡克先先提出来的，只是他发表的被大家的接受程度不一样的问题。

我感到有些不可思议，就说："这个我有些不同看法，$F=ma$，到底叫胡克定律还是叫牛顿定律，跟 $F=ma$ 他本身到底对不对，这是两个问题。"然后，我被她打断："包括你在定义的时候，就有很多这样的问题，尤其是像物理教学绝对不是唯一的，真的，绝对不是唯一的。"

当时，我感到这个问题是一言两语说不清的，于是切换了话题。科学问题与科学社会学问题的混淆使她的科学观出现了偏差。这是当代物理教师知识缺失的一类新问题，也是当前物理教育与科学教育倡导的"科学本质""科学素养"的内容，而她显然需要这方面的学习与培训。

七、教师教学基本功的滑坡

在与安诚老师的接触中，他也流露出不少对教学中基本功滑坡的忧心，看得出，大部分都是一些心里话。

安诚：说实在的，你看有的老师啊，他教课呢问题不大，是吧？但是呢。从语言的规范，从教态各方面来讲……就拿这个语言规范性来讲吧，有的人就很不注意这个问题，你看那个咱们一般老师，有些老师啊，不注意哪块呢？上课口语就特别多。不是说非得像播音员那样一字一句的。但是，让学生感觉口语特别多，那就不好了。

我：基本功。

安诚：基本功不行啊，是吧？还有这个板书、板画了，这个肢体语言了这个方面来说，我不知道现在大学在教什么？

我：这个东西在现在反正是削弱得多了。不过，X 老师对我们是很强调这个东西。

安诚：我认为这是教师的基本功。

实际上，我一直想做些东西。我做东西不犯怵。有些老师做的东西的话呢，反正让我看我看不上那东西。就拿画物理图来讲吧，不说画的多么完美吧，起码让自己看着像那么回事。有人做那个图就是粗粗拉拉的东西。这个图的尺寸大小都不太合适……一个是版面设计，一个是画图。我现在画图啊我达到什么程度啊？我敢说比高考题那个图还标准呢。尽管画得慢，但是画得是规范的。这随便瞎说说啊。我觉得自己干的事情呢，还得用心吧，别稀里糊涂的。

就拿黑板上画图来讲，我用一个手画，基本功特别好的话，可能画得很直，是吧？但是你画得再直，一个手画不如俩手画得快。所以说我想呢，这个东西要规范。我写字不太漂亮，但是我写字匀称。

现在给我们的感觉来看，不要说字规范不规范，字呢好看不好看，最起码大小得匀称，你不能一个比划的字大，一个比划的字小。你大的大、小的小那就不合适了。至于好看不好看那是另一回事，你得匀乎嘞，一行一行的。现在做到这一点的，应该说啊……因为现在侧重 PPT 了嘛。还有，就是备课的问题，有的学校讲得比较扎实，不许电脑打印教案，必须得手写的，这就非常好。因为他要求新入职的老师刚开始的时候，不许偷懒。实际上，现在网上成型的教案很多很多，但是呢，你可以抄他那个，可以借鉴他那个，但是粘贴的就不是自己的东西，拼凑的效果并不好。所以说呢，尽管现在媒体很发达，但是我认为一些基本的东西还是不能丢掉的。别看这个板书都是 PPT，教案都是 PPT，这个课呢也没有好好备，教案全是网上抄下来的东西。我觉得这对尤其刚参加工作的老师不好……

我能感受到他有情绪，也有所指。

我：我想问一下，您说的这些问题，有没有针对性啊？是不是咱们未名的老师这种情况比较多？

安诚：有的……没法说了。你比如说咱们物理画一个板图，是吧？拿画个圆圈来讲吧，我也见过大学老师讲课，大学老师讲课很随意……画个圆圈，说实在的，它比椭圆还椭。各练一本功嘛。那中学里面呢，你必须一节课把这个东西掰扯清楚了，不是一节课容量特别大一点时间没有。那么现在有些人画那个图，应该说很不规范。改已经改不了了，就得这样子了。如果新教师一入职的时候，就找到老师手把手地教，这样的话，对老师是有好处的。

有的老师，没教案就瞎讲课，连教案都是"down"下来的东西。这个事情只能咱们俩这样说，到学期末一查教案的时候，那学校的打印机都打坏了。那样的话就不太好了。还有备课上，虽然别人编的东西不是不好，但教案自己写的用着方便吧？最后呢？就拿一本书。今天第一页，明天第二页，再留几个题。后来看，虽然成绩也不是太差。但是成绩也不会太高。不写教案最起码是责任心不强。

听完安老师的话，我感激他的坦诚，但是我也感到他有一些悲观。其实，这的确是一个重要的问题，X教授一直致力于此，并且此间一直担任北京地区大学教师教学技能的培训工作。让未名中学的老师来听课，也有提升他们教学技能的意图。可惜的是他们都没有去过。而令人欣慰的是，这一问题已经被当前的"国培计划"所洞察。2013年教育部出台的《教育部关于深化中小学教师培训模式改革全面提升培训质量的指导意见》已明确提出："各地要将提高教师教育教学技能作为培训的主要内容"[1] 期待这一问题能够被真正重视并解决。

八、小结与反思

坦言之，对物理组教师关注或涌现的这些问题令我感到非常失望，因为与本研究的主题相关性不是那么好。如果我是研究教师专业发展中的问题的话，那么它们会很有价值，然而，我的研究是就教学研究能力这一更为具体的问题展开的，而他们的问题则显得过于基础性了。我甚至感到这些都是一些外围问题，尚未触及到教学研究、教学论文写作的核心部位。如果我在帮助老师们写作教学研究论文之前先要解决这以上问题，那几乎是做不到的。

另一方面，以上问题的聚焦也正反映出了这一教研组教学研究水平的有限性，甚至连学科基本知识、教学基本技能都存在问题，可知其教学水平能如何？因为一个基本的判断是，一定的问题只有在一定的发展水平上才能被发现或遇到。

北京未名中学，就物理教研组来看，问题并非不多。因此，其未来的改革与发展方向自然也是我关注的对象，并且，这种预期也无疑会影响老师们对现状的态度。事实上，截至研究结束时的2014年3月，未名中学一直在北京繁华的银行街地段，9月就要搬迁了。这是我研究前得知的最大的"变革"信息。

① 教育部. 教育部关于深化中小学教师培训模式改革全面提升培训质量的指导意见［EB/OL］. ［2013 – 05 – 08］. http：//www. moe. gov. cn/publicfiles/business/htmlfiles/moe/s7034/201305/xxgk_ 151910. html.

第八节 挑 战

一、首长访问之后

我在未名中学的访谈中，多次接触过"项目班"。如前所述，佟彤、于晶等老师都在带项目班，然而这个班把佟彤老师弄得非常纠结。我与副校长王飞的第一次接触，就是看他在升旗仪式上给项目班的一次科技创新比赛发奖并发表讲话。然而，我对该班有更加明晰的认识，还是缘于付阳老师的介绍，话题是由他带项目班的学生活动说起的。

付阳：我就是带学生搞活动嘛，现在是跟中国科学院搞什么项目班，带了4个学生。但是我一直在发愁的是没有什么特别好的活动，做什么？现在是这样，大家都说，如果带学生活动，出去必须要拿奖。但是，拿奖这个东西其实是很难的。现在搞的这些科技活动，你看去，好些不是孩子做的。这地方不知道你知道不知道。你去看看吧，当然有些做得特别特别的棒，但是这些东西大部分靠的是什么？外边有公司，把这个东西买过来，学生做得太少了。

对他所说的"项目班"，之前已经听了很多老师说过，物理组的好几个老师都在带项目班，并且将某些老师弄得有些纠结。在我的追问下，付老师向我做了解释。

付阳：在初三，甚至初一的时候，就直接签一定的协议，在这三年中比较优秀的一部分人，直接在初三这一年就开始学习高中的课程了。虽然他也参加中考，他只要是达到分数线，就可以收他，单独成班的。到真正新高一的时候，他们已经学完了高一的第一册了，他同时还上着初三的复习课，因为初三后半年不就复习课了嘛。等到放寒假的时候，他们就把高一的课程学完了。这时候，差半年，他们就去国外学习半年。回来之后，因为有这段经历，觉得出去是不错的，他们就考虑要出国了。有的不出去的呢，就在学校搞一些的活动。等到高二再回归学校课程。

我：这部分算是未名中学的精英？压了很大的宝在这儿？

付阳：对呀……也不能说压很大的宝，应该算是不错的吧。每年是高中老师到初三去接手，把他初中的课讲完，然后接着就讲高中的课。其实，还有两个班就是跟中国科学院合作的，就是创新人才培养班。当年不是首长来听课嘛，钱学森之问嘛：为什么培养不出创新人才？得不了诺贝尔奖？就这样跟中国科学院合作搞了一个项目。

我：咱们未名中学高考，是不是对这几个班抱很大希望？

付阳：这些班算是不错的吧。现在教了两个班就是中国科学院的班，他们是做项目，就是一部分人跟着中国科学院的导师，相当于跟着研究一些问题，最后要拿出一些成果来。这样等到他到高三，大学自主招生的时候，他不就可以拿出成果来。

我：希望他们走自主招生？

付阳：对对对。他们应该是走自主招生的。

我：那现在您感觉怎么样？走得还算顺吗？

付阳：因为现在时间不是很长。我现在的高二可能是第二批吧，第一批现在才是高三，所以现在具体什么样还……走自主招生是为了高考的时候能给他降分啊！如果参加完自主招生，被这个学校认可了，可能在他的录取线下给你下降50分。这样的话你就很容易就上大学了。

我：是大家都想参加或都参加？

付阳：这个都有学校推荐，也可以自己去，但是要有一定的实力。

项目班的大部分应该是学校推荐。因为给他们设计的是这么一个出路，但他们到底做成什么样，就不知道了。因为整体来说还是能力有限。大部分孩子我接触的还是一般，没有特别的。创新人才很难培养。（笑）这不是一个急功近利的东西，现在大环境所致，没办法。

说实话，我期待项目班能够有好的结果，只可惜无法在本研究结束前将结果记录了，也由衷期待未名中学能够探索出回答"钱学森之问"的途径。

二、搬迁后将有的变革

对搬迁后的变革，我也是在付老师这里第一次了解到。

付阳：反正我们现在做的好多动作我们是有的。但具体实际后面怎么样还不好说。我们现在只能是展望未来吧。因为明年不就搬走了嘛。那边是想进行走班制变化比较大。说要走班制，但是具体怎么做都还没定。所以可能搬过去之后会有特别大的动作。现在储备这么多人可能也有这个想法。现在这个地方受很大限制的，就等着搬家了再说吧。现在是一拖再拖的，原来是说早就过去的。

和梅主任对搬迁后的变革则有更深远的期待和审视。

和梅：当然我们组也比较特殊，其实这个年龄结构不是特别好，40多岁的人太多了。这就属于疲惫期嘛，40~50岁肯定是一个疲惫期，他是有东西了，但是有点冲劲不足，所以你看，这个年龄的人太多了。

我：我其实刚才隐掉了一个问题，高原现象，是不是就是您的这个意思。

和梅：嗯嗯嗯，对！就是不爱变动。还有就说咱们现在课程改革，只要一变，其实这个，从历史上来看就特别难。老师接受起来就是……我这个课都讲了五六遍了，40多岁已经讲了五六遍了、已经讲得很熟了，让我换个方式再讲这节课，他懒得动。我觉得这个惰性是一定有的。

现在，从教学这边，我们想，一个是走班——将来要行走班制，还有分层教学，就是学生都要"走"这种模式……我告你讲，真的变起来特别难。老师们就是现在太习惯了，抱着自己的学生，我就把我这些学生教好，这种思维。我们将来是想按照学生的爱好或者什么分层。学生层次都不一样我怎么上课呀？这个可能在大学老师面前不是问题，但是在中学里面绝对是个问题。

听到这里，我对和老师所描绘的改革图景非常期待，不禁向她坦言了自己的感慨："那天听付老师说的这个信息，我觉得真有这么个变化的话，首先，我想得自私一点，我的毕业论文就更有价值了，可能是在未名中学进行大变革的前夜，我来对未名中学物理教师团队进行一个研究。"

听罢，和主任说："真是这样。我不知道……我们星期六在推进这个事儿，就挺难的，真的挺难。（笑）对走班制等教学组织形式改革，我个人是非常乐见其成的，或许几年后，这种走班制将成为一种普遍的形式。我期望这种变革能够将中学的事务性工作引向正确的方向，至少能够避免人浮于事的现象。"

三、副校长的思路

我见到王飞副校长的时候，肩负的一个 X 教授的任务就是通过他向老师们"施压"。我来前，X 教授已经把我与我的同门在同期发表的论文目录发给了王副校长，并给他打了电话。于是，第一个问题我就委婉地提了这件事，校长也十分清楚。

王飞：就这个问题，我确实想了想，我一直的主张就是得靠一种机制让老师们意识到这种问题。行政上下命令这种东西呢，在老师这个群体中，最好慎用。行政命令这个招啊，咱们搁在最后，你知道吗？还是得让他意识到，这是一个他自己要做的事儿。当然还是这句话，比如说我给你举个例子啊。现在我们在推动的一个工作叫"慕课"，你们应该听说过？说的就是再小一点，就是叫"翻转课堂"。

他回答我的话之后，马上换了话题。然而我对这个话题也很感兴趣。

我：哦，就是"可汗学院"。

王飞：对，可汗学院、翻转课堂。老师们一开始就奇怪什么叫翻转课堂？也不是太了解。所以，现在一是做宣传，再一个让骨干老师先进来、先去做，做公开课、做展示课，其他老师来看；二是这些老师先走出去，先去别的学校学习。原先全国有一个"慕课C20联盟"，到那些个联盟学校去学习、去看，这就给其他老师有所触动，同时让他们也知道，这个课并不神秘，也不需要恐惧它。现在，很多老师呢，觉得我都教了十来年的书了，甚至20多年的书了，教得挺舒服的，你给我弄这些事，把我以前的都给推翻了，那我还得从头来备课，太累了，不愿意做。

由此，我第一次感受到副校长对信息技术的热衷。我似乎感到他有一些激进。随后，他又谈到了一些更前卫的观点。

王飞：从教师自己的专业看，从学校教育对老师的需求来看，我们希望老师是一种综合型的老师。所以，有时候我们说的专业提升，会让人产生一种误解、窄化。比如说，物理老师是不是就从物理这个领域深挖就够了？其实，当老师跟科学家、研究员还不一样。就是你一定要让你的学科走到这个学科的边界上去。然后要出去。比如说，物理学到教育学这个领域，从物理到化学、到生物，甚至到社会科学领域，这些都是物理老师施展才华的地方。现在很多东西是需要综合的……所以现在我们提的就是老师的一个综合素养，而慢慢不再提专业的……现在这个中学他还是分科太明显了，边界太清……这不利于老师的发展。我们倒是希望老师们做文章能够到交叉学科去做，多往边缘的领域去发展，这是老师发展的一个方向。要真是想成为名师的话，这是将来的一个发展方向。就守着物理来研究，那就窄了。

关于高原期，副校长的理解也与大部分老师不同。

王飞：老师的负担这个不用质疑，确实比较重，主要来自于现在课程的设置啊，教育教学评价的体系。这个事现在在发生着变化，尤其是现在改革招生考试的制度之后，可能会对老师负担会有一个比较明显的作用，这是第一个。

第二个，就是老师的发展确实会有一种高原期，每个人他的年龄不一样，有的人早一点，有的可能会晚一点，但是这个时候的负担呢……如果你要是想突破高原期，你这时候的负担肯定就要比别人要高，所以说这种发展呢，就可能是一层窗户纸的问题。你捅破了，改变了你的教学方式了、改变了你的学生观了、改变你的教学的质量关了，可能就解脱了，这是我的体会。我们学校不是没有这样的老师，痛苦了两三年啊！我跟你说啊，要不然就是不知道该怎么做，要不然就是很纠结、很累，你知道吗？为什么？他事多呀？他又得看书，又得去学习，又得去参加这样的学习班儿，又得去念这样的一个培训，还得改革课堂教学，还得做课，累呀、难呀，有的就没坚持下来。但两三年之后，他已经知道这个怎么回事了，确实也能到了一个新的高度了，不累了。真的，我觉得是老师……咱们是学物理的，这能量是守恒的，不可能不付出任何代价就长本事了？不可能的。

对搬迁后以及未来的教学变革，他谈到："还是希望能够给学生提供更多的选择性。"

我：听说咱们学校要实行走班制是吗？

王飞：对，走班制、导师制还有学生的学长制，就是让学生在学校里能够自主的发展，还有一个是有选择地去做。所以，走班制是肯定要去做的，跟老师比较现实相关的吧。现在像英语学科啊，一些选修课，已经在走班了。而且将来大量的走班不是按照学生的程度去走，而更多的是按照学生的发展需求，因为以后要从考试层面讲，高考可能在2017年、2018年之后可能就考两科，就剩一个语文，一个数学了。其他科目学生学业水平测试。可能对不想学这个专业的学生，那么他物理考试可能就用不了那么难。所以，可能更多是按照学生的需求来走班的。

那你如果说学生不爱选你的课，两个老师都开这样的课，学生说这个老师讲得不好，我不听他的了，我听那个老师的去。

比如老师给学生留的作业，布置的课前学习的东西，都是通过无线的网络给学生推送，学生很快就可以看，看了他就可以做题，这题做完之后……实际上课前把这东西布置给他之后呢，学生们都做了，课堂上老师已经知道学生们做得怎么样了，没必要再讲学生已经会的知识了。大量的"微视频"全都给孩子，你有、我也有，看胡老师的也行、看王老师的也行，一遍不行看两遍，课堂上就是让老师走到学生当中去，把孩子提出的问题给解决了。所以，课堂上这个形式就可能变得非常丰富。当然，有的课老师们要讲，很正式的要给学生讲这个概念是怎么回事；有的课就翻转得非常厉害。所以，我们最终的目的是建立一个开放的、基于网络的、在线的一种课程，就是让学生的学习不局限在教室里，教室里可能更多的是一种同伴，这个可能别的地方没有，主要是展开这种争论，更多的是回家后自己在课下利用一些网络的平台来学习。

听罢王校长的话，我在兴奋之余有一些疑虑。他思路非常开放，开放得似乎有些激进，我不知道这是不是领导的共同特质？我同样凭物理学人的直觉判断，王校长谈到的教学方式可能很难推行。总体而言，虽然他对我们的合作课题全力支持，但是出发点与意图是不同的，用未名中学物理组老师们的话说，不在一个"兴奋点"上。

四、小结与反思

（一）改革应先给教师"减负"

教育教学改革一直都在强调给学生"减负"，然而我却发觉，在不给教师减负的前提下，给学生减负永远无法落实。一线教学工作如果"折腾"得太厉害，老师就自然没有时间和精力深入钻研本学科的教学，而奔忙于各种行政事务、面子工程、政绩工程、科技班、项目班、选修课、翻转课堂……目不暇给、眼花缭乱。

其缘于学校领导总倾向于认为："学校教师的基本功还是很扎实的"，缺的是锦上添花的事情。殊不知，当前出的恰恰是基本功的问题。正是这一基本判断的偏误，使中学各项发展都失去了合理的出发点。因此，是该给一线教师先减负了，是该强调一线教学的"不折腾"了，是该强调一线教学的务本务实、固本培元了。

（二）教育技术哲学的必要

对教育技术这一"教育变革中最活跃的要素"，一线教师与领导显现出了不同的态度。一线教师主要从教学经验与教学心理的层面来评价。如安诚老师就不满"PPT课堂"；许玉老师则认为实验中大量使用传感器将原本是定性理解的实验变成了定量，其实是偏离了学生的认知水平和教学任务。她说："现在中学物理到了高中阶段把很多定性实验都换成定量实验，我觉得也不适合学生的认知，包括大量地使用传感器，数据一得出来，唏——其实完全就脱离了物理的内涵，因为对于高中学生来说，传统实验对他们更有意义，对他们的思路，因为可能到了高端之后借助一些计算机分析手段，对孩子的认知可能更有帮助。因为咱们的智力、学生的智力水平，绝对没有比牛顿高多少。但是，这个实验完全脱离生活实际，'哗'那个数据就出来了。图线出来了学生还在怀疑，这是真的吗？是不是计算机模拟的？"

我诚然不能妄加评判不同的观点孰对孰错，然而我对这些思考的深度都是不满意的。我认为，我们需要教育技术哲学的深刻思考。事实上，像社会其他领域一样，技术、教育技术正在异化我们的教育。技术不是中立的。由于教育技术具有实体化的特征，使其有可能成为获取政绩、装点门面，甚至腐败的手段。而殊不知教育技术也是技术，对人的异化作用不容忽视。然而奈何，我们的技术哲学尚且薄弱，唯有希望哲学家与教育工作者尽快发展出理性的"教育技术哲学"思考。

（三）不同的"兴奋点"

未名中学的未来将会如何？物理组的普通教师、教学主任、副校长都以自己的视角做出了评判与展望。虽然他们都对物理组教师做教学研究、发表论文持积极的态度，然而对其内涵的阐释、意义的理解、预期的发展却各不相同。如前所述，他们不在一个"兴奋点"上，但是这又似乎并不构成问题。一年多的研究历程让我发现，物理组每个成员其实各有各的"兴奋点"，各自都将以自己的态度与方式去面对未来的挑战。或许改革与发展正是在不同兴奋点与利益点之间选择、博弈的结果。

第九节　论　文

如果说，访谈过程是听物理组教师的"一面之词"，那么对他们论文的分析则能构成对他们教学研究真实水平的洞察。

一、物理组老师交来论文的分析

我与 G 师姐去未名中学报告后两个月，X 教授即收到了安诚老师发来的物理组教师的"论文"共 12 篇。然而，X 教授对这些论文的质量是不满意的，随即将它们交给了我，让我给每篇论文都提些建议，也即对论文提出评语与修改建议。虽然文章质量差，X 教授还是对我表达了他乐观的期望，说："这是一个良好的开始，线总算是穿入针鼻儿了！只要他们不畏首畏尾就好。"

随后，我着手完成了两项工作。一是经过我与 X 教授的精心斟酌，给每个老师写了评语与建议，经邮件发给了安诚老师。二是与 X 教授筛选了他百余篇论文中 30余篇，分类装订成集，随后在一次参加活动的时候将论文集发给了物理组每个教师，对物理组教师交来论文的分析。

二、对第一次交来论文的分析

2013 年 3 月 18 日，未名中学物理组交来的 11 位老师的 12 篇文章除了付阳老师的一篇之外，其余都被 X 教授判为"不合格"。分析起来，主要分为以下几类。

1. 教案类

这类文章最多，共5篇，涉及高中物理磁感应强度、光电效应等章节。其主要特点包括：①师生问答；②习题罗列；③逻辑缺乏。我感到，他们中不少人有应付差事的意思，有的甚至还是表格的样式，没有改成文字叙述的形式。其中仅呈现了教学流程，远没有达到论文的要求。

2. 泛泛而谈类

这类文章包括2篇，分别名为《挖掘现代教学技术　走专业化发展之路》《试论在物理实验教学中如何培养学生的实验能力》。其中没有任何数学符号或物理公式，内容也貌似与物理教学有关，但是流于泛泛而论。我揣测，可能是教研系统的"命题作文"或评奖论文。这类论文经过修改，或许不经过修改就能发表于个别质量较低的期刊，但是内容却无法逃脱"鸡肋"的宿命。

3. 抄袭类

这类论文也有2篇，分别涉嫌抄袭，不合格。

4. 情感宣泄类

如前所述，这一类只有焦海洋老师的一篇论文，当然也不到发表的标准。

整体而言，第一次交来的论文，从形式、内容及其反映出的态度上，都是令人失望的。

三、对付阳老师交来论文的分析与修改

付阳老师先后交来两篇论文，都是实验的创新与改进。由于其内容较为充实新颖，因此 X 教授决定帮他修改。第一次修改：①明晰了论文的结构，将论文分为三个部分，明确各部分的标题；②去除了冗余的"习题"部分；③在格式上给了修改建议。下一次，在语言上给以捋顺。随后的几次修改以及后来一篇文章的修改都由我将 X 教授批注的文字稿拍照传给付阳老师，他将修改后的电子稿发过来，再进行下一轮的修改，如图 5 - 2 所示。

两篇文章均修改三稿以后，开始了投稿。付老师的文章以实验为主题，他也热衷于此，且有真的实践创新，题材较多，是他的优势。

四、对栗腾飞老师交来论文的分析与修改

栗老师交来了他所有发表过与没有发表过的文章共24篇，可分为如下几类。

1. 教学设计类

这类文章共3篇，与其他老师教学设计不同的是，他的教学设计中更多地在谈论自己的教学经验，其中不乏真知灼见，对教学有了相对周密的考虑。

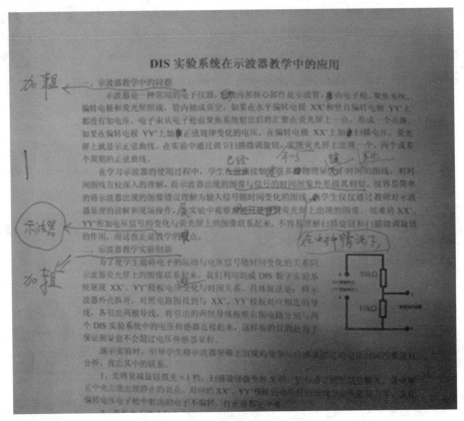

图 5-2   X 教授给付阳老师修改的论文

2. 解题类

这类论文有 4 篇，涉及教材教辅上错题、难题的解答，其中还记述了他解答这些问题的过程，例如：

为了找到答案，我查阅了大量资料，并最终征询了西山区教研员 THJ 老师，取得了证实和认同。

我查阅了大学《电磁学》课本，发现其中的图像也是如此。我在参加北城教研活动时向北城区教研员 GZL 老师提出了该问题，参加活动的老师们一起探讨各抒己见，最终也没研究出一个定论。最后，我按照郭老师的指点向专家进行了咨询后才明白。

可以说，解释其中的诸多问题是并不容易的，但是单个题的解答也很难发表高质量的文章。我帮他把一些问题进行了归类整理并加以进一步提炼。修改过程见图 5-3。

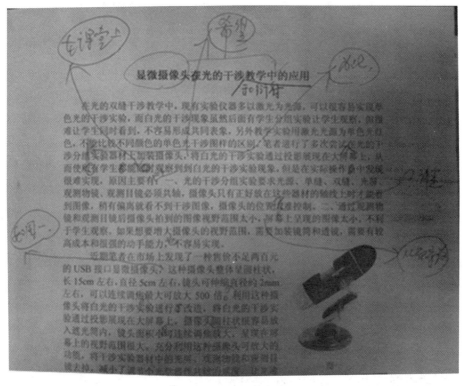

图 5 – 3　X 教授给栗腾飞老师修改的论文 1

3. 专题研究

这部分论文共 9 篇，就物理教学中的一些问题，如超重、失重、碰撞等，以及信息技术的使用进行了讨论。

4. 教学法专论

这部分论文共 6 篇，涉及物理教学中的引入、有效教学、德育、新课改等比较"大"的话题。其中，不乏教育情怀和宝贵经验，但是如果整合，怕只能发表一些"鸡肋"式的文章。

这些论文写作时间从 2002 年至今，可以说是栗老师从教经历与教学思想的一个见证。虽然其内容对教学有直接的帮助，但是仍然深度有限。他写得并非不好，而是这些问题绝大部分别人都已经写过了，并且写得比他更好、更深刻。我认为，这还是他没有经常读教学研究论文的原因。

后来，莫小英帮他把一篇文章修改并增加了一部分，交来请 X 教授如法炮制地进行了修改（图 5 - 4），最后投稿。

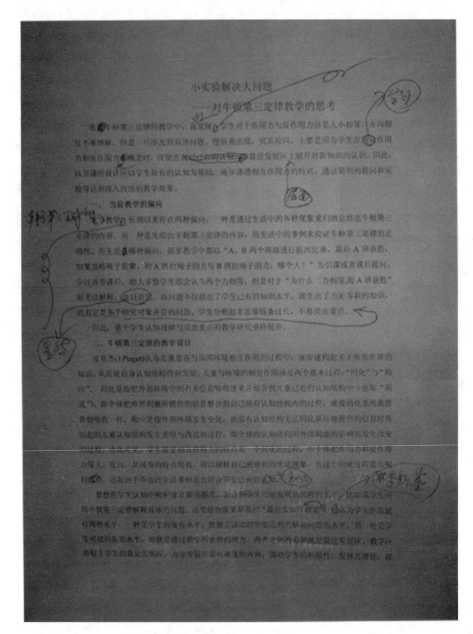

图 5-4　X 教授给栗腾飞老师修改的论文 2

　　与优秀的物理教学研究论文相比，他的选题不够宽广、眼光显得也不够敏锐，深度也表现出了一种瓶颈。我想，这并不是他有意为之，而是缘于他还没有跃上教学研究的轨道。

五、最终发表论文与分析

截至研究结束时，如表 5 - 13 所示，北京未名中学物理组教师共发表论文26 篇。

表 5 - 13　未名中学物理组教师发表论文情况

序号	作者	题目	期刊	刊期
1	和梅	"测定电池的电动势和内阻"的实验设计	《中国现代教育装备》	2012（4）
2	安诚	楞次定律演示实验中的一个奇怪现象及其解释	《中国现代教育装备》	2012（8）
3	安诚	回旋加速器教学中应该注意的几个问题	《物理之友》	2012（4）
4	安诚（第二作者）	楞次定律教学的高端备课	《中学物理教学参考》	2013（4）
5	安诚（第二作者）	以科学方法的逻辑展开"磁感应强度"概念教学的高端备课	《湖南中学物理》	2013（4）
6	安诚（第二作者）	一节新授课的高端备课——力的分解	《物理教师》	2013（6）
7	安诚（第二作者）	"电势差"教学的高端备课	《物理教师》	2013（7）
8	付阳（第一作者）	DIS 实验系统在示波器教学中的应用	《湖南中学物理》	2014（2）
9	付阳（第一作者）	光的干涉和衍射教学中显微摄像头的应用	《湖南中学物理》	2014（7）
10	栗腾飞，莫小英	小实验解决大问题——对牛顿第三定律教学的思考	《湖南中学物理》	2014（2）
11	于晶	论高三学生思维能力培养	《中国现代教育装备》	2014（5）
12	黄小荣	利用现代教育技术促进物理教学发展	《中国现代教育装备》	2014（5）
13	余春兰	"波的形成和传播"教学设计探讨	《中国现代教育装备》	2014（5）
14	佟彤	论物理实验能力的内涵与培养	《中国现代教育装备》	2014（5）
15	栗腾飞	Excel 在物理教学中的应用	《中国现代教育装备》	2014（5）
16	栗腾飞，胡扬洋，莫小英	论物理新授课教学的"导入"环节	《物理教学探讨》	2014（7）
17	栗腾飞，莫小英	物理教材分析的内涵与价值例谈	《课程教学研究》（人大报刊复印资料全文转载）	2014（7）

续表

序号	作者	题目	期刊	刊期
18	栗腾飞，莫小英	混联电路中电流电压功率的变化	《湖南中学物理》	2014（6）
19	栗腾飞，莫小英	物理图像法的变化与妙用	《物理之友》	2014（4）
20	栗腾飞，莫小英	关于物理有效教学问题的探讨——课改涉入"深水区"背景下	《教育研究与评论（中学教育教学）》	2014（3）
21	栗腾飞，莫小英	初中物理课程难点的路径突破	《中国西部》	2014（21）
22	栗腾飞，莫小英	高中物理"机械波"一章的学科教学知识（PCK）探讨	《中学物理》	2015（2）
23	栗腾飞，莫小英	如何用"右手定则"判断安培力	《中学物理》	2015（3）
24	莫小英，栗腾飞	北京市初中物理实验实施现状调查及影响因素分析	《首都师范大学学报（自然科学版）》	2015（4）
25	莫小英，栗腾飞	中学物理实验自制教具开发过程的案例研究——以全国教师优秀自制教具大赛一等奖作品为例	《湖南中学物理》	2014（11）
26	莫小英，栗腾飞	国内外初中物理实验教学与自制教具研究与实施概况综述	《物理之友》	2014（11）

对以上所发表的论文：

（1）从量的角度而言，数量达到物理组平均每位教师一篇；

（2）从覆盖面看，涉及物理组约一半的教师；

（3）从质的角度来看，所有第一作者的论文所发期刊属于省级一般期刊，虽然也被 CNKI 收录，但不是中文核心期刊（北京大学图书馆 2011 版中文核心期刊要目），仅有 3 篇文章在中学物理教学界的"六大期刊"之列；

（4）个别教师发表论文数量与质量表现突出；

（5）在我们的指导下，未名中学教研组以安诚老师为主持人，申获北京市教育科学"十二五"规划 2014 年度课题一项"中学物理教师教学研究能力发展：基于校本研修的团队探索"（BBA14025），在整个北城区是仅有的 4 个中学之一。

第十节 研究结论与综合讨论

一、研究结论

综合研究历程与结果，共得出如下三点结论。

（1）经过一年多的研究干预，物理组教师教学研究能力取得了初步发展。

（2）以物理教学论文写作训练为途径可以实现物理教学研究能力的发展。

（3）对中学物理教师教学研究能力发展的干预与促进存在相当大的困难。

二、对研究问题的回答

1. 中学一线生态中的物理教师教学研究能力发展遇到的困难

总体而论，这些困难来自学校环境、家庭环境、个人特质三个方面。学校除了没有很好地为教师创造教学研究的激励机制之外，更重要的是没有教学研究的文化氛围。这不仅是一个历史问题，也是一个小局域的社会文化问题。在家庭层面，抚养后代、中年人的家庭角色等问题构成了对教学研究的制约。在个人特质层面，知识的匮乏、学习意识的缺失以及封闭的个性倾向阻碍了教学研究能力的发生与发展。

2. 中学一线生态中物理教师的教学研究能力能够形成的原因与机制

中学物理教师教学研究能力形成的原因包括个人积极的动机与外界的科学指导。这在栗腾飞、付阳老师身上得到了很好的体现。其机制则是一线教师与真正有能力、有意愿的指导者能够建立稳定的、长期的指导关系并且这种指导能够良性地发展。

3. 中学物理教研组织的内外关系结构与发展模式与特点

中学物理教研组的内部关系在工作上呈现出一种松散的关系，年级组与学科组的矛盾造成的离心趋势是重要原因之一；其专业原因在很大程度上与领导者作用的发挥有关。其与外部的关系在专业上呈现出一种封闭的状态。教学研究缺少外部的干预与沟通，教学研究的内容也鲜有借鉴教学研究的成果与任何专业期刊。

三、研究结论的效度与推广度

（一）研究的效度

质性研究的效度主要指的是获取信息的真实性与可靠性。在访谈中，访谈对象诚然存在掩饰与误导的可能，但是由于访谈对象的数量较多，且通过 X 教授的交流并获取实物资料（如论文、授课光盘）等多种信息来源，使研究者有条件在多样的信息中进行权衡并作出判断。此外，由于本研究的焦点落实于论文的写作与发表，相对于"教师专业发展""教学研究能力"等研究概念，这一目的的直接性与实践性，使其容易在访谈中避免不必要的误解以达成最大共识。这都是研究效度的保证。

此外，在研究中，经过我与 X 教授细致的工作，曾成功地查明了如抄袭论文等现象，使我们对获取信息的可靠性，以及分辨信息的能力积累了经验与自信。

有可能影响效度的因素是重要信息源的缺失。研究中没有纳入的重要信息源是对教师真实课堂教学的经历与记录，这就使对教师的教学能力缺少足够直接的认识。

（二）研究的推广度

研究的推广度指的是样本对整体的代表性程度。由于本研究质性研究的出发点与根本特征，使其在推广度上有着天然的弱势。笔者认为，未名中学物理组物理教师团队在该地区具有典型性。这是由于虽然有首长访问、与外校合作、改革等其他学校没有的"大动作"，但也正是在各种鲜有的"动作"与干预中才能够暴露其典型特征与平常不能发现的问题。

另一方面，X 教授的学术水平及其对物理教师教学研究能力发展持续的研究经历也令这次研究体现了鲜有的特殊性。

综上所述，由诸多特殊性造成的"典型性"使本次研究对总体的推广性也体现为一种特殊的形态。

四、对研究结论的讨论

虽然未名中学物理教研组教师教学研究能力获得了初步的发展，然而作为这一研究的亲历者之一，我切身体验到了该发展过程之难！也对他们的继续发展抱有更加困难的预期。诚如 X 教授有感而发的一句话："教师专业发展是一件非常困难的事，需要做大量非常扎实的工作。"对以上研究结论的深层原因，我做出如下反思。

（一）对教学研究能力与教学能力关系理解的误区

研究中得知，不少教师都以"分数第一""教学第一"为由，以"不得已"或"不愿意"为由，将教学研究的地位摆在很低的位置，即使口头上承认二者有积极的促进关系。有教师甚至认为教学研究的论文不是什么难事，"也同八股文一样"，"老师们肚子里有东西，就是缺乏整理"，似这类理解，都存在误区。

第一个误区是，他们没有理解到教学研究促使教学水平实现质变。他们往往有意无意地认为，教师对教学研究对教学水平即使有促进，也是一种"量"的提升，而殊不知，不进行教学研究，教学水平的提升会遇到难以突破的"天花板"。也就是说，不进行教学研究，教学水平再好，也好得有限。这类误区即使在栗腾飞、安诚老师身上也有明显体现，突出表现为他们的很多文章都是前人写过并且写地更加深入的。在访谈中还发现的一个共性问题是，未形成教学研究能力的教师在谈话中思维不易聚焦、容易跑题，导致他们对很多问题提的思考无法深入和具体。

第二个误区是不理解教学研究能力与教学水平的相对独立性。大部分教师普遍认为，教学研究就是将自己教学经验与具体做法用论文的形式加以表达，最多再"加上一些理论"。似乎认为教学研究是在他们教学能力之上衍生的一种技能，而不理解教学研究能力的发展在很大程度上与教学是相对独立的，需要新的、专门的知识基础和能力培养。这里存在的是一个比较难以越过的"门槛"。并且，物理教学研究领域毕竟不是像物理学那样"科学"，其具有教育学科的特征，需要积累阅读相对系统的、新的文献。某种程度上，需要实现从理科思维到人文思维的扩充与发展，对于物理学科出身的教师来说，这一"门槛"的超越更为不易。

（二）教师群体的"思而不学"

教师为什么会形成诸多错误认识与误区？为什么教学水平会遇到"天花板"？为什么教学研究水平难以起步？归结诸多教师的共性，我认为他们都犯了"思而不学"的毛病。

孔子云："学而不思则罔，思而不学则殆。"《中庸》论述了为学的顺序："博学之，审问之、慎思之、明辨之、笃行之"。其意义都强调有学后有思、学思结合。对于任何研究工作来讲，要达到某领域的前沿，必须首先掌握该领域现有的成果、基本概念、基本定律。尤其是物理组教师执教的物理学科，其基础学习阶段的时间长度、困难程度是众所周知的。即使是具体到一项具体的研究，也需要从文献综述开始写起，并且文献综述也远不等于研究的创新。

跟随 X 教授做教学研究中，我们也开展教学设计（X 教授的物理高端备课系列），但是这都是在阅读文献的基础上进行的。每一个教学设计都力图占有历史上的所有文献。如"楞次定律""力的分解"等教学设计，我们阅读的文献不下 50 篇，"整体法—隔离法"的研究中文献的阅读则不下 100 篇。

然而，作为物理教师，他们对物理教学的研究却没能秉承物理学等科学研究的要求。他们没有意识到，物理教学也是一门专业，有这一专业中的特殊问题、独有概念、独有规律以及理论体系。因此，他们自然不会去看前人的研究文献，而仅凭自己的经验和有限的教材等资料去妄想与揣测。眼中只有身旁的同行而没有前人。这种不学而"思"的习惯，自然容易滋生虚妄，更无法达到理论思维的深度。

事实上，在"学"缺失的前提下，"思"的异化也相当严重，甚至会懒于思考。其中，关键的因果链条是思想的懒惰导致思想的糊涂。外显地表现为只希望别人告诉自己"如何做"，而不愿去思考"为什么要这样做"以及"为什么这样做是有效的"，遑论形成逻辑一致、深刻严密的认识体系。实践的效果也自然无法突破瓶颈。

（三）教研系统的封闭性

"思而不学"自然造成了教师个人系统的封闭，他们甚至没有常用的邮箱，即使是对网络的交流也并不热衷。其信息交流的闭塞性令人惊讶与无奈。教研系统的封闭性及其造成的教研氛围的封闭性，则是阻碍教师教学研究能力发展的另一重要原因。在参与物理组教研会以及对教研系统评奖论文的了解中，我无时无刻不在发现教研系统教研活动的封闭。他们不与教学研究的学术共同体对接、没有外界的干预，只能造成"闭门造车"倾向。

该倾向集中体现是教师教学论文的发表问题。在学术共同体中的公开期刊发表与在教研系统内部评价或内部刊物发表绝对是不同的概念。学科教学研究领域早已不是一个经验性的领域，而是一个专业领域、学术领域。被广大教师公认的物理教学研究"六大期刊"，就代表了一个物理教学研究学术共同体的专业标准与学术标准，能在这类期刊发表论文，才能代表其研究达到了一定的质量与标准。不去追求与学术标准的对接而封闭运行，是当前教研系统的最大痼疾，由此造成的教研氛围不浓、教研水平不高则是自然的事了。某种程度上，教研组织为教师的专业发展建筑了一种"温室"。如果说在教师发展的初步阶段，这种温室能够起到必要的作用，而其作用发挥的局限也是显而易见的。

这种封闭间接地影响了教研组织关系与氛围的和谐与协作。由于个人的封闭，使个人无法持续地获取新知，并无法确认自己拥有获取新知的能力，自然也就对与别人分享自己的知识产生排斥，进而造成更加封闭的恶性循环。而只有确认自己拥有不断获取新知能力的教师，才会不吝惜与别人分享，进而保持开放、健康的心态，形成良性循环。

（四）学校对教师"用人不育人"

或许是身不由己，或许是大环境所致，笔者发现，学校对教师有一种"用人不育人"的不良倾向。除去事务性的工作、行政性的工作大量地占据教师的时间之外，学校对教师专业发展缺少科学合理的规划与切实的"落地"。

与江浙地区一些学校对教师发表论文作大幅度的奖励、带教师赴名校与高水平研究者拜师结对长期培养相比，该地区虽然不断从外地引进高级、特级教师，但是却没有为教师的培养创造更好的氛围与条件。突出表现为非人性化的教师竞争、去研究化的教学氛围、过度行政化的日常工作以及对教师在职教育的缺失。究其原因，还是对教学工作的专业性以及教育工作的基本规律把握不够。

第十一节　建议与反思

在为期一年多的研究中，我与未名中学物理教研组的十余名教师结下了宝贵的情谊，他们的坦诚与真诚使我对学校一线物理教研组教师的生存发展现状有了较为深刻的理解和体会。为保证访谈的有效性，我曾深入学习了有关访谈技巧与策略的论述，然而当我运用这些策略开始访谈时，却发现物理组教师都十分爽快，倒是显得自己不够直爽了。每次访谈的最后一个问题，我都会向老师们请教对我们准教师的建议与告诫，大家无一不直言相告、推心置腹、传送真经。然而，作为肩负研究任务与使命的我，却必须如实地记录发现的问题与我的所思所感，并秉笔做出研究结论与判断。在研究的最后，我依然直言我的建议与反思。

一、教师转变的可能

事实上，教师并非不愿意转变，至少在态度上总体都是积极的，教书育人的本职使他们无法否定个人的成长与发展。教师的备课也并非不下功夫、不参考任何资料，而是囿于环境与习惯，不了解有"物理教学研究"这一领域的存在及其对自身专业发展的价值。甚至对这一领域存在偏见与膜拜心态。一些人会认为，这类期刊是特高级教师才有水平看的，自己去看或许会自不量力、惹人嘲笑。这种心态都应加以改变。而笔者相信，这些问题也都是通过引导可以改变的。如果教师手头上都能有一份专业期刊，那么与专业标准经常性的对比就能产生，目标就会清晰起来，妄自菲薄与妄自尊大的可能也会被逐渐消弭。为实现这些转变，笔者认为应从使教师意识到建立自己的资料库以及培养阅读方法的重要性做起。

二、教师增强职业发展意识的必要

以往，学界对教师专业发展的研究颇多，对教师与学校管理者也产生了相应的影响。然而，研究中给笔者最大的体会是，教师对自身职业发展的规划意识与相关知识的缺失已极大影响并制约了其专业发展乃至生活的质量。某种程度上，这反映了教师发展研究社会学视角的缺失。

受我国传统教育与教师文化影响，教师身上背负了沉重的道德负担与专业要求。然而，无法回避的是，教师也的确是一门职业，教师在整个生涯中，入职、升职、加薪、流动以及专业声望的确立、经济收入的变化、所处阶层的变动，都是实实在在存在的问题，并且是每个教师发展最直接且绕不开的问题。然而，受固有观念影响，当前在学校实践与研究领域都讳谈这些。而事实上，笔者认为，这些问题都亟待光明正大地摆上台面。

研究中，能够正确意识到这些问题并正确处理的教师都能获得职业与专业的双丰收。例如，栗腾飞老师能相对清晰地认识到，自己在组内"教学地位"的确立缘于一次校长听课的"关键事件"。也能认识到教师能力的展现与影响力的扩大需要一个平台与契机，因此，他积极地让徒弟和我修改、投稿论文。事实上，应该意识到，通过与学术标准的对接也意味着对全国物理教学研究共同体的介入以及新平台的占据，并能够让他们的声望影响超越一时一地一校的局限，从而实现自主地、能动地谋划自己的职业生涯。

综上所述，唯其如此，教师才不会局限于学校范围的诸多"纠结"，而能卸下思想与实务的包袱，积极主动地思考职业发展中的诸多问题，并形成独立的、自我同一的人格。

三、中学体制改革的必要

中学体制变革的第一重必要在于学校行政方式的改革。多年来，对大学"去行政化"的改革建议与呼吁从未间断，并且已经有了诸多实践尝试，然而人们鲜有意识到的是：中小学去行政化的改革同样甚至更加必要。在一些学校，领导意志对教学工作的干预甚至可以直达教师具体的教学行为。访谈中发现，中学的民主建设与教师群体的民主意识竟然是如此之差！哪怕对课改理念表达一些商榷也认为"会被拍死"。然而，在教师交来的论文中，大多极尽对课改理念的赞美之词。由此足见，中学体制的过分行政化使原本宣扬民主的理念异化为了不民主。而按照教育规律办学、不折腾，则是笔者对中学行政体制改革的由衷期待。

2014 年 1 月 15 日，教育部长在 2014 年全国教育工作会议上题为《深化教育领域综合改革加快推进教育治理体系和治理能力现代化》的讲话中坦言："当前，教育工作还存在不少问题，学生创新精神、实践能力还不足，办学活力还不够，教育与经济社会发展的联系还不紧，国际竞争能力还不强等。这些问题，原因有很多，究其根本，不在学生、不在教师，也主要不在书记校长，而在教育管理部门，在于我们的管理理念落后、管理体制落后，以及由此带来的管理方式落后、管理能力落后；政府、学校、社会之间的关系没有理顺，政府缺位、越位、错位的现象时有发生，制约了学校办学的积极性、社会参与的积极性；不同层级政府之间教育权责交叉，上级部门管得过多过细过于简单，制约了基层因地制宜创造性开展工作；管理方式单一，习惯于用分数管学生、用升学率管教师，制约了学生的创造性、教师的创造性，等等。这些问题如果不能有针对性破解，教育管理体制机制不能实现很好转变，我们的工作就难免事倍功半，甚至可能事与愿违。"[①] 笔者认为，以上概括是准确的，唯愿改革能够尽快地推行。

中学体制改革的第二点要义在于对教师管理的人性化。其实，包括本次课程改革在内的任何一次教育改革都在强调对学生的人性化，甚至"以学生为中心"，然而却鲜见对教师管理人性化的强调，甚至连教师的基本权益也都受到威胁。教师工作的高强度、高负荷、长期性、疲劳性、繁重性虽然被公认，但是却鲜见给教师人性化的、实在的关爱。相反，学校教育在有意无意间造成了教师间的过度竞争等非人性化后果，我们很难想象非人性化的教师能够培养出具有良好人性的学生。尤其是对于人到中年、拖家带子、专业发展又到"高原"的教师，理当受到特殊的关照。用一个或许欠妥的比方来说：学校管理应该要像关爱弱势群体、下岗职工的态度关爱他们。

---

① 袁贵仁．深化教育领域综合改革加快推进教育治理体系和治理能力现代化——在 2014 年全国教育工作会议上的讲话［EB/OL］．［2014-01-05］．http：//www. gov. cn/gzdt/2014-02/16/content_ 2605760. htm.

也诚如研究中不少教师呼吁的那样，他们的疲惫期、教学周期等因素需要学校给予考虑，他们需要在特殊的阶段有一段相对较长的充电学习、状态调整。他们也并非拒绝学习，而是往往被非人性化的管理挫伤。

四、教师教育的困难性与改革的方向

笔者的研究以一校物理教研组教师团队为样本"解剖麻雀"，其中折射出教师教育改革的诸多困难。相当重要的是，教师教育的困难性还需被正确地估计。以给教师修改论文为途径，其实是找到了一种平台，以实现对教师思维与观念细致入微的指导，这是颇费精力也颇见功力的。这并非简单的泛泛而谈、宣讲讨论就能代替。

近十余年来，课程改革对抽象教育理念片面与不切实际的强调忽视甚至错置了学科教学及其研究在中学教学工作中的重要地位。如前所述，不仅教师教学技能出现了严重的滑坡，而且在学科知识上也存在了新旧兼有的盲点与缺失。此外，还包括教师学科知识、学科教学知识的缺失、教育基本素养的缺失。而这些情况的解决都是学科教学研究的基本内容。事实上，X教授学科教学研究成果的培训是被老师们一致肯定的。

付阳：我觉得他（X教授）对课的评析的确是很好的。我觉得挺受启发的。特别印象深刻的就是楞次定律。还是觉得太少，就是觉得不够，觉得不过瘾，太不过瘾了。高中的还是太少啊。那些单纯将教育理论……那些的确太空了，没意思。

我：咱们物理教学论跟纯教学论不一样。

付阳：不一样，特别不一样。那些课听着可没意思了，但是咱们这些课听着可好了。

而正是由于近年来教师教育对学科教学研究的忽视，使教师的职前、职后发展均未能走上正确的轨道。突出地表现为，物理组大部分教师在从教数年后，不了解任何物理教学专业期刊，甚至连物理教学研究论文是什么样都没有看过，遑论系统地学习物理教学研究的成果体系。在教师的话语中也明白地显示：对物理学科教学中很多基本知识、基本概念的教学，自己的理解都是不到位的。在这一现状下，如何能实现高水平的教师发展？因此，教师教育改革的方向就是增强学科教学研究的内容。

五、研究的方法论反思

研究伊始，我就对本研究的方法论进行了思考。我曾期待本研究能够用质的研究方法并将研究报告写出"历史感"与"质感"。研究中，我有意识地以自己为研究工具，以自己整体的知识结构与实践能力作为干预手段进行研究，而不去刻意凸显任何理论背景。并且，我也试图基于自己的洞察力、敏锐度和历史感去捕捉具有质感和历史感的信息。但是回望起来，才发现这是非常不容易的。可谓对研究者整个研究功力的考验。在质性研究中，为什么要选择这个研究对象？为什么要选择这个研究方法？一系列的事件与现象如何解释？都不啻为对研究者思想深度，乃至人生厚度的整体考察。某种程度上，质性研究的报告就如同一面镜子，足以构成对研究者整体素质的投射与反映。

本研究中，与笔者交往的人物多达十余名，对应的，需要认识与协调的关系种类则不下十余对。可以说，一年多的研究历程，是一次全身心、全状态、整个人的投入。然而，虽然自己已投入了极大的热情与精力，但也时常感到力有不逮。如果自己真的可以作为"研究工具"的话，那么我唯有期望自己的整体能力能够不断提高，生命厚度能够不断积累。

六、研究的不足与需要进一步研究的问题

虽然本研究持续一年多，然而仍有诸多问题，并需要进一步的研究给以发展。归结起来，本研究的主要不足包括：

（1）研究时间仍然有些短，研究对象教学研究能力的长期发展未能显现；

（2）干预力度与频度仍显较低；

（3）协议等外部约束部分消解了研究对象的积极性与心态；

（4）对物理教研组内外部关系模式的研究没有十分清晰。

需要进一步研究的问题包括：

（1）物理教师教学研究能力形成过程中的心理学因素与机制问题；

（2）中学物理教研组与大学等机构如何建立长期稳定合作的平台与机制；

（3）中学物理教师职业发展与专业发展的关系；

（4）学校教研组团队建设的途径与策略；

（5）不同学科教师学科教学研究能力发展的差异比较。